발간사

본 주석서는 대한예수교장로회총회의 신앙과 신학 이념을 따라 평신도와 신학생, 목회자와 신학 교수들이 성경을 바르게 이해하도록 도움을 주는 데 그 목적이 있다.

대한예수교장로회 교단은 1934년 희년에 즈음하여 성경전서 주석의 간행을 총회에서 결의한 바 있다. 그리하여 1937년부터 총회표준주석(1937년, 「욥기」, 「시편」, 「잠언」, 「전도서」, 「아가」; 1939년, 「로마서」, 「고린도전 · 후서」, 「갈라디아서」)이 간행되기 시작하였다. 그러나 제2차 세계대전의 발발과 일제 강점기의 한국교회 탄압으로 주석 발간 사업은 일시 중단되었다. 1945년, 해방은 되었으나 38선으로 남북이 분열되고, 1950년 6 · 25한국전쟁의 비극을 겪어야 했다. 1953년, 휴전된 후 총회표준주석 사업이 재개되어 1954~1957년(1954년, 「이사야」; 1955년, 「요한복음」; 1956년, 「창세기」; 1957년, 「레위기」, 「민수기」)에 출판이 있었으나, 1959년에 교단의 분열로 오늘에 이르기까지 총회표준주석 사업은 불가한 형편이었다.

대한예수교장로회 제90회기(2005) 총회는 총회창립 100주년(2012)기념 사업의 일환으로 교단 신학의 정체성 확립과 한국장로교회의 신학적 표준을 제시할 총회표준주석을 출판하기로 결의하고, 총회 산하 신구약성경 신학자들에게 집필을 위촉하게 되었다.

2005년 12월 한국장로교총회창립 100주년기념 표준주석편찬위원회가 조직된 후 집필 원칙을 정하고 집필자를 선정하여, 그 원칙에 충실할 것을 서약하게 하였다. 지난 7년 동안 집필자들의 깊은 기도와 연구의 산고 끝에 이제 그 실체가 드러나 장로교 총회표준주석이 출판되었다. 편찬위원회는 수차례 모임을 갖고 50여 명에 이르는 많은 집필자들을 격려하고 집필 목적과 방향 제시를 수시로 하여 주석서의 통일성과 진정성을 유지하게 하였다. 집필된 원고가 제출된 경우, 검독위원회가 총회의 신학과 신앙에 맞는 주석을 출판하기 위해 내용을 수정 또는 추가할 것을 요청하기도 하였다.

이 주석서가 빛을 보기까지 집필자는 물론이고, 총회교육자원부 김치성 총무와 한국장로교출판사의 수고가 있었고, 전국 교회들의 기도 지원이 있었다. 무엇보다도 출판비 및 연구비 전액을 이름 없이 지원해 준 교회가 있었다. 이에 독자 여러분과 함께 하나님께 찬양을 드리며, 이 일에 헌신하신 분들께 감사를 드린다.

유사 이래 성경보다 더 긴 세월 동안 연구되고 읽혀진 책은 없다. 그렇기 때문에 해석 방법도 시대와 지역에 따라 다양하게 나타났다. 에스라 시대까지 거슬러 올라가서 사용된 미드라쉬(Midrash) 주해 방법부터 시작하여 중세의 종교개혁자들과 현대 비평주의자들의 해석 방법 등 수많은 해석학적 이해가 있어 왔고, 여러 언어로 번역되어 하나님의 말씀인 성경은 읽혀졌다. 그러나 하나님의 말씀은 (해석자들이나 번역자들에게) 매이지 않는다(딤후 2 : 9). 성경 주석가와 번역자들은 자기 시대와 문화 속에서 어떤 전제(presupposition)를 갖고 성경을 읽기 때문에 언제나 해석의 한계가 있음을 인정할 수밖에 없다. 그런 의미에서 본 주석서도 예외는 아닐 것이다. 그럼에도 불구하고 본서는 그 한계를 최소화시키기 위해 다양한 신학적 입장, 다른 해석들, 교회사적 해석들, 지리적 상황을 포함하려고 노력했다.

우리의 전제는 신구약성경 66권이 하나님의 영감으로 특별 계시된 말씀이라는 대한예수교장로회의 신앙고백을 준거(準據)로 했다. 그러므로 본서는 집필자 자신의 신앙고백과 신학도 내포되었지만, 그보다 총회의 신앙과 신학의 표준적 입장에서 성경을 주석한 것이다. 즉, 사도신경, 웨스트민스터신앙고백서, 장로교신앙고백을 따르는 개혁주의 신학과 신앙 전통을 따른 것이다.

집필을 하는 데 있어서 학문적 깊이를 외면할 수는 없으나 목회자나 평신도가 성경을 이해하는 데 도움을 주기 위해 설교를 위한 묵상을 삽입하기도 하였다. 그러나 각 권의 기록자, 기록 연대, 문학적 특징, 책의 목적 등을 설명하는 개론적 연구를 할 때에는 그것이 학문적 연구에 꼭 필요하다고 여겨지는 경우에 한하여 최근 많은 성경학자들이 사용하는 비평적 방법도 가설(假說)로는 소개하였으나 결론은 따르지 않았다. 그것이 교회의 신앙적 지도를 위한 적절한 방법은 아니기 때문이다.

영감으로 된 하나님의 말씀인 성경의 해석은 성령의 조명이 가장 중요한 조건이다. 따라서 본서의 집필자들은 종교개혁자들이 채택했던 문법적, 역사적, 신학적 원리를 주된 해석 방법으로 채택하고, 기도하면서 하나님의 계시된 말씀의 원의를 알기 쉽게 해석하려고 힘썼다. 외래어 사용은 가급적 줄이되 히브리어나 헬라어와 같은 원어를 반드시 읽어야 할 경우에는 음역화해서 누구나 원어의 발음으로 읽게 했다. 각주(脚註)도 가급적 줄이되 문장 뒤에 참고로 넣었다. 또한 각 절이 아닌 단락별로 주해를 하여 전체적 파악을 도왔다.

주석 앞에는 대한성서공회가 출판한 개역개정 성경(4판)을 단락별로 제시했다. 히브리어 성경은 BHS(Biblia Hebraica Stuttgartensia)를, 헬라어 성경은 United Bible Societies가 출판한 The Greek New Testament(4thed)를 각각 원문으로 채택하여 사용하였다. 특히 개역개정 성경의 번역에 대한 문제가 있다는 의견을 총회가 받아들여 본 편찬위원회에 수정 의뢰를 하였고,

집필자들이 원문을 바로 번역하여 대한성서공회에 제시함으로 수시 교정 제도를 따라 수정하도록 했다.

우리의 생명이시며 찬양의 대상이 되신 우리 주 예수 그리스도를 계시하시고, 하나님의 공의와 사랑을 그의 십자가를 통하여 실현시켜 우리를 구원하신 하나님의 깊은 뜻을 알게 해 주는 신구약성경을 더 많은 사람들이 더 깊이, 더 분명하게 이해하고, 믿게 하기 위하여 대한예수교장로회총회 창립 100주년을 기하여 한국 교회와 세계 교회 앞에 겸손한 자세로 이 주석을 내어 놓는다.

"내가 온 것은 양으로 생명을 얻게 하고 더 풍성히 얻게 하려는 것이라" (요 10 : 10b).

Soli Deo Gloria!

한국장로교총회창립 100주년기념

표준주석편찬위원회

위원장 이 종 윤

추천사 1

할렐루야! 2012년은 대한예수교장로회(통합)총회가 창립 100주년을 맞이하는 해입니다. 총회가 창립된 이후 1세기가 지난 지금까지 우리 한국 교회를 세계가 주목할 만큼 눈부시게 성장할 수 있도록 도와주신 에벤에셀의 하나님께 모든 찬송과 영광과 감사를 드립니다.

이와 같은 한국 교회의 놀라운 부흥 가운데서도 마음 한구석에 늘 안타까움이 자리하고 있었는데, 그것은 바로 우리 한국 교회만의 권위 있는 주석이 없다는 사실이었습니다. 현재 목회현장에서 사용되는 우리말 주석들은 대부분 오래되었거나 현대의 한국 교회 상황에 맞지 않는 서구 교회의 해석, 또는 성서학 전문가들의 주석이 아닌 짜깁기식 주석이 대다수를 차지합니다.

이러한 현실 가운데 이번 총회창립 100주년기념사업의 일환으로 본 교단에서 「한국장로교총회창립 100주년기념 표준주석」을 출간하기로 결의하고, 주석서를 출간하게 된 것은 대단히 자랑스럽고 의미 있는 일이 아닐 수 없습니다.

이번 「표준주석」의 출판으로 한국 교회는 이전보다 더욱 '개혁주의 신학과 신앙 전통'을 따르는 성경 해석의 기초를 확립하게 될 것이며, 많은 목회자들이 이 주석서를 통해 하나님의 말씀에 중심을 둔 목회를 실천할 수 있을 것으로 기대합니다. 더 나아가 이 「표준주석」은 한국 교회의 신앙을 더욱 견고히 하는 성경 해석의 표본이 될 것입니다.

아무쪼록 이번 「표준주석」 출간을 계기로 우리 한국 교회가 당면한 갖가지 위기를 극복하고 더욱 하나님 말씀으로 충만하여, 평화통일은 물론 주님의 지상명령인 땅끝까지 복음을 전하는 사명을 보다 잘 감당하는 교회로 거듭나게 되기를 기대하며, 한국의 모든 교회와 성도님들께 자랑스럽게 이 주석서를 추천하는 바입니다. 샬롬!

장로회신학대학교

전 총장 장 영 일

추천사 2

「한국장로교총회창립 100주년기념 표준주석」의 발간을 축하합니다. 한국 교회 역사에서 중요한 자리를 차지하고 있는 「총회표준주석」은 한국 교회에 큰 영향을 끼친 박윤선 박사님께서 박형룡 박사님을 도와 「표준주석」의 고린도후서 주석 집필에 참여하면서 평생을 주석 집필에 헌신하게 했던 뜻깊은 주석이었습니다.

그러나 그동안 중단되었던 표준주석 사업을 새개함에 있어 편집위원장 이종윤 목사님이 밝힌 대로 성경이 성령으로 영감된 정확 무오한 하나님의 말씀이라는 분명한 신앙고백 위에 집필하도록 하였다는 편집 원칙을 통해 「표준주석」의 맥을 잇고자 하는 의지를 보여 줍니다.

이런 맥락에서 비평적 성서연구가 교회의 신앙적 지도에 적합하지 않다는 인식을 가지고 전통적인 개혁주의 해석 방법을 채택할 뿐만 아니라 복음적이고 목회적인 관심을 드러낸 점도 환영할 만한 일입니다. 또한 성경 자체에 대한 전문적인 지식뿐만 아니라 한국 교회와 성도를 체험적으로 알고 있는 성경학자들이 오랜 기도와 연구 끝에 발간하였다는 점도 높이 사고 싶습니다.

아무쪼록 본서가 많은 이들에게 풍성하고 깊이 있는 신학적 성찰을 제공하는 귀한 책이 되길 소망합니다.

합동신학대학원대학교
총장 성 주 진

베드로전·후서
차 례

: : 베드로전서 : :

: : 베드로후서 : :

베드로전서

베드로전서

서 론

A. 서 문
B. 저 자
C. 저술 연대
D. 수신자
E. 구조와 기록 목적

| 베드로전서 |

서 론

A. 서 문

전통적으로 베드로전서는 신약성경에서 일반서신(general letter) 혹은 공동서신(catholic letter)의 범주에 속한 것으로 분류된다. 특정 교회의 신자들을 수신자로 두는 바울서신들과 달리, 구체적 상황에 대한 언급이나 증거가 없이 하나의 지역교회가 아닌, 로마 관할 아래 있던 소아시아의 광범위한 지역에 흩어져 있는 공동체를 수신자로 하는 다소 일반적인 내용을 담고 있는 까닭이다(Chester and Martin, *The Theology of The Letters of James, Peter, and Jude*, 1996, p. 87). 다만 내용적으로 유추할 수 있는 정황은 수신자 공동체를 향한 주변 사회의 공격이 현재적으로 예상되거나 진행되고 있다는 점이다(벧전 4 : 12), 특히 베드로전서 안에서 외인, 나그네, 혹은 거류민과 같은 수신자들에 대한 묘사는 그들의 사회적인 법적 지위를 엿보게 하거나,

디아스포라로 살아왔던 이스라엘의 역사 속의 서글픈 삶에 대한 신학적 동일성을 나타내는 한편, 궁극적으로 그들이 공동체의 아웃사이더들이었음을 선명히 보여준다. 더욱이 서신 전체를 통해 베드로전서의 수신자들은 자신들이 속한 공동체와 심지어 가솔들로부터도, 주로 사적인 형태이지만, 공적인 형태도 배제할 수 없는 언어적 학대와 신체적 폭력을 직면해야 했다(1 : 6 ; 2 : 12, 20, 23–24 ; 3 : 13–14 ; 16–17 ; 4 : 12–19 ; 5 : 8–1 ; C. Reeder, "1 Peter 3 : 1–6 : Biblical Authority and Battered Wives," *Bulletin for Biblical Research* 25.3 〈2015〉, p. 522). 그리하여 고통스러운 시련기를 보내고 있는 수신자들을 향한 위로와 격려와 권면적 가르침이 베드로전서의 기록 목적으로 간주될 수 있다(참조. 벧전 5 : 12).

페르디난트 한(Ferdinand Hahn)은 베드로전서의 성격을 다음과 같이 진술한다 : "다른 어떤 문헌보다 이 서신에서 더 강하게 적대적인 주변 환경과 기독교인들의 세상에 대한 책임이 부각된다. 이것은 비방과 핍박을 받을 때 흠잡을 것 없는 행동을 하는 것뿐만 아니라 믿음에 대해 변호할 준비를 하며 의식적으로 선교로 이해하여 기독교인으로서 행동하는 것과 관련된다"(페르디난트 한, 강면광 외 5인 역, 「신약성서신학 I」, 2007, p. 487 ; 왕인성, "베드로전서의 '고난' 이해–수신자의 정체성과 삶의 자리에 대한 사회문화적 재구성을 토대로," 「신약논단」 18/3 〈2011〉, p. 854에서 재인용).

베드로전서에 대한 이와 같은 이해는 한국교회의 상황에도 적용된다. 오늘날의 한국 교회의 상황은 수적으로는 소수자도 아니요 외인처럼 대우받는 것은 아니나, 특히 코로나와 관련하여 사회정서상으로 기독교에 대한 반감이 도를 넘어서는 현 시점에서 베드로전서를 연구하는 일은 교회를 향한 사회 일각의 공격에 대하여 그리스도인의 적절한 대응과 바람직한 삶의 자세를 돌아보게 한다. 베드로전서는 현대의 그리스도인들이 신앙적으로 공유할 수 없는 세상적 가치를 따르지 않음으로 주변 세계와 필연적으로 부딪힐 수밖에 없는 갈등 상황을 극복하기 위해 요청되는 바른 대응책을 제시하고 있기 때문이다. 이제 베드로전서의 구체적 개괄을 다루어 보기로 하자.

B. 저 자

이 문서는 서두에서 저자를 베드로로 밝히고 있다(1 : 1-2). 베드로의 본명은 바요나(요나의 아들) 시몬이었으며 아마도 베드로가 선호한 이름은 예수께서 직접 지어 주신 '게바'라는 아람어식 이름이었을 것이다('바위'라는 뜻을 가진 그 이름은 초기 교회에서 제자들이 맡게 될 역할을 예견케 한다. *The Reformation Study Bible*, 2005, p. 1810). 동료 유대인 그리스도인들도 그를 헬라어로 음역한 게바(Kēphas)라 칭했었다(갈 2 : 9). 게바의 헬라식 이름은 '기초' 혹은 '바위'를 뜻하는 페트로스(petros)였고 예수님은 그의 위에 교회를 세우겠다고 말씀하셨다(참조. 마 16 : 13-28). 원래 '베드로'라는 칭호는 별명에 가까웠으나 점차 초기 기독교 내에서 선호되어 시몬 혹은 게바와 더불어 고유명사처럼 사용되었을 것이다. 아마도 이와 같이 바위에 대한 메타포에 친숙했던 베드로는 그의 서신에서 그리스도인들을 향해서도 '산 돌'이라는 은유를 사용한다(2 : 4-8 ; 참조. McKnight, *1 Peter, The NIV Application Commentary*, 1996, p. 45).

그런데 베드로가 이 서신에서 자신을 헬라식 이름인 베드로로 소개하는 것을 통해 베드로서신의 수신자들의 주축이 유대인 그리스도인들보다는 이방인 그리스도인들이었다고 추론해 볼 수 있다. 물론 예루살렘 공의회의 결정은 바울과 바나바는 이방인의 사도로, 베드로와 야고보 등의 예루살렘 교회 지도자들은 유대인의 사도로 역할 분담을 규정하였을지라도(참조. 갈 2 : 7-8 ; 행 15장), 베드로전서는 수신자들의 주류가 이방인 그리스도인이었을 가능성을 높게 개진하는 바(참조. 벧전 1 : 18 ; 4 : 3-4), 우리는 베드로가 초대 기독교 전통에 따라 유대인에게 적용되었던 개념과 용어를 이방인 그리스도인들에게 적용하여 택하심을 받은 새 이스라엘로서의 정체성을 밝히고 있다고 이해할 수 있다(마이클스, 「베드로전서」, 2006, p. 114).

베드로는 갈릴리 지역의 어부였고, 예수님의 '나를 따르라'는 부름을 받고 제자 그룹의 리더가 되었으며(참조. 막 1 : 16-18 ; 누 5 : 1-11 ; 요 1 : 35-

42 ; 마 10 : 2), 예수를 가장 먼저 메시아로 인지하고 고백하였고(마 16 : 16-19 ; 눅 22 : 31-32 ; 요 21 : 15-19), 물 위를 걸으려 하였으며(마 14 : 28-31), 예수께서 심문당하실 때, 그분을 모른다고 세 차례나 부인하였다(눅 22 : 21-23, 31-34, 54-62). 그는 눈물로 통회한 후, 부활하신 예수의 빈 무덤의 첫 증인이요(요 20 : 6-7), 초대교회 공동체의 신조적 고백 속에 부활하신 예수의 첫 목격자로 등장하며(고전 15 : 5 ; 하지만 요 20 : 14-17은 다른 전승을 전한다.), '내 양을 치고 먹이라'는 예수님의 권고로(요 21 : 15-17) 다시 사명의 회복을 거쳐, 예수님의 부활승천 후에 초기교회의 지도자로 자리매김하여 사도행전의 실제적인 주축이 되었다(참조. 행 1-12장). 초기교회 선교의 역사에서 베드로의 중요성은 아무리 강조되어도 지나치지 않는다. 바울도 베드로의 중요한 위치를 자신의 서신에서 수차례 밝히고 있다(갈 1 : 18 ; 2 : 9, 11 ; 고전 1 : 12 ; 9 : 5 ; John Elliot, *1 Peter*, 2000, p. 309 ; McKnight, *1 Peter, The NIV Application Commentary*, 1996, p. 44).

그리고 그의 사역은 로마에까지 확대된 것으로 알려져 있다. 베드로의 최종적 사역지로 전해지는 로마에서의 사역은 신약성경 이후의 전승에 근거한다(*1 Clem.* 5 : 1-4 ; Ignatius. *Rom.* 4 : 3 ; 참조. Eusebius, *Hist. eccl.* 2.14.6 ; 2.15.6 ; 2.16.1 ; 4 : 1). 이 전승은 또한 베드로 사도가 네로가 64년경 로마에서의 대화재의 원인으로 그리스도인들을 지목하였을 어느 시점에 로마에서 순교한 것으로 전한다. 따라서 그가 죽은 시기는 64~67년으로 추정된다(Elliot, *1 Peter*, 2000, p. 309). 초기 교회 전승은 그가 60년대 중후반에 네로의 박해 때 십자가에 거꾸로 매달려 순교하였다고 전한다.

하지만 현대의 학자들 가운데는 베드로가 유대 종교 지도자들에 의해 "학문이 없는 범인"(행 4 : 13)으로 간주되었던 사실에 주목하며, 베드로전서의 탁월한 문체와 정교한 어휘의 사용은 헬라어를 제2의 언어로 사용한 유대 어부의 글로 보기에는 무리가 따른다는 주장을 펼치며 베드로의 저작설을 의심하고 베드로의 제자들 중 어떤 이들(소위 베드로학파)이 베드로의 이름으로 이

책을 썼다는 위명설을 주장하기도 한다.

또한 베드로전서 전반에 걸쳐 언급되는 기독교인들에 대한 박해는 로마의 네로 황제의 박해가 로마 시 자체 내의 박해였지 소아시아 지역을 아우르는 박해는 도미티아누스 황제나 트라얀 황제 시대의 일이었기에 베드로의 생전의 일로 볼 수 없다고 견해를 밝힌다(베드로 저작설에 대한 반대 입장에 관해서는, 참조. Schreiner, *1, 2 Peter, Jude*, 2003, pp. 22-24).

그러나 베드로전서의 사도 베드로의 저작권에 대해서는 근세에 이르기까지 다른 이견이 없었고 초기 기독교 자료들은 사도 베드로가 이 책의 저자라는 데 기꺼이 동의한다(참조. Schreiner, *1, 2 Peter, Jude*, 2003, pp. 26-36). 이는 초대교회가 베드로전서를 베드로가 기술하였다는 증거를 의심의 여지없이 받아들였음을 시사한다. 그리고 베드로가 그토록 능숙한 헬라어를 쓸 수 있을까 하는 질문에 대해서는, 주후 1세기의 상황을 고려할 수 있다. 약 400년 전 알렉산더 대제에 의해 시작된 헬라화 정책이 팔레스타인 지역 안에서도 이미 장기간에 걸쳐 시행되고 있었고, 갈릴리 인근에는 데가볼리를 포함 충분히 헬라화된 도시들이 존재하였으며, 여러 사회적 정황은 팔레스타인 지역에 어느 정도는 헬라어 사용이 일상적이었다는 흔적들이 적지 않다. 이는 능숙하지는 않아도 베드로에게도 헬라어는 낯설지 않은 언어이었을 가능성이 높다(참조. 웨인 A. 그루뎀, 「베드로전서」, 2014, pp. 37-40).

또한 실루아노가 단순한 편지 전달자가 아니라 헬라어에 능통했을 대필가였다면(참조. 벧전 5 : 12), 그리고 베드로가 적지 않은 기간 동안 헬라 세계를 여행하였다는 것을 염두에 둔다면 그가 제2언어로 복음을 훌륭하게 전달할 수 있는 시간을 거쳐 준비가 되었다고 보는 견해도 가능하다. 베드로전서 자체의 증거도 베드로의 저작설을 지지하는데, 저자는 스스로 오직 사도적 범주 안에만 적용할 수 있는 지위인 “그리스도의 고난의 증인”이라 밝히고 있다(2 : 21-24 ; 5 : 1). 또한 어떤 학자들은 베드로전서의 표현 양식과 사도행전에 기록된 베드로의 설교 사이의 병행적 요소들에 주목하기도 한다(행 5 : 30, 10 :

39와 벧전 2 : 24 ; 행 2 : 23과 벧전 1 : 20). 더욱이 많은 학자들은 베드로전서에 나타난 베드로의 말과 복음서의 예수님의 가르침 사이의 유사성에 대해서도 관심을 기울인다(참조. 눅 6 : 28 ; 벧전 3 : 9 ; 눅 12 : 35와 벧전 1 : 13 ; 눅 11 : 2와 벧전 1 : 17 ; 눅 6 : 28과 벧전 3 : 9 ; 마 5 : 10과 벧전 3 : 14 ; 마 5 : 16과 벧전 2 : 12 ; McKnight, *1 Peter, The NIV Application Commentary*, 1996, p. 28). 또한 우리는 베드로전서 5 : 2의 장로들에 대한 양 무리를 치라는 권면과 요한복음 21 : 16 이하의 예수님의 베드로에 대한 권면을 상기해 볼 수 있다. 따라서 본서에서는 베드로전서의 저자가 사도 베드로라는 전제 아래서 주해해 나갈 것이다.

C. 저술 연대

베드로전서의 위명성에 비중을 두는 이들은, 제국 차원의 대대적 박해가 일어나지 않은 70~80년대나, 80년대 말 90년대 초의 도미티아누스 황제 시대의 강력한 박해 시기나 110년경 트라얀 황제 치하의 교회 박해기를 저술 시기로 추정한다. 그러나 로마 정부에 대해 짐승이라고 칭하며 날선 각을 세운 90년대경에 기술된 것으로 보이는 요한계시록의 기록 시기보다는 앞선 상황이었다는 것만큼은 확신할 수 있다. 그러므로 초기 교회 전승대로라면 베드로가 로마에 도착한 것이 60년경이고 주후 64년 네로 황제의 교회 박해기에 순교했다면, 그리고 네로가 68년에 자살했기에, 베드로전서의 저술 시기는 이 시점보다는 앞선 시기였을 것이다. 또한 네로의 박해는 로마 시내와 가까운 인근 지역에만 국한되었고 소아시아 지역에는 기독교에 대한 로마제국 차원의 공식적 박해가 아직 진행되지 않았던 것으로 보인다. 특히 베드로가 2 : 17에서 왕을 존대하라는 권면을 하는 것과 로마 정부를 악행하는 자를 징벌하고 선행하는 자를 포상하는 기관으로 간주하는 사실(2 : 13-14)로 미루어 볼 때, 로마 정부를 아직은 긍정적인 역할을 하는 존재로 간주하고 있다. 그럼에도 베드로는 단순한 조롱이나 비난, 혹은 차별대우 등의 고난보다는 더 큰 박해가 임박하고 있음을 암시하기에(1 : 6, 13 ; 4 : 19), 로마에서 시작된 네로의 박해가 점차 소아시아 지역으로 확대되어 가는 시점으로 추정할 수 있다(C. 블롬버그, 왕인성 역, 「오순절 성령강림에서 밧모섬까지」, 2010, pp. 679-680).

D. 수신자

수신자들이 살고 있던 본도, 갈라디아, 갑바도기아, 아시아와 비두니아(1 : 1)는 오늘날의 터키에 있는 타우르스(Taurus) 산맥 북쪽에 집중된 지역이다. 바울이 에베소를 향해 가는 여정 동안 이 지역을 지나가지만(행 19 : 10), 그곳에서 복음을 전하지는 않았다. 사도행전 2 : 9의 기사로 미루어 볼 때, 바울의 전도여행 이전 시점에 이미 기독교 공동체가 출현했을 가능성이 있다. 각 지명이 서술된 순서는 로마로부터 편지를 들고 여행하는 이가 시노페(Sinope)와 같은 본도 지역의 흑해 항구로부터 대략 원을 그리는 형태로 여행하게 되는 도로망을 닮았다. 베드로전서에서 언급된 지역들은 임의적으로 택한 순서가 아니라 당시 부유한 상인들이 보내는 서신 전달자들이 본도에서 시작하여 비두니아 인근에서 여행을 마치게 되는 편지 전달체계를 닮았다(Chester and Martin, *The Theology of The Letters of James, Peter, and Jude*, 1996, p. 87 ; 참조. 켈리, 「베드로전·후서/유다서」. 1987, p. 62).

"택하심을 함께 받은 바벨론에 있는 교회가 너희에게 문안하고"(5 : 13)라는 인사말을 통해 베드로전서가 로마에서 기록된 것으로 추정한다면(5 : 13에 대한 본 주석 참조), 이 서신도 동일한 루트를 통해 전달되었을 것이다.

잠시 이 지역에 대해 간략히 소개하자면, 첫째로, 본도는 원래 루미니아로부터 아르메니아의 고원지대에 이르는 흑해 남쪽 지역을 일컫는다. 본도로부터 온 유대인들이 오순절 날 예루살렘에 있었다(행 2 : 9). 하지만 기독교가 언제 이 지역에 전해져 있었는지는 알려져 있지 않다. 둘째로, 갈라디아는 원래적으로 켈틱(Celtic)계 갈라디아인들에 의해 지배되어 온 소아시아의 중앙 지역을 말하였지만, 로마인들이 통치하면서 브리지아와 리고니아와 함께 로마 행정구역이 되었고 여기에 비시디아가 합병되면서 지역적으로 상당히 남쪽 지역까지도 아우르게 되었다. 그리하여 민족적인 갈라디아보다는 행정구역상의 갈라디아가 더 중요성을 갖게 되었다. 오순절 날 갈라디아로부터 온 유대인에 대한 언급이 없으며, 바울은 이 지역에 최초로 교회를 세웠었다(행 13 : 13-14 : 23). 셋째로, 갑바도기아는 소아시아 동부 내지의 산악 지역이다. A.D. 17년에 로마 행정구역이 되었는데, 사도행전의 오순절 기사에 이 지역이 언급되었지만(행 2 : 9), 그 이후로는 신약성경에서 전혀 나타나지 않아 언제 복음이 그 지역에 전파되었는지 알 수 없다. 넷째로, 아시아는 아시아 대륙이나 소아시아에 대한 언급이 아니라 소아시아의 서부 해안가로부터 갈라디아의 접경 지역까지의 내지를 말한다. 이 지역은 신약성경 시대의 로마에 대해 우호적인 지역으로 바울의 3차 전도여행 중 에베소에서 효과적으로 복음이 전파된 곳이다(행 19 : 10). 마지막으로, 비두니아는 본도 서부에 있는 흑해의 남쪽 해안 지역으로 사도행전 2 : 9~10에는 언급되어 있지 않다(베드로전서의 수신자들의 거주지로 언급되는 이 지역들에 대한 비교적 상세한 정보는 Elliott, *1 Peter*, 2000, p. 84-88 ; D. E. Hiebert, "Designation of the Readers in 1 Peter 1 : 1-2," *Bibliothca Sacra* 137 no. 545 〈1980〉, pp. 67-69를 보라). 바울의 2차 전도여행 중 어떤 이유인지는 알 수 없으나 그 지역에서의 사역을 성령이 금지하신 기록이 남아 있다(행 16 : 7). 플리니(Pliny the Younger)가 A. D. 112년 로마 황제 트라얀(Trajan)에게 보낸 편지에 의하면, 기독교가 그 지역에 이미 자리 잡아 이교 신전이 거의 폐기되었다고 기록하고 있다. 그리고 비두니아, 갑바도기아, 본도에서의 바울의 선교 사역 기록의 부재로 볼 때, 베드로전서의 수신자들이 바울이 세운 교회 교인이었을 가능성은 높지 않다. 이들 지역에 기독교가 어떻게 전파되었는지는 확실하지 않다. 이는 바울 이외의 수많은 그리스도인 사역자들이 활동했다는 것을 증명해 준다(Elliott, *1 Peter*, 2000, p. 87, 316 ; 참조. H. D. Edmond, "Designation of the Readers in 1 Peter 1 : 1–2," p. 69).

본도, 갈라디아, 갑바도기아, 아시아와 비두니아에는 원주민들, 자유민들, 다수의 노예, 소수의 로마 사람들 및 행정 관료, 파견 군인, 그리고 많은 이스라엘 사람들이 살고 있었고(1 Macc 15 : 22 ; Philo, *Legat*. 280–281 ; Josephus, *Ant*. 14.223–30 ; 행 2 : 9), 상업 목적으로 방문하는 이들, 순회 학자들, 지주들에 의해 내쫓겨 떠도는 농부 등 거류민들도 많았다. 사도행전에 의하면 베드로의 설교로 3,000명이 회심한 예루살렘의 오순절 축제 때, 본도로부터 온 이스라엘 사람들이 있었다(2 : 9). 사도행전은 또한 아굴라의 출신지로 본도를 언급한다(18 : 2). 2세기 초의 비기독교 문헌인 플리니의 서신(*E.P.* 10.96–97)에 보면 본도에 적지 않은 그리스도인들이 있었음을 알 수 있다(Elliott, *1 Peter,* 2000, p. 316).

하지만 수신자들이 속한 교회들의 지리적 위치는 베드로가 수신자들의 사회적이고 영적인 지위를 나타내기 위해 사용한 용어들만큼 중요한 비중을 차지하지는 않는다. 베드로는 수신자들의 지리적 환경보다는 그들이 처한 현실에 대한 인식을 더 중요시하고 있기 때문이다. 베드로전서의 수신자 문제에 있어 약간의 혼선이 발생하는데, 그들이 유대인인가 아니면 이방인인가 하는 논란이 계속되고 있으며 이러한 문제는 베드로 자신에게도 일정 부분 책임이 있다. 베드로전서의 내용에서 수신자의 인종적 정체성에 대해 베드로 역시 혼동하고 있는 듯한 인상을 주기 때문이다. 수신자들의 인종적 정체성이라는 사안에 대해서는 베드로전서 1 : 1의 주석에서 보다 상세히 다루고 있으나 서론에서 잠시 언급하자면, '흩어진 나그네'(1 : 1)라는 호칭은 수신자들이 유대인 그리스도인일 가능성을 제기한다. 더욱이 수신자들 밖의 사람들에 대해서는 '이방인들'이라고 부르며(2 : 12 ; 4 : 3), 이스라엘과 교회를 중심 모티브로 전개되는 논리가 대부분 구약성경을 통해 지지를 얻기 때문이다. 그럼에도 불구하고 수신자들의 이교적 성격을 드러내는 표현들, 예를 들면 "너희 조상이 물려 준 헛된 행실"(1 : 18)이나 "너희가 음란과 정욕과 술 취함과 방탕과 향락과 무법한 우상숭배를 하여 이방인의 뜻을 따라 행한 것은 지나간 때로 족하도다"(4 : 3)와 같이 유대인의 삶과 신앙을 영적 파탄 차원으로 묘사와 수신자들에 대해 전에는 백성이 아니더니 이제는 하나님의 백성이 되었다고 언급(2 : 10)은 수신자의 주류가 회심하기 전에 하나님께 대한 믿음과 소망을 가진 적이 없는 이방인일 가능성 또한 열어 둔다(왕인성, "베드로전서의 '고난' 이해," 2011, pp. 856-857 ; 참조. 마이클스, 「베드로전서」, 2006, pp. 62-64). 따라서 우리는 문맥만으로는 그들의 인종적 정체성을 결론 내리기 어려우며 대부분의 초기 기독교 공동체처럼 유대인과 이방인으로 구성된 혼합공동체를 그려 볼 수 있다. 맥나이트(McKnight)는 보다 안전하게 수신자들의 구성을 유대교로 귀의했거나, 적어도 하나님을 경외하는 자(God-fearers)에 속했다가 기독교로 개종한 이방인 그룹을 상정하여 베드로전서의 유대적 성격과 이방적 성격을 아우르기도 한다(McKnight, *1 Peter, The NIV Application Commentary*, 1996, p. 24 ; 왕인성, "베드로전서의 '고난' 이해,"〈2011〉, p. 857). 더욱이 유대인들은 디아스포라, 즉 외국인 거주자로 살아가면서 고난을 겪었고, 이 유대인들과 결합된 사회적 낙인이 이방인으로 그리스도인이 된 사람들에게 옮겨갔을 수 있다(페임 퍼킨스, 「베드로전·후서/야고보서/유다서」, 2004, p. 65). 따라서 베드로전서의 수신자들을 특정한 인종적 정체성에 제한하려는 시도보다는 예수 그리스도의 주권을 인정하고 하나님의 뜻을 삶 속에서 이행하려는 결단으로 말미암아 주류 사회로부터 배척되고 삶의 가장자리로 내몰린 수신자들의 형편에 대한 은유로 이해하는 것이 타당해 보인다(P. J. 악트마이어 외 2인, 「새로운 신약성서개론」, 2004, pp. 629-631).

수신자들에게 있어 또 하나의 문제 제기는 그들이 주류 문화에서 소외된 것이 타지에서 유입된 까닭인지 아니면 소위 동일한 시민이었으나 종교적 이유로 배척받은 것인지에 대한 논란이다. 엘리엇은 '나그네와 행인 같은'이라는 표현을 통해 지진, 기근, 전쟁 등의 유사한 대격변으로 말미암아 자기 의사에 반해 고향을 등지게 된 피난민 같은 존재들이 소아시아의 여러 지역 속으로 스며들었을 가능성을 말한다(Elliott, *A Home for the Homeless*, 1981). 그러나 대개의 학자들은 수신자들을 문자적인 의미의 피난민이기보다는 앞서 말한 바와 같이 은유적 표현으로 접근하는 것을 더 선호한다. 이 세계는 그리스도인의 진정한 집이 아니며(참조. 빌 3 : 20 ; 히 11 : 13-16), "더욱이 유대교나 그리스-로마 시대의 종교들 중 하나로부터 기독교로 개종하는 것은 새로운 신자들이 '한동안 집없는 사람들'이 된 것처럼 느끼기에 충분한 최초의 방향감각 상실과 새로운 정체성으로의 순응의 과정을 겪게 하였기" 때문이다(블롬버그, 「오순절 성령강림에서 밧모섬까지」, 2010, p. 682).

E. 구조와 기록 목적

베드로전서는 서신의 전체적 윤곽을 잡기 어려운 책으로 악명 높은데, 그럼에도 일반적인 그레코-로만 세계의 서신 양식을 따르며 바울서신과도 유사성을 보인다. 즉, 1 : 1~2은 서신의 서두로서 기능을 하면서 저자(혹은 발신자)와 독자(혹은 수신자)를 밝히고 있다. 1 : 3~5 : 11은 서신의 본론부를 형성하고, 5 : 12~14이 마지막 인사 겸 결론 부분을 이루고 있다. 베드로전서의 문학적 구조를 조금 더 심층적으로 다루자면 다음과 같이 접근할 수 있다. 도입부(1 : 1-2) 후에, 첫 번째 주요 구획인 1 : 3-2 : 10은 그리스도로 말미암은 신자들의 지위에 대해 상세히 다룬다. 그들은 하나님에 의해 선택된 새로운 족속으로, 영적으로 타향살이하는 이들(exile)이고 미래의 유업을 기다라는 순례자이다. 그리스도와의 관계성의 관점에서 신자들의 책임성을 상세히 다루는 두 번째 구획인 2 : 11-4 : 11은 영적으로 타향살이하는 이요 순례자로서의 독자들이 세상의 사회질서와 선한 일을 행함으로써 받게 되는 역설적 고난에 대해 어떻게 반응할 것인가에 대해 초점을 맞춘다. 결론 부분(5 : 12-14) 앞에 있는 마지막 구획인 4 : 12- 5 : 11은 고난에 대해 인내하라는 최종적 권고를 제공하고 그리스도와 관련하여 교회의 장로들의 책임성을 설파한다(T. E. Miller, "The Use of 1 Peter 3 : 13-17 for Christian Apologetics," *Bibliotheca Sacra* 174 〈2017〉, pp. 196-197).

한편 베드로가 직접적으로 베드로전서의 기록 목적을 언급하지 않았을지라도 수신자들은 매우 오래된 이슈 중의 하나인 '왜 선한 사람들이 박해를 받아야 하는가?', '하나님은 왜 그러한 시련을 허락하시는가?'와 같은 신학적인 질문을 놓고 씨름하고 있었던 것 같다. 그리하여 본론의 초반부는 수신자들의 하나님의 백성으로서의 정체성에 초점을 맞추며 작금의 고난이 자신들의 신분과 모순점을 드러내는 것이 아니라 오히려 예수 그리스도의 고난의 행보와 동일시하게 하는, 그리고 그들의 정체성이 하나님과 깊이 연관되어 있다는 증거라고 강조한다. 즉, 이 세대 안에서는 거류민과 외인으로서 주류 사회와 문화로부터 소외된 채 살아가지만 그들에게 베풀어지는 구원은 산 소망과 하늘의 본향을 약속한다. 일반적으로 나그네와 거류민이 겪는 거부감과 적대감, 그리고 가치관의 차이에 따른 갈등은 불가피하기에 그들은 주변 환경 안에서 주어지는 시험에 대해 이상히 여길 필요 없이 당연한 것으로 인정해야 한다(참조. 4 : 12).

베드로는 이 정체성과 현실을 토대로 본론의 중후반부에서 그리스도께서 고난 후에 승리하신 모본을 보여 준 후, 그리스도인들이 교회 공동체 안과 밖에서 적대적이고 공격적인 주변 사회를 향하여 어떻게 대응해야 하는가에 대한 권면을 제시한다. 그들의 고난은 삶에서의 패배가 아니다. 그들에게 주어질 영적인 유산은 쇠하지 않고, 그들은 마침내 썩지 않고 시들지 않는 예수께서 약속하시는 산 소망을 갖게 된다. 따라서 베드로는 수신자들에게 현재의 당면한 시련들로부터 눈을 들어 영원한 안목으로 그들에게 약속된 영원한 유업을 앙망하며 적대적인 세상이 가하는 박해와 공격을 감내하며 오히려 선한 행실로 하나님의 덕과 은혜를 선포할 책임이 있음을 상기시키고, 박해적 상황에서 필요한 실제적 권면과 위안의 신학을 제공한다. 악트마이어(Achtemeir)는 이 서신의 기록 목적에 대해 다음과 같이 진술한다 : "베드로전서는 현재적 고난과 박해에 고통당하고 있는 독자들에게, 그들의 '하나님과 무관했던' 과거가 현재의 '하나님의 자녀 된' 존재로 변화된 것과 정확히 마찬가지로, 현재 상황이 미래의 영광으로 변하게 될 것이라고 확신시킴으로써 독자들을 격려하고 있다"(Schreiner, *1, 2 Peter*, *Jude*, 2003, p. 45에서 재인용).

F. 구 조

Ⅰ. 문안인사(1 : 1-2)
  A. 저 자(1 : 1)
  B. 수신자와 인사말(1 : 1-2)
Ⅱ. 그리스도인의 실존(1 : 3-2 : 10)
  A. 성도의 구원에 대한 찬양(1 : 3-12)
    1. 거듭남과 소망에 대하여(1 : 3-5)
    2. 구원의 기쁨에 대하여(1 : 6-9)
    3. 미래에 임할 은혜에 대하여(1 : 10-12)
  B. 거룩한 행실에 대한 권면(1 : 13-2 : 3)
    1. 모든 행실에 거룩한 자가 되라(1 : 13-16)
    2. 나그네로 있을 때 두려움으로 지내라(1 : 17-21)

3. 피차 뜨겁게 사랑하라(1 : 22–25)
4. 신령한 젖을 사모하라(2 : 1–3)
C. 그리스도인의 새로운 정체성(2 : 4–10)
1. 거룩한 제사장(2 : 4–5)
2. 건축자의 버린 돌과 모퉁잇돌(2 : 6–8)
3. 택하신 족속이요 왕 같은 제사장, 거룩한 나라(2 : 9–10)
Ⅲ. 사회 속에서 그리스도인으로 살아가기(2 : 11–3 : 7)
A. 선한 행실로 하나님께 영광 돌리는 삶(2 : 11–12)
B. 그리스도인의 국가에 대한 복종의 의무(2 : 13–17)
C. 사환들의 주인을 향한 복종의 의무(2 : 18–25)
D. 그리스도인 아내와 남편 상호 간의 의무(3 : 1–7)
Ⅳ. 그리스도를 본받는 성도의 고난과 영광(3 : 8–4 : 19)
A. 악에서 떠나 선과 화평을 추구하라(3 : 8–12)
B. 구원의 소망에 대한 답변 준비(3 : 13–17)
C. 그리스도의 승리의 선포와 신원(3 : 18–22)
D. 그리스도의 고난의 모범(4 : 1–6)
E. 정욕을 좇지 말고 그리스도의 마음으로 갑옷을 입으라(4 : 7–11)
F. 불가피한 고난에의 참여를 즐거워하라(4 : 12–19)
Ⅴ. 교인들을 향한 구체적 권면과 결어(5 : 1–14)
A. 장로들에 대한 권면(5 : 1–4)
B. 젊은이 및 일반 신도들에 대한 권고(5 : 5–11)
C. 마지막 인사와 축복하는 기원(5 : 12–14)

제 I 부

문안인사

베드로전서 1 : 1–2

A. 저 자(1 : 1)

B. 수신자와 인사말(1 : 1–2)

| 베드로전서 1 : 1–2 |

문안인사

[1]예수 그리스도의 사도 베드로는 본도, 갈라디아, 갑바도기아, 아시아와 비두
니아에 흩어진 나그네 [2]곧 하나님 아버지의 미리 아심을 따라 성령이 거룩하
게 하심으로 순종함과 예수 그리스도의 피 뿌림을 얻기 위하여 택하심을 받
은 자들에게 편지하노니 은혜와 평강이 너희에게 더욱 많을지어다

A. 저 자(1 : 1)

[1 : 1] 그레코–로만 시대의 서신 양식인 'A가 B에게'의 유형을 따르면서 저자는 자신을 '예수 그리스도의 사도 베드로'로 소개한다. 하지만 우리는 베드로전서의 수신자들에게 베드로가 얼마나 잘 알려져 있었는지는 알 수 없다. 그가 그 지역에서 선교사로 사역했다는 증거도 없을뿐더러, 바울서신과 달리

베드로전서에는 베드로의 사역에 대한 회상적인 언급이 없기 때문이다. 그는 단지 스스로를 사도로 밝힘으로써 예수의 그리스도의 권위를 부여받은 대리인이자 자신의 메시지가 그리스도로부터 기원한 것임을 공표하고 있다. 사도는 원래 권위를 가진 한 사람 혹은 여러 사람에 의해 파송되어 자신을 보낸 사람의 전권을 가지고 업무를 수행하는 인물을 지칭하였다. 유대 전통에는 샬리아흐(Shaliach) 제도가 있었는데, 그들은 예루살렘 성전의 대표자 자격으로 당시의 지중해 세계 전역에 파송되어 유대인 공동체에 매년 부과된 성전세를 모금하였고, 이들이 바로 기독교의 사도의 모델로 간주되기도 한다. 그러나 기독교적 개념의 사도에 대한 보다 근원적인 신학적 이해는 부활하신 그리스도이신 예수와 개인적인 만남이 있었고, 예수에 의해 위임받은 인물로 예수 그리스도의 권위로 존중받아야 할 대상들이었다(참조. 고전 15 : 3–11 ; 마 28 : 16–20 ; 갈 1 : 1 ; 롬 1 : 1 ; Elliot, *1 Peter*, p. 310). 한편 사도행전 1 : 21~22은 가롯 유다 대신 맛디아를 사도로 선정하는 과정에서 사도직의 자격에 대해 다음과 같이 밝힌다 : "요한의 세례로부터 우리 가운데서 올려져 가신 날까지 주 예수께서 우리 가운데 출입하실 때에 항상 우리와 함께 다니던 사람 중에 하나를 세워 우리와 더불어 예수께서 부활하심을 증언할 사람이 되게 하여야 하리라 하거늘"

하지만 베드로전서의 경우, 사도권이 도전받던 바울의 사례와 같은 변증적 차원의 진술이 아니기 때문에 베드로의 사도직에 대한 언급은 주님의 대리인으로서의 자신의 역할을 겸손히 표출한 것으로 볼 수 있다. 특히 베드로는 스스로에 대해 사도들 중 수장이 아니라 여러 교회의 지도자들, 곧 장로들 가운데 하나로 소개한다(5 : 1). 따라서 베드로전서를 통하여 베드로의 사도적 언급은 권위를 강조한다기보다는 그리스도의 고난과 영광에 대한 증언자요 동참자의 의미를 더욱 부각시키는 취지로 보인다(참조. Senior, *1 Peter*, *Sacra Pagina*, 2008, p. 138). 그리하여 베드로는 수신자들에게도 동일하게 그리스도의 고난과 영광에 대해 증언하고 동참할 것을 권유하고 있다(4 :

13-14). 한편 베드로가 이 서신의 주도적 권위자로 나타날지라도, 실루아노와 마가 역시 베드로전서를 같이 보내는 공동의 발신자요 동역자로 등장한다(벧전 5 : 12-13).

B. 수신자와 인사말(1 : 1-2)

[1 : 1-2] 인사말에서 서신 전체의 논지가 감지되는 신약성경의 다른 서신들과 마찬가지로 베드로전서의 문안인사에는 하나님의 백성들의 지위와 하나님께서 그들을 위해 제공하시는 '구원'이라는 서신 자체의 중심적 논지가 기술된다. 회람서신인 베드로전서의 수신자들의 거주 지역에 대해서는 서론에서 설명한 바 있다.

베드로는 이 수신자에 대해 두 가지 이해를 가진다. 첫째는 '흩어진 나그네'(파레피데모스〈parepidēmos〉)요, 둘째는 '택하심을 입은 자들'(에클렉토스〈eklektos〉)이라는 사고이다. 수신자들에 대한 그러한 칭호는 이미 베드로전서의 시작부터 그들의 역설적 상황을 나타낸다. 그들은 세상 안에서는 외인이나 하나님 안에서는 택함을 받은 자들이다(참조. Schreiner, *1, 2 Peter, Jude*, 2003, p. 50-51).

우선 흩어진 나그네라는 개념이 도출된 디아스포라는 원래 바벨론 포로기 이후로 팔레스타인 지경 밖에 살고 있는 유대 거류민에 대한 언급으로 유대 문헌에서만 발견되는 전문 용어이다. 1세기경 유대인들의 인구는 약 4백만~4백 5십만 명으로 추산되며 전체 지중해 지역의 5~6천만 명 인구의 7%에 해당된다. 유대인들 중 다수인 4/5는 팔레스타인 지경 밖에서 디아스포라로 살아갔다. 디아스포라 유대인들 중 대다수는 메소포타미아 지역과 이집트 지역에 집중하여 살았으며 소아시아에도 적지 않은 유대인들이 살고 있었다. 비록 그들은 이방 지역에 살고 있었지만 팔레스타인을 자신들의 종교와 문화의 중심지로 선망하며 살아갔다(Elliott, *1 Peter*, p. 313 ; Jobes, *1 Peter*, 2005, p. 63).

혹자는 이 용어의 사용을 통해 베드로전서의 수신자가 유대인 그리스도인일 것으로 생각한다. 실제로 바벨론으로부터 소아시아 지역으로 이주해 온 유대인들이 많았고 제사장적 비유(2 : 5, 9)의 사용은 유대적 배경을 전제로 하는 듯하다. 그리고 예루살렘과 그 주변에서의 그리스도인들에 대한 박해로 말미암아 유대인 그리스도인들 중 적지 않은 수가 로마 제국 전반으로 흩어져 살았다(참조. 행 8 : 1-4). 그리고 로마 제국 각지에 터를 잡은 유대인 그리스도인들은 복음 전파를 중단하지 않았고, 그리스도인들이 된 자들 가운데는 민족적으로 유대인이었고, 유대적 문화 유산에 속한 이들이 적지 않았을 것이며, 그중에는 또한 베드로전서의 수신자들이 속한 도시들에도 증거되어 이방인 그리스도인들이 많이 생겨나게 되었을 것이다(참조. 마이클스, 「베드로전서」, 2006, pp. 68-76 ; McKnight, *1 Peter*, 1996, p. 24).

하지만 '흩어진 나그네'라는 표현에 대해, 대개의 학자들은 유대인 그리스도인들만을 지칭하는 것이 아니라, 이방인 그리스도인임에도 그리스도인들이 세상에 대해 맺고 있는 주변 사회와의 관계성과 처지를 묘사하는 은유로 이해하여 그리스도인들이, 흩어져 살던 옛 언약 속의 하나님의 백성들, 곧 이스라엘인들의 삶의 시각에서 스스로를 바라볼 것에 대한 권고로 여긴다. 특히 이방인을 연상시키는 1 : 14 ; 2 : 9, 10 ; 4 : 3, 4의 구절들은 베드로전서의 수신자가 이방인일 가능성을 열어 놓는다. 비록 이방인 그리스도인들로서는 자신들에 대해 이스라엘 역사에 깊이 뿌리내린 디아스포라적인 표현이 사용되는 것에 대해 익숙하지 않았을 것이나, 외지인이라는 변방적 지위 혹은 현지인일지라도 이방인 그리스도인들이 새로운 종교를 선택함으로 말미암은 삶의 모든 뿌리로부터의 단절, 그에 따른 멸시와 중상적 비방 등은 디아스포라의 경험을 스스로의 삶의 형편과 연계시키는 일을 충분히 가능하게 했을 것이다. 동시대적 가치와 문화를 따르지 않는 소수의 그리스도인들의 이해할 수 없는 삶과 행동에 대하여 주변 사회는 적대적으로 반응하였고, 그리스도인들은 나그네처럼 항변조차 할 수 없는 소수자로서의 아픔을 견뎌 내야 했을 것이다. 결국 베드로전서의 수신자들 중 이방인인 자들에게 있어 디아스포라적 개념은 사회적 배척과 다른 유형의 핍박을 상징하는 메타포로 기능하고 있었다(Green, *1 Peter*, 2007, p. 15).

따라서 베드로전서의 수신자들의 정체성에 대해서는 대부분의 다른 초기 교회 공동체들처럼 유대인과 이방인의 혼합 공동체를 예상하게 한다. 실제로 풍부한 유대적 전통의 상징은 배타적 성격의 유대인 그리스도인 공동체를 위한 것이라기보다는 공동체의 구성원이 유대인 그리스도인들의 한계를 넘어 이방인 그리스도인들로 확대되어 가는 과도기적 과정을 반영하는 것으로 이해할 수 있다. 이러한 특징은 유사하게 이방인 선교를 지향하면서도 유대적인 성격이 강한 마태복음과 요한복음의 경우에서도 동일하게 적용된다.

수신자들의 정체성을 유대인인지 이방인인지 확연히 구분하는 시도는 학자들 사이의 합의를 얻어 내지 못하였지만, 분명한 것은 유대인이든 이방인이든 베드로전서의 수신자가 주류 사회에서 배제된 소수의 소외 그룹이라는 사실이다. 수신자들에 대한 다른 표현, '거류민, 외인, 혹은 행인'들을 가리키는 2 : 11의 헬라어 파로이코스(paroikos)는 당시 어떤 도시에서 시민에게 주어지는 권리와 법적 보호 장치 없이 살아가는 사회적으로 열악한 환경에 처한 자들을 칭했었다. 곧 그들의 삶의 현장은 나그네의 처지처럼 발을 딛고 있는 곳에서 안정을 추구할 수 있는 상황이 아니었다. 수신자들을 나타내는 두 가지 용어 파레피데모스(par-epidēmos)와 파로이코스(par-oikos ; 2 : 11)는 모두 '곁'을 나타내는 para-어군(語群)에 속하는 어휘로 토박이가 아닌 소위 온전히 정착되지 아니한 '곁다리 인생'이라는 의미를 내포하고 있다(참조. Elliott, *1 Peter*, 2000, p. 312). 나그네는 현재 머무는 곳이 집이 아니며, 자신의 본향을 찾아가는 존재이기에, 나그네는 주류 문화의 가치와 관행을 반드시 지킬 것으로 기대되지 않았다(참조. 롬 12 : 2). 한편, 나그네의 삶에서는 평안함을 추구하기 어려운데, 나그네 됨은 단지 공간적 환경뿐 아니라 시간적 환경(말세)을 포함한다(참조. 4, 5절). 따라서 베드로전서의 수신자는 본향인 천성을 향해 가는 순례자(pilgrims)와 다를 것이 없다.

2세기 무명 기독교 작가의 저술로 간주되는 "디오그네투스에게 보낸 서신"(the Epistle to Diognetus)은 그리스도인들의 순례자적 삶에 대해 다음과 같이 아름답게 묘사하고 있다.

> 그리스도인들은 나머지 인류로부터 국가, 말, 혹은 관습으로 말미암아서는 구별되지 않는다 …… 그들은 각각 자신들의 나라에서 살고 있으나, 단 외인들로 살아갈 뿐이다. 그들은 시민으로서 모든 것에 참여하지만, 외국인들이 겪어야 하는 모든 어려움을 감내해야 한다. 모든 외국 땅이 그들의 집이고, 모든 집은 외국 땅이다 …… 그들은 육신을 입고 살아가지만 육신을 따라 살지 않는다. 그들은 자신들의 생을 지상에서 보내지만, 그들의 시민권은 하늘에 있다(D. Edmond Hiebert, "Designation of the Readers in 1 Peter 1 : 1-2," p. 67에서 재인용).

일부 학자들은 이 수신자들이 1세기 로마에서 그리스도인들이 축출당할 때 로마로부터 소아시아로 떠나온 일단의 그리스도인일 가능성을 제기하는데, 그 정확한 정체성에 상관없이 그리스도인들은 어디에 살든지 간에 자신의 가치와 관습이 주류 문화와 충돌을 일으킬 때는 항상 주변인화(marginalized) 되어 소수자의 아픔을 경험하게 된다. 따라서 그리스도인들은 이교 사회 안에 살면서 하늘의 시민권을 사모하며, 국외자 혹은 영원한 안식을 위해 정착지를 향해 떠나는 난민으로 살아간다(참조. 빌 3 : 20 ; 히 11 : 11-13 ; *The Reformation Study Bible*. 2005, p. 1810). 우리는 그리스도인을 향한 당시의 적대감의 이유에 대해 다음의 글을 통해 살펴볼 수 있다.

> 근본적인 초기 신앙고백(고전 12 : 3 이하)인, 그리스도인들이 주님으로서의 예수께 고백하는 바로 그러한 성격은 그들 주변의 문화와 정치적 · 사회적 · 종교적으로 사이가 좋지 않게 만들었다. 로마 세계에서 보통 요구되는 헌신은 가이사를 주로 고백하는 것인데, 그러한 의미의 '주님'이라는 용어를 다른 어떤 사람에게 사용하는 것은 즉각적으로 반역죄로 의심받을 수 있었다. 그리스도인들이 주님으로서의 예수께 헌신하는 것은 다른 종교적인 규례에 참가하는 것을 의미했으며 이것은 또한 그 당시의 관습에 어긋나는 것이었다. 다양한 신비 종교의 제의와 같은 인종적인 혈통에 기초하지 않았던 종교들은 신자들에게 배타적인 요구를 하지 않았다. 사람들은 그들이 원하는 종교제의에 마음대로 참여할 수 있었다. 그리스도인들은 그렇게 할 수 없었기 때문에 그들의 이웃들에게 의심을 받게 되었고, 다른 사람들과 그들의 관습을 혐오한다고 비난을 받게 되었다. 이것에 덧붙여 그레코-로만 세계에서 사회적이고 종교적인 일치에 대한 강한 압력이 존재했기 때문에 그리스도인들이 왜 비그리스도인들에게 어떠한 형태의 지지도 받을 수 없었는지가 분명해진다. 바로 그러한 이유 때문에 신약성서의 다른 서신들은 물론, 바울의 서신들도 그리스도인들이 서로 도와주고 믿음 안에서 하나가 될 필요가 있다고 강조한다. 그래서 그리스도인들을 향해 공격할 태도를 갖추고 있던 적대 세력들이 그리스도인으로서의 삶을 계속하려는 결심을 와해시키지 못하도록 말이다 (악트마이어 외, 「새로운 신약성서개론」, 2004, p. 530).

한편 소외 그룹으로서의 베드로전서 수신자들의 정황은 오늘날의 그리스도인들의 주변 문화와의 관계성 그리고 기독교에 대한 반감을 가진 한국적 상황에서 그리스도인으로 살아가기에 대한 통찰을 제시해 준다.

그런데 그 흩어짐은 현상적으로 강제에 의한 것이든 자발적인 것이든 우연한 일이 아니었다. 그들은 흩어진 존재이나 또한 택하심을 받은 자들로 그들의 택하심은 철저히 하나님의 미리 아심에 따른 선택이었다. 미리 아심이라는 '프로그노시스'(prognōsis)라는 명사의 동사 형태는 하나님을 주어로 하여 신약성경에서 두 번 등장하는데(롬 8 : 29 ; 11 : 2), 두 경우 모두 하나님의 백성이 그 미리 아심의 대상이 되어 역사 이전의 시점에 하나님께 그들에 대한 계획과 예정을 지니셨음을 밝히고 있다. 베드로전서 1 : 20은 또한 그리스도의 구속적 사역은 창세 전에 결정된 하나님의 예지(豫知)적 사안이었다고 말한다. 결국 교회 안에서 그리스도인들이 존재하게 된 것은 그리스도인 자신의 결단이 아니요 그들을 부르신 하나님의 주도적 부르심 때문이었다. 따라서 미리 아심은 단순한 앎만을 언급하는 것이 아니라 하나님의 의도하심, 곧 그리스도인의 선택적 지위의 원천은 온전히 하나님의 뜻과 의지에 근거함을 강조한다(Jobes, *1 Peter*, 2005, p. 68).

한편, 개역성경의 번역과 달리 1절의 헬라어 원문은 '흩어진 나그네 곧 택하심을 입은 자들에게'라는 의미의 '에클렉토이스 파라피데모이스'(eklek-tois parepidēmois)로 되어 있다. 성경 어느 곳에서도 이 조합을 가진 어휘를 찾아볼 수 없는데, 사회적으로는 상처를 입을 수밖에 없는 불리하고 연약한 처지와 하나님과의 관계성 안에서는 특권을 입은 집단으로서의 역설이 담겨 있다(마이클스, 「베드로전서」, 2006, p. 114). 예수께서는 이 역설적 상황을 수신자들 그리고 1세기의 그리스도인들과 공유한다 : "사람에게는 버린 바가 되었으나 하나님께는 택하심을 입은 보배로운 산 돌이신 예수"(2 : 4). 그리고 이 선택의 교리가 베드로전서 전체를 관통하고 있다(참조. 1 : 1–2 ; 5 : 13). 베드로는 수신자들에게 그들이 아버지 되시는 하나님에 의해 선택받은 사실을 강력히 선포함으로 그들을 위로하고 있다. 원래는 '택하심을 받은 족속'에 대한 기술은 이스라엘 민족에게 적용되던 것이었다(신 4 : 37 ; 7 : 6–8 ; 시 106 : 5 ; 사 14 : 1 ; 43 : 20 ; 45 : 4 ; 65 : 9 ; Schreiner, *1, 2 Peter, Jude*, 2003, p. 50).

하나님의 은혜로운 선택은 구약성경의 여러 본문이 더욱 선명하게 증거하고 있다. 우선적으로 하나님은 아브라함을 선택하셨다 : "여호와께서 아브람에게 이르시되 너는 너의 고향과 친척과 아버지의 집을 떠나 내가 네게 보여 줄 땅으로 가라 내가 너로 큰 민족을 이루고 네게 복을 주어 네 이름을 창대하게 하리니 너는 복이 될지라"(창 12 : 1-2). 또한 이스라엘의 나그네 여정은 애굽의 노예 생활과 하나님의 주권적인 은혜로운 선택과도 연계된다 : "내가 애굽 사람에게 어떻게 행하였음과 내가 어떻게 독수리 날개로 너희를 업어 내게로 인도하였음을 너희가 보았느니라 세계가 다 내게 속하였나니 너희가 내 말을 잘 듣고 내 언약을 지키면 너희는 모든 민족 중에서 내 소유가 되겠고 너희가 내게 대하여 제사장 나라가 되며 거룩한 백성이 되리라 너는 이 말을 이스라엘 자손에게 전할지니라"(출 19 : 4-6). 이를 통해 유대인들만이 하나님의 선민이라는 주장을 펼 수 있었으나, 이제는 유대인과 이방인을 아우르는 모든 믿는 자들이 하나님께 속해 있다. 이 선택의 모티브는 2 : 9~10에서 재등장한다. 우리의 구원과 안전은 온전히 하나님의 자비로운 선택에 근거한다. 베드로는 '외인'의 개념을 선택, 소명, 계약과 여행을 아우르는 선택 모티브와 결합시킨다. 따라서 그리스도인은 이 세상의 집에 정착하지 않고 하나님의 돌보심과 인도하심 아래 영원한 안식처인 천국을 향한 노정(路程)에 있다고 할 수 있다(Green, *1 Peter*, 2007, p. 17).

베드로는 서신의 인사말을 통해 앞으로 서신 속에 전개될 주요 논지를 강화시키고 있다. 그리스도인들의 현재적 지위는 외인이요 나그네이나 하나님의 보호 아래 있기에 그 어떤 시련이나 박해도 하나님께서 그분을 믿는 자들에게 허락하신 영원한 생명을 앗아갈 수 없다. 그리고 세상적으로는 소외된 자들이요 나그네라는 신분은 과연 그리스도인들의 집은 어디냐는 질문을 던지게 만든다. 이에 대해 베드로는 하나님에 대하여 아버지로 칭함으로(참조. 1 : 3, 17), 그리스도인들의 회심에 대하여 거듭남으로 표현하여(1 : 3, 23 ; 2 : 2), 하나님의 생명 부여자로서의 역할을 부각시키며, 또한 동료 그리스도인들에 대하여 하나님의 자녀이자(1 : 14)요 형제자매이며(1 : 22 ; 3 : 8 ; 5 : 12-13), 하나님의 집 혹은 가족으로의 이미지(2 : 4-10 ; 4 : 17)를 개념적으로 연결시켜 그리스도인들을 새로운 가족으로 편입된 존재로 간주하는 초기 교회 전통을 따르고 있다(Elliott, *1 Peter*, 2000, p. 318).

한편 베드로는 이 구절을 통해 우리의 구원을 위해 동역하시는 삼위일체 하나님의 사역을 명확히 밝히고 있다. 서신의 문안인사에서 성부, 성자, 성령의 삼위일체를 언급하는 것은 신약성경에서 이곳이 유일하다. 초기 교회 전승에 따르면 성부 하나님은 우리가 그분을 택하기 전에 우리를 먼저 선택하셨다(참조. 엡 1 : 4). 아들이신 예수 그리스도는 우리가 아직 죄인 되었을 때 우리를 위해 돌아가셨다(참조. 롬 5 : 6-10). 성령은 우리에게 구원의 은혜를 주시고 하나님을 섬기도록 우리를 구별하여 거룩하게 하신다(참조. 살후 2 : 13 ; *Life Application Study Bible*, 2004, p. 2126).

하나님은 모든 것에 앞서 곧 우리가 어떤 덕과 공로를 세워 선택받을 자격을 갖추기 전에 이미 주도적으로 우리를 선택하셨다(택하심의 주제는 2 : 4-10에서 확대된다). 어느 인간도 하나님이 선택하실 수밖에 없도록 자격을 갖출 수 없다는 것은 자명한 사실이다. 그런데 하나님의 선택은 우리의 선택을 배제하지 않는다. 그분의 택정하심은 우리가 택하는 결정의 순간을 강제하지 않으신다. 그러나 바른 선택을 하도록 붙들어 주신다. 따라서 베드로에게 있어 아심(knowing)은 단순한 선택의 의미만이 아닌, 계약이라는 함의를 갖고 있다. 유대적인 개념 속에서 그 어휘는 종종 하나님께서 그분의 백성들에게 부여하시는 계약 관계에 기초한 사랑을 언급한다(참조. 창 18 : 19 ; 렘 1 : 5 ; 암 3 : 2, Schreiner, *1, 2 Peter, Jude*, 2003, p. 53). 그리하여 하나님은 우리를 그분의 사랑과 은혜 가운데 부르시고 성령으로 거듭나게 하는 믿음으로 나아가도록 이끄셔서 자녀를 삼아 주셨기에 우리로 하여금 충성을 요구하실 수 있다(참조. 벧전 1 : 15 ; 2 : 4, 6, 9, 21 ; 3 : 9 ; 5 : 10 ; 참조. 살전 4 : 3-4 ; 롬 6 : 19, 22 ; 딤전 2 : 15 ; 히 12 : 1, 4 ; 마이클스, 「베드로전서」, 2006, pp. 121-122).

베드로는 2절에서 하나님의 이 미리 아심에 따른 선택은 세 가지 목적이 있다고 진술한다. 첫째는 성령이 거룩하게 하시려는 것이요, 둘째는 순종하게 하기 위함이요, 셋째는 예수 그리스도의 피 뿌림을 얻기 위함이다. 인간이 거룩하게 되는 것은 성령의 주도적 행동이지 인간의 스스로의 노력에 근거하는 것이 아니다. 성령의 선택은 '거룩', 곧 하나님께 선택 받은 자들이 구별되어 하나님의 목적을 이루어 가는 목표를 가지며, 헬라어적으로 '발아래에 처하여 귀를 기울이다'라는 의미를 담지한 '순종'(hupakouō)하나님의 말씀에 대한 인간의 겸손한 응답이자 반응이다. 한편, 피 뿌림은 유대인들의 희생 제사를 상기시키는데, 민수기 19장에 따르면 제사장은 암송아지를 태운 후, 재를 물에 섞어 부정하게 된 자를 정결하게 하기 위하여 그 물을 뿌린다. 이 정결하게 하는 물은 구약성경의 종말론적 예언 전통에도 등장하는데, 하나님은 만국에 흩어진 자기 백성을 그들의 부정과 우상숭배로부터 정결하게 하기 위하여 맑은 물을 뿌릴 것을 약속하신다. 그리고 그분의 성령을 그들 가운데 두어 마음으로 하나님의 율례와 규례를 순종하게 하실 것이라고 예언된다(겔 36 : 24-28 ; 참조. Jobes, *1 Peter*, 2005, pp. 71-73).

물론 이 모든 내용은 그리스도의 구속적 죽음에 적용되고 물을 뿌리는 것 역시 예수의 피와 결합되는데, 보다 구체적인 피 뿌림은 출애굽기 24장의 내용과 결부시킬 수 있다. 그 본문에 의하면, 이스라엘 백성들과 하나님 사이에 첫 계약이 성립되기 위해 동물의 피가 뿌려졌었다. 곧 동물의 피를 뿌리기 직전, 모세는 이스라엘 백성에게 주께서 말씀하신 모든 바를 큰 소리로 전해준다. 이에 이스라엘 백성은 자신들의 전통대로 두 번의 반복된 어구로 응답한다 : "여호와께서 말씀하신 모든 것을 우리가 준행하리이다"(출 24 : 3, 7). 모세는 소로 번제와 화목제를 드린 후 그 피를 백성에게 뿌리며 "이는 여호와께서 이 모든 말씀에 대하여 너희와 세우신 언약의 피니라"고 하였다(출 24 : 8 ; 참조. 히 12 : 24). 우리는 모세가 피 뿌림의 의식이 진행되기 전 주의 말씀에 대한 순종을 먼저 요구한 사실을 주목할 필요가 있다. 그리하여 선택의 최종적 목표는 복음에의 순종과 하나님의 계약백성으로 자리매김하는 것과 깊은 연관이 있다(참조. 마이클스, 「베드로전서」, 2006, pp. 123-124). 이러한 의식은 베드로전서 1 : 18~20에서 확대된다.

그러나 이는 순종의 서약이 있어야만 그리스도의 피 뿌림의 사건이 일어난다는 순서를 말하는 것이 아니다. 그리스도의 순종이 선행되었기에 우리에게 죄 사함의 은혜가 임하는 까닭이다. 예수 그리스도의 순종과 하나님의 뜻에 대한 복종은 초기 기독교 전통의 일관된 주제이다(마 26 : 39 ; 막 14 : 36 ; 눅 22 : 42 ; 롬 5 : 19 ; 빌 2 : 8 ; 히 5 : 8). 베드로전서에서도 그리스도의 하나님의 뜻에 대한 복종(2 : 22-23 ; 3 : 18)은 예수를 따르는 자들에게 명령된 사안이자 모델로 제시된다(1 : 14, 17, 22 ; 2 : 15, 17, 18-25 ; 3 : 14, 16 ; 5 : 2, 6 ; Elliott, *1 Peter*, 2000, pp. 319-320). 따라서 성령의 거룩하게 하심과 순종함, 그리고 피 뿌림은 별개의 사안이 아니라 순종과 피 뿌림은 동시적인 사건이다. 특히 베드로가 '순종함과 그리스도의 피 뿌림'이라는 어구에서 순종과 피 뿌림을 등위접속사 '그리고'로 연결한 것은 하나님의 선택에 의한 결과에 하나님의 섭리와 인간의 반응 모두가 영향을 미친다는 섬세한 표현 의지가 담긴 것으로 볼 수 있다(Hiebert, "Designation of the Readers in 1 Peter 1 : 1-2," pp. 71-72). 히브리서 기자도 피 뿌림과 순종의 밀접한 관계를 다음의 권면을 통해 드러낸다 : "우리가 마음에 뿌림을 받아 악한 양심으로부터 벗어나고 몸은 맑은 물로 씻음을 받았으니 참 마음과 온전한 믿음으로 하나님께 나아가자"(히 10 : 22).

한편 베드로는 편지의 서두를 은혜(카리스, charis)와 평강(에이레네, eirēnē)이라는 인사말로 마무리한다(1 : 3). 바울의 모든 서신들과 베드로후서, 요한2서, 클레멘트1서들을 살펴보면, 은혜와 평강은 주후 1세기 그리스도인들의 정형화된 인사로 보인다. 일반적으로 헬라인들의 인사는 기뻐한다는 동사 카이로(chairō)의 부정사인 카이레인(chairein)이었다. 그러나 1세기 그리스도인들이 그 용어를 은혜 혹은 거저 주는 것을 뜻하는 카리스(charis)로 바꾸었는데, 이전보다 훨씬 더 깊은 종교적 함의를 지니면서 기쁨과 안녕 자체가 하나님으로부터 거저 주어지는 것이라는 것과 평안한 날을 고대하는 평강, 곧 샬롬이 대표적 인사가 되었다. 결국 하나님께로부터 오는 은혜와 평강만이 참된 기쁨이요 평안이 된다는 것이다(참조. 마이클스, 「베드로전서」, 2006, pp. 124-125 ; Senior, *1 Peter*, 2008, p. 27).

설교를 위한 묵상

사람의 심령이 부패되고 삶 속에 죄악이 스며드는 것은 마음에서 시작되는 집착이 가장 큰 근원이 된다. 곧 안목의 정욕, 육신의 정욕, 이생의 자랑 등이 세상적 가치에 집착하게 하는바, 성도는 무엇보다도 자신의 정체성을 분명하게 인식하여야 한다. 베드로 사도는 수신자들에게 '흩어진 나그네'이자 '택하심을 받은 자들'로 정체성을 확인한다. 영원한 구원을 위해서는 하나님의 은혜로운 섭리 속의 선택받은 자들이지만, 이 땅에서는 곁다리 인생의 나그네요 거류민임을 기억하는 자는 현재적 삶에 우리의 모든 것을 걸지 않는다.

실제로 필자가 가르치는 학교가 있는 부산경남 지역에서 기독교 문화와의 충돌은 재산의 상실로 이어지는 경우가 있다. 한 학생의 경우, 집안의 장손으로 문중이 제공하는 적지 않은 땅이 상속될 예정이었으나, 그리스도인이 되었고 신학생이 되었다는 이유로 장손 된 역할을 함으로 문중의 땅을 받을 것인가와 신앙을 택함으로 그 땅을 포기할 것인가에 대한 양자택일을 강요받았고, 결국 믿음을 위해 그 땅에서 얻어지는 적지 않은 소득을 포기했다는 이야기를 들은 바 있다. 이곳은 우리의 영원한 본향이 아니기 때문이다. 하늘의 가치를 두고 영원을 보는 시각이 성도에게 요청된다.

제 Ⅱ 부

그리스도인의 실존

베드로전서 1 : 3–2 : 10

A. 성도의 구원에 대한 찬양(1 : 3–12)
   1. 거듭남과 소망에 대하여(1 : 3–5)
   2. 구원의 기쁨에 대하여(1 : 6–9)
   3. 미래에 임할 은혜에 대하여(1 : 10–12)

B. 거룩한 행실에 대한 권면(1 : 13–2 : 3)
   1. 모든 행실에 거룩한 자가 되라(1 : 13–16)
   2. 나그네로 있을 때 두려움으로 지내라(1 : 17–21)
   3. 피차 뜨겁게 사랑하라(1 : 22–25)
   4. 신령한 젖을 사모하라(2 : 1–3)

C. 그리스도인의 새로운 정체성(2 : 4–10)
   1. 거룩한 제사장(2 : 4–5)
   2. 건축자의 버린 돌과 모퉁잇돌(2 : 6–8)
   3. 택하신 족속이요 왕 같은 제사장, 거룩한 나라(2 : 9–10)

| 베드로전서 1 : 3-2 : 10 |

그리스도인의 실존

A. 성도의 구원에 대한 찬양(1 : 3-12)

베드로는 이 서신의 핵심 사안인 고난의 문제를 아직 구체적으로 언급하지는 않지만 그들이 이 땅의 흩어진 나그네로 살아가면서 당하고 있는 환난의 상황에서 용기를 잃지 않고 담대히 살아야 할 근거가 되시는 하나님을 찬양하면서 권고를 시작한다. 곧 베드로전서 1 : 3~12은 당시의 그리스도인들에게 요청되는 삶에 대한 신학적인 기초를 쌓는 내용으로 서신의 본론을 열게 된다. 베드로의 시대에 그리스도인이 된다는 것은 주변 세계로부터의 불확실하고 때로는 결코 유쾌할 수 없는 지난(至難)한 경험을 직면해야 하는 일이었다. 이러한 고난의 상황이 예상될 때, 일반적으로 그리스도인이 되는 것을 주저하거나 그리스도인이었던 이들도 신앙을 포기하고픈 시험에 도달할 수 있기에 베드로가 서신을 기록한 주요 목적은 그의 독자들로 하여금 현실을 이겨 내고 미래에 대한 궁극적 소망을 갖도록 고난을 이겨 내는 견고한 믿음의 근거를 밝혀 격려하고자 함이었다.

1. 거듭남과 소망에 대하여(1 : 3–5)

> [3]우리 주 예수 그리스도의 아버지 하나님을 찬송하리로다 그의 많으신 긍휼
> 대로 예수 그리스도를 죽은 자 가운데서 부활하게 하심으로 말미암아 우리를
> 거듭나게 하사 산 소망이 있게 하시며 [4]썩지 않고 더럽지 않고 쇠하지 아니하
> 는 유업을 잇게 하시나니 곧 너희를 위하여 하늘에 간직하신 것이라 [5]너희는
> 말세에 나타내기로 예비하신 구원을 얻기 위하여 믿음으로 말미암아 하나님
> 의 능력으로 보호하심을 받았느니라

[1 : 3–5] '찬송하리로다'(eulogētos)는 하나님의 위대하심과 광대하심, 그리고 선하심에 대한 감사와 경외심이 표현된 유대인들의 오래된 찬송문인 베레카(Berekah) 양식으로 알려져 있다(시 68 : 19 ; 72 : 18). 동일한 표현이 바울에 의해서도 사용되었다(고후 1 : 3 ; 엡 1 : 3 ; 참조. 눅 1 : 68 ; 롬 1 : 25 ; 9 : 5 ; 고후 11 : 31 ; 참조. Elliott, *1 Peter*, 2000, p. 330 ; "찬송하리로다"는 유대인 기도 속에 항상 들어가는 요소로 특히 유대인 매일 세 차례씩 암송하던 쉐모네 에스레〈Shemoneh 'Esreh〉로 알려진 유대인들의 축복 기도문 속에도 들어 있다. 참조. 켈리, 「베드로전 · 후서/유다서」. 1987, p. 68). 베드로는 이 찬송문에서 하나님을 주 예수 그리스도의 아버지로 밝힘으로써 유대적 표현법을 기독교적으로 확장시킨다(참조. 롬 15 : 6). 그리하여 그는 베드로전서의 첫 세 구절 가운데 예수 그리스도라는 이름을 네 차례나 언급하여 자신의 신학의 그리스도 중심성을 드러낸다(Jobes, *1 Peter*, 2005, pp. 81–82).

베드로는 하나님을 찬송하는 근거로 세 가지를 제시하는데, 첫째는 하나님께서 예수 그리스도를 통하여 우리에게 산 소망이 있게 하신 것이며, 둘째, 영원히 변하지 않을 유업을 우리를 위하여 하늘에 간직하신 것과, 셋째, 말세

에 약속된 구원을 위해 이 시대에도 하나님의 능력으로 보호하심을 받게 하신 데 있다. 이제 이 세 가지 찬송의 근거를 하나씩 살펴보자.

하나님은 긍휼이 많으신 분으로 우리를 거듭나게 하시고 산 소망을 주셨다. 하나님은 아무 소망이 없는 상태의 죄인들에게 무조건적으로 호의를 베푸신다. 베드로는 2절에서 이미 하나님의 미리 아심 가운데 성도에게 무조건적으로 주어진 선택의 은혜를 언급한 바 있다. 3절에서는 하나님의 또 하나의 다른 속성으로 풍부하신 자비를 말한다. 자비는 인류의 죄악에도 불구하고 그리고 옳은 일을 할 수 있는 아무런 능력이 없음에도 호의를 가지시고 하나님의 백성이 되게 하심을 말한다. 이 자비가 기독교인의 실존의 근거가 된다(2 : 10 ; 참조. 마이클스, 「베드로전서」, 2006, p. 133 ; Jobes, *1 Peter*, 2005, p. 82).

긍휼 혹은 자비로 번역된 헬라어 엘레오스(eleos)는 구약 전통의 헤세드(ḥesed)와 깊은 연관을 가지고 있다. 긍휼은 그분의 백성을 향하신 하나님의 선하신 속성을 정확히 나타내는 표현이다. 하나님은 출애굽기 20 : 6에서 이스라엘과 계약을 맺으시면서 하나님을 사랑하고 그분의 규례를 지키는 자는 천대까지 은혜를 베풀어 주기로 약속하셨다(참조. 신 5 : 10). 그러나 이스라엘의 계속적인 불신앙과 우상 숭배로 이 계약이 깨어졌다. 그럼에도 하나님은 구약성경 전체를 통해 스스로를 긍휼이 풍부하신 분으로 선포하신다 : "여호와께서 그의 앞으로 지나시며 선포하시되 여호와라 여호와라 자비롭고 은혜롭고 노하기를 더디하고 인자와 진실이 많은 하나님이라"(출 34 : 6 ; Jobes, *1 Peter*, 2005, p. 82). 긍휼은 호세아서에서도 신실함과 가족 관계로 상징화된 하나님과 이스라엘 사이의 친밀한 관계를 나타낸다(참조. 호 1-2장).

이 긍휼이 풍성하신 하나님이 우리를 거듭나게 하셔서 산 소망이 있게 하셨다. '거듭나다'의 헬라어 아나겐나오(anagennaō)는 베드로전서 1 : 3, 23에만 나오고 70인역에도 전혀 나오지 않는다. 중생의 씻음에 대해 말하는 디도서 3 : 5의 팔링게네시아(palinggenesia)가 거의 동일한 의미를 지니며, 아마도 유사 표현으로 베드로는 예수께서 니고데모에게 말씀하신 바를 회상하면서 이 표현을 사용했을 수 있다(요 3 : 1–21). 즉, 요한복음 3 : 3, 7에 보면 '거듭나다'란 표현이 등장하는데, 특히 여기서의 '거듭'이라는 표현을 가져온 '아나'(ana)라는 헬라어 어휘는 '다시'(again)라는 뜻과 '위로부터의'(from above)라는 의미가 있다. 거듭남은 신자들이 하나님 안에서 경험하게 되는 일생의 결정적 전환점을 묘사하는 극적인 메타포로 이 모든 어휘에 함축된 의미는 우리를 거듭나게 하신 주체가 하나님이시며 다른 제3자를 통한 역사가 아니라 하나님이 직접 낳으셨다는 것을 강조한다(마이클스, 「베드로전서」, 2006, pp. 131–132 ; 참조. Schreiner, *1, 2 Peter, Jude*, 2003, pp. 60–61). 베드로는 이 거듭남의 은혜가 하나님의 긍휼에 따른 일이므로 하나님을 찬양받기에 합당하신 분으로 기술하고 있다. 참고적으로 구약성경은 하나님이 이스라엘을 낳으셨다고 그 관계성을 비유적으로 해석한다 : "너를 낳은 반석을 네가 상관하지 아니하고 너를 내신 하나님을 네가 잊었도다"(참조. 신 32 : 18).

베드로는 1 : 14에서 신자들을 하나님의 자녀로 말하며 2 : 2에서는 갓난아기로 비유한다. 그리하여 베드로에게는 거듭남의 개념은 하나님의 다스리시는 새 질서로의 편입을 의미하며, 하나님은 단순히 창조주로서의 아버지 역할이 아니라 그리스도 안에서 맺어진 새 계약을 위해 구별하여 선택한 이들의 하나님의 가족으로서의 새로운 출생이라는 독특한 역할로 인해 아버지라 부르심을 받게 된 것이다(Jobes, *1 Peter*, 2005, p. 83). 참고적으로 이 거듭남의 이미지는 초기 교회의 세례 전통과 연계된다(참조. 요 3 : 3–8 ; 롬 6 : 4 ; 고후 5 : 17 ; 딛 3 : 5–6 ; 약 1 : 18 ; 요일 3 : 9–10 ; 5 : 1–5). 이 거듭남의 근거는 하나님께서 예수 그리스도를 죽은 자 가운데서 부활하게 하심으로 말미암은 것이다(Elliott, *1 Peter*, 2000, p. 333). 서신 전체를 통하여 하나님께서 예수 그리스도를 죽은 자 가운데서 부활시키신 사건은 하나님의 생기와 구원하는 능력의 정수이며 모든 적대적인 상황에도 불구하고 하나님께 소망을 두고 신뢰할 수 있는 근거가 된다. 그리고 그 거듭남은 곧 산 소망으로 연결되는바, 예수께서 제공하시는 생수가 영생하도록 솟아나는 신선한 샘물이라면 산 소망 역시도 그 어떤 상황에서도 새로이 재기할 수 있는 부활이 전제된 신선한 소망이 될 것이다. 이 산 소망은 당시 종교나 철학의 소망 없는 상태와 대조되는 것으로, 소망 없는 비관주의 혹은 염세주의의 만연은 비단 우리 시대만의 현상이 아니었다. 그레코-로만 시대에는 소망을 평가절하하여 헛된 망상으로 간주하기도 하였다. 예를 들면, 소포클레스는 오이디푸스(Oedipus)의 운명에 대하여 이렇게 말한다. "가장 좋은 것은 아예 태어나지 않는 것이며, 둘째로 좋은 것은 출생 시에 죽는 것이다." 헬라사고에서 이생의 절망은 죽음 이후의 끝나지 않는 밤이 뒤따른다. 계속적인 비관적 시각을 심어 주는 이 사고는 현대의 실존주의자나 물질주의자들의 세계관과 다르지 않다(Jobes, *1 Peter*, 2005, pp. 84-85, 참조. Senior, *1 Peter*, *Sacra Pagina*, 2008, p. 31).

반면에 그리스도인의 산 소망은 영원한데, 우리 소망의 근거 되신 예수께서 영원하시기 때문이다. 4~5절은 이 산 소망을 보다 구체적으로 다룬다. 그 소망의 내용이자 하나님을 찬송하는 두 번째 근거는 하나님께서 성도로 하여금 썩지 않고 더럽지 않고 쇠하지 않는 유업을 잇게 하시는 까닭이다. 유업은 원래 아브라함과 그 후손, 곧 이스라엘에게 약속되었던 가나안 땅을 갖게 되며 그 안에서 번영과 평화를 경험하게 되는 것을 말하지만(민 26 : 54, 56 ; 32 : 19 ; 신 2 : 12 ; 19 : 8 ; 수 11 : 23), 여기서는 신자들에게 약속된 하나님 나라를 의미한다. 이스라엘에게 주어졌던 기업으로서의 가나안 땅은 종종 그들의 우상숭배와 외적의 침입, 그리고 강제 추방 등으로 인해 그 땅이 더렵혀지고 잃었다가 되찾고 또 잃는 악순환의 대상이었다(신 30 : 1-10 ; 렘 2 : 7 ; Elliott, *1 Peter*, 2000, p. 335 ; Schreiner, *1, 2 Peter, Jude*, 2003, p. 62). 그러나 하나님이 소망의 신자들에게 주실 유업은 잠깐 있다가 사라지는 것이 아니며 썩지 않고 더럽지 않고 쇠하지 아니하는, 이 땅의 어떤 것으로도 침탈되지 않도록 하나님께서 친히 간직하시고 보호하시는 것이다. 만일 베드로전서의 수신자들이 그리스도인이 됨으로 현재적 삶에서 누려 왔던 많은 것들을 빼앗긴 상황이라면, 삶의 기반과 소유 전체를 빼앗기고 아무것도 보호받거나 보장 받지 못한 개인적인 경험들 안에서, 이 메시지는 큰 위로로 다가왔을 것이다.

엘리엇(Elliott)은 이 지상적 개념의 유업을 넘어서는 기독교적 유업이 갖는 의미를 다음과 같이 설명한다. 첫째, 소망에 대한 기독교적 초점은 더 이상 정치적 독립이 식민지적 통치로부터 이스라엘 땅에 대한 회복임을 의미하지 않는다. 둘째, 그리스도인들은 이 세상이나 특정 지역에의 소속 혹은 소유와 연관하여 정의되지 않는다. 기독교는 전 세계적 현상으로 전 세계를 아우르는 선교 위임을 받았다. 셋째, 성지의 개념은 거룩한 공동체라는 의식으로 대체된다(2 : 4-10). 기독교적 형제애는 그것이 존재하는 어느 곳에서든지 거듭난 하나님의 자녀들에게 정체성과 소속감을 제공한다. 넷째, 지상적 개념의 성지와 달리 기독교적 유업은 결코 멸절되거나, 더럽혀지거나 사라질 수 없다(Elliott, *1 Peter*, 2000, pp. 335-336).

내 소유에서 언제든지 벗어날 수 있는 이 세상의 기업과 달리, 베드로는 하나님이 주체가 되시는 간직하심과 신자의 보호하심에 대해 완료형 분사를 사용하여 하늘, 곧 하나님의 처소에서 그 기업의 간직과 신자의 보호가 진행 중이고 계속되는 사안임을 분명히 밝히고 있다(박수암, 「공동서신」, 2004, p. 130). 한편 보호받음에 대한 헬라어 완료형 분사 프루루메누스(phrouroumenous)는 성채와 요새를 지칭하는 프루리아(phrouria)와 어원적 동질성을 갖는다. 신자의 보호는 무엇보다도 어떠한 상황에서도 전적으로 피할 산성이요 요새가 되시는 하나님께만 의탁하고 그분의 구원하시는 능력을 신뢰하는 믿음을 통하여 이루어진다. 추후 논의되겠으나 1장 안에서도 핍박에 직면한 수신자들에게 강력히 요청되는 요소로서의 믿음이 반복적으로 강조되고 있다(1 : 5, 7, 9, 21). 하나님의 보호의 확실성은 신자들에게 이웃에 의한 박해(3 : 13-4 : 19)뿐 아니라 사탄을 포함하는 초자연적 세력들의 위협(5 : 8-9)에도 적용되는데, 이 말씀은 감당하기 어려운 현재적 고난으로 괴로워하는 이들에게 큰 위로로 다가온다. 역시 동일하게 하나님께 의탁하게 하는 크신 능력의 핵심적 증거는 예수 그리스도를 살리시고 영화롭게 하신 사역이다(1 : 3, 21 ; 3 : 18, 22 ; Elliott, *1 Peter*, 2000, p. 337).

바로 이 보호하심과 그 보호하심이 목적하는 예비하신 구원을 얻게 하는 은혜가 하나님을 찬송하는 세 번째 이유가 된다. 따라서 베드로전서에서는 현재적 구원뿐 아니라 미래적 측면의 구원까지가 그리스도인들이 하나님을 찬양하게 하는 핵심적 요소이다. 예수 그리스도에 의해 시작되었고 그분의 부활로 현재적 실제가 된 구원에 대해 신자들은 믿음으로 다가갈 수 있게 되었으나 하나님의 구원의 완성은 아직 정점에 이르지 않았다. 영화롭게 되신 그리스도께서 다시 오실 때 성취될 구원은 우리의 믿음이 성취해야 할 목표가 된다(1 : 9). 그러므로 신자의 일생은 아직은 소망 속에 진행되고 있는 과도기에 속하며(1 : 13, 21 ; 3 : 15), 영적인 양식으로의 하나님의 말씀이 계속 공급되어야 하고, 그리스도께 전적으로 헌신하는 가운데(1 : 8 ; 2 : 4-8 ; 4 : 1, 13-14), 하나님의 보호하시는 능력을 계속적으로 신뢰할 것(1 : 5 ; 5 : 6-11)을 요청한다(Elliott, *1 Peter*, 2000, p. 338). 하지만 우리의 소망은 미래적이기만 한 것이 아니다. 우리가 그리스도를 믿고 하나님의 가족으로 편입되는 순간 이미 영생은 시작된다. 따라서 베드로는 수신자들이 품어야 할 마음은 소망임을 재차 1 : 13("바랄지어다")과 1 : 21에서도 밝히고 있다.

'말세'는 로마서 14 : 10과 요한계시록 20 : 11~15에서 그리스도가 심판하시는 날로 묘사된다. 우리가 어떤 시련과 박해를 직면할지라도, 우리가 그리스도의 구원의 은혜를 받아들인다면, 우리의 영혼은 어떤 해도 입지 않는다. 그리고 마지막 때에 나타나기로 예정되어 있는 구원을 받음과 동시에 결코 쇠하지 않는 영원한 기업을 얻게 된다(*Life Application Study Bible*, 2004, p. 2127).

2. 구원의 기쁨에 대하여(1 : 6–9)

6그러므로 너희가 이제 여러 가지 시험으로 말미암아 잠깐 근심하게 되지 않
을 수 없으나 오히려 크게 기뻐하는도다 7너희 믿음의 확실함은 불로 연단하
여도 없어질 금보다 더 귀하여 예수 그리스도께서 나타나실 때에 칭찬과 영
광과 존귀를 얻게 할 것이니라 8예수를 너희가 보지 못하였으나 사랑하는도
다 이제도 보지 못하나 믿고 말할 수 없는 영광스러운 즐거움으로 기뻐하니
9믿음의 결국 곧 영혼의 구원을 받음이라

[1 : 6–9] 3~5절의 주요 논지는 신자들은 그들에게 주어진 종말론적 소망이 확실하기 때문에 하나님을 찬양해야 한다는 것이다. 그리고 그 소망은 6절의 '그러므로'라는 표현과 함께 현재의 기쁨의 근거가 된다. 8절에 또 한 번 등장하는 '기뻐하다'라는 동사, 아갈리아스테(agalliasthe)는 6~9절의 수미상관(inclusio)을 형성한다(마이클스, 「베드로전서」, 2006, p. 145). 이 동사의 성격에 대해서는 조금 후에 논하기로 하고 우선 6질에서 처음으로 베드로전서의 수신자들의 상태에 대하여 언급되는데, 그것은 그들이 여러 가지 시험으로 말미암아 잠깐 근심하게 되었다는 것이다. 여기서의 시험은 죄에 대한 유혹(temptation)이 아니라 그리스도인이 됨으로 말미암은 시련(test)을 말한다. 그들의 고난은 그 구체적 정황은 알 수 없어도 이미 1장에서 현실적으로 다루어지고 있다. 혹자는 베드로가 베드로전서의 수신자들이 직면한 고난에 대해 정확히 알지 못하기 때문에 '여러 가지'라는 표현을 썼다고 하나, 그들이 처한 환경은 인간적으로 기뻐할 수는 없는 상황이라는 점은 분명하다(그루뎀, 「베드로전서」, 2014, p. 96). 바로 이 시점에서 베드로전서 전반에 걸친 핵심적 주제인, 믿음으로 말미암아 사회적 핍박에 처한 그리스도인들의 고난이 처음으로 다루어지고 있다(2 : 19–20 ; 3 : 13–17 ; 4 : 1, 12–19 ; 5 : 8–9 ; Elliott, *1 Peter*, 2000, p. 339).

사도 베드로는 로마 치하에서 시험과 박해에 직면한 신자들을 격려하기 위해 이 서신을 썼는데, 1세기 대부분의 기간 동안 그리스도인들은 개별 지역적 상황에 따른 박해를 받았으나 로마 제국 전체에 걸쳐 그리스도인들을 추적하여 모두 죽이는 극한 상황과 같은 고난에 처해지지는 않았다. 그러할지라도 1세기 그리스도인들에게는 사회·경제적 박해를 포함, 모욕, 경멸, 심지어 사적 형태의 처형도 예상되었다(*Life Application Study Bible*, 2004, p. 2126).

로마 제국 내의 그리스도인들의 법적 지위는 명확하지 않다. 수많은 로마 사람들에게 그리스도인들은 여전히 유대교 분파의 구성원으로 생각되었고 유대교는 법적으로 공인된 종교였기에 그리스도인들의 회합도 로마법에 저촉되지 않는 한 용인되는 상황이었다. 그러나 그리스도인들은 황제 숭배 종교와 각 도시의 주류 사회가 섬기는 신전 제의에의 참여를 거부하게 되면서 반역자나 무신론자, 혹은 사회 부적응자로 간주되었고 또 한편으로는 각종 제의를 통해 경제적 이윤을 추구하는 자들에게 손해를 끼침으로 박해의 대상이 되기 시작했다. 그리스도인들은 '자아실현', '힘' 그리고 '정복' 등의 로마 사람들의 승리주의적 이상에 동의하지 않았고 겸손과 자기희생 등의 기독교적 이상을 추구함으로 경멸을 받아야 했다. 또한 이교 사회의 부도덕을 거부하고 그 악함이 드러나게 함으로 핍박을 초래하게 되었다(*Life Application Study Bible*, 2004, p. 2127).

유대인 그리스도인들의 경우, 유대교에 속한 동족 유대인들이 신체적으로 위해를 가하고 도시에서 쫓아내며, 로마 관료를 동원하여 그리스도인들을 대적하는 박해의 대상이 되었다. 사도 바울도 한때 이러한 박해자의 일원이었다. 박해는 또한 그리스도인들 자신의 가족으로부터도 자행되었다. 로마법 아래서 한 가계의 수장은 아내, 자식, 그리고 노예에 이르기까지 모든 구성원들에 대해 절대 권력을 쥐고 있었다. 집안을 다스리는 남성이 그리스도인이 되지 않는 한, 신자가 된 아내, 자식, 그리고 종들은 극도의 고통스런 삶을 직면해야 했다. 그들이 내어 쫓기면 교회 공동체밖에 갈 곳이 없었고, 그들이 매질을 당할 때 어떤 로마법도 그들을 대변하고 보호해 주지 않았다(*Life Application Study Bible*, 2004, p. 2126).

베드로는 아마도 최근 세례를 받은 초신자들에게 편지를 쓰고 있는 것으로 보이는데, 베드로전서의 상황은 어느 시대이더라도 시련을 직면한 그리스도인들에게 위로와 격려가 되는 서신이다. 오늘날에도 상당수의 그리스도인들이 예수 그리스도께 대한 신앙고백으로 말미암아 오해와 조롱, 심지어 신체적, 정신적 학대에 노출되는 경우가 많기 때문이다(*Life Application Study Bible*, 2004, p. 2126).

수신자들을 포함하는 신자들이 겪게 되는 시험에는 주요한 목적이 있는데, 헬라어 히나(hina)가 이끄는 절은 수신자들이 겪는 고난의 목적과 하나님과 연관된 그 귀결에 대해 설명한다. 곧 '믿음의 확실함'(5절)에 대한 어휘 도키미온(dokimion)은 '증거'라는 뜻을 가지며 믿음이 증명되는 과정을 의미한다(라저 레이머, 「베드로전·후서/요한1·2·3서/유다서」, 1988, p. 25). 불은 유대인과 헬라인들의 사고 속에 환난, 역경, 그리고 심판의 상징이다. 특히 구약성경 안에서 하나님께서 인간의 영혼을 시험하는 일에 대한 격렬한 불의 메타포는 자주 등장하는 표현이다(예를 들면, 시 66 : 10 ; 잠 17 : 3 ; 27 : 21 ; 슥 13 : 9 ; 말 3 : 3 ; Jobes, *1 Peter*, 2005, p. 94–95). 시험은 수신자들의 믿음을 증명하는 과정이 되며 금이 불로 연단되어 모든 불순물이 제거된 가운데 정제되어 정금이 되듯이 시험 속에서의 믿음의 견지는 더욱 귀한 가치를 지니며, 주께서 다시 오실 때(파루시아)에 칭찬과 존귀와 영광을 얻게 할 것이다. 지혜서인 시락(Sirach 2 : 1–9)은 다음과 같이 말한다.

> 내 아들아, 네가 만일 주 하나님을 섬기기 위해 나아오려면, 너 스스로 시련을 준비하라 …… 그분께 굳게 붙어 있고 떠나지 말라 그리하여 너의 마지막 날에 강하여질 것이다 너에게 무엇이 임하든지 간에 즐겁게 취하라 …… 왜

> 나하면 금은 불 속에서 정련(시험)되며, 하나님께 합한 사람은 적대적인 불화로 속에서 만들어지기 때문이다. 그분을 신뢰하라 그리하면 그분이 너를 도우실 것이다 …… 너는 주님을 경외하고 의지하라 그리고 영원한 기쁨과 긍휼을 소망하라(Elliott, *1 Peter*, 2000, p. 341).

이 고난과 기쁨 그리고 시험의 연결고리는 4 : 12~13에서도 등장하는데, 고난은 그것이 가져올 유익이 있을 때 견딜 가치가 있다. 고난은 분명 고통스러운 것이지만 영원히 지속될 것이 아니기 때문에 고난에도 불구하고 기뻐할 수 있다. 그 고난은 이제(아르티, arti)와 잠깐(올리곤, oligon) 동안만 공격할 것이니 그 고난에 끝이 있음은 당연하다. 따라서 금이 아무리 귀하다 해도 이 세상에 속하여 사라질 물질에 불과하므로, 증명되어진 믿음은 그 영원성만으로도 정금보다도 훨씬 더 귀하다(Schreiner, *1, 2 Peter, Jude*, 2003, pp. 67–68).

베드로가 이처럼 시험에 대해서 적극적으로 권고할 수 있는 까닭은 본인 스스로가 예수 그리스도를 믿고 따르는 연유로 말미암은 박해를 경험했기 때문이다. 그는 매질을 당했으며 감옥에도 갇힌 바 되었으나 하나님의 능력의 손이 그를 기적적으로 구원해 주신 사실을 분명 기억하고 있다. 아울러 그는 동료 기독교인들이 핍박을 당하고 심지어 죽기까지 한 일을 목도한 사람이다. 그럼에도 불구하고 주님의 부활은 그 어떤 상황도 하나님의 구원하심에 대한 확신을 흔들어 놓을 수 없게 하였다. 따라서 베드로는 믿음으로 말미암은 고난에 처한 교회들에게 위로와 소망을 주고, 그리스도께 대한 계속적인 충절을 촉구할 수 있었다(*Life Application Study Bible*, 2004, p. 2124).

시험과 관련하여 베드로는 믿음에 대한 두 가지 측면을 지적한다. 첫째로 믿음의 영원성이다. 베드로는 이미 4절에서 믿음은 우리가 장차 하나님으로부터 받게 될 기업의 영속성을 보장하는 근거가 됨을 지적하였다. 둘째로, 믿음에는 또한 시험이 불가피하다는 것이다. 그리스도인은 대개 시험이 찾아오면 당혹해하면서 왜 이러한 일이 나에게 발생하는가 의아해하고 하나님께 까닭을 묻기도 한다. 하지만 베드로는 신자가 경험하게 되는 시험을 언급하며 '……해야 한다'는 의미의 헬라어 데이(dei)를 사용하여(6절), 시험은 비인격적인 우연적 사건이 아니라 신자들을 향하신 하나님의 뜻의 일부이며, 믿음의 참됨과 귀한 가치는 시험과 연관된 고난을 통해서 증명되어야 한다고 말하고 있다. 이는 고난이 그리스도인들이 하나님의 나라에 들어가기 위해 반드시 여행해야 할 길, 곧 순례자의 길에서는 필연이라고 가르치는 신약성경의 전체적 맥락과 일치한다(참조. 행 14 : 22 ; 롬 5 : 3–5 ; 약 1 : 2–4 ; Schreiner, *1, 2 Peter, Jude*, 2003, p. 67).

그러나 그 시험, 곧 믿음의 증명의 끝에는 주의 재림 시에 주어질 칭찬과 영광과 존귀가 보장된다. 그리하여 베드로는 또한 잠깐 진행되는 시련과 영원한 미래적 영광을 대조하고 있다. 따라서 믿음의 시련은 일시적인 근심을 초래할지라도 신자의 믿음의 실체를 증명해 줄 뿐 아니라 부활하신 예수 그리스도 안에 내재된 소망에 따른 기쁨을 앗아갈 수 없다.

그렇다면 이 기쁨의 근거를 구체적으로 살펴보자. 수신자들은 시련에도 불구하고 크게 기뻐하게 되는데, 베드로는 전치사와 관계대명사로 구성된 '이 안에서'라는 의미를 지닌 엔 호(en hō)라는 어구를 통해 이 기쁨의 근거를 제시한다. 헬라어 본문에서 6절의 서두에 등장하는 이 어휘(개역개정성경에는 번역되어 있지 않다.)는 6절과 관련하여 두 가지 논쟁이 있는데 첫째는 접속사 호(hō)의 선행사가 무엇이냐는 것이고, 둘째는 헬라어 아갈리아스테(agalliasthe)를 현재명령법(기뻐하라)으로 볼 것인가 혹은 현재적 의미를 지닌 현재직설법(기뻐한다), 아니면 미래적 의미를 지닌 현재직설법으로 볼 것인가에 대한 문제이다(마이클스, 「베드로전서」, 2006, p. 146–147 ; Jobes, *1 Peter*, 2005, p. 92).

우선 그 어구의 선행사로 3절의 '하나님' 혹은 '그리스도'로 간주하는 주장도 있으나, 구문상 너무 멀리 떨어져 있어 현실성이 없고, 5절의 '말세에'를 뜻하는 에스카토(eschatō)일 가능성이 높으며, "'말세에' 혹은 '장래의 그날에' 기뻐한다."는 것이 더 나은 해석이다. 그리고 미래적 의미의 현재직설법이 문맥상으로도 잘 어울린다. 한편 베드로는 수신자들이 현재 기뻐하는 것을 말하기에 '이 안에서'(엔 호)는 '그러한 상황에서' 혹은 '그러한 이유로'로도 번역될 수 있다(Schreiner, *1, 2 Peter, Jude*, 2003, p. 66 ; 참조. 마이클스, 「베드로전서」, p. 147 ; 켈리, 「베드로전·후서/유다서」. 1987, p. 76). 그렇다면 그 어구는 신자의 종말론적 소망을 다루는 3~5절 모두를 대상으로 할 수 있다. 그들은 그들을 가장 확실한 방식으로 기다리고 있는 종말론적 유업으로 인해 현재 기뻐한다. 이 기쁨은 신자들의 마지막 때의 기쁨과는 구별된다. 믿음은 바라는 것들의 실상이기 때문에 미래적 상급에 대해서뿐 아니라 그 약속이 보장된 사실 자체만으로도 현재 기뻐할 수 있다.

베드로전서의 수신자들의 믿음이 귀할 수밖에 없는 것은 그들이 지상적 예수를 만난 적이 없다는 사실이다(8절). 그럼에도 불구하고 그들은 예수를 믿고 사랑하며 그로 인해 말할 수 없는 영광스러운 즐거움으로 기뻐한다. 이 구절은 부활하신 예수께서 의심하며 예수의 몸을 만진 도마에게 하신 말씀을 연상시킨다 : "너는 나를 본 고로 믿느냐 보지 못하고 믿는 자들은 복되도다"(요 20 : 29 ; *Life Application Study Bible*, 2004, p. 2128).

9절에서 베드로는 이 기쁨의 근거를 제시하는데, 믿음의 결과는 영혼의 구원을 가져오기 때문이다. 여기서의 영혼은 육체에 대비되는 이원론적 대상이 아니라 자기정체성 내지 인격 전체를 가리킨다(마이클스, 「베드로전서」, p. 161). 특히 (영혼의 구원을) '받는다'는 의미의 코미조메노이(komizomenoi)는 현재수동태분사로 하나님을 주체로 하는 신적 수동태의 표현이라고 할 수 있다(박창환/김경희, 「베드로전·후서/유다서」, 1996, p. 51). 모든 시험을 통해 순수성이 증명된 믿음은 구원과 직결된다. 헬라인들에게 있어 구원(sōtēria)은 육체적 안전 보장을 뜻하기도 하였는데, 베드로가 구원과 관련하여 영혼을 뜻하는 프쉬케(psychē)를 사용한 것은 현재적 안락이 아니라 내적 생명과 미래적 소망을 더 염두에 둔 까닭으로 보인다(참조. 마이클스, 「베드로전서」, 2006, p. 161). 베드로는 고난이 가져오는 힘든 현실을 부정하지 않으며 그럼에도 그 고난은 시험이라는 측면에서 반드시 통과해야하고 그 끝은 영혼의 구원이기에 잠깐의 환난 속에서도 가까운 미래에 기뻐할 뿐 아니라 오늘이라는 시간에도 기뻐할 수 있다고 말한다.

다른 한편으로는 신자는, 현재적 고난 자체가 삶의 불행한 파국으로 치닫는 것이 아니라 변하지 않는 유업으로서의 하나님의 사랑과 은혜 속에 간직되고 보호받고 있는 구원을 상속할 자로서 현재형 내지 현재진행형의 구원을 기뻐할 수 있다. 그리고 이 기쁨과 즐거움은 종말의 때에 신자들에게 구원과 함께 주어지는 선물이다(참조. 마 25 : 21 ; 요 16 : 22 ; 롬 14 : 17 ; Senior, *1 Peter*, *Sacra Pagina*, 2008, pp. 32-33).

베드로는 믿음의 결국, 곧 목적이요 그 성취는 영혼의 구원이라고 말한다. 그러나 여기서의 영혼은 전술한 대로 육체로부터 분리되는 인간의 요소를 말하는 것이 아니다. 베드로는 베드로전서 전체를 통해 영혼(psychē)을 살아 있는 실체로서의 전인적 존재와 동일시하고 있으며(1 : 22 ; 2 : 11, 25 ; 3 : 20 ; 4 : 19) 인간의 구원 역시도 전인적 구원을 지향한다(켈리, 「베드로전·후서/유다서」, 1987, p. 83).

3. 미래에 임할 은혜에 대하여(1 : 10-12)

10이 구원에 대하여는 너희에게 임할 은혜를 예언하던 선지자들이 연구하고
부지런히 살펴서 11자기 속에 계신 그리스도의 영이 그 받으실 고난과 후에
받으실 영광을 미리 증언하여 누구를 또는 어떠한 때를 지시하시는지 상고하
니라 12이 섬긴 바가 자기를 위한 것이 아니요 너희를 위한 것임이 계시로 알
게 되었으니 이것은 하늘로부터 보내신 성령을 힘입어 복음을 전하는 자들로
이제 너희에게 알린 것이요 천사들도 살펴보기를 원하는 것이니라

[1 : 10-12] '구원'이라는 어휘는 9절과 10절의 연결고리가 된다. 그 구원은 신자가 현재도 경험하고 있고 미래에 절정에 다다를 것이지만, 또한 과거에 이미 예언된 바이다. 여기서 언급된 선지자를 신약시대의 선지자들로 이해하는 이도 있으나, 대부분의 주석가들은 구약시대의 선지자들이 논의의 주체라는 데 동의한다(Schreiner, *1, 2 Peter, Jude*, 2003, pp. 71-72 ; Senior, *1 Peter, Sacra Pagina*, 2008, p. 33-34). 베드로전서의 수신자들을 포함한 신약시대의 신자들에게 임한 구원의 은혜는 구약의 선지자들이 연구하고 부지런히 살피고자 한 내용이었다. 이는 그 구원이 임시적이고 갑작스런 하나님의 행동이 아니라 구약성경 안에서 예언되었고 예수 그리스도의 삶 안에서 구현되고 복음 안에서 선포된 내용과의 연속성을 가지는 하나님의 영원한 계획 속에 진행된 일임을 밝히고 있는 것이다. 그리고 11절은 선재하신 그리스도의 영께서 선지자들을 깨우치심으로 이스라엘에 부여된 예언과 하나님 안에서 주어진 모든 경험이 그리스도 안에서 성취되도록 섭리하신 하나님의 계획이라는 확신을 강화하고 있다(참조. Elliott, *1 Peter*, 2000, p. 346).

베드로전서의 수신자들은 스스로를 예기치 않게 새로운 종교로 편입된 존재로 여길 것이 아니라 이미 그들이 하나님의 구원 계획 속에 있었고 구약시대의 사람들이 존경해 마지않던 선지자들도 누리지 못한 은혜와 특권을 지녔음을 인식해야 한다. 왜냐하면 그 은혜는 이미 그들에게 임할 것으로 예언되었고, 그들은 구약 예언이 성취된 주인공들이기 때문이다. 특히 10절에서 구원은 '은혜'로 묘사되고 있는 바, 요지는 그러한 은혜가 당신들, 곧 베드로전서의 수신자들을 위해 의도되었다는 것이다. 사도 바울과 마찬가지로 베드로는 수신자들이 받게 된 구원 역시, 하나님의 긍휼과 자비 속에 주어지는 것이지 인간의 노력이나 공로에 의한 것이 아님을 분명히 밝히고 있다. 특이한 것은 베드로전서의 수신자들을 이방인이 주류가 된 공동체로 본다면 유대인-이방인의 구별이 전적으로 무시되고 있다는 점이다(참조. 마이클스, 「베드로전서」, 2006, p. 168). 구약시대의 선지자들이 하나님의 소유된 백성(2 : 9)

의 범주 속에 이미 이방인들을 포함시켰다는 주장이 된다.

또 우리가 주목해야 할 것은 예언의 개념이 미래적 사건에 대한 고별만을 말하는 것이 아니라 살피고 연구하는 것이 예언의 중요한 요소이라는 점이다. 그리고 선지자들 속에 내주하신 이는 다름 아닌 그리스도의 영, 곧 성령이시다. 예수께서는 지상사역을 마치시고 하늘로 돌아가시기 전, 제자들을 가르치고 도우시며 인도하실 보혜사 성령을 보내 주시겠다고 약속하셨다(요 14 : 15-17, 26 ; 16 : 7). 성령은 예수께 대한 모든 것을 말씀해 주시고 그분의 영광을 드러내실 것이다(요 15 : 26 ; 16 : 14). 어제나 오늘이나 내일도 동일하신 성령께서 선지자들과 그들을 통해 구약시대의 성도들에게 구원의 은혜에 대한 가르침을 주셨고 오늘도 주고 계신다(*Life Application Study Bible*, 2004, p. 2128 ; 마이클스, 「베드로전서」, 2006, p. 179).

11절에 보면 그리스도의 영은 구약시대의 선지자들에게, 그들이 성령께서 주신 그리스도의 사역에 대한 계시를 온전히 이해하지는 못하였을지라도, 영감을 통해 그리스도께서 받으실 수난(사 53장)과 영광(사 11장)을 예언하도록 하셨다. 그들이 궁금해했던 것은 누가 과연 하나님의 메시아이며 언제 메시아의 시대가 열릴 것인가에 대한 질문이었다. 그러한 관심은 구약의 예언자들 사이의 보편적인 것이었는데, 예를 들면, 다니엘도 예언된 마지막 주의 날이 언제 도래할 것인가에 대해 궁금해 하면서도 그 내용을 다 이해하지 못하고 이 모든 말을 마지막 때까지 봉함하라는 말을 전해 듣는다(단 12 : 5-13 ; 참조. 마이클스, 「베드로전서」, 2006, pp. 170-173). 선지자들이 예언과 말씀들을 연구하여 깨닫게 된 바는 그들에게 계시된 것이 자신들을 위한 것이 아니라 구원의 때를 경험하게 될 후대의 독자들, 곧 그리스도인을 위한 것이라는 점이다. 구약시대의 선지자들의 환상이 아무리 강렬하고 심오하다 할지라도 이 모든 것은 하나님의 구원 계획 속에 단지 예비적 역할을 감당할 뿐이다. 따라서 구원 역사에 있어 이 모든 예언의 실제와 성취를 경험하는 그리스도인들의 위치는 구약시대의 그 어떤 것과도 비견할 수 없는 특권적 위치라고 할 수 있다. 때문에 구약시대의 마지막 인물로 메시아를 직접 뵈었음에도 메시아의 정체성에 대한 제한적 이해를 가졌던 세례 요한은 여자가 낳은 자 중 가장 큰 자일지라도 하나님의 나라에서는 극히 작은 자라도 그보다 크다고 말하여졌던 것이다(참조. 눅 7 : 19, 28). 그리고 이 경이적인 예수 그리스도의 구원 사건은 구약의 선지자들뿐 아니라 천사들도 살펴보기를 원하는 것이다. 유대 묵시문헌들은 종종 천사들을 지상적 사건들에 큰 관심을 갖고 살펴보는 존재로 묘사한다. 예를 들면 에녹1서 9 : 1에 의하면 천사장 미가엘(Michael), 수라벨(Surafel), 그리고 가브리엘(Gabriel)이 지상의 압제와 학살을 지켜보고 있다(Jobes, *1 Peter*, 2005, pp. 103-104). 신약성경에서도 예수께서는 천사들이 지상의 사건에 관심을 기울임을 시사하시면서, 죄인 하나가 회개하고 돌아오면 하늘의 천사들이 크게 기뻐한다고 말씀하셨다(눅 15 : 10).

베드로가 이 구원의 은혜에 대해 자세히 말하는 것은 그리스도를 따르는 자들 역시도 고난을 받을 때 놀라거나 이상히 여길 것이 아니라(벧전 4 : 12), 그리스도의 고난 후 영광이 주어진 것처럼 그들의 고난 후 그리스도께서 재림하실 때 주어질 영광을 생각하며 현재적 어려움을 인내하라는 개념으로 발전시키기 위함이다. 이는 소아시아 지역의 그리스도인들이 경험하는 고난이 무엇이든지 간에 그것은 선지자들보다도 앞서 예정된 하나님의 구원 역사의 일환이므로 고난은 그리스도인 된 당연한 징표로 여기며 그리스도께 붙어 있는 일을 포기하지 않도록 격려하는 강력한 위로의 말이 된다.

베드로에 의하면 선지자들에게 주어진 메시아의 고난에 이어지는 영광에 대한 계시는 궁극적으로 베드로전서의 수신자들을 포함하는 후대의 신자들을 위해 주어진 것이다. 고난 후의 영광이라는 계시는 선지자나 현재의 신자들에게 하늘로부터 보냄을 받으신 동일하신 성령을 통해 알게 된 내용이다. 베드로는 그리스도인이 가져야 하는 온전한 즐거움과 자긍심을 숨기지 못하고 기쁨에 겨워 진술하고 있다.

B. 거룩한 행실에 대한 권면(1 : 13-2 : 3)

베드로는 1~12절에서 예수 그리스도 안에서 행하신 하나님의 놀라운 긍휼의 사역에 대한 송영으로 서신을 연 후에, '그러므로'(13절)라는 접속사와 함께 그러한 은혜를 입은 자들에게 요청되는 적절한 반응에 관심을 기울이며 권면으로 나아간다.

1. 모든 행실에 거룩한 자가 되라(1 : 13-16)

> [13]그러므로 너희 마음의 허리를 동이고 근신하여 예수 그리스도께서 나타나
> 실 때에 너희에게 가져다주실 은혜를 온전히 바랄지어다 [14]너희가 순종하는
> 자식처럼 전에 알지 못할 때에 따르던 너희 사욕을 본받지 말고 [15]오직 너희
> 를 부르신 거룩한 이처럼 너희도 모든 행실에 거룩한 자가 되라 [16]기록되었으
> 되 내가 거룩하니 너희도 거룩할지어다 하셨느니라

[1 : 13-16] 그리스도의 임박한 재림은 우리로 하여금 그분을 위해 살도록 동기를 부여한다. 베드로는 신자 된 우리의 삶은 내적으로뿐 아니라 외적으로도 하나님의 기준에 순응하는 과정이라 말한다. 사람들은 그리스도께 그 삶을 드리기로 결단한 후에도 때때로 과거의 불신앙적인 습관과 행실로 회귀하려는 경향이 있다. 그러나 신자는 항상 하늘의 아버지처럼 거룩해야 한다. 거룩은 전적으로 하나님께 헌신하여 죄와 죄의 영향력으로부터 스스로를 구별하여 분리하고 하나님의 특별한 목적을 위하여 스스로를 준비시키는 것을 의미한다.

13절은 첫 번째 권고를 담고 있다. "너희 마음의 허리를 동이고"에서 마음은 생각이나 판단뿐 아니라 의지 등의 전인적 실체이다. 그리고 허리를 동이는 것은 일의 착수를 위한 준비 단계로서의 결단과 결의에 찬 모습을 말할

수 있다. 고대 근동 사람들은 일할 때나 길을 갈 때 옷이 길어 거추장스러우면 허리를 끈으로 묶어 활동성을 높였다. 구약 전통에서도 이러한 상황에 대한 언급을 찾아볼 수 있다(참조. 왕상 18 : 46 ; 왕하 4 : 29 ; 9 : 1 ; 욥 40 : 7 ; 렘 1 : 17 ; 나 2 : 1 ; Schreiner, *1, 2 Peter, Jude*, 2003, p. 78). 특히, 출애굽기 12 : 11에서 허리를 동이는 일은 이스라엘 백성이 샌들을 신고 지팡이를 들고 유월절 어린 양을 서둘러 먹고 출애굽을 준비하던 의식 가운데 하나였다. 바울도 에베소서 6 : 14에서 "진리로 너희 허리띠를 띠고"라는 표현을 사용한다. 허리띠를 띠는 것은 역시 사역을 위한 의지적 준비와 민첩성에 대한 심상이다. 즉, 베드로에게 있어 허리를 동이라는 권고는 예수 그리스도의 마지막 출현(13절)과 현 시대의 수신자들의 도덕적 책임(14-16절) 모두를 준비시키는 의지적 태도를 강화하는 표현이다(Elliott, *1 Peter*, p. 356).

또한 '근신하여'(nēphontes)는 술 취함의 반대로 맑은 정신으로 깨어 있는 것을 의미하지만, 은유적으로는 마지막 때를 살아가는 성도에게 요청되는, 성급함이나 감정상의 과도한 진행을 피하는 중용적 자기 절제 혹은 침착과 차분함을 아우르는 폭넓은 경향성이다(참조. 살전 5 : 6, 8 ; 딤후 4 : 3-5 ; 눅 12 : 35-40 ; 엡 5 : 17-18 ; Elliott, *1 Peter*, p. 356). 술 취함은 자신의 몸에 대한 통제 불능 상태를 말한다. 반면에 근신은 하나님의 구원하시는 역사를 신뢰하며 죄악으로 삶의 기준이 흐릿해지거나 혹은 다른 신자의 시선을 앗아가는 존재로부터 스스로를 지켜 내는 태도를 말한다(McKnight, *1 Peter, The NIV Application Commentary*, 1996, p. 86). 그리하여 베드로는 비록 수신자들이 고난 중에 처했을지라도 우왕좌왕하거나 지나친 감정적인 대응으로 나아갈 것이 아니라 주님의 오심을 기대하며 침착하고 차분하게 절제하는 행동을 하는 가운데 예수 그리스도의 재림 시에 가져오실 은혜를 기다리도록 권고한다. 이 내용은 3장에서 언급되는 핍박 상황에서의 거친 언사를 피하고 선으로 대응하라는 권면을 예고하게 한다(3 : 9-12). 그들은 그 은혜를 바라되 온전히 바라야 한다. '온전히'라는 부사를 사용하여 베드로는 소망에 대하여 고난과 핍박에 낙담하여 중단하는 것이 아니라 끝까지 그 끈을 놓지 않는 지속적인 성격을 강조한다. 그리고 그 소망은 근거 없는 소망이 아니라 이미 과거, 즉 예수 그리스도의 부활 사건으로 경험되어 확증된 소망이다.

베드로는 두 번째 명령으로 행실에 거룩한 자가 되라고 권고하는데, 예수 그리스도의 마지막 오실 때의 은혜를 사모하는 자는 그 행실이 그리스도인다워야 한다. 그러기 위해서는 그들이 '전에 알지 못하던 때에 따르던 사욕'을 탈피해야 한다. 신약성경에서 '알지 못하던'이라는 무지(無知)의 표현은 주로 이방인들에 대한 언급에 사용되기에(참조. 살전 4 : 5 ; 행 3 : 17 ; 엡 4 : 18), 베드로전서의 수신자는 대부분 이방인으로 추정할 수 있다(Schreiner, *1, 2 Peter, Jude*, 2003, p. 79). 그러나 다른 측면에서는 그리스도 안에서 계시된 하나님에 대한 지식, 곧 예수 그리스도의 메시아 되심을 몰랐던 무지의 측면에서 그 수신자를 살펴본다면 유대인들도 이 '알지 못하던'의 범주에 포함될 수 있다.

그들은 '알지 못하던 때' 곧 하나님의 자녀가 되기 전의 충동적 욕구에 따라 살던 삶을 계속 유지할 것이 아니라 그들을 부르신 거룩한 자, 하나님의 뜻에 순종하여 거룩한 자가 되어야 한다. '순종하는 자식'은 '순종의 아들'이라는 셈어적 표현의 해석인데, '……의 아들'은 그 명사가 나타내는 성격과 특징을 지닌 사람을 규정할 때 사용되었다. 예를 들면 '죄의 아들', '부의 아들'은 죄인과 부자에 다름없다. 그리하여 순종의 아들은 순종하는 자라는 의미와 동일하다(켈리, 「베드로전·후서/유다서」, p. 93). 또한 14절의 '아들'(개역개정성경은 '자식'으로 번역)은 그 의미 외에도 하나님 안에서 거듭나 자녀 된 자들의 호칭으로도 사용된다. 하나님의 뜻에 대한 순종의 논지는 베드로전서를 관통하는 근본 권면이다(1 : 2, 14–17, 22 ; 2 : 1, 8, 11–12, 13–17, 18–20 ; 3 : 1–6, 13–17 ; 4 : 1–6, 13–19 ; 5 : 1–11). 베드로에게 있어 신자가 행해야 하는 하나님의 뜻에 대한 순종의 근거와 모델은 역시 그리스도이시다(1 : 2 ; Elliott, *1 Peter*, 2000, p. 357).

수신자들은 순종의 아들로서, 그리고 거룩하신 하나님의 부르심에 합당하게 모든 행실에 거룩해야 한다. 베드로전서 전체를 통해 '거룩'은 신자들을 하나님과 예수 그리스도를 하나로 묶는 특질이며 그들과 불신자들을 구별하는 징표이다. 여기에서 요청되는 순종과 거룩함의 명령은 사회 안에서 용인되고 통용되는 것에 대해서도 하나님의 뜻에 위배될 때는 그대로 적용되어야 한다. 물론 이 일은 순종하는 이로 하여금 사회로부터 소외되고 외인 되게 할 수 있다(*Life Application Study Bible*, 2004, p. 2128). 그럼에도 불구하고 '거룩'이란 말은 하나님의 속성이자 특질 외에도 구별을 함의하기에 시대적 상황 안에서도 구별된 삶을 살아야 함을 말하는 것이다. 그들은 사회로부터는 분리될지라도 하나님으로부터는 분리될 수 없기 때문이다. 사실 이 '거룩하라'는 명령은 구약에 뿌리를 두고 있는데(출 20 : 1-17 ; 신 5 : 1-22), "내가 거룩하니 너희도 거룩할지어다"는 신구약성경을 관통하는 일관된 메시지이다(레 11 : 44, 45 ; 19 : 2 ; 20 : 7 ; 참조. 레이머, 「베드로전 · 후서/요한1 · 2 · 3서/유다서」, 1988, p. 30). 물론 거룩의 명령은 주로 레위기에서 등장하고 베드로도 수신자들의 제사장적 직분을 언급한다 : "그러나 너희는 택하신 족속이요 왕 같은 제사장들이요 거룩한 나라요 그의 소유가 된 백성이니……" (벧전 2 : 9). 하지만 여기서의 거룩은 레위기의 율법 제의적 개념으로의 복귀가 아니며 신구약성경 모두의 '거룩하라'는 명령의 목표는 도덕적으로 순종하여 하나님의 성품을 닮아 가는 이방인과 유대인을 아우르는 믿음의 사람들의 창조이다. 그리고 그 거룩은 성령의 도우심을 통해 우리가 우리의 관심과 우선순위를 하나님의 뜻에 둘 때 이루어진다(참조. *Life Application Study Bible*, 2004, p. 2128). 신자들로 구성된 공동체의 거룩의 명령은 2 : 4~10에서 다시 한번 강조된다.

2. 나그네로 있을 때 두려움으로 지내라(1 : 17-21)

[17]외모로 보시지 않고 각 사람의 행위대로 심판하시는 이를 너희가 아버지라 부른즉 너희가 나그네로 있을 때를 두려움으로 지내라 [18]너희가 알거니와 너희 조상이 물려준 헛된 행실에서 대속함을 받은 것은 은이나 금같이 없어질 것으로 된 것이 아니요 [19]오직 흠 없고 점 없는 어린 양 같은 그리스도의 보배로운 피로 된 것이니라 [20]그는 창세 전부터 미리 알린 바 되신 이나 이 말세에 너희를 위하여 나타내신 바 되었으니 [21]너희는 그를 죽은 자 가운데서 살리시고 영광을 주신 하나님을 그리스도로 말미암아 믿는 자니 너희 믿음과 소망이 하나님께 있게 하셨느니라

[1 : 17–21] 헬라어적으로는 하나의 긴 문장을 형성하는 17~21절은 수신자들이 거룩한 삶을 살아야 할 근거로 세 가지 이유를 제시한다. 첫째, 하나님은 수신자들의 행동을 포함하여 각 사람의 행위대로 심판하시는 공평무사하신 심판주로서 수신자들은 이 하나님을 아버지라 부르는 까닭이며, 둘째, 그들이 이전의 행실로부터 그리스도의 죽음으로 말미암아 구속받았고, 셋째, 수신자들의 믿음과 소망은 전적으로 그리스도를 부활시키시고 영광스럽게 하신 하나님의 영원한 계획의 결과이기 때문이다. 우리에게 하나님이 아버지 되심은 하나님을 두려워하지 않고 내 마음대로 행할 면허증이 허락된 것이 아니다. 특히 수신자들은 하나님께서 거듭나게 하셔서 새 생명을 얻은 자로 하나님을 아버지로 부르기 때문에 그분의 뜻을 준행해야 할 책임이 있다. 바울의 시각과 마찬가지로 베드로도 하나님의 은혜의 직설법(indicative)이 하나님의 계명에 대한 명령법(imperative)보다 선행함을 분명히 밝히고 있다(Jobes, *1 Peter*, 2005, p. 115–116).

아버지의 권위는 가족 구성원의 행위를 판단하고 훈육할 권리와 책임을 포함한다. 하나님을 심판자로 인식하는 것은 성경 전체에서의 일반적인 시각이며 베드로전서에서도 반복적으로 등장한다(2 : 23 ; 4 : 5, 6, 17 ; Elliott, *1 Peter*, 2000, p. 365). 하나님의 심판의 공정성은 그 판단기준이 외양적인 것

에 근거하지 않기 때문이다. 하나님은 사람을 외모로 판단하지 아니하시고 각자의 일생을 통한 행위를 근거로 판단하신다. 하나님의 공평하신 판단은 신구약성경을 통해서도 드러난다(참조. 신 10 : 17 ; 암 3 : 2 ; 행 10 : 34 ; 롬 2 : 11 ; 약 2 : 1 ; 박수암, 「공동서신」, 2004, p. 141). 또한 다윗을 기름 부으실 때도 하나님은 마음의 중심을 보시는 분으로 알려진다 : "여호와께서 사무엘에게 이르시되 그의 용모와 키를 보지 말라 내가 이미 그를 버렸노라 내가 보는 것은 사람과 같지 아니하니 사람은 외모를 보거니와 나 여호와는 중심을 보느니라"(삼상 16 : 7). 그리스도 안에서 거듭나 하나님을 아버지로 하는 새로이 형성된 특권적 관계가 자기 임의대로 세상을 살라는 면죄부를 주는 것은 아니다. 그리스도인은 하나님의 심판으로부터 면제받지 못할 뿐 아니라 믿지 않는 자들보다 앞서 하나님의 보편적인 심판을 받게 될 것이다(벧전 4 : 17). 하나님께서는 절대적으로 공정한 심판주이심을 알고 있는 이들은 하나님께 대한 건강한 두려움과 경외감 속에 하나님의 시선을 염두에 두며 거룩한 삶을 살게 된다(참조. 잠 1 : 7 ; 마 10 : 28 ; 고후 5 : 11 ; 7 : 1 ; 엡 5 : 21 ; 빌 2 : 12 ; 딤전 5 : 21–22 ; 히 4 : 1 ; 10 : 31). 온전한 사랑에 기초한 우리를 향하신 하나님의 감찰하시는 은혜가 사회적 환경에 상관없이 우리를 소망 속에 거룩한 행실로 이끌게 된다(McKnight, *1 Peter, The NIV Application Commentary*, p. 89).

아버지의 어감은 친근감과 사랑뿐 아니라 존경과 순종의 의미를 내포하고 있는 것이다. 베드로는 신자들 역시 하나님의 공정하신 심판의 대상에서 예외가 될 수 없다고 말한다. 그러므로 수신자들은 이 세상을 사는 동안 두려움으로 지내야 하는데, 이는 공포와는 다른 차원의 주신 은혜에 대한 감사와 전지전능하신 하나님의 능력에 기초한 경외적인 건강한 두려움이다. 신자에게는 영원히 쇠하지 않고 썩지 않는 기업이 보장되어 있기 때문이다. 그 두려움은 하나님의 뜻에 따른 절대기준에 따라 올바른 양심과 죄에 대한 민감한 경각심, 그리고 하나님을 거스르는 일에 대한 회피 등으로 나타난다. 혹자는 이를 자동차 운전자와 비견한다. 차도 안전하고 도로도 안전하고 목적지까지도 확연할지라도, 운전자는 예기치 않은 사고를 당하지 않도록 대비하여 예비 방어 운전을 하고 스스로도 사고를 유발할 수 있는 돌발적인 어리석은 행동을 피해야 한다.

또한 베드로는 수신자들이 여전히 이 땅에 사는 동안은 나그네의 신분임을 다시 한번 상기시킨다. 나그네는 원주민으로부터의 의심, 적대감, 그리고 갖은 고초 등을 견뎌 내야 한다. 따라서 여기서의 나그네라는 어감 역시 늘 불편을 감수해야 하는 삶 자체가 두려움과 연계될 수 있다. 그럴 경우, 주변 사회에 스스로를 동화시켜 그 위험을 모면하려는 안전 욕구가 일어나기 마련이다. 곧 아무런 판단 없이 기존의 세속적 종교의 문화와 정서, 관행 등을 답습하려는 경향이 생겨난다. 또 한편으로는 고대 세계의 중요한 시각 가운데 하나는 "오래된 것이 더 낫고 가장 오래된 것이 최고이다."라는 격언에 반영되어 있다(Elliott, *1 Peter*, 2000, p. 370). 따라서 고대의 사람들은 조상들에게서 유전된 관습과 전통을 따르는 이들을 지혜롭고 도덕적인 사람의 전형으로 간주하였다. 그러나 그리스도인들의 회심은 이미 하나님께서 창세 전에 미리 아신 지식을 따라 아무런 구원의 능력이 없는 모든 허무한 인간적 삶의 방식과의 결별과 그로 말미암은 해방을 의도하신 근거에 따른 것이며, 신자가 두려워해야 할 것은 주류 사회에서 소외된 소수로서의 사회적 보호막에서 배제된 나그네라는 상황이 아니라 오직 그들을 거듭나게 하신 영원한 생명의 주가 되시는 하나님이다. 베드로는 사도행전에서 이미 관리들과 장로들과 서기관들 앞에서 주눅 들지 않고 사람이 아닌 하나님을 경외하여 그분의 말씀만을 좇을 것을 서약한 바 있다(행 4 : 19 ; 5 : 29, 41).

그리하여 베드로는 수신자들이 조상으로부터 물려받은 헛된 행실을 답습하지 말아야 할 이유로 그리스도의 죽음에 의한 구원, 곧 오직 흠 없고 점 없는 어린 양 같은 그리스도의 보배로운 피에 근거한 속량을 제시한다(롬 6 : 6, 7 ; 고전 6 : 20 ; 엡 1 : 7, 골 2 : 13, 14 ; 히 9 : 12). 물론 이 구원론적 의미를 담은 속량의 근원은 노예 상태로 있던 애굽에서의 해방(출 6 : 6 ; 15 : 13 ; 신 7 : 8 ; 9 : 26 ; 사 44 : 22, 23 ; 51 : 10-11)과 바벨론 포로생활로부터의 귀환(사 45 : 13 ; 52 : 3)에서 비롯되었다(박수암, 「공동서신」, 2004, p. 143 ; Elliott, *1 Peter*, 2000, p. 369). 고대 세계에서의 속량의 관행은 전쟁 포로나 인질, 그리고 부채를 갚지 못해 스스로 노예가 된 자들(참조. 레 25 : 47-54)이 몸값을 치르고 해방되는 익숙한 상황들이었다. 그리하여 속량에 대한 헬라어 뤼트로오(lytroō)는 그레코-로만 시대의 전쟁 포로들의 매매나 노예들을 속전을 주고 해방시키는 어휘에 근거한다(참조. Senior, *1 Peter*, *Sacra Pagina*, 2008, p. 44). 당시의 노예 해방의 관례를 살펴보면, 신전 금고에 공탁금을 맡기면 신전에서는 수수료를 제하고 노예의 주인에게 그 돈을 넘기고 노예는 해방을 얻게 된다. 이 가운데 신전이 섬기는 신이 노예를 산다는 생각이 스며 있다. 따라서 이전의 노예는 이전 주인과 사회의 입장에서는 자유인이 된 것이나 신의 노예가 된 것으로 간주되었다. 베드로도 유사한 시각을 견지하는데, 수신자들에 대해 '구속된'(엘뤼트로떼테, elytrōthēte)이라는 신적수동태를 사용하여 하나님에 의해 값이 지불된 존재로 묘사하며, 그들은 자유하나 하나님의 종이라고 말한다(2 : 16 ; Jobes, *1 Peter*, 2005, p. 116 ; 켈리, 「베드로전·후서/유다서」. 1987, p. 101).

예수 그리스도의 구속(redemption)은 은이나 금같이 없어질 물질이 아니라 그분의 보배로운 피로 이루어진 것인데, 구약 제사에서 드려진 제물이 흠 없고 점 없는 어린 양이었던 것과 마찬가지로 "세상 죄를 지고 가는 어린 양"으로서의 예수는 죄가 없으신 분이셨다(참조. 사 53 : 7 ; 요 1 : 29 ; 히 9 : 14). 한편, 구약 전통 아래서 흠 없는 제물에 대해서는 종종 언급되지만(참조. 70인역, 출 29 : 1, 38 ; 레 1 : 3, 10 ; 3 : 1, 6, 9 ; 민 15 : 24 ; 겔 43 : 22), '점 없는'(아스필로스, aspilos)은 구약의 제의적 용어도 아니고 70인역에도 나오지 않는다. 그 어휘는 물리적인 깨끗함과 은유적 표현으로써 도덕적인 깨끗함과 완전함을 나타내기에 예수의 무죄성에 대하여 베드로가 의도적으로 선택한 용어로 보인다(마이클스, 「베드로전서」, 2006, p. 208 ; 참조. Schreiner, *1, 2 Peter, Jude*, p. 86). 베드로전서 1 : 18~19에서의 예수의 무흠한 희생 제물이 되심에 따른 구속에 대한 시각은 히브리서에서도 매우 유사한 언어적 해석과 함께 등장한다 : "염소와 송아지의 피로 하지 아니하고 오직 자기의 피로 영원한 속죄를 이루사 단번에 성소에 들어가셨느니라…… 염소와 황소의 피와 및 암송아지의 재를 부정한 자에게 뿌려 그 육체를 정결하게 하여 거룩하게 하거든 하물며 영원하신 성령으로 말미암아 흠 없는 자기를 하나님께 드린 그리스도의 피가 어찌 너희 양심을 죽은 행실에서 깨끗하게 하고 살아 계신 하나님을 섬기게 하지 못하겠느냐"(히 9 : 12-14).

곧 이 세상의 그 어떤 고귀한 것으로도 값으로 환산할 수 없는 완벽한 속죄 제물로서의 그리스도의 보혈이 지불된 속량이기 때문에 이전의 망령된 행실로의 회귀는 예수 그리스도의 희생을 욕되게 하는 것이다. 그리고 예수 그리스도의 구속 사역은 창세 전부터 하나님의 구원 계획 속에 예정된 바로 예수의 성육신과 함께 말세, 곧 하나님의 구원사의 마지막 시점은 이미 시작되었다. 그러나 이러한 기술은 신학적 사변이 아니라, 바로 수신자들 자신의 삶에 실제로 구현된 일이다(참조. "너희를 위하여 나타내신 바 되었으니"〈20절〉). 따라서 그리스도의 구원은 시공간을 초월하는 우주적 사건이자 이 땅에서도 목도가 가능한 구체적 상황이다. 신자들이 하나님을 알게 된 것은 하나님께서 이 구원 사역의 주체가 되셔서 보혈의 피를 흘리며 희생되신 예수 그리스도를 다시 살리셔서 부활하게 하셨고, 영화롭게 하심(요 17 : 5 ; 행 3 : 13 ; 히 1 : 3)을 계시하신 까닭이며, 수신자들은 고난 가운데서도 생명의 주가 되시는 하나님께 믿음과 소망을 둘 수 있게 되었다(레이미, 「베드로전·후서/요한 1·2·3서/유다서」, 1988, p. 31). 그리스도께서 고난을 겪은 후 신원을 받으시고 영화롭게 되심에 대해서는 이미 1 : 11에서 언급되었으며, 이는 현재 고난을 받고 있는 하늘을 향한 순례자들로서의 수신자들에게 적용될 수 있는 전형이 된다. 성도는 그리스도의 부활과 승천과 영화를 믿음으로 자신들도 동일한 은혜를 받게 될 것을 확신하며 하나님께 신뢰와 소망을 둘 수 있다. 좁스(Jobes)는 베드로전서의 수신자가 유대인 그리스도인들이라면, 이러한 사고는 그리스도의 명령에 대한 순종이 그들의 선조들의 계약적 믿음으로부터의 배교 행위가 아님을 그들에게 확신시키는 일이라고 설명한다(Jobes, *1 Peter*, 2005, pp. 119–120).

3. 피차 뜨겁게 사랑하라(1 : 22–25)

> [22]너희가 진리를 순종함으로 너희 영혼을 깨끗하게 하여 거짓이 없이 형제를
> 사랑하기에 이르렀으니 마음으로 뜨겁게 서로 사랑하라 [23]너희가 거듭난 것
> 은 썩어질 씨로 된 것이 아니요 썩지 아니할 씨로 된 것이니 살아 있고 항상
> 있는 하나님의 말씀으로 되었느니라 [24]그러므로 모든 육체는 풀과 같고 그 모
> 든 영광은 풀의 꽃과 같으니 풀은 마르고 꽃은 떨어지되 [25]오직 주의 말씀은
> 세세토록 있도다 하였으니 너희에게 전한 복음이 곧 이 말씀이니라

[1 : 22–25] '모든 행실에 거룩한 자가 되라'(13–16절)는 첫째 명령과 '나그네로 있을 때를 두려움으로 지내라'는 두 번째 명령(17–21절)에 이어 세 번째 명령이 주어지는데, 그 내용은 '피차 뜨겁게 사랑하라'는 것이다. 하나님의 구속 사역은 결코 개인적인 차원에 국한되지 않는다. 하나님에 의해 선택되고 그리스도의 피 뿌림을 얻기 위해 성령으로 구별된 자들은 필연적으로 동일한 은혜와 평강이 약속된 다른 동료 신자들과의 교제 속에 편입된다(Jobes, *1 Peter*, 2005, p. 123).

이 사랑의 명령은 두 개의 완료분사와 엮여 있는데, '깨끗하게 하여'라는 의미를 가진 첫 번째 분사 헤그니코테스(hēgnikotes)는 제의(참조. 민 31 : 23 ; 출 19 : 10 ; 대하 31 : 18 ; 요 11 : 55 ; 행 21 : 24, 26) 혹은 도덕적 함의를 지닌 성화적인 개념(참조. 약 4 : 8 ; 요일 3 : 3)으로 도입되어 베드로는 영혼

의 깨끗함을 입은 까닭이 피차 사랑하기 위함이라고 말한다(22절 ; Elliott, *1 Peter*, 2000, pp. 382-383). 또한 그는 두 번째 분사 아나게겐네메노이(anagegennēmenoi)를 통해, 그들의 '거듭남'은 살아 있고 항상 있는 말씀을 토대로 주어진 것이기에 그리고 그 영원성이 또한 사랑의 본질이기에(23절) 피차 뜨겁게 사랑하라고 권고하고 있다. 특히 '진리를 순종한다'는 표현에서 베드로는 순종이라는 베드로전서의 전체적 기조(참조. 1 : 2)와 일치하는 시각을 여전히 견지하며, '진리'는 일반적 개념의 진리라기보다는 복음, 즉 전체적인 기독교의 메시지를 지칭한다고 볼 수 있다(Senior, *1 Peter, Sacra Pagina*, 2008, p. 48 ; McKnight, *1 Peter*, 1996, p. 91). 온전한 회심으로 진리에 순종하는 목적 중 하나는 동료 그리스도인들을 향한 진정한 사랑이다. 그리고 진정한 사랑은 이기적 마음을 버리는 온전한 베풂을 포함한다. 자신의 생명을 바쳐 긍휼과 사랑의 모본을 보이신 예수 그리스도를 좇는 자는 자신의 시선을 자신에게 두기보다는 다른 사람의 필요를 살필 책임이 있다.

비록 베드로는 형제 사랑이 이미 충분히 성취된 것처럼 기술하고 있으나, 그 의미는 변화된 삶은 다른 동료 기독교인들과 관계성 안에서 증명될 수 있다고 반어적으로 표현하는 것으로 보인다. 그리고 세례를 염두에 둘 수 있는 씻김의 형태를 취한 사랑은 마음의 의지적 변화를 수반하여 역경이나 환경의 변화에 따라 변하는 것이 아니라 지속적으로 '끝까지'(에크테노스〈ektenōs〉, 개역개정성경에는 '뜨겁게'로 번역되어 있다.) 베풀어져야 한다. 요한은 예수께서 세상에 있는 자기 사람들을 사랑하시되 끝까지 사랑하신다고 진술하고 있다(요 13 : 1 ; 마이클스, 「베드로전서」, 2006, p. 223).

우리는 여기에서 서로에 대한 사랑과 썩지 아니할 씨와 어떤 상관관계가 있는가를 질문할 수 있는데, 썩어질 씨로 태동된 생명은 아무리 화려해도 그 영화는 곧 쇠할 수밖에 없다. 그러나 썩지 않는 씨, 곧 살아 있고 항상 있는 하나님의 말씀으로 말미암은 새로운 생명은 그 특질이 영원이고 또 주어질 기업 또한 영원하기 때문에 이런저런 상황에 상관없이 진리를 순종할 때 주어진 영원한 생명의 에너지를 통해 서로 끝까지 사랑할 수 있다(참조. 마이클스, 「베드로전서」, 2006, pp. 225, 229-230 ; 박창환/김경희, 「베드로전·후서/유다서」, 1996, pp. 64-65).

이어 베드로는 이사야 40 : 6~8을 인용하여 자신의 권고를 뒷받침하고 있다. 이 본문은 일찍이 주전 6세기 바벨론 포로기의 생활에 지쳐 절망과 자포자기에 빠져 "하나님의 언약이 과연 오늘에도 유효한가?"라는 질문을 제기하며 궁금해 하던 이들을 위로하던 말씀으로 하나님께서 그들에게 '돈 없이 값없이' 임할 종말론적 구원의 은혜를 선포하는 내용이다(사 55 : 1 ; 참조. 벧전 1 : 18 ; Jobes, *1 Peter*, 2005, p. 126). 베드로는 소아시아의 1세기의 그리스도인들을 향하여 이사야의 이 선포를 그대로 적용시키는 일에 주저하지 않는다. 이는 바벨론 포로기의 디아스포라 유대인들과 1세기의 베드로의 수신자들 사이의 유사한 정황 때문이다. 양자는 모두 자신들에게 정체성을 부여하던 모든 사회적 구조와 제도로부터의 적대적 반응에 따른 상실과 소외를 경험하고 있다. 이들에게 제공된 위로의 말씀의 의미를 아크테마이어는 다음과 같이 풀이하고 있다.

> 이사야서 40 : 6~8의 인용에서 구체화된 일시적인 것과 영원한 것 사이의 대조는 외견상 견고하고 영원해 보이기까지 하는 로마 제국의 권세와 영광을 직면하여 숨 막혀 했던 기독교 공동체에게는 매우 적절한 것이었다. 그러한 상황에서 로마 문화의 번쩍이며 화려한 세력은 복음을 통하여 예수 그리스도 안에서 선포된 하나님의 말씀의 영원성과 비교할 때 풀에 불과하다는 선포는 수신자들로 하여금 로마 세계로부터는 배척을 당할지라도 하나님의 항상 있고 영원한 말씀에서 떠나지 않도록 크게 고무시켰을 것이다. 로마의 궁극적인 일시적 성격을 꿰뚫어 본다면 그들을 압박해 오는 그 어떤 적대적 힘도 능히 견뎌 낼 수 있게 할 것이다(Jobes, *1 Peter*, 2005, p. 129).

즉, '풀은 마르고 꽃은 떨어짐'에 대한 언급은 수신자들을 괴롭히는 주류 사회의 적대 세력도 일시적으로 그 힘이 무한할 것 같으나, 풀과 꽃의 시듦과 떨어짐이 속히 임하듯이 수신자들을 괴롭히던 이들에게 쇠락의 길이 곧 임하게 될 것이라는 큰 위로의 말씀으로 다가왔을 것이다. 또 한편으로는 이사야서의 예언의 말씀은 성도 간의 사랑과 관련하여 이기적인 삶의 태도를 버리라는 권고에도 적용할 수 있다. 이 땅에서 누리고 추구하는 모든 존재 — 소유, 성취, 의지하는 사람들 — 역시 궁극적으로 쇠하고 사라질 것이기 때문이다. 오직 하나님의 뜻과 말씀, 그리고 역사하심만이 영원하다. 우리는 한시적인 현재에만 집중된 시선을 거두어 우리의 시간과 재물과 에너지를 하나님의 말씀과 그리스도 안에 있는 우리의 영원한 생명에 집중시켜야 한다(참조. (McKnight, *1 Peter*, 1996, p. 91 ; *Life Application Study Bible*, 2004, p. 2129).

4. 신령한 젖을 사모하라(2 : 1-3)

> [1]그러므로 모든 악독과 모든 기만과 외식과 시기와 모든 비방하는 말을 버리고 [2]갓난아기들같이 순전하고 신령한 젖을 사모하라 이는 그로 말미암아 너희로 구원에 이르도록 자라게 하려 함이라 [3]너희가 주의 인자하심을 맛보았으면 그리하라

[2 : 1-3] 베드로는 1장 말미에서 수신자들에게 그들의 새로운 생명이 하나님의 영원하신 말씀에 의해 생성되었으며 그 생명은 동료 그리스도인들에 대한 사랑으로 특징지을 수 있다고 말하였다(1 : 22-23). 그는 그리스도 안에서 새로운 삶으로서의 영적 성숙에 대한 권고를 계속해 나간다.

모든 어린이들에게 공유된 특성은 주변 사람들이 그들이 건강하게 자라나 장성하기를 기대한다는 점이다. 거듭난 우리도 영적으로는 갓난아기에 다름없다. 우리의 영적 상태가 건강하다면 우리는 영적으로 성장하기를 갈망할

것이다. 병든 아이는 먹는 것을 싫어하나 건강한 아기는 엄마의 젖을 갈급해 한다. 마찬가지 현상이 믿음의 세계에서 발생하는데 슬프게도 우리는 신자들 가운데 영적 성숙의 필요성을 느끼지 못한 채 전혀 자라지 않는 이들을 적잖이 만나게 된다(*Life Application Study Bible*, 2004, p. 2129).

베드로는 어린 아기의 성정에 비견하여 다음의 권면으로 나아간다. 2 : 1~3은 단 하나의 명령법을 포함하고 있는데, 곧 베드로는 무엇보다 갓난아기들이 어머니의 모유를 갈급해 하듯이 순전하고 신령한 젖을 사모하라고 권고한다. '거룩하라'(1 : 13-16)는 첫째 명령과 '나그네로 있을 때 두려움으로 지내라'는 두 번째 명령(1 : 17-21)과 '피차 뜨겁게 사랑하라'는 세 번째 명령(1 : 22)에 이어 '사모하라', 이 네 번째의 명령은 1절의 "모든 악독과 모든 기만과 외식과 시기와 모든 비방하는 말을 버리고"라는 분사절에 의해 수식되고 있다. 베드로는 신령한 젖을 사모하는 영적 성숙의 길은 1 : 22의 서로 사랑하라는 권고와 함께 동료 그리스도인들에 대하여 어떤 관계성을 지녀야 하는지에 달려 있음을 보여 준다. 비록 수신자들이 복음 속에 담긴 진리에의 순종으로 그 구원의 길이 열렸다 할지라도, 신자에게서 요청되는 삶 속에서 스스로 제거해야 할 구체적 악덕의 처리 차원에서 '옷을 벗는다' 혹은 '제거한다'는 의미를 지닌 어휘 아포티떼미(apotithēmi)가 사용된다. 특히 옷을 벗는다는 개념은 초대교회에서 기독교인의 삶으로서 합당하지 않은 행위나 의지들을 떨쳐 버리는 것에 대한 관용구처럼 사용되었다(롬 13 : 12 ; 엡 4 : 22, 25 ; 골 3 : 8 ; 약 1 : 21 ; Jobes, *1 Peter*, 2005, pp. 130-131 ; 참조. 켈리, 「베드로전·후서/유다서」. 1987, p. 114).

신자가 버려야 할 악덕의 목록(the list of vices) 가운데 베드로는 우선 악독(카키아<kakia>)을 거론한다. 악덕은 남을 해치려는 악(wickedness) 혹은 사악하고 잘못된 의지로서의 악의(惡意)로 번역된다. 따라서 이 어휘는 실행되지 않은 내재적 악감정까지 아우르는데, 이것이 1 : 22의 공동체 내부의 형제 사랑의 반대어적인 성격인지, 핍박의 주체가 되는 이교적 주류 사회, 곧 수신자들의 공동체 외부인에 대한 그리스도인들의 반감이 표출되는 것을 금하는 것인지 명확하지 않으나, 베드로전서 수신자들의 삶의 정황을 미루어 볼 때 후자의 이해도 충분히 개연성 있어 보이며(참조. 벧전 2 : 16), 일반적 기독교 일반 윤리로서는 이 양자 모두를 포함할 수 있다(마이클스, 「베드로전서」, 2006, p. 237). 기만(돌로스, dolos)은 악독과 마찬가지로 신자 상호 간의 관계뿐 아니라와 불신자를 상대할 때에도 적용되는 모든 속이는 행위(deceit)와 의도적인 부정직함을 말한다. 외식(hypocrisy)은 기만과 속인다는 의미에서 비슷한 맥락을 갖는데, 배우의 연기에서 유래한 그 어휘는 경건으로 가장한 종교 행위를 포함, 가식적인 사랑과 행실을 말한다. 특히 마태복음 23장은 당시 종교 지도자들인 바리새인들, 특히 서기관 그룹의 외식에 대한 강한 질책을 주 내용으로 하고 있다. 이들은 사람들 사이에서 진정성을 몰아냄으로 그들의 관계를 파괴적 관계로 만들어 버린다. 시기는 남이 잘되는 일에 대한 성마른 불만이다. 비방은 남의 뒤에서 부정적인 언사로 중상과 험담하는 것을 말한다(참조. 브루스 B. 바톤 외, 「적용을 도와주는 베드로전서/베드로후서/유다서」, 2010, pp. 80-81 ; 박수암, 「공동서신」, 2004, p. 149). 따라서 악독, 기만, 외식, 시기 그리고 비방은 나보다 다른 사람의 최고의 유익을 추구하는 기독교적 사랑과 정반대의 성격을 가진 피해야 할 죄악들이다. 이러한 악행들은 거듭난 신자 안에서 절대로 발견되어서는 안 되는, 성도의 성숙을 저해하는 요소들로 더러운 옷을 벗어 버리듯이 스스로 제거해야 할 악덕들이다. 그리고 베드로는 악독과 비방의 앞에 '모든'(파스, pas)이라는 수식어를 반복적으로 달아 과거적 악습과의 완전한 단절과 철저한 청산을 강조하고 있다(Elliott, *1 Peter*, pp. 396-397 ; 박창환/김경희, 「베드로전·후서/유다서」, 1996, p. 66).

하지만 2 : 1에 나타나는 악독, 기만, 외식, 시기와 모든 비방하는 말과 같은 악의 목록이 수신자들 사이의 구체적인 상황을 반영하는지는 결정하기 어렵다. 바울서신과 신약성경의 다른 서신들과 달리 베드로전서는 수신자들이 처한 상황을 소개하는 데 소극적이기 때문이다. 또한 이 악의 목록들은 공동체 내부의 갈등 상황에서 적용되는 사안들인데, 베드로전서의 전반적인 기조는 내부적 갈등보다는 그리스도인들을 향한 외부로부터의 위협과 핍박에 대한 대응을 다루고 있다(Senior. *1 Peter*, *Sacra Pagina*, 2008, p. 49). 다만 서로 사랑하라는 명령의 측면에서 볼 때 앞에서 제시된 악의 목록들은 분명 공동체를 해치는 요소들인 것은 분명하다.

이 부분에 있어 분명한 명령법은 '갓난아기들같이 순전하고 신령한 젖을 사모하라'인데, 아기가 신체의 성장을 위해 엄마의 젖을 사모하듯이 거듭나 새 생명을 얻은 신자(1 : 3, 23)는 열정을 가지고 영적 성장을 위한 양식인 하나님이 공급하시는 신령한 젖을 갈급해야 한다(젖의 심상과 덕성 함양에 대한 그레코-로마 시대의 문화적 이해를 위해서는 P. L. Tite, "Nurslings, milk, and moral development in the Greco-Roman Context : A reappraisal of the para-entic utilization of metaphor 1 Peter 2 : 1–3," *JSNT* 31/4 〈2009〉, 371–400을 보라). 어떤 학자들은 그들이 갓난아기에 비견되기에 수신자들을 새신자라고 생각하지만, 바른 이해는 아닌 듯하다. 여기서의 비교는 아기와 신자의 믿음 상태의 비교가 아니라 젖을 사모함의 여부에 대한 비교이기 때문이다 (Schreiner, *1, 2 Peter, Jude*, 2003, p. 99). 젖의 은유는 아기가 어머니를 전적으로 의존하듯 모든 그리스도인은 그들의 생명에 있어 전적으로 하나님께 의존하고 있다는 것을 나타내고자 함이다.

순전하고 신령한 젖이 무엇인가에 대해서는 다양한 해석들이 제기된다. 우선 젖에 대해서 고린도전서 3 : 1~3과 히브리서 5 : 11~14은 신자들의 영적 미성숙의 관점에서 부정적인 뉘앙스로 다룬다. 곧 바울과 히브리서 기자는 그 본문 안에서 권면의 대상자들이 신령한 자가 아닌 육신에 속한 자로 말씀의 초보도 알지 못하여 단단한 식물이나 밥을 먹을 수 없어 젖을 먹어야 하는 어린아이로 비견한다. 그러나 이 이해를 베드로전서에 적용할 필요는 없는데, 베드로전서는 젖을 초보 신앙을 가진 이들이 먹어야 하는 기초적 지식이 아닌 모든 그리스도인의 생존과 성장을 위한 필수불가결한 본질이라는 시각에서 접근하고 있기 때문이다(Schreiner, *1, 2 Peter, Jude*, 2003, p. 99 ; 참조. *The Reformation Study Bible*. 2005, p. 1812). 따라서 우리는 젖을 사모하라는 권고를 갓 믿음을 갖기 시작한 신자가 아니라 그리스도의 재림 때 임할 구원에 이르기까지 계속적으로 성장해야 할 모든 그리스도인들을 대상으로 하는 은유라고 결론 내릴 수 있다. 베드로는 그리스도인의 구원은 즉흥적이거나 쉽사리 성취할 수 있는 것이 아니라 하나님 앞에 온전하고 흠이 없는 존재로 서게 될 날까지 고난과 시련을 겪어야 할 인고의 과정으로 제시한다(참고. 1 : 3-9, 13-21 ; 참조. T. W. Martin, "Tasting the Eucharistic Lord as Usable," *The Catholic Biblical Quarterly* 78 no.3 〈2016〉, pp. 515-525).

'젖'을 수식하는 두 개의 형용사 중 첫 번째인 '순전하고'(아돌론, adolon)는 헬라어에서 반대적 어의를 지닌 'a'라는 접두어를 붙여 속임을 뜻하는 1절의 기만(dolon)과 대비되는 언어유희를 보여 주는데, 하나님의 말씀은 속임이 없으시다는 뜻을 내포한다. 민수기에서도 하나님의 말씀의 진정성에 대한 동일한 시각을 보여 주고 있다 : "하나님은 사람이 아니시니 거짓말을 하지 않으시고 인생이 아니시니 후회가 없으시도다 어찌 그 말씀하신 바를 행하지 않으시며 하신 말씀을 실행하지 않으시랴"(민 23 : 19). '순전한'이라는 형용사를 음식과 연관하여 사용할 때는 '섞지 않은'(unadulterated) 혹은 '믿을 만하고 근거가 확실하고 참된'(authentic)이라는 의미를 갖는다. 아기의 음식물이 어머니의 젖처럼 오염되지 않고 정결해야 배탈이 나지 않는 것과 마찬가지로, 성도의 성장에도 순전한 기르침이 필요하다(Senior. *1 Peter, Sacra Pagina*, 2008, p. 49 ; 박창환/김경희, 「베드로전·후서/유다서」, 1996, p. 67). 젖을 하나님의 말씀에 대한 은유로 이해한다면 당시 이단자나 거짓 교사들의 그릇된 교리나 오류적인 가르침과 섞이지 않은 참된 진리의 말씀을 나타내는 것으로 간주할 수 있다.

젖을 수식하는 두 번째 형용사 로기코스(logikos)에 대해서는 다양한 해석이 제기된다. 개역성경은 '신령한'(개역개정성경에는 '거룩한'으로 번역됨.)이라고 번역하였고, 이 단어는 로마서 12 : 1에서도 나타나 영적 예배로 표현되는데, 헬라 문학에서 그 어휘는 논리적이거나 이성적인 사안을 다룰 때 주로 사용되기 때문이다(Elliott, *1 Peter*, 2000, p. 400). 그러나 '신령한'과 '논리적인'의 의미를 상반적인 것으로 간주할 필요는 없다. 젖을 신자들의 성숙을 위한 하나님의 말씀으로 상정할 때, 하나님께서 신자들을 구별하여 거룩하게 하시는 것은 계속적인 하나님의 말씀의 선포를 통한 마음의 변화를 이루시는 까닭이며(참조. 1 : 13 "마음의 허리를 동이고"), 영적 성숙은 신비적인 영역에서 일어날지라도, 하나님의 말씀이 구두로 그리고 문자적으로 선포되고 해석되는 논리와 이성적인 영역에서도 발생하기 때문이다. 따라서 '젖'은 기독교 공동체를 성장시키는 영양소가 되는, 하나님에 대한 지식, 기도, 설교, 성경공부 등 기타 복음과 관련한 모든 가르침을 지칭할 수 있다(McKnight, *1 Peter*, 1996, p. 104).

그리하여 신자는 순전하고 신령한 젖을 사모하여 섭취함으로 구원에 이르기까지 자라게 된다. 베드로가 순전하고 신령한 젖을 단순히 영적 성장에 필요한 것으로 국한하지 않고 구원까지를 목표로 삼은 것은 박해와 압제라는 고난 가운데 신음하는 수신자들의 상황과 무관하지 않다. 신자는 하나님의 공급하시는 능력을 통해 현재적 고난을 이겨 낼 수 있다. 그리하여 베드로는 신령한 젖을, 1장의 시각처럼 수신자들의 영적 성장의 필요성과 미래적 구원과 종말론적으로 연계하여 하나님의 신원하심으로 위로하게 한다(McKnight, *1 Peter*, 1996, p. 105).

그러나 여기서의 성장은 숫자적 성장을 말하지 않음을 기억해야 한다. 교세와 상관없이 그 교회의 영적 성숙에 대한 추구를 말하는 것이다. 일찍이 존 스토트는 로잔 회의에서 다음과 같이 말한 바 있다 : "우리는 때로 교회의 깊이를 희생시키고 교회성장을 추구하여 복음을 기독교적 성숙으로부터 분리시켰음을 고백합니다"(McKnight, *1 Peter*, 1996, p. 105). 이 자성적 고백은 기독교 신학이 대중의 입맛에 휘둘리는 물량주의와 성장주의에 빠진 작금의 한국 기독교 현실에서 귀 기울여야 할 메시지이기도 하다.

베드로는 3절에서 시편 34 : 8("너희는 여호와의 선하심을 맛보아 알지어다")을 부분 인용하면서, 성취된 조건절을 사용하여 수신자들이 이미 그리스도의 인자하심, 곧 그분의 보배로운 피의 흘리심을 통하여 주어진 영혼을 깨끗하게 하심과 거듭남을 경험하였다는 것을 전제로 신령한 젖의 사모를 재차 권고한다. 베드로는 동일한 시편 34 : 12~16a을 베드로전서 3 : 10~12에서도 인용하고 있는데, 우리는 그 시편의 주된 논지를 살필 필요가 있다. 시편 34편을 기록한 다윗은 의인이 고난에 처할 때, 하나님께서 그 모든 곤경으로부터 구원해 주실 것이라는 확신을 고백하고 있다. 현재 고난받고 있는 수신자들도 이 시편의 메시지로부터 큰 위로를 받을 수 있다. 즉, 시편 34편과 베드로전서는 핵심논지로 동일한 소망을 말하고 있는 것이다(Senior, *1 Peter*, *Sacra Pagina*, 2008, p. 49).

한 가지 눈여겨볼 사안은 개역개정성경이 '주의 인자하심'으로 번역하는 어구에 대해, 70인역은 '여호와는 선하시다'(God is good)로 읽고 있다는 것이다. 그리고 그 보어 기능을 하는 헬라어 형용사는 '선하다'는 의미의 크레스토스(chrēstos)이다. 베드로는 여호와 하나님을 '주'로 대체하여 인용한 바, 영어 표현으로 하자면 'The Lord is good'(chrēstos)이다. 한편, 해석자들은 흥미롭게도 이 구절에서 재치 있는 동음이의어(同音異意語)의 익살을 발견하기도 한다. 곧 '주는 그리스도이시다'(The Lord is Christ)라는 번역이 가능하도록 보어적 위치에 헬라어로 음역된 어휘 '그리스도'에 대한 원어 크리스토스(Christos)를 둘 경우, 두 단어 크리스토스와 크레스토스 사이에서 그 차이는 단 하나의 모음뿐이라는 것을 발견하게 된다(Jobes, *1 Peter*, 2005, p. 137 이하 참조).

C. 그리스도인의 새로운 정체성(2 : 4–10)

1. 거룩한 제사장(2 : 4–5)

> [4]사람에게는 버린 바가 되었으나 하나님께는 택하심을 입은 보배로운 산 돌이신 예수께 나아가 [5]너희도 산 돌같이 신령한 집으로 세워지고 예수 그리스도로 말미암아 하나님이 기쁘게 받으실 신령한 제사를 드릴 거룩한 제사장이 될지니라

[2 : 4–5] 신령한 젖을 사모하며 영적 자양분을 섭취하여 구원에 이르도록 자라는 일은 또한 영적인 집을 지어 가는 일과 연계된다. 혹자는 젖을 사모하는 것과 집을 짓는 것과의 연결고리가 어색하고 분명하지 않다고 주장하나, 집을 세우는 것은 단순히 건물을 세워 나가는 것만이 아니라 집안을 세우는 일이다. 히브리적 사고로도 집을 세우는 것은 자녀를 얻는 것을 토대로 한다. 신령한 집으로 세워진다는 말씀도 성도들의 공동체 형성을 의미한다. 베드로는 2 : 4~5을 통해 앞으로 다루어질 두 가지 논지를 제시하는데, 첫째, 2 : 6~8에서 묘사되는 예수의 지상적 사역에 대한 수용과 거부라는 두 반응과 둘째, 제사장 직분을 지닌 교회의 영적인 성격(2 : 9–10)이 바로 그것이다(Jobes, *1 Peter*, 2005, pp. 145–146 ; 참조. 브루스 B. 바톤 외, 「적용을 도와주는 베드로전서/베드로후서/유다서」, 2010, pp. 84–87).

3절에서 인용된 시편 34편의 문맥에서 여호와 하나님을 지칭하는 '주'는 베드로전서 2 : 4에서는 명백히 예수 그리스도를 가리킨다. 이 구약성경의 인용은 기독론적으로 매우 중요한데, 여호와께 적용되는 칭호가 또한 예수께 적용되기 때문이다. 원래 구약성경에서 돌 혹은 바위는 하나님에 대한 상징이었다(참조. 신 32 : 4 ; 삼하 23 : 3 ; 사 26 : 4 ; 30 : 29 ; 시 19 : 14 ; 62 : 2, 7). 회심을 통해 주의 구원의 은혜와 인자하심을 맛본 신자들은 이제 주 예수 그

리스도께 나아와야 한다. 특히 '나아가'(프로스에르코메노이<proserchomenoi>)는 명령적 성격을 지닌 현재분사형으로 예수께 나아오는 일이 단회적 사건이 아니라 주님과의 인격적 교제 속에서 진행적이고 반복적인 행위임을 말한다. 신령한 집으로 세워지는 일은 한순간에 이루어지는 일이 아니라 계속적으로 주께 나아옴에 근거한다(Schreiner, *1, 2 Peter, Jude*, 2003, p. 103 ; Senior, *1 Peter, Sacra Pagina*, 2008, p. 53).

돌은 원래 목석이라는 표현을 통해 생명력 없는 존재의 대명사이자 하나님을 떠난 죽은 종교로서의 우상숭배와 조상에게서 전해져 온 망령된 행실로 해석할 수 있다. 하지만 4절에서 예수는 사람에게는 버림을 받았으나 하나님의 구원 계획을 위해 선택된 보배로운 산 돌로 제시되는데, 생명력 없는 돌과 산 소망, 하나님의 살아 있는 말씀, 산 돌 속의 공통분모를 통해 생명과 대비시키는 베드로의 의도가 엿보인다(참조. 1 : 3, 23 ; 마이클스, 「베드로전서」, 2006, pp. 257-258 ; Senior, *1 Peter, Sacra Pagina*, 2008, p. 53). 예수께서 산 돌이라 칭함받으신 것은 명백히 부활에 근거한다. 그리스도께 대한 인간의 버림과 하나님의 신원하심의 유형은 동일한 택하심을 받은 수신자들에게도 그대로 적용된다. 산 돌들인 신자들이 비록 적대적 세상 가운데 배척받으며 살고 있을지라도, 부활하신 그리스도께 대한 믿음으로 말미암아 산 돌이신 그리스도의 부활의 생명이 또한 그들이 생명이 되기 때문이다. 더욱이 예수 그리스도는 하나님의 택하신 자들을 위하여 신령한 음료인 생명수를 내는 반석이시기도 하다(참조. 고전 10 : 4). 한편 베드로전서 외에 신약성경 어디에서도 신자들에 대해 산 돌로 표현하지 않는다.

신자들이 산 돌이신 예수께 나아가는 이유는 '신령한 집으로 세워지고 거룩한 제사장이 되기 위함'이다. 신령한 집은 곧 성전을 가리키는 것으로 이해할 수 있는데(삿 18 : 31 ; 삼하 12 : 20), 전술한 대로 신약성경에서의 집을 세움은 물리적 건물의 세움이 아니라 사람의 세움이다(참조. 고전 3 : 16 ; 6 : 19 ; 엡 2 : 19-22 ; 히 3 : 6). 즉, 그리스도를 삶으로 인격적으로 닮아 가는 하나님의 백성들의 확대가 신령한 집으로 세워지는 것이다. 곧 신자들의 공동체가 신령한 집인 것이다(참조. Schreiner, *1, 2, Peter, Jude*, 2003, p. 105). 또한 이러한 이해는 주류 사회로부터 소외되어 외인이요 나그네처럼 현재 안정적 거처가 없는 자로 간주되는 수신자들에게 세상의 집과는 다른 집이 있음을 깨닫게 한다. 그 집은 무너지고 쇠잔할 지상의 물리적 집이 아니며 살아 있고 항상 있는 하나님의 말씀으로 지어지는 견고한 영원한 집이다.

그런데 그 집은 단순히 신자들의 결합이 아니라 그리스도를 기초로 하여 접합된 종말론적 공동체를 지칭한다(참조. 7절). 5절의 '세워지고'를 중간태로 이해하는 명령법으로 볼 것인가, 수동태로 해석되는 직설법으로 볼 것인가에 대한 논란이 있으나, 어느 쪽을 취하든 계속이나 진행의 의미를 담고 있다고 할 수 있다. 이는 앞서 언급된 구원에 이르도록 자라야 할 신자의 책무와 연관이 있다. 그럼에도 세워짐의 주도권은 오직 하나님께 있음이 잊혀져서는 안 된다(2 : 2 ; 마이클스, 「베드로전서」, 2006, p. 259 ; 참조. Senior, *1 Peter, Sacra Pagina*, 2008, p. 53).

신자들은 이제 세워져야 할 성전이자 그 스스로가 그 성전의 제사장이 되어야 한다. 혹자는 신자가 성전이면서 그 성전에서 사역하는 제사장이 된다는 개념을 받아들이는 데 어색해 하나, 신자는 하나님의 성령이 거하시는 성전이지 문자적 의미의 성전이 아니기 때문에 이 메타포는 전혀 문제가 되지 않는다(참조. 마이클스, 「베드로전서」, 2006, p. 261). 과거 구약시대에는 제사직이 특정 지파의 제사장들에게만 국한되었지만, 신약시대에는 성도가 곧 성전이요 제사장이며 또한 스스로가 하나님께 드려지는 헌물이 되기도 한다(참조. 롬 12 : 1 ; 15 : 27 ; 빌 2 : 17 ; 딤후 4 : 6 ; 계 6 : 9). 이는 예수께서 대제사장이시면서 제물이심과 동일하다(박수암, 「공동서신」, 2004, p. 153).

그렇다면 구약시대의 동물의 희생제사가 예수 그리스도가 드린 단번의 희생제사로 더 이상 필요 없게 된 상황에서(참조. 히 7 : 26-28 ; 9 : 23-28), 베드로전서의 제사는 무엇이고 어떻게 드려지는 것일까? 구약 전통 아래서 동물 희생제사는 제사장이 그 동물을 죽이고 각을 떠서 제단 위에 그것을 올려놓는다. 이 절차가 중요하기는 하나 구약 전통에서도 보다 중요한 것은 마음 중심으로부터의 순종이다(삼상 15 : 22 ; 시 40 : 6 ; 암 5 : 21-24 ; *Life Application Study Bible*, 2004, p. 2129). 베드로는 2 : 5에서 집과 제사 모두를 '신령한'이란 형용사로 수식하고 있는데, 이는 곧 거룩한 제사장직은 신령한 집에서 신령한 제사를 드리는 것으로 갈음할 수 있다. 물론 이 제사는 유대교나 이교도들의 동물 희생제사와는 다른 범주의 제사이다. 예수 그리스도로 말미암아 하나님이 기뻐하실 제사의 성격에 대해 다음과 같은 다양한 해석들이 존재한다 : '하나님께 대한 찬양과 거룩하고 의로우며 명예로운 삶의 방식'(Elliott), '성찬식'(Selwyn), '성령에 대한 사람들의 영의 반응'(Beare), '하나님께 대한 전 인격의 헌신'(Goppelt), 그리고 '하나님께 대한 자기복종'(Hort). 즉, 신령한 제사는 우리 자신의 욕망을 제쳐 두고 우리의 모든 에너지와 자원을 주님의 처분에 맡긴 채 하나님께서 우리를 인도하시도록 하는 전적인 신뢰와 함께 하나님 중심의 삶을 사는 것이다(Jobes, *1 Peter*, 2005, p. 150).

거룩한 제사장이 되라는 권면과 아울러 앞으로 다루어질 2 : 9에서는 성도의 정체성과 직무에 대해 택하신 족속이요, 왕 같은 제사장, 거룩한 나라요 그의 소유된 백성으로서 하나님의 기이한 덕을 칭송하고 선포하는 일로 언급된다. 이는 그리스도인들이 하나님을 소개하는 차원에서 이교도들 가운데 펼쳐 보일 수 있는 선한 행실을 말하는 것이다. 그런데 성도의 '거룩'은 성령께서 거룩하게 하신 결과로 성도 안에서 일어난 변화로부터 자연스레 흘러나오는 매일의 행위를 말한다(참조. 1 : 2, 15-16). 따라서 그리스도인에게 있어 그 몸은 하나님의 성령이 거하시는 전이요, 자신의 삶으로 하나님께 제사하는 신령한 제사장이다. 이는 히브리서 기자의 표현대로 예수께서 대제사장이면서 제물이 되심과 마찬가지이다. 그리스도와 연합한 우리는 그분의 제사장 직분에 참여하면서 하나님과 세상을 화해시키는 역할을 감당하게 된다.

한편 신령한 집과 관련하여 베드로는 유독 '집'이라는 의미의 헬라어 오이코스(oikos) 개념이 들어간 파생어를 자주 사용하고 있다. 예를 들면, 2 : 5의 '세워지고'(오이코도메오, oikodomeō), 2 : 18의 '사환들'(오이케타이, oiketai), 3 : 7의 '동거하고'(쉬노이쿤테스, synoikountes), 4 : 10의 '청지기'(오이코노모이, oikonomoi), 2 : 11의 '거류민'(파로이코이, paroikoi), 1 : 17의 '나그네'(파로이키아, paroikia) 등이다. 이는 이 땅이 안정적인 거처가 아닌 존재로서의 집 없는(homeless) 수신자들에게 집(home)이 있음을 역설하고자 하는 베드로의 배려로 보인다(박수암, 「공동서신」, 2004, 152 ; 베드로의 oik-어근을 가진 용어의 의도적인 선호에 대한 보다 상세한 내용은 Elliott, *A Home for the Homeless*, 2005, p. 200 이하를 보라).

2. 건축자의 버린 돌과 모퉁잇돌(2 : 6-8)

> [6]성경에 기록되었으되 보라 내가 택한 보배로운 모퉁잇돌을 시온에 두노니 그를 믿는 자는 부끄러움을 당하지 아니하리라 하였으니 [7]그러므로 믿는 너희에게는 보배이나 믿지 아니하는 자에게는 건축자들이 버린 그 돌이 모퉁이의 머릿돌이 되고 [8]또한 부딪치는 돌과 걸려 넘어지게 하는 바위가 되었다 하였느니라 그들이 말씀을 순종하지 아니하므로 넘어지나니 이는 그들을 이렇게 정하신 것이라

[2 : 6-8] 여기서의 성경은 당연히 구약성경이며 인용되는 본문은 6절의 경우, 70인역 이사야서 28 : 16이고 7절은 시편 118 : 22이며, 8절은 이사야서 8 : 14~15의 다소 자유로운 인용이다. 우선 이사야서 28 : 16은 "그러므로 주 여호와께서 이같이 이르시되 보라 내가 한 돌을 시온에 두어 기초를 삼았노니 곧 시험한 돌이요 귀하고 견고한 기촛돌이라 그것을 믿는 이는 다급하게 되지 아니하리로다"라고 말씀한다. 물론 원래적 문맥에서는 모퉁잇돌(기촛돌)

이 여호와에 대한 믿음이나 다른 대상을 의미할 수 있으나 직접적으로 메시아를 지칭하는 것은 아니라는 해석에 대부분의 학자들이 동의한다. 하지만 유대 문헌들 가운데도 그 돌을 메시아와 일치시키는 잘 발달된 해석적 전통이 이미 존재하였고(Jobes, *1 Peter*, 2005, p. 147), 베드로를 비롯한 초대 기독교 전통은 7~8절의 구약의 인용문들과 함께 이 본문을 메시아에 대한 예언으로 접근하였다(참조. 롬 9 : 32-33 ; 엡 2 : 20-22). 바울도 이 구약의 말씀들을 기독론적으로 자유로이 인용한다 : "기록된 바 보라 내가 걸림돌과 거치는 바위를 시온에 두노니 그를 믿는 자는 부끄러움을 당하지 아니하리라 함과 같으니라"(롬 9 : 33).

특히 베드로는 하나님께서 시온에 두신 모퉁잇돌에 대해 '그를'이라는 어휘를 첨부하여 예수 그리스도를 믿음의 근거요 대상으로 선포한다(Senior, *1 Peter*, *Sacra Pagina*, 2008, p. 54 ; Jobes, *1 Peter*, 2005, p. 147). 건축자의 버린 돌이 기촛돌이 된 것인데 사도행전 4 : 11에서 베드로는 이 동일 구절을 예수 그리스도의 죽음과 부활, 그리고 승귀에 적용한다. 그리고 그 예수만이 구원의 근거이다 : "이 예수는 너희 건축자들의 버린 돌로서 집 모퉁이의 머릿돌이 되었느니라 다른 이로써는 구원을 받을 수 없나니 천하 사람 중에 구원을 받을 만한 다른 이름을 우리에게 주신 일이 없음이라"(행 4 : 11-12). 즉, 당시의 유대 종교 지도자들은 예수를 멸시하고 배척하며 십자가에 못 박아 죽였으나, 하나님은 예수를 부활하게 하셔서 구원을 위한 기초석이 되게 하셨다. 사실 시편 118 : 22에 대한 이러한 해석과 이해는 예수께서 친히 말씀하신 악한 소작농들에 대한 비유에서도 드러난다(마 21 : 33-46 ; 참조. 막 12 : 10-11 ; 눅 20 : 17-18). 그 비유에서 악한 농부들은 주인의 기업을 차지하기 위해서 아들을 살해하였는데, 이 언급은 그리스도의 십자가 죽음을 지칭하는 것으로 마태는 이 일을 건축자가 버린 모퉁잇돌과 예수와의 상관성을 지닌 예언의 성취로 간주한다. 이와 같이 예수를 건축자의 버린 돌로 이해하는 초대 기독교 공동체의 일관된 목소리를 반영하는 해석적 전승은 예수에게서 기원했을 가능성이 매우 높다.

한편 모퉁잇돌이 무엇을 말하느냐에 대한 논란이 있다. 즉, 현관이나 둥근 지붕 형태의 건물에 있어 건축을 마무리하는 마지막 돌, 즉 관석(capstone)을 의미할 수도 있으나, 본문의 문맥적 이해는 건물을 시작하고 바닥에서 전체를 떠받치는 기초석을 말한다. 왜냐하면 불신자들이 그 모퉁잇돌에 걸려 넘어지기 때문이다(2 : 8). 더욱이 '머릿돌'로 번역된 그 용어는 문자적으로 '모퉁이의 머리'로, 여기서의 머리는 가장 높은 부분이 아니라 끝자락을 의미한다(Schreiner, *1, 2 Peter, Jude*, 2003, p. 111). 하지만 베드로는 돌의 기능보다는 택함 받은 돌로서의 요긴함을 강조하고, 그 돌은 건물의 기준이 되어 그 돌을 중심으로 벽과 벽이 서로 연결되는 건물의 가장 중요한 돌을 지칭한다. 하나님의 집은 오직 그리스도라는 굳건한 토대 위에서만 지어질 수 있다(고전 3 : 9-11 ; 참조. 켈리, 「베드로전·후서/유다서」. 1987, p. 127).

그렇다면 그리스도의 주춧돌 되심이 갖는 의미는 무엇인가? 무엇보다도 그분은 우리가 전적으로 신뢰할 수 있는 분이시라는 의미이다. 벽과 건물은 넘어질지라도 기초석은 가장 안전하며 그 위에 다시 건물을 세울 수 있다(참조. *The Reformation Study Bible*, 2005, p. 1813). 베드로는 교회를 그리스도께서 기초석, 곧 주춧돌이 되시는 살아 있는 신령한 집으로 묘사하면서, 성도를 집을 구성하는 개별적인 돌로 간주한다. 돌 하나는 성전뿐 아니라 벽 하나도 구성할 수 없다. 곧 돌들이 모여 하나의 집을 형성하는 것이다. 오늘날의 개인주의 사회에서 우리는 다른 그리스도인들과의 상호의존성을 망각할 때가 많다. 하나님의 부르심은 개인에 대한 부르심에 앞서 다른 믿음의 사람들과의 동역을 위해 부르셨다는 것을 잊어서는 안 된다. 각자의 거룩함의 회복과 하나님 안에서의 구별된 행실을 통한 복음의 증거 노력이 힘을 합할 때 그 영향력과 결과는 배가될 것이다. 베드로는 시온, 즉 종말론적 성전으로서의 교회에 두신 시금석, 곧 예수를 믿고 안 믿고의 여부가 사람들의 운명을 가르는 결과를 낳게 될 것이라고 말한다. 한편 몇몇 신약의 기자들은 실현된 종말론적 시각에서 구원을 생동감 있게 표현하고자 예수를 믿는 믿음의 유무가 낳은 결과가 현재적 시간에 발생한 것으로 표현한다(참조. 요 5 : 24 ; 골 1 : 13). 비록 소극적인 어감이지만, "그를 믿는 자는 부끄러움을 당하지 아니하리라"는 하나님의 미래적 구원과 신원하심에 대한 소망을 말하고 있다. 베드로는 1 : 7에서 불로 연단된 믿음은 그리스도의 재림 시에 칭찬과 영광과 존귀를 얻게 될 것이라고 보다 적극적으로 말한 바 있다(참조. 박창환/김경희, 「베드로전·후서/유다서」, 1996, pp. 69-70).

그러나 그리스도를 믿지 않는 자들은 그 모퉁잇돌 되신 예수 그리스도를 다른 모습으로 대면하게 될 것이다. 앞에서 말한 바와 같이 모퉁이의 머릿돌은 문자 그대로 돌의 머리 부분을 말하는 것이 아니라 지면에 돌출되어 사람들이 걸려 넘어질 가능성이 있는 돌의 끝부분을 말한다(참조. 왕상 8 : 8 ; 대하 5 : 9 ; Schreiner, *1, 2 Peter, Jude*, 2003, p. 109). 이사야서 8 : 14에서는 이스라엘과 유다 백성이 하나님에 의해 걸려 넘어지지만, 여기에서는 불신자들이 말씀에 순종하지 않음으로 그리스도께 걸려 넘어진다. 하지만 여기서의 부딪혀 넘어짐은 사람이 길을 가다가 우연히 발부리가 걸려 넘어지는 차원이 아니라 그리스도의 복음을 받아들이지 않고 하나님의 주권에 대한 복종을 거부하는 의도적 반역으로 말미암은 심판과 파멸로 귀결되는 엄청난 결과를 초래한다. 이 넘어짐은 예수께서 시편 118 : 22을 인용하실 때 이미 대제사장과 바리새인들 안에서 발생하였고(참조. 마 21 : 42-46), 이제 베드로전서의 수신자들의 주변에서 일어나고 있다(Senior, *1 Peter, Sacra Pagina*, 2008, p. 55).

결과적으로 구원의 돌과 파멸의 돌로서의 그리스도의 양면성이 강조되는데, 이는 오직 그리스도를 믿음과 그 말씀에 대한 순종여하에 따라 결정된다. 베드로는 불신자들의 부딪히고 넘어짐을 하나님께서 정하신 것이라 말씀하는데, 자칫 그들의 멸망의 운명이 하나님의 예정 때문인 것으로 오해할 수 있다. 하지만 베드로는 이 본문을 통해 하나님의 주도적 예정과 인간의 자유의지와 책임성 모두를 말하고 있다.

한편 예수는 사람에게는 버림받은 존재이다(4절). 사람들은 메시아이신 예수께 대한 그릇된 편견과 불신앙 속에 그분을 배척하고, 심지어 십자가에 못 박아 죽게 하였다. 베드로는 예수님의 배척과 하나님에 의한 수용의 논지를 시편 118 : 22로부터 이끌어 왔을 것이다 : "건축자가 버린 돌이 집 모퉁이의 머릿돌이 되었나니" 그리스도의 버림받음을 표현하는 아포데도키마스메논(apodedokimasmenon)은 완료시제로 과거에 이루어진 행위가 계속되고 있다는 해석을 가능하게 하는데, 그리스도께서 배척받고 수난과 죽음으로 내몰린 과거적 사건만을 말하는 것이 아니라, 심지어 부활하신 이후에도 베드로전서의 수신자들의 상황 안에서도 계속 인간들에 의해 버림받은 자로 남아 있다는 인상을 준다(Senoir. *1 Peter, Sacra Pagina*, 2008, p. 53). 즉, 지속적으로 거부되고 위협과 공공연한 비난 속에 처해진 그리스도가 묘사되는데, 하지만 그분은 하나님의 존전과 평가 앞에서는 택함 받고 고귀한 분이다. 이 진술은 분명히 기독론적 진술이기는 하지만, 또한 독자들을 격려할 목적으로 인용된 것이다. 베드로는 그들이 그리스도처럼 거부되고 지속적으로 위협과 공공연한 비난 속에 처해져 사회적 소외와 폄훼라는 짐을 지고 있을지라도, 하나님 앞에서는 그들은 택함 받고 존귀한 자라는 의식을 심어 주길 원하고 있는 것이다(N. K. Gupta, "A spiritual house of royal priests, chosen and honored," 2009, p. 71). 이는 수신자들의 배척받는 현실과 연결되는 심상을 갖게 한다. 하지만 사람들은 그리스도를 버렸으나 하나님은 그분의 뜻을 이루기 위해 창세 전에 예수 그리스도를 구원의 도구로 택하셨고(1 : 20), 하나님은 또한 동일한 목적으로 하나님의 구원의 은혜를 선전하고자 신자들을 택하셨다(참조. 1 : 2 ; 2 : 9). 따라서 산 돌이신 그리스도와 연결되어 서로의 일치를 지향하도록 권고 받았던(1 : 22-2 : 3) 수신자들은 단순히 사회로부터 버림받은 존재들의 패거리가 아니며 산 돌과의 영적인 관계 속에 정체성을 인식하고 그리스도와의 유대관계에 집중해야 한다(Jobes, *1 Peter*, 2005, p. 149).

3. 택하신 족속이요 왕 같은 제사장, 거룩한 나라(2 : 9–10)

[9]그러나 너희는 택하신 족속이요 왕 같은 제사장들이요 거룩한 나라요 그의
소유가 된 백성이니 이는 너희를 어두운 데서 불러내어 그의 기이한 빛에 들
어가게 하신 이의 아름다운 덕을 선포하게 하려 하심이라 [10]너희가 전에는 백
성이 아니더니 이제는 하나님의 백성이요 전에는 긍휼을 얻지 못하였더니 이
제는 긍휼은 얻은 자니라

[2 : 9–10] 베드로는 불신자들의 패망의 운명과 대조되는 신자들의 정체성과 그들의 사명에 대해 진술한다. 신자들에 대해 9절은 이사야서 43장의 문맥에서 접근해야 한다. 이사야서 43 : 3은 여호와 하나님을 이스라엘의 거룩한 이요 구원자로 선포한다. 곧 그 메시지 안에는 바벨론 포로기의 고통 중에 있는 그분의 백성들을 구원하시겠다는 약속이 내포되어 있다. 베드로는 바벨론 포로기에 외세에 억눌려 신음하던 이스라엘의 상황을 현재 고통당하고 있는 수신자들의 현실에 적용하여 구원의 모티브로 해석하고 있다. 특히 이사야서 43 : 20~21은 "……내가 광야에 물을, 사막에 강들을 내어 내 백성, 내가 택한 자에게 마시게 할 것임이라 이 백성은 내가 나를 위하여 지었나니 나를 찬송하게 하려 함이니라"고 말씀한다. 베드로는 이스라엘에게 주어진 하나님 찬송의 목적과 의무를 자신의 독자들에게 부여한다(2 : 9).

그렇다면 '택하신 족속, 왕 같은 제사장, 거룩한 나라, 그리고 그의 소유가 된 백성'의 표현들이 갖는 의미는 무엇인가? 원래 '택하신 족속'은 선민의식을 가진 이스라엘만의 특별한 자랑거리였다. 하지만 하나님의 택정하심은 이스라엘의 어떤 공로에 근거한 것이 아니라 전적으로 하나님의 택정하심과 사랑에 기인한 것이다(참조. 신 7 : 6–11). 따라서 어느 누구도 하나님의 선택을 남보다 자신을 우위에 두려는 교만으로 귀결시켜서는 안 된다. 세례 요한은 혈통적 선민의식에 빠져 있는 종교 지도자들을 향하여 "그러므로 회개에

합당한 열매를 맺고 속으로 아브라함이 우리 조상이라고 생각하지 말라 내가 너희에게 이르노니 하나님이 능히 이 돌들로도 아브라함의 자손이 되게 하시리라"고 설파한다(마 3 : 8–9). 그리하여 베드로는 유대인과 이방인의 차이를 두지 않고 하나님의 선택하심을 모든 그리스도인을 향하여 적용하고 있다. 특히, '하나님의 택하심'은 4절과 6절에서는 그리스도에게 적용되었던 어휘로, 하나님의 택하심의 대상으로서 그리스도와 그리스도인 모두를 설명하고자 하는 베드로의 시도를 엿보게 한다. 하나님의 택하심은 항상 구원을 전제로 한다.

베드로는 더 나아가 수신자들을 향하여 "왕 같은 제사장들이요 거룩한 나라요 그의 소유가 된 백성"이라고 칭하는데, 이 칭호들은 출애굽기 19 : 5~6의 인용이다 : "세계가 다 내게 속하였나니 너희가 내 말을 잘 듣고 내 언약을 지키면 너희는 모든 민족 중에서 내 소유가 되겠고 너희가 내게 대하여 제사장 나라가 되며 거룩한 백성이 되리라 너는 이 말을 이스라엘 자손에게 전할지니라" 이 인용을 통해 베드로는 과거 하나님과 선택된 백성으로서의 이스라엘과 맺었던 계약관계의 용어들을 신약시대의 성도들의 상황에 도입시킨다. 한편, '왕 같은 제사장'에 있어 '왕 같은'은 형용사로도, 명사로도 해석이 가능한데, 형용사로 본다면 왕, 곧 하나님을 섬기는 제사장이라는 의미를 가지며, 명사로 볼 경우, 병치적 관계로서 왕이면서 제사장이라는 의미가 된다. 곧 신자가 왕직과 제사장직을 겸직하는 것인데, 살렘 왕 멜기세덱은 그 좋은 사례가 된다(참조. 창 14 : 18 이하). 왕이신 하나님의 자녀로서의 교회는 왕이면서도 세상을 향하여서는 하나님께 중보하는 제사장이 된다(참조. 마이클스, 「베드로전서」, 2006, p. 274 ; 박수암, 「공동서신」, 2004, 157).

구약시대에는 사람들이 하나님 앞에 직접 나설 수 없었다. 제사장이 하나님과 이스라엘 백성 사이의 중재자 역할을 감당하였다. 하지만 영원한 대제사장이신 예수 그리스도 덕분에 이 패턴은 바뀌어 우리는 직접적으로 하나님의 존전, 은혜의 보좌 앞으로 담대히 나아갈 수 있게 되었다(참조. 히 4 : 16).

하지만 모든 성도에게 적용되는 제사장 직분이라는 개념인 이 본문을 평신도와 목회자 사이의 경계를 허물려는 의도로 지나치게 확대해석하는 것은 경계해야 할 일이다. 베드로가 이 칭호를 사용한 것은 제사장 직분의 권위가 누구에게 있느냐에 대한 맥락이 아니라, 하나님 앞에서 제사장 직분을 감당하는 자들이 구별되고 거룩을 유지해야 하듯, 성도들도 세상을 향하여 하나님을 섬기고 그분에 대해 선포할 목적으로 순종과 정결함으로 나아가야 하는 것을 강조하는 것이 원래적 의도이기 때문이다(Jobes, *1 Peter*, 2005, p. 161). 성도는 그리스도의 보혈로 말미암아 세워진 새 계약에 순종함으로(벧전 1 : 2), 각자가 처한 세상의 일반 사람들과 구별되는 거룩함으로 제사장적 기능을 감당하게 된다. 다시 말해 이 본문에서의 제사장직에 대한 언급은 믿음의 공동체 안에서의 개별적 신자들의 제사장으로서의 기능이 아니라, 세상 안에 있는 믿음의 사람들이 선교적 차원에서 거룩과 선한 행실을 통해 구현해야 할 제사장적 정체성에 주 강조점이 있다고 할 수 있다. 따라서 이 본문에 대해 요즘 대다수의 학자들은 종교개혁자들의 만인제사장설의 교리적 근거본문으로 다루려는 해석에 대해 신중하게 접근하고 있다(Gupta, "A spiritual house of royal priests, chosen and honored," 2009, p. 74 ; Jobes, *1 Peter*, 2005, p. 160 ; 참조. Green, *1 Peter*, 2007, p. 61).

정리하자면 성도가 왕 같은 제사장이 된 까닭은 세상을 향해 하나님의 아름다운 덕을 선포하게 하기 위함이다. 덕에 대한 아레테(aretē)라는 헬라어 어휘는 일반적으로 그레코-로만 세계에서 사람들의 칭송을 이끌어 낼 만한 행위, 곧 위대한 행동들 혹은 영광스러운 행위를 의미하였다(Jobes, *1 Peter*, 2005, p. 163). 하나님의 덕은 하나님의 사랑, 자비, 오래 참으심, 지혜, 능력, 거룩 등을 지칭하며 멸망의 어두움으로부터 구속함을 받은 신자들은 이 하나님의 덕을 세상 사람들에게 전해야 할 책임을 감당하여야 한다. 다시 말해서 하나님의 백성으로서의 택정과 구별됨은 세상과의 단절이나 고립이 아니라 하나님의 은혜와 기적과 권능을 공개적으로 선포하는 목적을 지닌다. 선포에 대하여 베드로는 선포한다는 의미를 담은 일반적 어휘인 아겔로(aggellō) 대신에, 엑사겔로(echsaggellō)를 사용하고 있다. 그 어휘는 '밖으로'라는 의미의 전치사 엑스(echs)와 아겔로(aggellō)의 합성어로 크게 소리 내어 선포한다는 어의를 지닌다. '너희를 어두운 데서 불러내어 그의 기이한 빛에 들어가게 하심'이란 표현으로 드러나는 회심과 새로운 생명의 모티브는 베드로전서 전체를 통해 반복적으로 강조되어 나타난다(1 : 2, 3, 14–15, 18, 23 ; 3 : 18 ; Senior, *1 Peter*, *Sacra Pagina*, 2008, p. 56).

한편 바울은 이 사명에 대해 '우리의 화목하게 하는 직책'이라고 말한다 : "모든 것이 하나님께로서 났으며 그가 그리스도로 말미암아 우리를 자기와 화목하게 하시고 또 우리에게 화목하게 하는 직분을 주셨으니 곧 하나님께서 그리스도 안에 계시사 세상을 자기와 화목하게 하시며 그들의 죄를 그들에게 돌리지 아니하시고 화목하게 하는 말씀을 우리에게 부탁하셨느니라" (고후 5 : 18–19).

'거룩한 나라'와 '그의 소유가 된 백성'이라는 칭호도 신자들이 멸망당할 운명을 지닌 세상과 구별되는 나라를 형성하도록 성별하신 것이라는 맥락에서 이해할 수 있다. 특히 하나님께서 시내 산에서 희생의 피 위에 이스라엘과 계약을 맺으시고 거룩한 나라를 삼으신 것처럼, 하나님은 또한 그리스도 안에서 그분의 보혈 위에 새 계약을 맺으시고 신자들을 그분의 소유와 분깃으로 삼으신 것이다(참조. 막 14 : 24). 따라서 신자들을 향한 이 칭호들은 멸망받을 자들과 대별되는 영생을 소유할 신자들을 향하신 하나님의 긍휼하심과 주도적 사랑에 근거할 뿐 아니라 그들의 하나님께의 순종과 거룩한 삶의 의무라는 개념을 강화하게 된다. 따라서 '소유된'이라는 헬라어 표현, 에이스 페리포이에신(eis peripoiēsin)은 '구원을 위하여', '신원하심을 위하여', '보상을 받기 위하여', 혹은 '복을 받기 위하여' 등의 함의를 가지고 있으며, 문자적으로 '획득된 바', '보존된 바'라는 뜻도 가지고 있다. 히브리서 10 : 39에서는 "영혼을 구원함에 이르는 믿음"이라는 어구에서 동일 표현이 사용된다(레이머, 「베드로전·후서/요한1·2·3서/유다서」, 1988, p. 36). 아울러 성도가 하나님의 백성으로서 그분의 소유가 된다는 선언은 이 땅에서의 수신자들의 '나그네의 삶'(1 : 1)과 대조되면서 이 땅에 마음을 두지 못하는 성도들에게 큰 위로로 다가온다.

이제 베드로는 10절에서 호세아서 2 : 23을 인용하면서 신자들의 새로운 신분에 대해 설명한다 : "너희가 전에는 백성이 아니더니 이제는 하나님의 백성이요 전에는 긍휼을 얻지 못하였더니 이제는 긍휼을 얻은 자니라" 특히 주로 이방인으로 구성된 베드로전서의 수신자들은 그리스도를 알기 전에는 하나님의 백성도 아니었고 하나님의 긍휼을 얻지 못했으나, 이제는 예수 그리스도를 믿고 하나님의 백성이 되었으며 하나님의 긍휼 가운데 있는 존재가 되었다. 바울도 동일한 이해 속에 호세아서를 인용한다(롬 9 : 25 ; 참조. *The Reformation Study Bible*, 2005, p. 1813).

하지만 유대인들에게 적용되었던 이 모든 칭호들을 그리스도인들을 향하여 사용한다는 것이 반유대적 정서를 반영하는 것은 아니다. 유대인이나 이방인이나 하나님의 선택에 대해 어느 누구도 자신의 공로를 주장할 수 없다. 이는 전적인 하나님의 은혜에 근거한 사건이기 때문이다. 사람들은 종종 자기 존재감을 자신의 성취에 근거하여 확인하려 한다. 그러나 우리의 직업, 성공, 부, 혹은 지식보다 훨씬 더 중요한 것은 하나님과의 관계성이다. 우리는 하나님에 의해 하나님의 백성으로 선택받았고 다른 사람에게 하나님을 대표하라고 불러 주신 것이다. 우리의 가치는 하나님의 택하신 자녀가 되었다는 사실에 근거한다. 결코 이러한 은혜는 우리가 무엇을 하였기 때문에 주어지는 것이 아니라 하나님이 예수 그리스도 안에서 행하신 일로 인해 우리와 우리의 삶이 의미 있게 된 것이다(*Life Application Study Bible*, 2004, p. 2130).

베드로전서의 수신자들은 고난 속에 처해 있었다. 우리는 시련과 고난을 당할 때 "왜 나에게 이런 일이?"라고 질문하기 전에 다음과 같은 적극적 반응으로 나아가야 한다 : 첫째, 하나님은 나와 연관된 모든 일을 아시고, 계획하시며 우리의 유익을 위해서 인생을 인도하고 계신다는 확신을 갖는다. 우리는 그 과정을 헤아릴 수 없지만, 하나님은 항상 우리에게 사랑과 능력을 제공하신다. 하나님은 항상 우리의 더 나은 미래를 위해 이끌고 계신다. 둘째, 슬픔과 분노와 고통을 만날 때 인내한다. 우리는 고뇌를 표현할 수 있으나, 절망하거나 낙담하여 좌절하지 않는다. 셋째, 구원자 되시는 예수께서 함께하신다는 믿음에 따른 용기를 갖는다. 우리를 위해 죽기까지 고난당하신 그분은 우리를 결코 버리지 않으시며 모든 것을 뚫고 우리를 보존하신다. 그리스도인은 고난을 당할 때 다음과 같은 사고로 고난에 대해 적극적 자세로 임해야 한다.

- 고통에는 반드시 뜻이 있다.
- 전에는 몰랐으나 고통을 당한 뒤 비로소 자신의 모습을 보게 된다.
- 고통당할 때는 스스로를 축소 지향적으로 여기지 말라.
- 고통의 상황에 절망할 것이 아니라 고통 너머의 절대자를 의지하라.
- 하나님께서는 마음이 상한 자를 가까이하신다.
- 고통의 때는 새로워질 수 있는 인생의 터닝포인트이다.
- 인간의 절망은 복된 섭리의 시작이다.
- 고통의 때에 서로 하나가 될 수 있다(김상길, 「겨자씨 IV」, 서울 : 국민일보사, 2000, p. 32).

따라서 성도는 고난에 대한 긍정적 기능과 미래에 임할 은혜를 사모하여 모든 행실에 거룩한 자요 뜨겁게 사랑하는 가운데 신령한 젖을 사모하며 더욱 성장과 성숙을 지향해야 한다. 하나님의 성도를 향한 택하심은 왕 같은 제사장과 거룩한 나라로 이 땅에서 하나님의 기이한 아름다운 덕을 선포하게 하시기 위함이기 때문이다.

제 Ⅲ 부

사회 속에서 그리스도인으로 살아가기

베드로전서 2 : 11-3 : 7

A. 선한 행실로 하나님께 영광 돌리는 삶(2 : 11-12)

B. 그리스도인의 국가에 대한 복종의 의무(2 : 13-17)

C. 사환들의 주인을 향한 복종의 의무(2 : 18-25)

D. 그리스도인 아내와 남편 상호 간의 의무(3 : 1-7)

| 베드로전서 2 : 11-3 : 7 |

사회 속에서 그리스도인으로 살아가기

A. 선한 행실로 하나님께 영광 돌리는 삶(2 : 11-12)

11 사랑하는 자들아 거류민과 나그네 같은 너희를 권하노니 영혼을 거슬러 싸
우는 육체의 정욕을 제어하라 12 너희가 이방인 중에서 행실을 선하게 가져 너
희를 악행한다고 비방하는 자들로 하여금 너희 선한 일을 보고 오시는 날에
하나님께 영광을 돌리게 하려 함이라

[2 : 11-12] 사실 2 : 11부터 4 : 11까지는 베드로전서의 모든 가르침 중 핵심을 형성하는데, 특히 2 : 11은 서신의 본론부를 도입하는 기능을 한다. 그리고 이 단락은 세상 속에서 그리스도인들이 어떻게 살아야 하는가에 대한 베드로의 시각이 기초하고 있는 신학적 원리들을 내포하고 있다(Senior, *1 Peter*, *Sacra Pagina*, 2008, p. 64). 베드로는 수신자들의 하나님의 백성으로서의

정체성을 설명한 후 그들이 이교적 사회의 불신자들과 어떻게 하나님 보시기에 바른 관계를 맺고 살아야 하는가에 대한 염려와 관심 속에 구체적 가르침을 전개해 나간다. 오늘날과 같은 종교적으로 다원화된 사회, 특히 기독교에 대해 반감을 가진 반기독교적 문화 속에서 베드로의 가르침은 오늘날의 신자들에게도 매우 유용한 가르침을 주고 있다.

11절에서 베드로는 수신자들을 향하여 애정이 담긴 '사랑하는 자들'(아가페토이, agapētoi)이라는 칭호로 전형적인 기독교적 문안인사의 형식을 취하고 있다(예를 들면, 롬 12 : 19 ; 고전 10 : 14 ; 고후 7 : 1 ; 약 1 : 16, 19 ; 2 : 5 ; Senior, *1 Peter*, *Sacra Pagina*, 2008, p. 64). 이 호칭에 대하여 수신자들을 향한 베드로의 애정을 담은 표현으로 이해하기도 하지만, 오히려 '사랑받는 자들아'라는 의미로 해석하여 죄인들을 불러 자기 백성으로 삼으신 하나님의 사랑을 받는 자들로 지칭하는 것으로 간주되기도 한다(참조. 살후 2 : 13). 베드로는 수신자들에게 부여된, 하나님의 긍휼에 기초한 영광스러운 새 신분을 언급한 후, 이제 현실의 문제를 다루게 된다. 구원의 완성에 이르기 전까지는 수신자들은 아직 이 땅에서 거류민이요 나그네로 살아가야 한다(참조. 1 : 1, 17 ; 엡 2 : 19 ; 히 11 : 13). 수신자들은 거류민과 '나그네'와 같은 존재로 불리는데, 문자적으로 집으로부터 멀리 떠나 타향에 일시적으로 머무는 이들을 지칭하나, 여기에서의 호칭은 그들의 법적인 그리고 사회적 신분상의 구분이 아니라, 그들의 그리스도께 충성하는 삶으로 말미암아 이 세상에서 외인처럼 되었다는 신학적 비유라는 해석이 학자들 가운데 더 많은 동의를 얻고 있다. 이들이 갖고 있는 기독교적 가치관과 신념은 주류 사회에서 문화적으로나 정서적으로 수용되지 않고 오히려 그들이 소외당하는 근거가 되고 있기 때문이다(참조. Schreiner, *1, 2 Peter, Jude*, 2003, p. 119-120).

그들이 그리스도로 말미암아 거듭난 자들이라 할지라도 본향이 아닌 세상에 몸담고 있는 한, 사탄과 죄의 유혹은 계속되리라는 것은 자명한 일이다. 그리하여 베드로는 수신자들에게 영혼을 거슬러 싸우는 육체의 정욕을 제어

하라고 권고한다. '제어하라'에 사용된 동사 아페코(apechō)는 신약성경에서, 신자들 안에서 육체적 욕구에 불을 끼얹는, 그리하여 그리스도 안에서의 새로운 생명과는 배치되는 이교도적 탐닉을 거부하라는 윤리적 권면들에서 주로 사용되었다(행 15 : 29 ; 살전 4 : 3 ; 딤전 4 : 3). 특히 이 동사가 현재부정사로 나타난 것은 '자신을 계속해서 억제하다'라는 뜻으로 육체적 욕구를 거스르는 의지적 행위가 계속적으로 진행되어야 함을 의미한다(Jobes, *1 Peter*, 2005, p. 170).

여기서의 영혼은 몸 혹은 육체로 구별되는 물질적 존재와 반대되는 개념으로서의 인간의 비물질적 요소를 말하는 것이 아니라 하나님 안에서 거듭난 자의 실존을 지칭한다. 한편, '육체'(사르크스, sarx) 역시 중립적 성격의 어휘로, 단순한 물질적 요소가 아니라 이 세대에 속한 인간의 약한 본성으로서의 죄의 세력에 굴복한 본능과 육욕을 뜻한다(참조. 1 : 24 ; 3 : 18 ; 4 : 1-2). 또한 육체의 정욕은 성적인 난잡함에 국한되지 않고 성령의 뜻과 배치되는 통제되지 않는 모든 욕구를 말한다. 육체의 소욕과 성령의 소욕과의 싸움은 오직 중생한 자들에게만 발견할 수 있는 현상이다(갈 5 : 17 ; 참조. 롬 7 : 14 ; 고후 1 : 12). 성경은 결코 성령의 내주하심이 육체적 욕구로부터의 면제를 의미한다고 가르치지 않는다(Senior, *1 Peter*, 2008, p. 65). 어느 누구도 자신은 이 모든 유혹적인 요소에서 자유롭다고 자신해서는 안 된다. 바울도 이 신자를 괴롭히는 육체적 욕구의 목록으로 "음행과 더러운 것과 호색과 우상 숭배와 주술과 원수 맺는 것과 분쟁과 시기와 분냄과 당 짓는 것과 분열함과 이단과 투기와 술 취함과 방탕함"을 제시한 바 있다(갈 5 : 19-21). 크리스천의 삶은 단지 수동적인 것이 아니라 싸워 승리를 쟁취해야 할 적극적인 삶이다.

기독교 초기의 신자들, 특히 불신 이방인들 사이에 흩어져 살았던 베드로전서의 수신자들은 주변사회로부터 사악한 음해와 거짓말들로 인해 고통 받았다. 곧 그리스도인들은 근친상간을 자행하는 자, 인육을 먹는 사람, 그리고 도시 전체의 안위를 위해서 드려지는 황제숭배종교와 같은 공적인 제의(cult)에 참여하지 않음으로 무신론자라는 비방을 받았었고, 주류 사회로부터 반사회적인 인물들로 낙인찍히고 비난을 받았다. 즉, 그들은 황제에게 반역하는 자들(요 19 : 12), 불법적인 풍속을 전파하는 자들(행 16 : 20–21), 신들의 위엄과 명망을 훼손하는 자들(행 19 : 23–27), 그리고 사회에 해악적인 문제를 야기하는 자들(행 17 : 6–7)이라고 비난 받았다(*The Reformation Study Bible*. 2005, p. 1813). 크루아(Croix)는 그레코-로만 세계에서 한 가정과 사회 체제 안에서 발생한 개인의 회심을 사회의 안정성을 저해하는 도전으로 간주하던 당시 시각을 다음과 같이 전한다 : "그리스도인들의 유일신론적 배타성은 신들의 호의를 배제시키고 로마 사람들의 소위 '팍스 데오럼'(pax deorum : 신들과 인간들 사이의 바른 조화의 관계)을 위험에 빠뜨리고, 공동체를 덮치는 여러 재앙들에 책임이 있는 것으로 믿어졌다"(참조. G. E. M. de ste Croix, "Why were the Early Christians Persecuted?" in M Finley 〈ed.〉 *Studies in Ancient Society* 〈London and Boston : Routledge and Kegan Paul, 1974〉, p. 238). 즉, 1세기의 그레코-로만 사회는 그리스도인들이 단지 그들과 다르다는 이유만으로 경원시하였는데, 로마의 저술가였던 수에토니우스(Suetonius)는 기독교를 사악한 미신으로 간주하였고, 역사가였던 타키투스(Tacitus) 역시 기독교에 대해 위험스런 미신 집단으로 그들의 악한 행위로 혐오되는 족속이라고 유사하게 묘사하였다(Jobes, *1 Peter*, 2005, p. 171) 악의적인 혹평과 중상이 쏟아지는 환경 가운데서 억울함을 느끼고 보복의 심정을 갖는 것은 자연스런 반응이자 인지상정이라고 할 수 있다.

그럼에도 불구하고 베드로가 이방인 중에서 행하라고 권면하는 선한 행실은 주변의 믿지 않는 이교도들의 시각에서도 선하고 덕스러운 것으로 간주하는 방식으로 계속 행동하여 그들로 하여금 자신들의 비방이 옳지 못했음을 깨닫게 하는 목적을 지닌다(Jobes, *1 Peter*, 2005, p. 171). 베드로전서에서의 이방인은 유대인이 아닌 자를 말하는 것이 아니라 믿음의 공동체에 속하지 아니한 모든 불신자들을 지칭한다. 비그리스도인들이 그리스도인들에 대해 행악자로 중상하고 비방할지라도 그리스도인들의 계속적인 선한 행실은 주님이 임하시는 날에 하나님께 영광을 돌리도록 그들을 설복시킬 것이다. 재차 언급되지만 비그리스도인들의 비방과 악담은 법정에서의 공적인 공격이기보다는 자신들의 사회적 관습과 정서에 반하는 그리스도인들의 행동 양식에 대한 거부감과 수용할 수 없는 배척의 마음에서 비롯된 적대적 행동들이었을 것이다(Senior, *1 Peter*, *Sacra Pagina*, 2008, p. 65).

오늘날에도 우리는 기독교를 오해하는 이들에게 적대적이거나 부정적인 시각으로 접근해서는 안 된다. 대신에 우리는 우리의 거룩한, 그리고 선한 행실로 그들에게 그리스도를 소개해야 하며, 후에 우리를 비난했던 이들 가운데 어떤 이들은 우리의 계속적인 선한 행실과 대응을 보고 하나님을 찬양할 때가 반드시 올 것이다.

'보고 오시는 날'은 '권고하시는 날', '방문하시는 날', 혹은 '심판하시는 날' 등으로 이해 가능한데, 하나님께서 역사를 감찰하시고 인간의 생각과 행위를 선악 간에 판단하시는 날이다(참조. 사 10 : 3 ; 렘 6 : 15 ; 눅 19 : 44). 그리고 그 행실들은 종말의 때에 하나님께 영광을 돌리게 될 것이다. 이 말씀은 마태복음 5 : 16을 상기시킨다 : "이같이 너희 빛이 사람 앞에 비치게 하여 그들로 너희 착한 행실을 보고 하늘에 계신 너희 아버지께 영광을 돌리게 하라" 불신자들의 사실에 기초하지 않는 비방과 비판적인 눈앞에서 행해진 신자들의 선한 행실들은 하나님의 공의가 펼쳐지고 신자들의 억울함을 신원하는 판단 근거가 될 것이고 궁극적으로는 하나님께 영광이 돌려지게 할 것이다(마이클스, 「베드로전서」, 2006, p. 294).

또한 여러 학자들은 하나님께 영광을 돌린다는 구절에서 신자들의 선한 행실로 도전과 자극을 받아 믿음에 눈을 뜨게 된 불신자들의 구원을 인지하기도 한다. 전형적으로 신약성경에서 사람들이 하나님께 영광을 돌리는 경우는 그들의 믿음을 고백하는 순간이기 때문이다(참조. 행 13 : 48 ; 롬 4 : 20 ; 15 :

7, 9 ; 고전 2 : 7 ; 엡 1 : 6, 12, 14 ; 살후 3 : 1 ; 계 5 : 12–13 ; Schreiner, *1, 2 Peter, Jude*, 2003, p. 124). 따라서 신자들의 선한 행실은 불신자들을 위한 사명을 감당하는데, 그들로 하여금 신자들의 삶이 당시 사람들과 비교하여 도덕적으로나 여러모로 훌륭하다는 인식을 통해 그 이유를 깨닫게 하여 이방인 불신자들로 심판에 이르지 않고 구원을 얻는 믿음으로 이끌기 위함이다.

B. 그리스도인의 국가에 대한 복종의 의무(2 : 13–17)

[13]인간의 모든 제도를 주를 위하여 순종하되 혹은 위에 있는 왕이나 [14]혹은 그가 악행하는 자를 징벌하고 선행하는 자를 포상하기 위하여 보낸 총독에게 하라 [15]곧 선행으로 어리석은 사람들의 무식한 말을 막으시는 것이라 [16]너희는 자유가 있으나 그 자유로 악을 가리는 데 쓰지 말고 오직 하나님의 종과 같이 하라 [17]뭇 사람을 공경하며 형제를 사랑하며 하나님을 두려워하며 왕을 존대하라

[2 : 13–17] 대개의 학자들은 2 : 13부터 3 : 7까지를, 골로새서 3 : 18~4 : 1과 에베소서 5 : 21~6 : 9과 함께 그레코-로만 시대의 가족 구성원 상호 간의 의무를 담은 규정인 '가사법전' 혹은 '가훈표'(household code)의 범주로 분류한다. 가사법전은 사람들이 국가, 부부, 상전과 종, 부모와 자녀 사이 등의 세상의 여러 제도 및 관계성 안에서 처신해야 할 바람직한 윤리적 행위에 대한 생활 율례로 철학적 가르침과 함께 당시에 일반에도 널리 유포되었었고, 신약성경의 저자들은 이 내용을 기독교적 관점에서 재정립하고 각각의 행위에 의미부여를 하면서 주변의 불신자들의 시각에서도 그리스도인들의 행실을 긍정적으로 바라볼 수 있도록 권고조항으로 삽입하곤 했다(참조. 마

이클스, 「베드로전서」, 2006, pp. 297-298).

베드로는 13~17절에서 가사법전의 첫 번째 권고로 그리스도인의 국가에 대한 의무와 관계성을 다룬다. 그리스도인과 국가의 관계는 초기 그리스도인들이 풀어야 할 주요 신학적 과제 중 하나였다. 무엇보다도 예수께서는 현상적으로는 유대인의 왕이라는 칭호로 종교적 이유보다도 오히려 정치적 이슈로 기소당하여 고난과 십자가상의 죽음을 당하셨다. 세상의 권력에 그리스도인들은 온전한 충성을 할 것인가, 폭력적으로 대항할 것인가, 현실도피인가, 아니면 상황에 따른 다른 좋은 대안이 있는가는 비단 1세기 그리스도인들만의 문제가 아니며 모든 시대를 살아가는 그리스도인들의 현실적 고민이라 할 수 있다. 베드로전서는 이러한 고민에 대해 우리가 참조할 수 있는 훌륭한 원리를 제공해 주고 있다.

우선 그리스도인은 주를 위하여 인간의 모든 제도에 순복해야 한다. 순종하라는 표현, 휘포타소(hypotassō)는 시민으로서의 복종 의무와 관련한 권면에서 자주 사용되었다(예를 들면, 롬 13 : 1, 5 ; 골 3 : 18 ; 엡 5 : 21 ; 딛 2 : 5, 9 ; 3 : 1 ; Senior, *1 Peter, Sacra Pagina*, 2008, p. 68). 이 어휘는 노예적 복종이 아닌 합법적인 권위에 대한 정당한 순종을 의미한다. 따라서 이 말은 기독교적 양심에 반하는 세상과의 타협을 권장하는 말이 아니다. 그리스도인이 상속할 영원한 하나님의 나라는 이 세상에 속하지 아니하고 내세에 속한다(참조. 요 18 : 36). 그러나 한편으로는 하나님의 나라는 이 세상을 초월해 있는 것만도 아니고 현실의 세계에서도 주님의 주권은 실제이다. 따라서 그리스도인은 하나님의 나라와 이 세상을 배타적인 것으로 간주할 것이 아니라 이 땅에서도 하나님의 나라가 구현될 수 있도록 주님의 뜻에 순복하는 삶을 살아야 한다(참조. 마 6 : 10).

그런데 개역개정성경에서 '인간의 모든 제도'라는 표현 중 '제도'로 번역된 어휘는 크티세이(ktisei)로, 원래 '창조' 혹은 '피조물'이라는 의미를 갖는다. 따라서 이 구절의 본래적 뜻은 인간이 만든 모든 창조물들일 것이나 대개의 학자들은 인간의 제도 혹은 권세로도 이해한다. 하나님의 사역에나 적용 가능한 창조(ktisis)라는 어휘를 인간적 범주에도 사용한 것은 비록 인간이 세운 제도일지라도 하나님의 피조물로서의 인간이 만든 제도이므로 그 자체만으로도 존중받아야 한다는 의미를 담은 듯하다(참조. 박수암, 「공동서신」, 2004, p. 162 ; 마이클스, 「베드로전서」, 2006, pp. 301-303). 따라서 그리스도인은 어떤 형태로든 하나님과 연관이 닿아 있는 인간의 제도가 성경의 가르침과 상충되지 않는 한 준수해야 한다. 베드로에 앞서 바울은 로마 정부에 대해 하나님으로부터 나온 권세로 인정하면서 훨씬 더 적극적으로 그 권세들에의 복종을 강조한 바 있다(참조. 롬 13 : 1 이하). 하지만 제도의 권세가 하나님을 대적할 때는 그리스도인은 순교적 각오로 가능한 한 폭력적 방법을 배제한 가운데 대항해야 한다.

그렇다면 '주를 위하여'라는 어구가 갖는 의미는 무엇인가? 인간이 세운 제도에 대해 그리스도인들이 순종해야 할 근거는 황제나 총독의 권위가 아니라 궁극적으로 하나님의 권위에 기초한다. 다시 말해서 그리스도인의 실존은 하나님의 뜻이 기필코 이생과 내세에 서게 될 것이며 주의 다스리심이 현재도 진행 중이라는 신앙 고백에 근거한다. 그럼에도 나그네요 거류민도 자신이 발을 딛고 있는 땅의 질서를 존중해야 하는 것처럼 그리스도인도 이 땅의 질서에 대해 순복해야 한다. 인간의 법제가 성경의 가르침 및 하나님의 뜻에 위배되지 않는 한 그리스도인은 따라야 할 의무가 있다. 따라서 베드로는 하나님과 예수께서 주님 되신다는 이유로 세상의 권세자들과 정부 관계자들을 무시해도 된다고 가르치지 않는다. 그리하여 베드로는 왕(혹은 황제)과 총독에게 순복할 것을 권유하는데, 이들이 권위를 행사하는 합법적인 제도의 목적은 악행하는 자를 징벌하고 선행하는 자에게 상을 베풀도록 하나님이 그들을 세우신 까닭이다. 베드로의 가르침은 로마 황제와 총독들에게 매우 긍정적인 시각을 갖고 있다. 그는 그리스도인들이 선량한 시민으로서 살아간다면 정부당국자들이 그리스도인들에 대해 우호적으로 대할 것이라고 생각하는 듯하다. 일견 대단히 단순하고 천진난만한 견해로 비쳐 보이나 우리는 램지 마이클스의 다음의 견해를 참고할 필요가 있다.

> 이러한 견해가 순진하고 낙관적인 견해라고 거부하기 전에, 우리는 두 가지 요소를 고려하지 않으면 안 된다. 첫째, 베드로는 그의 독자들이 겪고 있는 어려움들이 권세를 지닌 당국에 의해서가 아니라 일반 백성들의 자의적인 판단들에 의해서 일어나고 있다는 것을 알고 있다(그들의 상황에 대해서 매우 제한적으로 알고 있을 뿐이기는 하지만). 이러한 권세들은 그의 독자들이 먼저 의지해야 할 존재들이고, 베드로의 전략은 이러한 권세들을 긍정적인 시각에서 바라보는 것이다. 둘째, 베드로는 그의 독자들이 반역을 꾀한다거나 악행한다는 온갖 고소와 비방들이 거짓임을 밝히는 조치를 취하도록 권고하고자 한다. 하나님을 섬김에 있어 그들은 세속 권세를 쓸데없이 자극하지 않도록 주의를 기울여야 한다(마이클스, 「베드로전서」, 2006, p. 305).

베드로의 이러한 로마 정부에의 협조적 권면은 네로의 로마 내의 기독교에 대한 공포스러운 박해 시기나 그리스도인들이 로마 정부의 공인 아래 자행된 핍박으로 순교가 발생하던 시기에 발효된 것으로 보기는 어렵다. 아니면 조직적인 박해가 실효되었을지라도 아직 로마 시 주변 외의 소아시아 지방까지는 그 효력이 미치지 않았던 것 같다. 즉, 계시록의 반로마적인 어조와 달리 로마서 13장의 바울의 태도에 비견할 수 있는 친(?)정부적 성향은 베드로전서의 기록 시기를 앞당겨 보는 학자들에게 클라우디우스 황제 말기나 네로 치하 매우 이른 시기의 상황으로 가늠하게 한다. 이 당시 그리스도인들은 다양한 방식으로 사회적으로 그리고 비공식적으로 배척받고 괴롭힘을 당했을지라도, 아직은 정책적으로 정부 주도의 박해를 받는 상황은 아니었을 것이다. 베드로의 시각은 로마 정부와 우호적인 관계를 계속 지속할 수 있을 것이라는 낙관론을 반영한다(Jobes, *1 Peter*, 2005, p. 176). 만일 베드로전서의 저술연대를 1세기 중엽으로 상정한다면, 기독교는 이제 생성하여 성장으로 나아가나 아직은 작은 세력이었고, 로마정부에 대해 반사회적이고 반정부적인 대응을 하였더라면 물론 하나님의 다른 섭리적 인도하심이 있었을 수 있으나, 일반적인 예상 수순은 기독교의 궤멸로 치달았었을 수도 있다. 또 한편으로 부분적으로 이 세상의 가치를 소극적으로 이해하는 종말론적 공동체로서의 그리스도인들이 주의 재림이 속히 임하길 대망하는 가운데, 굳이 로마 정부와의 불필요한 갈등을 유발할 필요가 없었을 것이다.

베드로전서의 전체적 분위기는 소아시아의 그리스도인들이 중상과 그릇된 비난을 받아 온 것으로 기술한다. 이런 상황에서 베드로는 하나님께서 명하신 선한 행실이 이교적 문화와 신앙을 지닌 주변의 이방 세계에 긍정적인 영향을 미치게 될 것으로 기대한다. 베드로는 그 선한 행실이 어리석은 자들의 무식한 말을 막을 것이라고 말한다. 그렇다면 선한 행실은 무엇이며, 어리석은 자들의 무식한 말은 무엇인가? 어떤 이들은 선한 행실에 대해 선량하고, 법 준수를 잘하는 시민이 되라는 권면으로 이해한다. 하지만 단지 법령에 복종하는 것은 당연한 것으로 치부될 뿐, 당시의 권세자들에 의해 특정한 방식으로 인지될 수 있는 사안은 아니라는 반론이 제기된다. 2 : 14은 그리스도인들의 선행이 당국에 인지되어 포상할 수 있을 만큼 하라는 권고로 이해할 수 있다. 곧 자신이 살고 있는 지역에 기여할 수 있는 바를 찾아 대중적으로도 인식될 수 있는 선행을 하라는 권고이다. 따라서 베드로전서의 선한 행실은 개인적 경건 차원의 사적인 행위가 아니라 주변 사회에의 이교도들에게조차도 선하다고 인정될 행동을 권장하는 것으로 보인다(참조. Jobes, *1 Peter*, 2005, p. 175).

한편 어리석은 자들은 하나님이 없다고 하는 자들을 어리석다고 표현하는 구약전통에 기초한다면(시 14 : 1), 하나님과 그리스도께 신앙을 고백하지 않는 이교도적 신앙을 가진 자들로서 알지 못하는 무식 가운데 그리스도인들을 비방하는 자들이다. '무식'은 교육의 부족을 말하는 것이 아니라 영적인 통찰력과 이해의 결여를 뜻한다. 여기에서 베드로의 말장난(word play)이 재차 등장하는데, 어리석은 사람들의 무식한 말에 대한 헬라어 표현은 앞서 1 : 4에서 '썩지 않고, 더럽지 않고, 쇠하지 아니하는' 유업을 말할 때, 헬라어상의 부정을 의미하는 접두어 'a'를 사용하였는데, 15절의 '어리석은 사람들의 무식한 말'에 대한 헬라어 표현인 아프로논 안드로폰 아그노시안(aphronōn anthrōpōn agnōsian)도 역시 'a'를 두운으로 하고 있다. 물론 사람들에 대한 어휘 안드로폰의 'a'는 부정의 의미가 있는 것은 아니나, 베드로는 그 용어를 그리스도를 버린 자들(2 : 4), 그리고 하나님의 뜻을 저버린 육욕을 나타낼 때 사용한 점(4 : 2, 6)으로 미루어 베드로의 의도성 있는 어휘 선택으로 보인다(레이머, 「베드로전·후서/요한1·2·3서/유다서」, 1988, p. 40). 오해나 사실에 근거하지 않은 폄훼는 해명 또는 말로 해결되지 않는다. 신자들의 선한 행실은 사람들의 무지에 따른 터무니없는 비방이나 그릇된 비난을 막을 수 있는 가장 적극적인 방법이다.

이제 베드로는 16절에서 그리스도인의 자유의 문제를 다루는데, 그들은 세상의 권세자들에게 복종해야 하나 본질적으로는 자유자들이다. 그들이 종의 신분이 되는 유일한 대상이 있다면 오직 하나님뿐이시다. 바울에 의하면 그리스도인들은 죄와 율법과 사망 등의 악의 권세로부터 자유를 얻은 존재들이다(참조. 롬 6장). 베드로도 그리스도인들은 그리스도의 속량으로 말미암아 죽음(1 : 3), 무지(1 : 14), 조상의 물려준 헛된 행실(1 : 18), 그리고 흑암(2 : 9) 등의 이 세상의 헛된 실체로부터 자유롭게 되었다고 말한다. 이것이 그리스도인의 자유의 근간이다.

이 자유는 나 이외의 모든 것으로부터의 어떠한 제약도 받지 않는 것이 아니라, 비록 이 세상에 종속되는 것은 아니나, 오히려 주를 위해 다른 사람의 종이 되어 섬기는 역설적 의미의 자유이다. 따라서 이 자유는 방종과 혼동이 되어서도, 남용이 되어서도 안 되며, 주를 위한 순복과 선행으로 활용되어야 한다. 이 자유는 악을 가리고 은폐하는 데, 곧 악행의 변명으로 사용되어서는 안 되는데, 그렇다면 악을 가리는 경우는 어떠한 일인가?(참조. Senior, *1 Peter, Sacra Pagina*, 2008, p. 72) 베드로전서 3 : 9의 상황에 의하면, 그리스도인들이 이교적 사회로부터 부당한 경멸과 비방을 들었을 때, 악한 언사로 갚아 주는 보복의 구실로 삼아서는 안 된다는 것이다. 더 나아가 그리스도인의 자유는 스스로 쟁취한 것이 아니라 그리스도의 보혈로 값을 치른 속량을 통해 얻어진 자유이기에 어떤 이유에서든지 남을 해치는 악의 구실로 사용될 수 없다. 따라서 자유는 악을 행하기 이전의 구실이나, 이후의 악행에 대한 변명이 되어서는 안 된다. 따라서 그리스도인은 자유자이나 하나님의 종이라는 인식 아래 스스로의 자유를 하나님의 뜻을 우선시하는 가운데 제한적으로 사용해야 한다.

베드로가 여기서 지향하는 바는 물론 선량한 시민으로서 모든 제도들에 대해 순복하되 궁극적으로 신자가 온전한 헌신으로 복종해야 할 대상은 황제 가이사(Caesar)가 아니라 오직 하나님뿐이시라는 점이다. 이 단락은 간결하면서도 강력한 네 개의 명령문으로 끝을 맺는다. 첫째 명령은 뭇사람에 대한 공경이다. '공경'(honor)은 그레코-로만 세계에서 최상의 사회적 가치로 공동체에 탁월한 공적을 남겼거나 기여한 사람에게 합당한 존경을 표하는 것을 의미하였다. 하지만 그리스도인들은 모든 사람들이 그들의 공적에 상관없이 하나님의 형상으로 각자의 고유성을 지닌 가운데 지음 받았음을 믿고 개개인을 존중해야 한다. 뭇사람에는 지위의 고하귀천, 남녀노소를 아우르는 일반적인 대상뿐 아니라 비방하고 핍박하는 원수까지도 포함된다(참조. Senior, *1 Peter, Sacra Pagina*, 2008, p. 73 ; 마이클스, 「베드로전서」, 2006, pp. 310-311).

사람들에 대한 공경에 추가하여, 베드로는 둘째 명령으로 그리스도인들의 동료 그리스도인들에 대한 사랑을 권고한다. 이 권면은 갈라디아서 6 : 10의 바울의 권면을 상기시킨다 : "그러므로 우리는 기회 있는 대로 모든 이에게 착한 일을 하되 더욱 믿음의 가정들에게 할지니라" 모든 이들이 선하게 대우해야 할 대상이나 특히 믿음의 동료들을 더 우선하라는 권고이다. 믿음의 공동체 구성원에 대한 사랑은 베드로전서 전반에 걸친 관심사 중 하나이다(1 : 22 ; 3 : 10 ; 4 : 8 ; 5 : 14). 아마도 주변 사회의 핍박과 편견과 중상에 상처 입은 수신자들을 상호 간에 품어 주고 치유해야 할 절박한 필요가 형제 사랑에 대한 강조로 나타난 듯하다. 셋째 명령은 그리스도인들은 하나님을 두려워해야 한다는 것이다. 하나님께 대한 두려움은 공포 상태를 말하는 것이 아니라 자연스런 순종으로 이끄시는 하나님께 대한 절대적 신뢰에 기초한 경외심과 존경을 의미한다. 황제에 대해서도 존대할 것을 권면하나 황제는 두려워해야 할 대상은 아니다. 그리하여 전술한 대로 궁극적인 충성은 황제가 아닌 하나님께만 적용되어야 한다. 여기에 세상의 왕과 하나님과의 엄격한 구별이 있다(Senior, *1 Peter*, *Sacra Pagina*, 2008, p. 70 ; 박수암, 「공동서신」, 2004, p. 164).

따라서 우리는 세속적 정부와의 관계에 대해서 우리는 다음의 글을 참조할 필요가 있다.

> 존대하라는 단어는 헬라어 티마오(timao)에서 왔는데 동일한 단어가 위에서는 "공경하라"로 번역된 바 있다. "모든 사람"에게 마땅한 공경이 권위 있는 자들에게도 적용되어야 하는데, 이런 공경은 우리가 그들과 동의하든 하지 않든지 관계없이 주어져야 한다. 일종의 아이러니 기법을 통해 베드로 사도는 황제란 표현을 교묘하게 "모든 다른 사람"과 동일한 수준에 위치시킨다. 로마의 황제들이 스스로 신이라고 주장하는데 반해, 하나님의 백성들은 다른 사람들을 공경하는 것과 마찬가지로 황제를 공경할 뿐이다. 하나님의 백성은 오직 하나님만을 "두려워해야" 한다. 우리가 왕을 공경할 때, 우리는 정부에 마땅한 권리들, 즉 정부에 속하고 정부가 통제하는 권리들을 부여해야 한다. 그러나 우리는 오직 하나님께만 속한 권리들을 정부에 부여하지 않아야 한다(브루스 B. 바톤 외, 「적용을 도와주는 베드로전서/베드

로후서/유다서」, 2010, p. 112).

C. 사환들의 주인을 향한 복종의 의무(2 : 18-25)

18사환들아 범사에 두려워함으로 주인들에게 순종하되 선하고 관용하는 자들
에게만 아니라 또한 까다로운 자들에게도 그리하라 19부당하게 고난을 받아
도 하나님을 생각함으로 슬픔을 참으면 이는 아름다우나 20죄가 있어 매를 맞
고 참으면 무슨 칭찬이 있으리요 그러나 선을 행함으로 고난을 받고 참으면
이는 하나님 앞에 아름다우니라 21이를 위하여 너희가 부르심을 받았으니 그
리스도도 너희를 위하여 고난을 받으사 너희에게 본을 끼쳐 그 자취를 따라
오게 하셨느니라 22그는 죄를 범하지 아니하시고 그 입에 거짓도 없으시며
23욕을 당하시되 맞대어 욕하지 아니하시고 고난을 당하시되 위협하지 아니
하시고 오직 공의로 심판하시는 이에게 부탁하시며 24친히 나무에 달려 그 몸
으로 우리 죄를 담당하셨으니 이는 우리로 죄에 대하여 죽고 의에 대하여 살
게 하려 하심이라 그가 채찍에 맞음으로 너희는 나음을 얻었나니 25너희가 전
에는 양과 같이 길을 잃었더니 이제는 너희 영혼의 목자와 감독 되신 이에게
돌아왔느니라

[2 : 18-25] 이 단락에서 베드로는 주로 사환들에 대한 권면에 집중하는데, 다른 가사법전과 달리 주인에 대한 권고는 없고 사환에 대한 권고만이 있는 것으로 보아 베드로전서의 대부분의 구성원들이 노예 계급과 연관성이 있다는 이해를 갖게 한다. 로마 시대에는 자유민보다 노예의 수가 더 많았고 해방의 종교인 교회에 더욱 관심을 기울였을 계층이 노예들이었기에 교회의 구성원들 가운데 상당수가 노예 계층이었다는 것은 놀라운 일이 아니다. 당시 노예는 전쟁에서 포로로 잡히거나 납치된 후, 혹은 노예 가정에 태어난 이유로,

혹은 경제적 이유로 생존을 위해 스스로를 노예로 파는 경우 등 다양한 경로로 노예가 되었다. 그리하여 한때 노예의 수는 로마 제국 인구의 1/4에 다다르기도 하였다. 당시의 경제는 노예들에게 의존적이었는데, 물론 대다수의 노예들, 특히 광산 노역을 감당하는 이들은 비참한 상태에 내몰렸으나 때로 형편이 나은 노예들은 의사, 교사, 음악가, 직공으로 일하였고, 심지어 노예가 노예를 소유하는 경우도 있었다(그레코-로만 세계의 노예에 대한 일반적 이해를 위해서는 블롬버그, 「오순절 성령강림에서 밧모섬까지」, 2010, pp. 442-443을 보라). 그럴지라도 그레코-로만 시대에 노예는 어느 시대나 마찬가지로 사회적 절대 약자에 속하는 이들이었기 때문에, 이들에 대한 권면은, 그리스도를 믿고 따름으로 주류 사회로부터 내몰리고 기존의 모든 권리를 상실한 채 살아가야 했던 그리스도인들에게 많은 점을 시사해 준다.

신약성경의 다른 저자들과 마찬가지로 베드로는 노예제도 자체를 정죄하고 있지는 않고 노예들은 주인들에게 복종할 것을 권하고 있다. 그럼에도 불구하고 신약성경은 노예들을 존중하여 대할 것을 요구하고 주인들은 노예들을 학대하지 말라고 명한다(엡 6 : 9 ; 골 4 : 1). 더욱이 교회 공동체 안에서의 노예와 자유인의 영적 평등성이 강조되고 있다(갈 3 : 28 ; 참조. 고전 12 : 13 ; 골 3 : 11). 그리고 노예인 그리스도인들은 합법적인 수단을 통해 자유를 얻도록 격려하고 있다(참조. 고전 7 : 21-24 ; 슈라게, 「베드로전·후서/유다서」, 1987, pp. 67-69).

이제 본문으로 돌아와서 '사환들아'에 사용된 어휘는 일반적으로 노예들을 지칭하는 둘로이(douloi)와 달리 주로 집안에서 일하는 노예들을 지칭하는 오이케타이(oiketai)이다. 단정하기는 어렵지만, 수신자들의 신분을 노예들보다는 영적인 의미에서 하나님의 집의 일꾼으로서 보다 긍정적인 의미를 부여하기 위한 베드로의 의도로 보인다(박수암, 「공동서신」, 2004, p. 165). 베드로는 사환들에게 주인들에게 순복할 것을 권고하면서 너그럽고 공정한 주인뿐 아니라 까다로운, 곧 심술궂고 고약한 주인에게도 동일한 순복을 촉구하는데, 노예에게는 온당하지 못한 처우와 형벌에 따른 고난이 다반사로 일어났다. 온화하고 친절한 주인에게 복종하는 것은 너무도 쉬운 일이다. 그런데 선하고 관용적인 주인을 반드시 그리스도인인 주인으로 전제할 필요는 없다. 베드로가 이들에 대해서는 길게 서술하지 않는 것은 선하고 관용적인 주인을 염두에 두고 있는 것이 아님을 알 수 있다. 그리스도인 노예들은 심지어 잔혹한 주인들에게까지도 두려움 가운데 하나님을 공경하고 높이듯이 그와 유사한 두려워함으로 최선을 다해 섬겨야 한다(마이클스, 「베드로전서」, 2006, p. 326).

우리는 여러 이유로 고통을 당할 수 있다. 어떤 고통은 우리 자신의 죄악이 직접적 원인이 되기도 한다. 또 어떤 어려움은 우리의 어리석음 때문에 발생하기도 한다. 베드로는 선을 행하다가 당하는 고난에 집중한다. 주인의 선하거나 까다로운 성품에 상관없이 매질은 노예가 감당해야 할 너무도 일반적인 일이었을 것이다. 그런데 죄를 지어 매를 맞는 것은 당연한 귀결이지 고난이라 미화시킬 수 있는 상황은 아니다. 베드로가 보기에도 죄 된 행위로 말미암은 징벌을 참는다고 말하는 것은 아무런 칭찬받을 소지가 없다. 그가 권고하는 참음은 올곧은 행동을 했으나 부당하게 행해진 매질에 따른 애매한 고난을 말한다. 선한 행위에도 불구하고 주인의 몰이해나 감정적 기복으로 인한 매질 등 여러 가혹한 행위들이 발생했을 가능성이 있다. 그러할 때, 그리스도인인 노예는 여전한 존경심을 가지고 왜곡된 마음을 지닌 주인에게조차도 복종해야 한다. 그리고 선행으로 인해 고난을 받고 참는 것은 하나님 앞에서 인정받는 진정한 가치 있는 행동이다(*Life Application Study Bible*, 2004, p. 2131 ; 마이클스, 「베드로전서」, 2006, pp. 326-327).

그리스도인 노예들이 애매한 고난을 인내하는 것은 하나님께서 그들을 부르신 목적에도 부합되는 일이다. 하나님의 부르심은 항상 신자들의 믿음을 정결하게 하는 효과적인 부르심이다(참조. 1 : 15 ; 2 : 9). 하나님께서 구속 사역을 위해 이스라엘을 선택하신 결과로 그들에게는 고난이 뒤따랐다(보다 큰 이유는 그들의 불신앙이지만). 그리스도의 고난 역시도 인류의 구속과 하나님의 나라의 건설과 확장에 절대적으로 필요한 고난이었다(참조. 마 16 : 21-23 ; 눅 24 : 25-27, 44-47). 하나님의 구속 사역에의 참여자에게는 고난은 불가피한 운명이다(막 8 : 34, 35). 그러한 고난을 통해 신자는 하나님을 전적으로 신뢰하게 된다(*Life Application Study Bible*, 2004, p. 2131).

그런데, '그리스도도 너희를 위하여 고난을 받으사'라는 어구가 갖는 의미는 무엇인지 살펴보아야 한다. '그리스도도'라는 어구에서 반영된 '그리고' 혹은 '또한'이라는 뜻을 지닌 헬라어 카이(kai)는 논리적으로 다음과 같이 해석될 수 있기 때문이다 : "너희가 지금 그리스도를 위하여 고난을 받는 것처럼, 그리스도 '또한' 너희를 위하여 고난받으셨다." 문맥 역시도 이 해석을 지지하는데, 이어지는 문장들이 그리스도의 고난(2 : 21, 23 ; 3 : 18 ; 4 : 1)이 신자들의 고난에 대한 모범(2 : 19, 20 ; 3 : 14, 17 ; 4 : 16, 19 ; 5 : 10)으로 기능하는 것으로 진술하는 까닭이다. 오늘날에도 그리스도인들은 고난에 대한 그리스도의 사례를 따라야 한다(Green, *1 Peter*, 2007, p. 87 ; Senior, *1 Peter, Sacra Pagina*, 2008, p. 75). 따라서 그리스도인들은 그리스도를 따르고 그분의 성품과 행위를 본받도록 부름을 받았다. 그리스도의 삶은 그 자취를 따라오도록 하는 고난의 본이 되셨다. 신약성경에서 단 1회만 등장하는 어휘를 하팍스 레고메나(hapax legomena)라고 하는데 여기에 해당하는 단어로, 모본을 의미하는 휘포그람모스(hypogrammos)는, 독자들도 글씨를 배우면서 누구나 경험했을, 어린아이가 획을 따라 베껴 써서 재생해 내는 글씨나 그림을 의미한다. 그리스도의 생애는 성도가 일점일획을 정확히 따라 해야 할 모본이다(레이머, 「베드로전·후서/요한1·2·3서/유다서」, 1988, p. 43).

베드로는 22절 이하에서 수신자들이 정확히 따라 행해야 할 예수의 모범을 제시한다. 예수께서는 분명 죄가 없으신 분이다. 그러나 부당한 고난과 핍박에도 인내하여 온전한 복종의 모본이 되셨다. 예수 그리스도의 인내는 고난 가운데서도 죄를 범하지 아니하고 거짓을 말하지 아니하며 욕을 당하시되

욕할 충동이 극에 달한 순간에조차도 보복성의 언사를 말씀하지 아니하시고 위협하지도 아니하시고 오직 공의 가운데 심판하시는 하나님께 부탁하신 데서 드러난다.

그런데 베드로는 이 본문에서 예수의 보복하고자 하는 마음이 일어날 수 있는 상황을 묘사하려는 것보다는 수신자들이 그들의 행실에 대해 거짓 비방하는 주변 사람들에게 독한 말로 욕을 하고자 하는 욕구가 있었을 상황을 염두에 두고 권고하고 있다. 그리스도의 궤사가 없으신 행동은 애매한 고난을 받는 그리스도인들이 동일한 종류의 행실을 보이도록 제시하신 것이다. 이 본문은 수난 받는 종으로서의 메시아에 관한 예언인 이사야서 53장을 상기시키는데, 예수는 사람들로부터 배척과 조롱과 모욕을 당하셨으나, 악한 말로 거짓을 말하지도 않으셨고 대응하지도 않으셨다(참조. 눅 23 : 29-30). 창조주로서 얼마든지 열두 군단 더 되는 천사들을 불러 모든 사악한 무리들을 제압하고 파멸시킬 수 있는 권세가 있으심에도 위협하거나 호통치지 않으셨다(참조. 마 26 : 53 ; 군단은 6,000명이 넘는 로마 보병군단 체제를 말하기에 열두 군단은 72,000명 이상의 수를 헤아리는 천사를 말한다). 사람들은 대개 자신에 대한 무고한 비난에 대해 언성을 높이며 열렬히 논쟁하여 자신의 무죄성을 변호하는 방식을 취하지만, 예수는 침묵으로 하나님의 신원하심에 대한 자신의 확신을 드러내셨다. 그리스도인은 애매한 고난을 받을 때 악한 말로 되돌려 주고 원수 갚는 일을 시행하여 하나님의 심판을 자신이 행하는 어리석을 범하지 말아야 한다. 인간 사이에 반복되는 복수의 악순환은 오직 이 방식으로만 끝맺을 수 있다. 더욱이, 예수는 원수를 사랑하며 보복하지 않는 정신을 핵심으로 하는 자신의 가르침과 일치되는 삶을 사셨다(참조. 마 5 : 38-48). 애매한 고난을 당할 때의 우리의 목표는 예수 그리스도께서 행하신 것처럼, 하나님이 이 모든 상황을 컨트롤하고 계신다는 확신을 갖고 인내하고 고요하며 침착한 태도를 취하는 것이다(참조. 그루뎀, 「베드로전서」, 2014, pp. 199-200).

베드로는 24~25절을 통해 자신의 대적들을 완전히 궤멸시킬 수 있는 예수께서 왜 기꺼이 십자가의 고난과 수치를 끝까지 인내하셨는지를 설명한다. 친히 감당하신 그리스도의 십자가의 죽음은 우리가 감당해야 할 죄를 대신 지시고 대속한 은혜적 효과를 가지며, 그리스도의 채찍에 맞는 형벌로 말미암아 우리가 나음을 입게 된 것이다. 이 일로 신자들은 '죄에 대하여 죽고 의에 대하여 살게 되었다'. 이러한 이해는 바울도 언급한 바 있다 : "이와 같이 너희도 너희 자신을 죄에 대하여는 죽은 자요 그리스도 예수 안에서 하나님께 대하여는 살아 있는 자로 여길지어다"(롬 6 : 11). 즉, 하나님의 은혜로 그리스도의 십자가를 통해 죄에 대해서는 죽었으나, 이제는 의에 대하여 산 자로 그리스도 예수 안에서 하나님의 뜻을 실천해야 할 책임이 주어졌음을 뜻한다. 그 예수는 이제 양과 같이 길을 잃었던 신자들의 영혼의 목자요 감독자가 되신다.

25절의 '돌아왔다'라는 표현은 단순히 범죄로부터의 전환이 아니라 그리스도인의 근본적인 회심을 말한다(참조. 1 : 14, 22, 23). 그리스도를 목자로, 그리스도인 공동체를 양으로 비유하는 이미지는 신약성경에서 자주 발견된다(막 6 : 34 ; 14 : 27 ; 마 9 : 36 ; 10 : 6 ; 15 : 24 ; 26 : 31 ; 요 10 : 11-18). 더 나아가 베드로전서 5 : 1~4에서 예수 그리스도는 임하시는 마지막 날에 목자장이 되시는 것으로 기술된다(Senior, *1 Peter*, *Sacra Pagina*, 2008, p. 77).

사환에 대한 권고를 담은 이 단락은 그레코-로만 시대의 노예제도와 동일한 상황은 아니나 오늘날 고용주나 상관을 모시고 있는 그리스도인들에게도 적용 가능하다. 고용주나 상관이 신중하고 배려심 있거나 그와는 달리 모질고 거친 성격의 소유자인 것에 상관없이 우리는 그들을 존중해야 한다. 바울도 그의 서신들에서 유사한 권고를 한다 : "종들아 두려워하고 떨며 성실한 마음으로 육체의 상전에게 순종하기를 그리스도께 하듯 하라 눈가림만 하여 사람을 기쁘게 하는 자처럼 하지 말고 그리스도의 종들처럼 마음으로 하나님의 뜻을 행하고 기쁜 마음으로 섬기기를 주께 하듯 하고 사람들에게 하듯 하지 말라 이는 각 사람이 무슨 선을 행하든지 종이나 자유인이나 주께로부터 그대로 받을 줄을 앎이라"(엡 6 : 5–9 ; 참조. 골 3 : 22–25 ; *Life Application Study Bible*, 2004, p. 2131).

D. 그리스도인 아내와 남편 상호 간의 의무(3 : 1–7)

1아내들아 이와 같이 자기 남편에게 순종하라 이는 혹 말씀을 순종하지 않는
자라도 말로 말미암지 않고 그 아내의 행실로 말미암아 구원을 받게 하려 함
이니 2너희의 두려워하며 정결한 행실을 봄이라 3너희의 단장은 머리를 꾸미
고 금을 차고 아름다운 옷을 입는 외모로 하지 말고 4오직 마음에 숨은 사람
을 온유하고 안정한 심령의 썩지 아니할 것으로 하라 이는 하나님 앞에 값진
것이니라 5전에 하나님께 소망을 두었던 거룩한 부녀들도 이와 같이 자기 남
편에게 순종함으로 자기를 단장하였나니 6사라가 아브라함을 주라 칭하여 순
종한 것 같이 너희는 선을 행하고 아무 두려운 일에도 놀라지 아니하면 그의
딸이 된 것이니라 7남편들아 이와 같이 지식을 따라 너희 아내와 동거하고
그를 더 연약한 그릇이요 또 생명의 은혜를 함께 이어받을 자로 알아 귀히
여기라 이는 너희 기도가 막히지 아니하게 하려 함이라

[3 : 1–7] 베드로는 사환을 향한 권면을 마친 후 이제 가사법전 중 부부 사이의 관계성에 대해 집중한다. 그런데 사환과 아내들에 대한 예시적 역할의 강조는 베드로전서의 수신자들의 구성과 깊은 연관이 있는 듯하다. 전술한 대로 주인의 책무에 대한 말씀은 전혀 없고 남편에 대한 권고도 단 한 구절에 불과하기 때문이다. 곧 수신자들 중 대다수는 사환과 같은 하층 계급에 속한 이들이 많았고 그리스도인 남편의 수는 적었을 가능성이 크다(물론 권면의 분량으로 구성원의 숫자를 가늠하는 위험성을 지적하는 해석도 존재한다. 참조. 그루뎀,

「베드로전서」, 2014, p. 207).

이제 베드로는 아내에 대한 구체적인 권면으로 나아가는데, 초대 기독교 공동체에서 가정 윤리의 확립은 아무리 강조해도 지나칠 수 없었다. 주변 사회의 불신자들로부터 적대감과 각종 비방, 말도 안 되는 혐의와 의혹에 고통을 당하던 그리스도인들에게 있어 건강한 가정의 유지는 반감과 오해를 어느 정도 불식시키거나 해소시킬 수 있는 가장 근본적인 대책이 될 수 있었다.

당시에 가장인 남성이 그리스도인이 되면, 일반적으로 그와 함께 온 가족이 회심하여 교회에 나올 수 있었다(예를 들면, 행 16 : 29-34에 나오는 빌립보 감옥의 간수의 사례). 그러나 여인이 혼자 그리스도인이 된 경우 그는 홀로 교회에 나와야 했을 것이다(*Life Application Study Bible*, 2004, p. 2131). 특히 여인들의 개종은 각종 사회적 문제를 야기시켰는데, 당시 여성들은 대개 남편의 종교를 자신의 종교로 삼아야 했고, 아내가 남편의 종교와 다른 종교를 선택할 경우, 남편은 가정조차 다스리지 못하는 무능력자로 낙인찍히기도 하였다. 부연하자면, 여인이 남편의 종교가 아닌 다른 종교를 택하는 것은 질서 있는 집안에 대한 그레코-로만 시대의 이상(理想)을 깨뜨리는 일이었다. 가정과 사회와 국가의 번영은 종교적 힘에 크게 의존하는 것으로 간주되었기에, 한 가정 내의 종교적 혼선에 따른 집안의 무질서는 가족뿐 아니라 사회 자체에도 위협이 되었다. 기독교 신앙은 제국의 안돈된 종교 체제에 새로운 신을 도입하는 일이기에 대중적 재앙의 원인으로 여겨지기까지 했다. 그리하여 아내가 자신의 가정 내에서 용인된 종교 외에 다른 종교를 고집한다면, 남편은 자신의 집 하나 제대로 다스리지 못한다는 비판에 직면해야 했고, 관직에 나아가거나 어떤 명예로운 직책에의 기회가 주어질 때 부자격자로 간주되어 사회적 지위와 명망에 큰 손상이 갈 수 있는 상황이어서 불신 배우자를 둔 가정 내에서 그리스도인들의 처신은 매우 중요하였다(Jobes, *1 Peter*, 2005, p. 203).

따라서 베드로는 그리스도인 아내들이 불신자 남편에게 다른 종교를 취함으로 남편을 거역한다는 오해를 사지 않도록 남편들의 지도력과 뜻에 복종하도록 권고한다. 물론 이 명령은 일방적인 종속이 아니며 하나님께서 질서상으로 한 가정의 머리로 두신 남편을 존중하라는 의미이다. 아내의 남편에 대한 복종의 명령은 단순히 로마 사회의 기대치에 의한 주종관계로서의 동기부여가 아니라 하나님 아버지의 뜻에 따라 십자가에 달려 돌아가셨다가 부활하신 그리스도의 순종과 자기희생적 사례에 의하여 주어진 명령이다. 바울도 남편들에 대한 복종을 말하였는데, 특히 바로 그리스도의 희생을 모범으로 부부 상호 간의 복종을 강조하였다(엡 5 : 22 ; 골 3 : 18 ; 참조. 브루스 B. 바톤 외, 「적용을 도와주는 베드로전서/베드로후서/유다서」, 2010, p. 126).

그리하여 '말 없이'라는 권고는 남편을 설복함에 있어 논쟁을 통하지 말라는 의미인데, 이미 아내의 행실을 의심하는 남편에게는 논쟁은 순종치 않는 태도로 비쳐질 수 있었기에, 그리스도인 아내에게는 부드러운 대응이 요청되었다. 물론 이는 무조건적 침묵은 아니었고(참조. 3 : 15), 복음이 최상의 빛 가운데 전해지도록 믿지 않는 남편의 염려에 대해 섬세하게 대처하는 권고이다(*The Reformation Study Bible*. 2005, p. 1814).

1절의 '말씀을 순종하지 않는 자'는 복음에 무관심한 섯반을 의미하는 것이 아니라 기독교에 대해 적극적으로 반대하거나 혹은 적대감을 가진 남편들을 지칭하는 것이다. 이들로 인해 그리스도인 아내들은 매우 어려운 상황에 처했었을 것이다. 베드로는 불신자 남편에 대한 그리스도인 아내의 순종이 가져올 긍정적 결과에 대해 선교적인 모티브로 접근한다(Senior, *1 Peter, Sacra Pagina*, 2008, pp. 81-82). 곧 그리스도를 믿지 않는 남편까지도 아내의 순종적이며 정결한 행위를 통해 구원을 얻을 수 있다는 전제이다. 한편, 2절의 '너희의 두려워하며'는 남편에 대한 두려움이 아니라 하나님께 대한 경외에서 비롯된 두려움이다. 인간은 어느 누구도 두려움의 대상이 될 수 없으며 성도는 오직 '코람 데오'(coram Deo), 곧 하나님 앞에 있다는 자의식 속에 그분만을 두려워하며 거룩함을 유지해야 한다.

이 부부관계 안에서의 선교적 모티브는 바울에게서도 찾아볼 수 있는데, 그는 부부간의 종교가 다를 지라도 비그리스도인 배우자가 계속 같이 살기 원한다면 상대방의 구원을 염두에 두며 부부관계를 유지하라고 권고하였다 : "믿지 아니하는 남편이 아내로 말미암아 거룩하게 되고 믿지 아니하는 아내가 남편으로 말미암아 거룩하게 되나니"(참조. 고전 7 : 12-14). 불신자 남편은 그리스도인 아내가 다른 종교를 취하였음에도 불구하고 오히려 이전보다 더 남편을 존귀하게 여긴다면 아내의 덕스러운 행실을 눈여겨본 남편은 아내의 행동에 감동되어 예수를 믿게 될 수 있는 것이다. '말로 말미암지 않고', 곧 굳이 복음을 말로 설명하지 않아도 아내의 남편 공경과 정결한 행위는 남편을 회개시키는 강력한 도구가 될 수 있다. 그러나 아내의 모든 행동 하나하나가 남편을 회개시키겠다는 강렬한 의지와 결부될 필요는 없다. 하나님을 경외하다 보면 그 정결함은 자연스레 발현되기 마련이다(2절). 더욱이 아내가 '감히' 남편을 가르치는 일에 대하여 부정적 시각을 갖고 있던 그레코-로만 문화 안에서 말이 아닌 행실로 덕을 드러내는 일은 권위적 갈등을 야기하지 않고 부부 상호 간의 교통을 위한 보다 효과적인 수단이 될 수 있었을 것이다(참조. 딤전 2 : 11-12 ; 마이클스, 「베드로전서」, 2006, p. 357 ; Jobes, *1 Peter*, 2005, p. 204).

이제 베드로는 그리스도인으로서의 여인이 지향해야 할 단장에 대하여 말한다 : "너희의 단장은 머리를 꾸미고 금을 차고 아름다운 옷을 입는 외모로 하지 말고" 어느 시대를 막론하고 여인들의 사치스런 치장은 비난을 받아왔다. 하지만 여기서의 베드로의 권고는 여인들의 가장 큰 관심사 가운데 하나인 미의 추구에 따른 치장하려는 시도를 전적으로 금해야 한다거나 그리스도인 여인은 초라하고 시대에 뒤떨어진 행색을 추구하는 것이 미덕이라고 말하는 것이 아니다. 그리스도인도 과도하지 않은 선에서 얼마든지 유행을 따라 자신을 꾸밀 수 있다. 베드로가 문제시하는 것은 내면의 아름다움은 도외시한 채 겉치장을 꾸미는 데 치중하는 행실이다. 사람이 외양만을 치장하는 일에 대한 비판은 비단 그리스도인에게만 독특한 일은 아니었다. 이는 구약 전통 아래서도 자주 강조되는 일이었고(참조. 삼상 16 : 7), 특히 하나님을 경외하는 가운데 여인이 내면의 덕을 추구할 것에 대하여 잠언은 다음과 같이 권고한다 : "고운 것도 거짓되고 아름다운 것도 헛되나 오직 여호와를 경외하는 여자는 칭찬을 받을 것이라 그 손의 열매가 그에게로 돌아갈 것이요 그 행한 일로 말미암아 성문에서 칭찬을 받으리라"(잠 31 : 30-31 ; 참조. *Life Application Study Bible*, 2004, p. 2131).

그레코-로만 세계에서 외양을 치장하는 일은 사회적 신분을 나타내는 수단이었으나, 자신의 신분에 합당하지 않은 꾸밈은 사회적 지탄을 야기했고, 경우에 따라서는 지나친 치장은 남편의 경제력보다 아내의 경제력이 우월함을 나타내려는 것으로 간주하여 남편에게 불명예를 안겨 주는 일로 간주되었을 뿐 아니라 아내의 치마폭에 휘둘리는 함량 미달의 남자라는 인식을 주어 사회생활에 지장을 초래하는 경우도 있었다(A. J. Batten, "Neither Gold nor Braided Hair 〈1 Timothy 2 : 9 ; 1 Peter 3 : 3〉 : Adornment, Gender, and Honour in Antiquity," *NTS* 55/4 〈2009〉, p. 495).

그리하여 헬라 철학에서도 여인들의 덕성 함양을 이상으로 꼽았다. 그리스의 철학자였던 크세노폰은 여인들의 매일의 덕의 실천이 세상을 아름답게 한다고 하였고(Xenophon, *Oeconomica* 7.43), 아리스토텔레스는 모든 덕 중에서 여인의 절제, 인내, 온유로 말미암은 명예롭고 절제된 삶이 여인의 진정한 아름다움이라고 설파하였다(Aristotle, *Oeconomica* 3.1). 반대로 외양의 치장은 종종 유혹의 수단으로 인식되었고(Philo, *On the Virtues* 7.39 ; Plutarch, *Advice* § 30), 여인의 화장품의 사용은 속이려는 시도로 간주되었으며 여러 팔찌, 목걸이, 금으로 수놓아진 신발들, 보석들은 여인이 집 안에 머물러 있다면 불필요한 것들이었다. 이러한 시각에서 베드로가 그리스도인 아내들이 자신들의 집을 떠나 특히 남편이 없는 상황에서 예배에 참석할 때 화려한 치장을 하지 않도록 권고한 것은 이해될 만하다. 즉, 치장 없이 집을 나서는 것이 예배 처소가 남녀 사이의 밀회 장소가 아니라 오직 그곳에 예배드리러 가는 것만이 아내의 출타 목적임을 분명히 밝혀 주었을 것이다(Jobes, *1 Peter*, 2005, p. 204 ; 참조. Schreiner, *1, 2 Peter, Jude*, 2003, p. 153).

그러므로 베드로가 강조하고자 하는 핵심은 그리스도인에게 있어 귀금속으로 꾸미고 좋은 옷을 입는 것을 금한 것이 아니라 겉치장을 아름다움의 본질로 여기지 말라는 점이다. 베드로는 하나님이 기뻐하시는 단장은 오직 마음에 숨은 사람을 온유하고 안정한 심령의 썩지 아니할 것으로 치장하는 일이라고 말한다. 즉, 아내들은 헤어스타일, 보석, 그리고 의복에 초점을 맞출 것이 아니라 하나님과의 관계성에 더 마음을 쏟아야 한다. 하나님이 관심을 두는 대상은 사람의 외양이 아니라 내적 자아(inner self), 문자적으로는 '마음속에 숨겨진 사람'이기 때문이다(Schreiner, *1, 2 Peter, Jude*, 2003, p. 154 ; 참조. 삼상 16 : 7).

이제 베드로는 아내 된 자들에게 성경의 예를 제시한다. 사라가 아브라함을 주라 칭한 일은 창세기 18 : 12과 연관된 사건인데, 그 본문에서 하나님의 사자들에게서 이삭의 잉태 예언을 들은 사라가 속으로 웃으며 '나도 노쇠하였고 내 주인도 너무 늙었으니 어찌 이런 일이 있겠는가?' 질문하였었다. 물론 아내가 남편을 주로 칭하는 것은 동양의 일반적인 관습으로 큰 의미가 없을 수 있다. 하지만 베드로에게 중요한 것은 문맥보다는 사라가 남편 아브라함을 '주'로 칭하였던 사실이다. 그리고 현재 능동태 분사 칼루사(kalousa)로 표현된 사라가 주로 칭한 행위는 아브라함을 존중함이 사라의 반복적이고도 습관적 반응이었다는 것을 드러낸다(James R. Slaughter, "Sarah as a Model for Christian Wives 〈1 Pet. 3 : 5–6〉," *Bibliotheca Sacra* 153 〈July–September 1996〉, p. 360).

한편, 우리가 이 본문을 읽을 때 당혹스러움을 느끼는 또 하나의 이유는 아브라함이 불신자도 아니었고 아내 사라의 믿음에 대해 부정적이거나 적대적인 남편이 아니었다는 사실이다. 일부 학자들은 사라의 순복의 연관된 근거를 창세기 12장과 20장에서 찾기도 한다. 바로의 앞에서 사라는 이방의 땅에서 그리고 적대적인 환경에서 부당하고 두려운 상황에 처하여 아내가 아니라 누이라 하여 위기를 모면하게 하라는 아브라함의 책략에 암묵적으로 동의하였다. 베드로는 사라의 태도와 적대적 환경과 나그네로 살아가는 그리스도인 아내들의 남편들에 대한 처신을 대응시키려 했던 것 같다. 다른 학자들은 오히려 구약성경 안에서도 보다 1세기 전후의 유대 외경 중 하나인 「아브라함의 유훈」(*The Testament of Abraham*)에서 병행적 내용을 찾기도 한다. 그 문헌 안에서 사라는 대담함과 선한 행실로 칭송받으며 택함받은 자들의 어머니로 불려, 베드로전서 안에서의 사라의 성품과 깊은 유사성을 보여 준다 (Senior, *1 Peter*, *Sacra Pagina*, 2008, p. 83).

하지만 베드로가 강조하고자 한 것은 사라가 자신을 남편의 종으로 간주하는 모습으로 겸비하여 남편에게 철저히 순복했다는 점이다. 베드로의 의도는 그리스도인 아내가 불신자였을 가족들과의 관계와 사회적 관계라는 삶의 틀 안에서 복음에 부정적 반응을 일으킬 수 있는 불필요한 충돌을 피하고 화평과 화목을 구하도록 권하고자 함이었을 것이다. 그리고 여기서의 순복은 고통을 피하기 위한 방편이나 어떤 의도성 있는 행동이 아니라 하나님께서 기뻐하시는 일이고 또 하나님이 자신들을 위해 일하실 것이라는 기대에 근거해야 한다. 베드로는 후에 이 아내들을 포함하여 수신자들에게 다시 한번 확증한다 : "주의 눈은 의인을 향하시고 그의 귀는 의인의 간구에 기울이시되 주의 얼굴은 악행하는 자들을 대하시느니라"(3 : 12).

다른 사람의 권위에 순복하는 것은 하나님과 그 사람에 대한 존중 속에 그리고 사랑으로 감당하는 자발적 협조를 말한다. 순복은 상호 간에 이루어짐이 이상적이지만(엡 5 : 2), 일방적 순복일지라도, 그러한 태도는 그리스도의 복음의 증거에 효과적일 수 있다. 예수께서도 우리를 구원하시기 위해 죽기까지 순종하셨기 때문에, 우리도 다른 사람들이 우리 안에서 그리스도를 발견할 수 있도록, 때로 받아들이기 어려운 불유쾌한 상황에서도 그들에게 순복할 필요가 있다. 그러나 기독교적 순복은 우리의 선한 양심이 금지하는 하나님께 대하여 불순종하는 행위까지를 포함하지 않는다. 그리스도를 드러내기 위한 순복은 엄청난 의지와 노력을 수반하기에 우리의 힘만으로는 불가능하고 전적으로 우리 안에 역사하시는 성령의 도우심이 필요하다(*Life Application Study Bible*, 2004, p. 2132).

필자가 신학대학원 과정에서 고린도전서 과목을 가르치면서 8~10장에 이르는 주해 가운데 제사 문제가 다루어졌었는데, 학생들로부터 귀한 영감을 얻은 적이 많다. 필자가 사역하는 부산 경남 지역은 복음화율이 7% 내외에 불과하여 불교와 유교 등의 종교 역사가 강한 곳으로 학생들의 대부분은 혼자 믿거나 집안 문중 중 소수자만이 그리스도인인 환경이 많다. 따라서 자연스럽게 종교 문제가 집안의 갈등 요소로 자리 잡고 있다. 학생별로 이 문제에 대처하는 방법이 다양했는데, 어떤 이는 가문의 제사에 아예 발을 들여놓지 않는 과감한(?) 행보로 집안 어른과 불편한 관계에 있는 이들도 있고, 어떤 이는 신앙의 결단을 보일 수 있는 날은 단지 집안 제삿날뿐만이 아니라 오히려 기독교가 효 의식이 결여된 종교가 아니라는 점을 부각시킬 기회는 1년 내내 얼마든지 있다고 보아 집안 어른들을 자주 찾아뵙고 믿지 않는 집안 어른들의 시각에서도 칭찬할 만한 생활의 면면을 보여 주었다고 한다. 그러자 기독교에 대해 부정적인 완고한 집안 어른들이 점차적으로 생각을 바꾸게 되었고, 문중 자체가 아직은 전적으로 복음화되지 않아 여전히 문중 내 그리스도인들이 소수이지만, 집안 제사 시에 먼저 유교식으로 진행이 된 다음 문중 어른들이 슬며시 자리를 비켜 주어 그리스도인인 후손들이 추모예배를 드릴 수 있는 환경이 되었다고 한다. 물론 이 과정까지는 그리스도인 후손들의 각고의 노력이 필요하였고 주께서 이 가정을 온전히 구원해 주실 날이 멀지 않았음을 기대하게 한다.

약자였던 그리스도인 아내들이 불신자 남편과의 관계에서 행해야 할 여러 덕목들을 권고하는 베드로의 상황과 많은 면에서 공감이 이루어질 수 있는 부분이다. 그리스도인 아내들은 범사에 선을 행하고 온유하고 안정된 심령으로 놀라지 않는 태도로써 사라의 딸이 된다. 한 가지 기억해야 할 일은 놀라지 않음과 관련하여, 남편에 대한 순복이 굴종이 아니며, 신앙을 부인하게 만들려는 불신자 남편들의 겁박에도 낙담하거나 용기를 잃지 말아야 한다는 점이다. 비록 남편을 주로 칭할지라도 모든 신자들에게 있어 참된 주는 오직 한 분 하나님이요 예수 그리스도이시기 때문이다. 이들은 모두 하나님께만 소망을 둔 자들이다(참조. 5절 ; McKnight, *1 Peter, The NIV Application Commentary*, 1996, p. 187). 따라서 그리스도인 아내들은 안정된 심령과 태도 속에 선을 행하며 그 외의 모든 일은 하나님 손에 의탁해야 한다. 베드로는 4 : 19에서 재차 이 논지를 각인시킨다 : "그러므로 하나님의 뜻대로 고난을 받는 자들은 또한 선을 행하는 가운데에 그 영혼을 미쁘신 창조주께 의탁할지어다"

그리스도께 대한 믿음으로 고난을 당하는 적대적인 환경에서도 불신자 남편을 멸시하거나 거부하지 않고 때로 부당한 대우에도 순복함으로 그리스도인 아내들은 사라의 영적 유산을 물려받게 된다. 6절의 '그의 딸이 된다'는 표현은 믿음으로 이방인들이 아브라함의 영적인 후손이 되듯이 서룩한 부녀들도 사라의 본을 따름으로 약속의 자녀가 된다는 의미이다.

신자는 오직 하나님만을 두려워해야 하며(참조. 1 : 17 ; 2 : 17-18 ; 3 : 2), 박해 상황에서조차도 그 어떤 인간에 대해서 두려움을 갖지 않아야 한다. 한편으로는 세상적 가치에 따라 남편에게 복종하는 의무감보다는 하나님께 소망을 두고 그분에 대한 충성의 마음으로 그 일을 행할 때 하나님은 마지막 날에 이 모든 것을 신원해 주실 것이다.

이제 베드로는 가사법전의 마지막 단락인 7절에서 한 집안에서 가장 큰 권세와 권위를 지닌 그리스도인 남편들에게 권고한다. 베드로는 신자인 남편들에게 아내와 동거하며 자신보다 더 연약한 그릇이요 생명의 은혜를 함께 기업으로 받을 자임을 알고 귀히 여기라고 말한다. 아내는 남편의 종교를 따라가는 것이 관례였듯이 신자인 남편의 아내 역시 그리스도인이었음을 알게 하는 대목이다. 하지만 적지 않은 학자들이 그리스도인 아내들이 남편의 이교적 종교를 따르지 않았던 것처럼 남편의 종교로서의 기독교를 따르지 않는 아내들도 있었을 가능성을 제기한다(참조. Carl D. Gross, "Are the Wives of 1 Peter 3.7 Christians?," *JSNT* 35 〈1989〉, pp. 89–96).

아내가 그리스도인이든 아니든 남편은 가정의 독재자가 되어서는 안 된다. 베드로는 '지식을 따라'에서 그 지식이 명시적으로 어떠한 내용인지를 밝히지는 않으나 예수 그리스도를 통하여 계시되는 하나님에 대한 지식으로, 아내를 향하신 하나님의 뜻으로 이해해도 무방할 것이다(레이머, 「베드로전·후서/요한1·2·3서/유다서」, 1988, p. 46). 그리하여 NIV 성경은 이 어구를 '사려 깊은'(considerate)으로 번역하면서 아내를 향한 영적, 감정적, 육체적 필요를 살피며 사랑과 이해심으로 대하는 태도를 지적하는 것으로 간주한다. '동거하라'는 명령은 너무도 당연한 것일 수 있으나, 남편 위주의 삶을 살았던 시대적 정황에서 범사를 아내와 함께하라는 의미로서 매우 이례적인 권고이다. 즉, 베드로는 남편에게 일반 문화를 따라 지도적인 역할에만 치중하거나 자신의 특권과 지배권만을 주장할 것이 아니라, 아내의 요구와 기대, 기분까지도 고려하라는 의미를 전하고 있다. 따라서 일상적인 부부생활 가운데서도 아내를 대함에 있어 존중하는 마음을 가지고 역지사지(易地思之)의 시각으로 아내의 입장에서 그 생각을 헤아릴 필요가 있음을 설명한다.

또한 아내는 남편보다 더 연약한 그릇으로 칭해진다. '그릇'이라는 표현은 그레코-로만 세계와 초기 기독교 문헌에서 신체를 언급하기 위해 사용되었다(예를 들면, 고후 4 : 7 ; 딤후 2 : 20). '더 연약하다'는 표현은 남편과 아내 모두가 유한한 존재로서의 연약성을 지닌 존재로 동일하게 약하다는 것을 전제하면서도, 여성이 신체적으로 보다 연약하다는 것을 의미한다(Senior, *1 Peter*, *Sacra Pagina*, 2008, p. 84). 여인들이 남편보다, 특히 육체적 관점에서 연약하다는 사고는 고대 세계에 흔한 인식이었다. 베드로는 이 표현을 지적 차원이나 감정적 차원, 그리고 도덕적 차원이나 영적 차원에서 여자들의 가치를 낮게 여겨 폄훼하려고 사용한 것이 아니다. 당시에 여인들은 남성에 의해 보호받지 못한다면, 신체적 공격, 학대, 혹은 재정적 재앙에 노출되기 쉬웠기에, 아내는 신체적으로, 그리고 사회적 지위 차원에서 연약한 존재일 수밖에 없으므로 하나님에 대한 지식을 아는 자는 그러한 열악한 환경에 노출될 수 있는 아내에 대해 귀히 여기는 마음 없이 압제자로 살아서는 안 된다(*Life Application Study Bible*, 2004, p. 2132).

학자들은 이 대목에서 가정 폭력을 금지시키는 명령을 감지하기도 한다. 베드로는 아내를 존귀하게 여기라고 권고한다. 아내에 대하여 남편들이 존귀하게 대우하라는 권면은 그레코-로만 시대의 문화에서 찾기 어려운 독특한 것이다. 그리고 베드로는 그리스도인 남편이 아내를 존귀하게 여겨야 할 이유로 다음 두 가지를 제시하고 있다. 첫째는 아내는 남편과 함께 생명의 은혜를 함께 유업으로 받을 자이기 때문이다. 영생은 남편들에게만 주어진 것이 아니라 아내들도 생명의 은혜의 동등한 수혜자이다. 육체적 연약성이 언급되는 것 이외에 여성들은 그 어떤 차이점으로도 비하되거나 홀대되어서 안 된다. 여기서 생명의 은혜와 유업은 종말론적 시각에서 이해되어야 하며(참조. 1 : 4 ; 3 : 9-10), 다가오는 내세에 우리에게 주어질 생명이다. 그리하여 베드로는 남편이 체력으로나 지위상으로 아내보다 강한 위치에 있다 할지라도, 그리스도인 가정의 복락은 그리스도 안에서 하나님의 베푸실 기업의 공동의 상속자로 아내를 존귀하게 대하는 태도 여하에 달려 있음을 지적하고 있다(참조. Senior, *1 Peter*, *Sacra Pagina*, 2008, p. 87).

남편이 아내를 존귀하게 여겨야 할 둘째 이유는 남편 자신의 기도가 막히지 않게 하기 위함이다(7절). 이는 단순히 가정불화나 부부 싸움이 기도할 마음을 갖지 못하게 한다는 차원이 아니라 기도하기 앞서 사람을 존중하는 태도를 기뻐하시는 하나님과의 관계가 올바로 서 있는가를 살피는, 보다 근원적인 문제를 다루고 있다. 상호 사랑과 존중 의식이 없는 인간관계는 하나님과의 관계도 악화시키고 심지어 단절시키기도 한다. 따라서 아내를 귀하게 여기지 않는 남편들은 그들의 기도가 응답될 것을 기대할 수 없다. 하지만 기도 응답이 거부되는 사안은 비단 남편과 아내 관계에만 국한되지 않는다. 신약의 전반적인 기조는 모든 대인관계가 하나님과의 관계에 영향을 미치는 것으로 전한다(참조. 마 5 : 23-24 ; 25 : 31-46 ; 고전 11 : 20- 29 ; 요일 4 : 20 ; 약 4 : 1-4 ; 박수암, 「공동서신」, 2004, p. 175). 하나님은 자신의 권세와 권위를 남용하여 약한 자들을 괴롭히는 자들에게는 축복하시거나 그분의 호의를 베풀지 않으신다. 이 메시지는 과거에 비해 여성들의 지위가 많이 향상되었다 하더라도 여전히 차별이 존재하는 현 사회의 여러 영역에서 여성들에 대한 존중과 배려, 그리고 아내의 필요에 대한 남편들의 세심한 살핌이 하나님의 뜻에 상응한다는 의미로 이해되어야 할 것이다(*Life Application Study Bible*, 2004, p. 2132).

설교를 위한 묵상

사도 베드로는 수신자들의 하나님의 백성으로서의 정체성을 설명한 후 그리스도인들에 대해 적대적인 환경 속에서 선한 행실을 가져 하나님께 영광을 돌리게 하라고 명한다. 적대감 내지는 비호감을 표출하는 이들을 선대하기는 쉽지 않다. 그럼에도 불구하고 하나님의 명령은 선한 행실을 포기하지 말라는 것이다.

그 일환으로 그리스도인은 좋은 시민(good citizen)이 되어야 한다. 베드로는 국가의 선악 간의 질서를 유지하는 긍정적 기능을 존중하라고 권면한다. 하지만 뭇사람을 공경하고 왕을 존대하라는 권고에서 동일한 동사를 사용하여 사람을 존중하는 것 이상의 의미를 왕, 곧 세상 권력에 부여하지 않는다. 유일하게 성도가 두려워해야 할 존재는 하나님뿐이시다. 세상과 하나님이 상충될 때는 하나님만을 경외해야 한다.

사환들에 대한 권고는 직장 안에서의 행위규범이 된다. 상급자의 권위를 존중하되 선하고 관용하는 자들뿐 아니라 변덕이 심하고 괴팍한 주인에게도 그리해야 한다.

이는 그리스도께서 이미 그 본을 보여 주셨기 때문이다. 예수 그리스도께서 욕을 당하시되 맞대어 욕하지 아니하시고 고난을 당하시되 위협하지 않으시고 공의로 심판하시는 아버지께 의탁하셨던 행보가 우리의 생업에서도 적용되어야 한다. 그리하여 범사에 눈가림만 하고 사람에게 하듯 할 것이 아니라 주께 하듯 해야 한다(엡 6 : 5-9 ; 골 3 : 22-25).

부부간의 관계에서는 아내는 외모지상주의에 빠진 세태를 답습할 것이 아니라 온전하고 안정된 심령의 썩지 아니하는 속사람으로 단장하여 남편에게 순종함으로 하나님께 값진 삶을 살아야 한다. 남편들도 가부장적 권위만을 고집할 것이 아니라 생명의 은혜를 함께 유업으로 받을 동역자요, 더 귀한 그릇으로 여겨 아내의 세심한 부분까지 고려하고 살핌으로 하나님과의 관계가 틀어져 기도가 막히지 않도록 해야 한다.

제 Ⅳ 부

그리스도를 본받는 성도의 고난과 영광

베드로전서 3 : 8-4 : 19

A. 악에서 떠나 선과 화평을 추구하라(3 : 8-12)
B. 구원의 소망에 대한 답변 준비(3 : 13-17)
C. 그리스도의 승리의 선포와 신원(3 : 18-22)
D. 그리스도의 고난의 모범(4 : 1-6)
E. 정욕을 좇지 말고 그리스도의 마음으로 갑옷을 입으라(4 : 7-11)
F. 불가피한 고난에의 참여를 즐거워하라(4 : 12-19)

| 베드로전서 3 : 8-4 : 19 |

그리스도를 본받는 성도의 고난과 영광

A. 악에서 떠나 선과 화평을 추구하라(3 : 8-12)

8마지막으로 말하노니 너희가 다 마음을 같이하여 동정하며 형제를 사랑하며
불쌍히 여기며 겸손하며 9악을 악으로, 욕을 욕으로 갚지 말고 도리어 복을
빌라 이를 위하여 너희가 부르심을 받았으니 이는 복을 이어받게 하려 하심
이라 10그러므로 생명을 사랑하고 좋은 날 보기를 원하는 자는 혀를 금하여
악한 말을 그치며 그 입술로 거짓을 말하지 말고 11악에서 떠나 선을 행하고
화평을 구하며 그것을 따르라 12주의 눈은 의인을 향하시고 그의 귀는 의인의
간구에 기울이시되 주의 얼굴은 악행하는 자들을 대하시느니라 하였느니라

[3 : 8-12] 베드로는 사환과 아내와 남편에 대한 가사법전적 권고를 다룬 후, 수신자들 모두를 아우르는 또 하나의 권면으로 나아간다. 8절의 '마지막으로'

라는 표현은 서신 전체에 대한 끝맺음이 아니라 베드로가 공동체 내의 여러 사회적 신분에 따른 권면을 마무리하겠다는 것으로 이해할 수 있다. 일부 학자는 3 : 8~12이 이전의 가사법전의 요약으로서 '너희가 다'는 사환, 아내, 그리고 남편들을 지칭하는 언급으로 이해하지만 그들의 주장은 많은 지지를 얻지는 못한다. 대다수의 주석가들은 이 구절들이 앞서 나온 가사법전의 대상뿐 아니라 베드로전서의 수신자 되는 모든 공동체 구성원을 염두에 두고 있다고 믿는다.

한편 8절의 다섯 가지의 권면은 모두 동사 없이 형용사 형태로 나타난다. 이 모든 명령은 이교적 적대 문화 속에서 살아가는 소수자로서의 그리스도인들을 위한 지혜를 담고 있다. 혹자는 이 구절이 형제 사랑을 중심으로 하는 ABCB'A'의 교차대칭구조를 갖고 있다고 주장한다(Schreiner, *1, 2 Peter, Jude*, 2003, p. 164).

A 한마음(Harmony)
B 동정(Sympathy)
C 형제사랑(Brotherly love)
B' 불쌍히 여김(Compassion)
A' 겸손(Humility)

먼저 한마음을 품는 것과 겸손은 서로에게 속해 있다. 왜냐하면 자만심과 강한 자기주장으로는 조화를 이루는 한마음을 품을 수 없기 때문이다. 심정적 동화(同化)를 지향하는 동정과 불쌍히 여기는 것도 그 차이를 구분하기 어려울 만큼 밀접히 연계되어 있다. 형제 사랑은 모든 권면의 중심을 이루면서 공동체 전체를 묶어 주는 역할을 한다. 이 다섯 권면은 공동체 내의 원활한 관계성을 지향하며 보다 확대된 시각으로는 외부인들을 향해서도 적용될 수 있다. 이제 각각의 권면을 살펴보자.

첫째는 마음을 같이하라는 명령이다. 공동체가 일치된 목표를 갖고 한마음을 품는 것은 바울에게 있어서도 반복되는 관심사였다(롬 12 : 16 ; 15 : 5 ; 고후 13 : 11 ; 빌 2 : 2, 4 ; 마이클스, 「베드로전서」, 2006, p. 386). 사람들은 제 각각의 인생관과 가치관을 갖고 있기에 아무리 가까운 사이인 부부간, 부모자식 간이라도 범사에 이견이 있기 마련이다. 하지만 완전한 일치는 이룰 수 없다 할지라도, 주의 뜻을 분별하여 순복하는 일에는 누구나 예외 없이 한 가지로 동참해야 한다. 공동체 구성원들이 같은 마음을 품는 것은 공동체 존속의 근간이다. 특히 베드로전서의 수신자들의 경우, 주류 사회와 비견하여 소수자로서 소외를 경험하고 있는바, 하나님의 백성이자 가족으로서 정체성을 공고히 하는 측면에서도 그리고 세상을 향하여 대응하는 일에 있어서도 내부 분열은 절대적으로 피해야 할 사안이며 연합을 지향하는 한마음은 다양한 출신 배경을 가진 수신자들에게 있어 하나님을 아버지로 하는 가족으로서의 공동체성을 굳건히 해 줄 수 있다(1 : 3-4 ; Jobes, *1 Peter*, 2005, p. 215). 한마음을 품는 것은 자신의 목표, 필요, 그리고 기대치를 보다 큰 범위로서의 공동체의 목적에 기꺼이 일치시키는 일이다. 즉, 한마음을 품는 것은 단순히 동일한 생각을 품는 것을 의미하지 않고 상대방을 존중하면서 조화를 꾀하는 마음을 뜻한다. 바울은 빌립보서 2 : 2~4에서 한마음을 품는 일에 필요한 요소를 잘 설명하고 있다 : "마음을 같이하여 같은 사랑을 가지고 뜻을 합하며 한마음을 품어 아무 일에든지 다툼이나 허영으로 하지 말고 오직 겸손한 마음으로 각각 자기보다 남을 낫게 여기고 각각 자기 일을 돌볼뿐더러 또한 각각 다른 사람들의 일을 돌보아 나의 기쁨을 충만하게 하라"

둘째는 동정하라는 명령이다. 동정은 문자 그대로 다른 이들과 동일한 심리적 경험을 통해 상대방을 이해하는 것을 말한다. 곧 지체들에게 애정을 갖고 그들의 필요와 상황에 따른 슬픔과 고통뿐 아니라 기쁨과 즐거움 등, 모든 범주의 감정들을 함께하라는 권고이다. 히브리서 기자는 4 : 15에서 대제사장으로 예수 그리스도는 우리 연약함을 동정하지 못하실 이가 아니시라고 설파한다. 그리스도는 우리의 육체적, 감정적, 신앙적 연약함에 대하여 온전한 이해를 갖고 계신다. 성도들도 동료인 믿음의 지체들을 향하여 기쁨과 슬픔 모두를 함께하는 아름다운 관계를 지녀야 한다. 바울도 유사한 권고를 한 바 있다 : "만일 한 지체가 고통을 받으면 모든 지체가 함께 고통을 받고 한 지체가 영광을 얻으면 모든 지체가 함께 즐거워하느니라"(고전 12 : 26) ; "즐거워하는 자들과 함께 즐거워하고 우는 자들과 함께 울라"(롬 12 : 15 ; 참조. 마이클스, 「베드로전서」, 2006, p. 386 ; Schreiner, *1, 2 Peter, Jude*, 2003, p. 163).

셋째는 형제를 사랑하라는 명령이다. 동료 신자들을 가족이요 형제와 자매로 대하는 태도는 베드로에게 있어 매우 중요한 개념이었다(참조. 1 : 22 ; 2 : 17 ; 5 : 9). 그리스도와의 공동의 관계성이 이 가족 개념을 이끌어 내었고, 참된 기독교적 믿음의 소유는 동료 신자들을 혈연관계를 떠나 하나님의 기업을 함께 상속할 형제요 자매로 대하는 자세와 무관하지 않다(참조. 롬 12 : 10 ; 살전 4 : 9 ; 히 13 : 1 ; 벧후 1 : 7 ; Schreiner, *1, 2 Peter, Jude*, 2003, p. 163). 예수님도 하나님 안에서 맺어지는 새로운 가족 개념을 제시하셨다 : "누가 내 어머니이며 내 동생들이냐 하시고 손을 내밀어 제자들을 가리켜 이르시되 나의 어머니와 나의 동생들을 보라 누구든지 하늘에 계신 내 아버지의 뜻대로 하는 자가 내 형제요 자매요 어머니이니라 하시더라"(마 12 : 48-50).

넷째는 불쌍히 여기라는 명령이다. 불쌍히 여기는 것은 헬라어 원어적으로 유스플랑크나(eusplangchna), 곧 좋은 혹은 건강한(eu) 내장(splangchna)을 가졌다는 말로 표현되는데, 내장, 특히 심장은 사랑과 온유와 같은 감정들의 좌소로 여겨졌다. 따라서 '불쌍히 여기다'는 선한 감정으로 다른 사람의 고통과 슬픔에 대해 마음 깊이 동정하는 자세로 '마음씨가 너그러운', '인정이 많은', '자비심이 많은' 등으로 번역될 수 있는 표현이다. 이 동정심이 그리스도인의 중요한 지표 가운데 하나이다(참조. 눅 1 : 78 ; 고후 6 : 12 ; 7 : 15 ; 빌

1 : 8 ; 2 : 1 ; 골 3 : 12 ; 몬 7, 12, 20 ; 요일 3 : 17 ; Schreiner, *1, 2 Peter, Jude*, 2003, p. 163). 그리고 그 감정은 탕자를 향한 아버지의 마음(눅 15 : 20), 강도 만난 자를 향한 선한 사마리아인의 마음(눅 10 : 33), 혹은 일만 달란트 빚진 자를 향한 왕의 마음(마 18 : 27)에도 적용되었다. 그리고 복음서 기자는 또한 곤경에 처하거나 주인 없는 자 같은 무리를 향한 예수님의 마음에 대해서도 그 용어를 사용하였다(막 1 : 41 ; 마 14 : 14 ; 15 : 32). 건강한 믿음의 지표는 다른 이들을 불쌍히 여기는지의 여부에 달려 있다(Senior, *1 Peter, Sacra Pagina*, 2008, p. 91).

다섯째는 겸손하라는 명령이다. 여기서 겸손에 해당하는 용어 타페이노프로네스(tapeinophrones)는 '비열한'을 뜻할 수 있어 그레코-로만 사회에 있어서 경멸의 대상이 되는 특질로, 이 명령은 반문화적 가치를 권고하는 내용일 수 있다. 그러나 신약성경의 기조는 겸손을 예수 그리스도의 성품으로 간주하며(참조. 마 11 : 28-29) 모든 신자가 적극적으로 닮아야 할 성품으로 제시한다. 겸손은 나보다 남을 낫게 여기며 상대를 존중히 대하는 마음과 다름 아니다(참조. 빌 2 : 3-4). 하지만 교만은 어떤 삶도 의미 있게 해 주지 못한다(참조. 행 20 : 19 ; 롬 12 : 16 ; 고후 10 : 1 ; 엡 4 : 2 ; 골 3 : 12 ; 약 1 : 9 ; 벧전 5 : 5). 베드로는 2 : 17에서 "뭇사람을 공경하며 형제를 사랑하며 하나님을 두려워하며 왕을 존대하라"고 말했었다. 겸손은 성도가 하나님과의 관계성 안에서 스스로를 돌아볼 때 그 부족함과 연약함을 인지하고 하나님을 생각하며(참조. 벧전 2 : 19) 자신을 낮은 위치에 놓는 겸허한 마음이다 (Schreiner, *1, 2 Peter, Jude*, 2003, p. 163).

이제 베드로는 9절 이하에서 인간관계에 대한 일반적인 권고 후에 아마도 수신자들의 정황과 연관된 보다 강화된 권고를 시작한다. 8절의 권고가 주로 공동체 내부의 결속을 위한 권고라면, 이 교훈은 외부인, 특히 수신자인 기독교 공동체를 향하여 적대감을 갖고 비방하는 믿지 않는 자들에 대한 처신을 담게 될 것이다(참조. 3 : 13 이하 ; McKnight, *1 Peter, The NIV Application*

Commentary, 1996, p. 201).

타락한 우리의 세상에서 종종 우리가 신체적으로나 언어적으로 그리고 다양한 상황에서 위해(危害)를 당하면, 상대방을 말로 반박하여 공격하거나 보복하는 것은 당연한 권리로 치부되기도 한다. 그러나 베드로는 그러한 상황에서 전혀 다른 대응을 가르치고 있다. 신자들은 악을 악으로, 욕을 욕으로 갚지 말고 오히려 악과 욕을 제공한 당사자들을 위해 복을 빌어야 한다. 이 가르침은 이미 2 : 21~25에서도 예수님의 사례를 통해서 언급된 바 있다. 베드로는 그 구절들에서 원수를 갚지 않았던 예수 그리스도의 모본을 따르라는 권고를 강화하고 있는데, 말을 통한 모욕에 대해 어떻게 대응해야 하는가라는 이 주제는 베드로전서의 핵심 논지들 가운데 하나이다. 물론 이 권고는 신자들끼리도 동일하게 적용될 수 있다.

이 가르침은 예수님의 산상수훈을 생각나게 한다 : "또 눈은 눈으로, 이는 이로 갚으라 하였다는 것을 너희가 들었으나 나는 너희에게 이르노니 악한 자를 대적하지 말라 누구든지 네 오른편 뺨을 치거든 왼편도 돌려 대며 또 너를 고발하여 속옷을 가지고자 하는 자에게 겉옷까지도 가지게 하며 또 누구든지 너로 억지로 오 리를 가게 하거든 그 사람과 십 리를 동행하고 네게 구하는 자에게 주며 네게 꾸고자 하는 자에게 거절하지 말라"(마 5 : 38-42).

신자들은 악과 욕에 대해 되갚지 말고 오히려 그들을 학대하는 자들을 위해 복을 빌어야 한다. 곧 남이 내게 대해 욕하고 손해를 끼치며 악하게 행할지라도 원수를 갚지 않는 소극적인 자세를 취할 것이 아니라 오히려 그 사람의 악을 선으로 갚고 그 사람에게 하나님의 은혜가 임하도록 기원해야 한다. 이 정신은 신약성경 전반에 녹아 있다. 특히 바울서신 여러 곳에서 발견되는 바, 바울은 "아무에게도 악을 악으로 갚지 말고 모든 사람 앞에서 선한 일을 도모하라"(롬 12 : 17), "삼가 누가 누구에게든지 악으로 악을 갚지 말게 하고 서로 대하든지 모든 사람을 대하든지 항상 선을 따르라"(살전 5 : 15), "또 수고하여 친히 손으로 일을 하며 모욕을 당한즉 축복하고 박해를 받은즉 참고"

(고전 4 : 12)라고 가르친다. 이 모든 훈계는 예수의 가르침에 그 뿌리를 두고 있다 : "그러나 너희 듣는 자에게 내가 이르노니 너희 원수를 사랑하며 너희를 미워하는 자를 선대하며 너희를 저주하는 자를 위하여 축복하며 너희를 모욕하는 자를 위하여 기도하라"(눅 6 : 27-28).

따라서 베드로가 모욕하는 자에게 욕으로 원수를 갚거나 혹은 소극적으로 침묵으로 대응하는 대신에 적극적으로 축복하라고 한 것은 신자들이 하나님께서 그 원수들 위에 호의와 은혜를 베풀어 주실 것을 요청드리는 것과 다름 아니다. 인간적 시각에서는 도저히 이해할 수도 없고 받아들이기 힘든 권고이나 베드로의 입장은 단호하다. 이 일은 주님을 따르길 원하는 그리스도인들이 걸어야 할 길이며, 그들이 이 일을 위해 부름을 받았고 원수를 축복하는 길이 본인이 하늘의 영원한 기업, 곧 영생을 얻게 되는 것과 무관하지 않기 때문이다. 이 일은 또한 하나님의 아름다운 덕을 선포하는 일일 뿐 아니라 (2 : 9), 주의 재림 시에 하나님께 영광을 돌리는 결과를 가져온다(2 : 12 ; 참조. 바톤, 「적용을 도와주는 베드로전서/베드로후서/유다서」, 2010, pp. 140-142).

10~12절은 시편 34 : 12~16의 인용문으로 70인역(시 33 : 13-17a)을 의존한 듯하다. 주요 차이점은 베드로가 원래의 2인칭 단수형으로 구성된 문장을 3인칭 단수형으로 변형시켜 인용한 것이다(Senior, *1 Peter*, *Sacra Pagina*, 2008, p. 90). 이것이 베드로의 의도에 의한 것인지 아니면 인용된 사본의 본문에서 이미 변형이 일어났는지 알 수 없으나 시편상의 그 본문이 고난과 환난 중에 있는 자들에 대한 주의 구원에 초점이 맞추어져 있기 때문에, 베드로는 임의로 그 시편을 선택한 것이 아니라, 수신자들의 상황을 염두에 두고 인용한 것이다. 그 주된 내용은 의로운 자들은 환난 속에서도 악한 자들에 대해 악으로 대응하는 것이 아니라 선을 추구함으로 하나님께 대한 신뢰와 소망을 보여 줄 수 있다는 것이다. 이는 하나님의 백성의 고난, 궁극적 구원, 사악한 자들에 대한 심판, 신실한 삶이 하나님께 대한 소망의 증거라는 인식을 다루는 베드로전서의 핵심 논지와 결코 다르지 않다(참조. Schreiner, *1*,

2 Peter, Jude, 2003, p. 166).

베드로는 10절에서 '그러므로'라는 접속사를 통해 악과 욕에 대해 원수를 갚지 말고 복을 빌라는 권고에 대한 부가적 권면과 이유를 제시한다. 생명을 사랑하고 좋은 날 보기를 원하는 자는 혀를 금하여 악한 말과 거짓을 말하지 말아야 한다. 생명을 사랑하고 좋은 날 보기를 원하는 것은 만세고금을 통해 만인의 원하는 바이다. 하지만 시편 기자는 생명과 좋은 날을 현세적 관점에서 다가가나 베드로는 보다 종말론적 시각에서 이 본문을 접근한다(참조. 시 34 : 12 이하). 우리는 이미 1 : 4에서 '유업'이 종말론적 구원을 언급한다는 것을 살펴본 바 있다. 베드로는 현세에서 이러한 생명과 좋은 날들을 보장하지 않는다. 오히려 박해와 신자들을 괴롭게 만들 어려움이 그들을 기다리고 있을 뿐이다(1 : 6-7 ; 3 : 13-17 ; 4 : 12-19 ; Schreiner, *1, 2 Peter, Jude*, 2003, pp. 166-167). 핍박과 환난을 기정사실화하는 베드로는 그럼에도 불구하고 평화를 추구하는 방식으로 그들을 핍박하는 자들을 위해 축복해야 할 동기를 제시한다. 의식을 하든지 안하든지 의인들이나 악인들 모두는 하나님의 면전에서 살아가고 있다. 하나님은 이 두 부류의 사람들에게 대해 각자 다른 방식으로 다가가신다. 주의 눈은 의인을 향하시고 주의 귀는 저희의 간구에 귀를 기울이심으로 의인을 보상해 주실 것이고 주의 낯은 악행하는 자를 향하여 악인을 벌하실 것이다. 주의 눈과 귀, 그리고 낯은 신인동형론적(神人同形論的) 의인법으로 사람들의 언행에 대해 빈틈없이 살피시며 특히 그 자녀들의 필요에 깊은 관심을 갖고 돌보시는 하나님을 묘사한다. 따라서 신자들은 혀를 금하여 악한 말을 그치고 궤휼을 말하지 말며 선을 행하며 화평을 추구해야 한다. 베드로는 계속하여 주변 사회의 비방과 악한 도발에도 악한 말을 금하는 베드로전서 전반의 윤리적 가르침을 반복하여 말하고 있다. 그리고 피동적으로 혹은 소극적으로 악한 말을 삼가는 것뿐 아니라 보다 적극적으로, 그리고 의식적으로 선을 행하며 모든 사람으로 더불어 화평을 구해야 한다(참조. Elliott, *1 Peter*, pp. 615-616).

화평은 초대 기독교 공동체의 주요 화두 중 하나였다. 화평은 특히 학대와 모욕을 당하는 순간에도 욕으로 대응하지 않으며 신자들을 해치는 행위에 대해서도 용서의 손길을 마음 중심으로부터 확대해 나갈 때 성취될 수 있다. 어느 누구도, 분노로 자기에게 해를 끼친 사람이 곤란에 빠지기를 내적으로 바람과 동시에 그를 축복할 수는 없다. 혀의 위험성과 혀를 금하여 선한 말을 하도록 하는 권고는 주의 동생 야고보도 거의 1장을 할애하여 강조한 바 있다(참조. 약 3 : 2-18). 한편, 화평은 흔히들 갈등의 부재로 간주하며 화평의 추구를 소극적으로 접근하는 경우가 많다. 그러나 효과적인 화평의 추구는 적극적으로 좋은 인간관계를 형성하는 것이다. 피스메이커(peacemaker)는 문제를 예측하고 사건이 터지기 전에 조처한다. 갈등이 일단 발발하면, 문제의 통제가 불가능해지기 전에 열린 대화의 장에서 처리한다. 화평의 추구는 결코 쉬운 일이 아니다. 수많은 노력과 땀 흘림이 필요한 조처이다. 그러나 그 열매는 분명코 하나님의 축복이다(*Life Application Study Bible*, 2004, p. 2132).

B. 구원의 소망에 대한 답변 준비(3 : 13-17)

13또 너희가 열심으로 선을 행하면 누가 너희를 해하리요 14그러나 의를 위하
여 고난을 받으면 복 있는 자니 그들이 두려워하는 것을 두려워하지 말며 근
심하지 말고 15너희 마음에 그리스도를 주로 삼아 거룩하게 하고 너희 속에
있는 소망에 관한 이유를 묻는 자에게는 대답할 것을 항상 준비하되 온유와
두려움으로 하고 16선한 양심을 가지라 이는 그리스도 안에 있는 너희의 선행
을 욕하는 자들로 그 비방하는 일에 부끄러움을 당하게 하려 함이라 17선을
행함으로 고난받는 것이 하나님의 뜻일진대 악을 행함으로 고난받는 것보다
나으니라

[3 : 13–17] 베드로는 2 : 20~21에서 노예 신분의 그리스도인들에게 (믿지 않는) 주인으로 말미암은 부당한 고난에 대하여 인내하며 선으로 응대하라고 권면했었으나, 이제 그 주제는 모든 수신자들을 향하여 확대되어 그들의 잠재적 문제점으로 다루어진다. 베드로는 13절에서 "너희가 열심히 선을 행하면 누가 너희를 해하겠는가?"라는 수사학적 질문을 던진다. 개역개정성경은 '너희가 열심으로 선을 행하면'으로 번역하지만, 원문상으로는 '선의 열광주의자(젤로테스, zēlōtēs)가 된다면'(if you become zealots of good)이다(참조. 박수암, 「공동서신」, 2004, p. 179 ; 마이클스, 「베드로전서」, 2006, p. 401). 여기서 젤로테스는 유대 혁명을 꿈꾸던 열심당원을 지칭할 때도 사용되던 표현으로 일반적인 선을 행함을 말하는 것이 아니라 의도적으로 선을 찾아 적극적으로 열심을 갖고 행하는 것을 말하고자 한 것이다. 한편 70인역은 젤로테스를 이스라엘을 향하신 하나님의 마음을 표현하기 위해 사용하였고(예를 들면, 출 20 : 5 ; 34 : 14 ; 신 4 : 24 ; 6 : 15), 그레코-로만 문학이나 유대 문헌에서 '열심'은 덕을 향한 온전한 헌신을 지칭하기도 하였다(Senior, *1 Peter*, *Sacra Pagina*, 2008, p. 94).

그리고 이 선은 3 : 8~12에서 권고한 내용과 연결되어 있다. 따라서 이 수사학적 질문에 대한 답변으로 아무도 해칠 자가 없음은 3 : 12의 주님의 눈이 하나님의 뜻을 기꺼이 행하는 의인을 향하시고 살피신다는 의식의 귀결에 따른 선언이다. 그레코-로만 세계에서 약자의 표식으로 간주되었던 겸손 외에 3 : 8 이하의 권고는 당시 문화에서 선한 행실로 여겨졌던 덕목으로 불필요하게 당시 사람들을 자극하지 않도록 권유하는 베드로의 어조를 통해 아직까지는 기독교가 주변세계에 악하거나 불법적인 종교 운동으로 비쳐지지 않은 것으로 볼 수 있다. 다신적 혹은 다원주의적 신관과 세계관을 지닌 그레코-로만 세계에서 범죄자로 십자가 처형을 받은 한 개인을 신으로 숭상하고 예배하는 소수의 무리는 사람들에게 무지한 자들로 여겨질 수는 있었으나 그들이 사회의 일원으로 착한 시민으로 남아 있는 한 그들의 믿음은 묵인될 수 있는 상황이었던 것이다. 더욱이 그리스도인들의 어리석어 보이는 신앙은 무시하더라도 공익을 위해 적극적으로 선을 행하는 그리스도인들을 향하여 굳이 해치려는 자는 없었을 것이다. 따라서 주변 사회와의 평화적 관계 유지를 권하는 베드로의 뜻을 통해 베드로전서 수신자들의 상황을 초대 그리스도인들을 향한 대규모의 박해 시기보다는 이른 시점의 환경과 결부시킬 수 있다(Jobes, *1 Peter*, 2005, pp. 226–227).

그럼에도 불구하고 베드로는 수신자들의 고난을 거의 기정사실로 다루고 있다. 베드로는 불신 남편을 둔 여성 신자들의, 그리고 불신자 주인에 대한 그리스도인 노예의 실제적 고난을 언급했었다. 그리하여 베드로전서는 신약성경 그 어떤 책보다 더 자주 '고난받다'라는 동사를 사용한다(2 : 29, 20, 21, 23 ; 3 : 17, 18, 4 : 1, 15, 19 ; 5 : 10). 선을 행하면 해칠 자가 있겠냐는 일반론을 개진했지만, 수신자들이 맞닥뜨리고 있는 현실은 고난이 불가피한 상황이었다. 옳고 바른 일을 행하는 것은 이 땅의 악과 충돌할 수밖에 없는 상황을 만나기 마련이다. 하나님에 의해 보호받는 것은 고난에 대한 면제를 말하지 않는다(Senior, *1 Peter, Sacra Pagina*, p. 94). 그리하여 신약성경의 전통은 고난은 신자의 일생과 분리시킬 수 없는 하나의 꾸러미로 간주한다(참조. 행 4 : 1–22 ; 5 : 15–42 ; 7 : 54–8 : 3 ; 9 : 29–30 ; 18 : 12–17 ; 살전 3 : 1–5 ; 살후 1 : 4 ; 딤후 3 : 11–12). 베드로도 선한 행실이 이 땅에서 온전히 박해를 피하게 해 줄 것이라고 말하지 않는다. 특히 신약성경에서의 '해하다'라는 의미인 카코오(kakoō)의 용례는 대부분 이생에서 경험하는 핍박 및 부당한 대우와 연관이 있다(참조. 3 : 13 ; 행 7 : 6, 19 ; 12 : 1 ; 14 : 2 ; 18 : 10 ; Jobes, *1 Peter*, 2005, p. 227). 한편, 미래분사형인 카코손(kakōsōn)은 장래의 심판날에 대한 언급일 수 있고, 궁극적으로 하나님은 그 마지막 날에 신실한 자들에게 상급을 베푸실 것이기에 아무도 선한 일을 행한 자들을 해할 수 없다. 11절과 13절에서 거론된 선은 3 : 8~12에서 권면된 덕목이다. 그러므로 베드로는 현재의 선한 행실이 이 세상의 여러 핍박으로부터 면제시켜 줄 것이라고 보장하지 않는다.

비록 베드로가 14절에서 의를 위한 고난에 대해 파스코이테(paschoite)라는 희구법을 사용한 까닭에 어떤 학자들은 이들이 받는 고난이 발생할 가능성이 적거나 연속성을 지닌 것이라기보다는 산발적인 성격일 수 있음을 나타내고 있다고 해석할지라도, 분명 고난은 이들에게 있어 실제적 위험이었다(1 : 6-7 ; 2 : 12, 19-21 ; 4 : 12-19 ; 5 : 9-10 ; Schreiner, *1, 2 Peter, Jude*, 2003, p. 171). 그레코-로만 세계에서 권장되던 선한 일을 행할 때에도 크게 문제될 것이 없지만, 기독교적 신앙에서 볼 때 수용할 수 없는 주류 사회의 관행에 참여하지 않을 때 여러 종류의 핍박과 고난은 피할 수 없었을 것이다. 그리하여 마지막 심판 날의 하나님의 신원하심이 의를 위하여 당하는 고난의 복된 근거를 이루게 되는데, 마태복음 5 : 10을 연상시키는 맥락이다 : "의를 위하여 박해를 받은 자는 복이 있나니 천국이 그들의 것임이라" 사실 복된 것과 고난은 같이 양립할 수 있는 존재가 아니다. 하지만 그리스도로 말미암은 고난은 하나님의 은혜의 수혜자요 구원받은 증거가 되는 축복으로 간주될 수 있다.

14절의 '의'는 신약성경 전체의 핵심 개념이자 그리스도의 대속사역의 결과로 성도에게 부과된 온전한 삶을 지칭한다(참조. 벧전 2 : 24). 베드로전서는 의의 추구에 따른 고난을 반복적으로 다루고 있으며 의는 초기 기독교의 윤리 전통의 근간을 형성한다. 14절의 '의를 위하여 고난을 받으면 복이 있다'는 시각은 하나님의 신원하심을 고대하는 종말론적 선언이 담긴 4 : 14에서도 반복되어 나타난다(Senior, *1 Peter, Sacra Pagina*, p. 94).

부당한 고난에 대하여 그리스도인은 다음과 같이 응대할 수 있다. 소극적으로는 주변의 박해를 두려워하여 근심하지 않고, 적극적으로는 마음에 모신 그리스도로 말미암은 소망을 변증해야 한다. 14절 하반절은 이사야서 8 : 12의 자유로운 인용인데, 세상 사람들을 지칭하는 '저희의 두려워함'이 '저희들이 가진 두려움'인지 혹은 '저희들에 대한 두려움'인지 애매함이 있지만, 후자가 문맥에 더 잘 어울린다. 16절의 욕하는 자들과 비방하는 자들에 대한 표현으로 추론 가능한 해석은 그리스도인들은 수신자들의 공동체에 대해 적대적인 사람들이 유발하는 상황을 두려워하거나 불안해하며 동요하지 말라는 권고이기 때문이다. 그리스도인들은 박해자를 두려워할 필요가 없다. 이사야서 8 : 12은 남유다 왕국으로 하여금 북이스라엘과 아람 나라의 연합군 혹은 앗시리아의 대군을 두려워하지 말라는 격려적인 예언이다. 이사야 선지자는 예루살렘을 치려는 열국들에 대해 경고한다 : "너희는 함께 계획하라 그러나 끝내 이루지 못하리라 말을 해 보아라 끝내 시행되지 못하리라 이는 하나님이 우리와 함께 계심이니라"(사 8 : 10). 베드로전서의 이사야서 8장의 인용은 본문 간에 전혀 다른 역사적 상황을 갖고 있지만, 위협에 직면한 독자들을 격려하는 데 있어서는 동일한 목적을 가지고 있다. 박해를 받는 성도는 임마누엘의 하나님을 신뢰할 때 두려움을 이겨 낼 수 있다. 박해자들의 악한 궤계는 하나님의 막으심으로 인해 무산될 것이기 때문이다(Elliott, *1 Peter*, p. 624 ; 참조. 마이클스, 「베드로전서」, 2006, p. 403).

고난에 대한 그리스도인의 적극적 대응은 그 마음속에 그리스도를 주로 삼아 거룩하게 하고 성도의 소망에 대해 항상 답변할 준비를 갖추는 것이다. 15절의 "그리스도를 주로 삼아 거룩하게 하고"를 뜻하는 하기아사테(hagiasate)는 주기도문의 경우처럼, '거룩하게 하다'라는 의미보다는 '거룩하다고 인정하다 또는 선언하다'라는 뜻에 가깝다(마이클스, 「베드로전서」, 2006, p. 405). 성도는 오직 그 마음속에 오직 주 되신 그리스도만이 거룩하다고 인정하고 그 외의 대상은 두려워할 필요가 없다. 즉, 성도는 그리스도의 권세와 존귀, 거룩성, 능력과 사랑은 그 어느 존재의 그것과 비견될 수 없음을 고백, 인정하며 만유보다 뛰어나신 그리스도의 우월성을 의지하여 세상적 두려움을 떨쳐야 한다. 한편 '주님 자체를 거룩하게 하고'(sanctify the Lord himself)를 담지한 70인역 이사야서 8 : 12~13의 인용이 여기서도 발견된다. 원래 문맥에서 주님은 만군의 여호와를 지칭하나(참조. 사 8 : 13), 베드로전서의 주님은 그리스도를 말하기에, 베드로는 예수 그리스도를 구약의 주 되시는 여호와와 동일시하고 있다. 70인역의 인용에서 나타난 그러한 변화의 차이는 저자가 신학적 해석을 통해 이사야서의 상황과 베드로전서의 사회문화적 상황을 상황화(contextualize)하려는 시도로 여겨진다(Jobes, *1 Peter*, 2005, p. 229).

어떤 그리스도인들은 믿음은 개인적 사안으로 자신에게만 한정해야 한다고 생각한다. 우리는 다른 이들에게 우리의 믿음을 강요함으로 불쾌하게 하는 것은 자제해야 하나 우리의 믿음에 대해 혹은 어떤 사안에 대해 기독교적 시각을 물어 온다면, 우리는 부드럽고 존중적인 태도로 답변할 준비가 되어 있어야 한다. 박해에 직면해서도 세상을 향하여 두려움 없는 자세는 주변인들로 하여금 궁금증을 자아내게 할 것이고 이에 대해 성도는 그들이 가진 소망에 대해 대답할 준비가 되어 있어야 한다(*Life Application Study Bible*, 2004, p. 2133). 대답에 대한 헬라어 아폴로기아(apologia)는 공식적 변호를 나타내는 '변증'으로도 번역되는 법정 용어이나 반드시 박해와 연관된 고소사건으로서 재판에서의 답변을 염두에 둘 필요는 없고 기독교를 반대하거나 호기심을 갖는 자를 무론하고 그들이 복음에 대해 그리고 신앙의 핵심에 대해 물어 올 때 합리적이고 논리적으로 설명할 준비 자체를 말하는 것이다. 그리고 그 내용은 '소망'인데 그리스도의 우월성에 대한 인정은 '소망'보다 '믿음'이란 표현에 더 잘 어울릴 수 있다. 그러나 베드로가 굳이 '소망'이란 어휘를 선택한 것은 고난에 대한 구원이 현세에 국한되는 것이 아니라 미래적 측면이 더 강하기 때문이다. 이미 베드로는 신자들을 위해 예비된 기업으로서의 종말론적 소망에 대해 여러 차례 언급한 바 있다(참조. 1 : 3, 13 ; Schreiner, *1, 2 Peter, Jude*, 2003, pp. 174-175).

어떤 학자들은 '너희 속에 있는 소망'에 대해 집단주의적 성격의 그레코-로만 시대의 정서를 고려해 개인 차원보다는 그리스도인으로서 전체를 묶어주는 예수 그리스도의 복음이라는 신앙에 근거한 공동체에 의해 공유된 소망이라는 견해를 피력한다. 그러나 오히려 그 시대는 개인과 공동체를 구분하기 어려운 사회였으므로 '너희'라는 복수형태가 사용되었을지라도 개인 차원의 소망도 배제할 수 없다. 신앙은 결국 개인의 책임적 결단과 무관하지 않기 때문이다(참조. 행 2 : 37-38 ; 롬 10 : 9 ; Schreiner, *1, 2 Peter, Jude*, 2003, p. 175).

그리스도인들이 적대적 환경에서 그들의 믿음에 대해 조롱을 받거나 모욕을 당하면 거칠게 반응하고자 하는 욕구가 증대된다. 이러한 위험성을 알기에 베드로는 복음을 변론함에 있어 온유와 두려움으로 하라고 덧붙인다. 변론이 효과를 발휘하기 위해서는 격한 감정 상태에서 쏟아 내는 말보다는 유순하고 안돈된 말, 목이 곧기보다는 겸손한 태도, 곧 온유함에 기반해야 한다. 베드로는 줄곧 사람과 환경에 대해 두려워하지 말 것을 권고해 왔기에 여기의 두려움은 인간을 향한 두려움이 아님이 분명하다. 세상을 향한 변증은 온유와 함께 사람을 두려워하지 아니하고 하나님만을 경외하는 데 따른 권위가 있어야 한다. 그리하여 고펠트는 말한다 : "믿음은 두려움이나 증오로 인해 다른 사람들과의 교류에 대해 문을 잠그는 것이 아니다. 오히려 믿음은, [우리의] 믿음이 하나님을 향하듯이 다른 사람을 향해서도 우리를 개방하여 다가가는 것이다"(Jobes, *1 Peter*, 2005, p. 230).

이어 베드로는 수신자들로 하여금 복음의 변증과 함께 신자가 내적으로 갖추어야 할 요건으로 선한 양심을 가질 것을 명한다. 그레코-로만 시대에 발달한 수사학에 의하면 설득의 기본 요건으로 에토스, 파토스, 로고스를 꼽는데, 파토스가 열정, 로고스가 논리력을 지칭하는 것이라면 에토스는 화자(話者)의 도덕적·윤리적 진실성과 깊은 연관이 있다. 베드로가 선한 양심을 가지라는 것은 하나님 앞에서나 사람들 앞에서 믿음을 고백할 때, 양심에 거리낌이 없어야 한다는 것이다. 비양심적인 삶 속에서 복음을 전한다면 어떠한 권위도, 호소력도, 설득력도 없을 것이다. 곧 선한 양심을 가지라는 것은 하나님 앞과 사람들 앞에서 고매한 인격을 가지라는 권고이다. 부당한 대우와 핍박에 대한 최상의 변론은 역시 선한 행실이기 때문이다.

하지만 그리스도인의 행실은 아무리 선한 것일지라도 이미 기독교에 대해 부정적 시각을 갖고 있는 사람들에게서 때로 근거도 없는 터무니없는 비방을 들을 수 있다. 그럼에도 불구하고 선한 행실은 계속되어야 하고 그 귀결은 비방했던 자들로 부끄러움을 당하게 하는 것이다. 학자들은 비방했던 자들이 받게 될 부끄러움이 신자들의 선한 행동에 대한 바른 평가와 인식으로 이 시대에 일어날 일인지 아니면 심판의 날에 받게 될 종말론적 수치인지에 대해 의견이 양분되어 있다. 전자의 가능성도 열려 있다. 하지만 부끄러움은 단순한 감정상의 당혹스러움과 수치가 아니다. 구약과 유대 전승에서 '부끄러움'은 하나님 앞에서의 철저한 패배를 경험하게 되는 대적들의 운명이다. 여기서 베드로는 그리스도인과 불신자들 사이의 운명이 역전되는 종말론적 상황을 염두에 두고 있다고 보는 것이 더 개연성 있다(참조. Elliott, *1 Peter*, 2000, pp. 632-633). 베드로는 부당한 대우와 박해 상황에서도 계속 선하게 행동하도록 촉구한다. 한편 2 : 12에서도 병행되는 권고를 찾아볼 수 있고 불신자들 일부가 회개로 반응하고 구원을 받을 수 있다. 그러나 여전한 불신앙으로 나아가는 자들은 하나님께서 그들을 심판하시는 종말의 때에 무엇으로도 해소할 수 없는 부끄러움에 직면해야 할 것이다.

17절은 신자의 삶과 관련하여 의미 있는 질문을 던지게 한다. 신자가 고난받는 것이 분명 하나님의 뜻인가? 할 수만 있다면 이 땅의 삶을 살아가는 동안 고통과 고난은 모두가 피하고 싶은 대상이다. 사람들이 종교에 귀의하는 것도 모든 고통에서 해방되는 평안을 희구하는 까닭이다. 베드로가 텔로이(theloi)라는 현재 희구법 동사를 사용하고 있는 것을 주목할 필요가 있다. 선을 행하다 고난받음에 대하여 14절에서 희구법이 사용되었던 것처럼 이 구절에서도 그 표현은 그리스도인의 고난은 확실성보다는 우연성과 가능성에 힘을 실어 주는 것 같다(Jobes, *1 Peter*, 2005, p. 232). 즉, 하나님은 그리스도인들이 고난받는 것을 필연적 목적으로 하지 않으신다. 하지만 어떤 경우에는 하나님께서 신자의 유익을 위해 일시적으로 고난을 허용하실 때도 있다.

베드로는 하나님께서는 인간의 고통을 제거하시고자 구원을 일으키시지만, 하나님의 뜻 가운데 고통을 당할 수도 있음을 암시한다. 더욱이 신자의 고난은 베드로전서 수신자들의 경우처럼 가상의 예상적 범주가 아닌 현실의 문제이기도 하다.

만일 우리의 신앙생활에 있어 고난이 하나님의 뜻 가운데 일어나는 일이라면 신자는 악행을 하다가 고통을 당하는 것보다 선을 행함으로 고난을 받는 것이 낫다. 선을 행하다가 애매히 고난을 받는 일은 유쾌하지 않으나 스스로 떳떳하고 종말의 신원하시는 날에 하나님께서 그 억울함을 보상으로 갚아주실 것이며 복수하지 않는 신자의 계속적인 선한 행실은 불신자들 가운데 일부를 구원으로 이끌 뿐 아니라 악을 선으로 이김으로 하나님의 뜻을 성취하게 된다. 하나님의 뜻 안에서 받는 고난에는 많은 유익이 있다. 슈라게는 이 고난의 문제를 신정론적으로 풀어내기도 한다 : "신정론적인 물음은 그리스도 안에서 부여되는 하나님의 사랑에 대한 확신에 의해 해소된다(롬 8 : 35 이하). 고난 속에서 이미 기쁨이 솟아나고(마 5 : 11-12) 고난과 약함이 역설적으로 생명과 힘의 원천으로 언급되고 있다 할지라도(참조. 고후 4 : 7 이하 ; 6 : 4 이하 ; 12 : 9 이하) 종말론적인 완성이 이루어질 때에야 비로소 모든 수수께끼가 풀리며 고난도 종식된다. 모든 것이 새로워질 때에야 비로소 고난이나 울부짖음이나 고통도 사라질 것이다"(계 21 : 4-5 ; 슈라게, 「베드로전·후서/유다서」, 1987, p. 85).

C. 그리스도의 승리의 선포와 신원(3 : 18-22)

[18]그리스도께서도 단번에 죄를 위하여 죽으사 의인으로서 불의한 자를 대신하셨으니 이는 우리를 하나님 앞으로 인도하려 하심이라 육체로는 죽임을 당하시고 영으로는 살리심을 받으셨으니 [19]그가 또한 영으로 가서 옥에 있는 영

들에게 선포하시니라 [20]그들은 전에 노아의 날 방주를 준비할 동안 하나님이
오래 참고 기다리실 때에 복종하지 아니하던 자들이라 방주에서 물로 말미암
아 구원을 얻은 자가 몇 명뿐이니 겨우 여덟 명이라 [21]물은 예수 그리스도께서
부활하심으로 말미암아 이제 너희를 구원하는 표니 곧 세례라 이는 육체의
더러운 것을 제하여 버림이 아니요 하나님을 향한 선한 양심의 간구니라 [22]그
는 하늘에 오르사 하나님 우편에 계시니 천사들과 권세들과 능력들이 그에게
복종하느니라

[3 : 18–22] 3 : 18~22은 베드로전서에서 언어적으로나 신학적으로 해석하기 가장 어려운 주제들을 품고 있는 본문이다. 마틴 루터는 "이 구절들은 매우 이상한 본문이며 확실히 신약성경의 어느 단락보다도 가장 모호한 단락이다. 나는 여전히 베드로 사도가 무엇을 의미하려 했는지 확실히 알지 못한다."고 하면서 해석상의 어려움을 토로했다(Jobes, *1 Peter*, 2005, p. 236). 이 본문은 그리스도의 구속과 대속의 능력에 대한 신약성경의 근본적인 교리의 확증으로부터 시작하면서 의로운 고난과 관련한 그리스도의 완전한 모본을 제시한다. 예수는 의인으로 불의한 자들을 대신하여 고난과 죽임을 당하셨다. 이 심상(心想)은 이사야서 53장의 고난의 종을 연상시킨다. 베드로는 앞선 2 : 21~22에서 부당한 고난과 그리스도의 대속의 능력에 대하여 이미 진술한 바 있다. 또한 4 : 1, 13에서 유사한 가르침이 전해진다. 하지만 이 단락에서 베드로는 그리스도의 고난과 죽음에 더하여 부활, 승귀, 하나님의 우편에 계시는 영광으로 확대시킨다. 한편 대부분의 신약성경이 예수 그리스도의 죽음에 집중하는 반면(예를 들면, 롬 5 : 8–8 : 1 ; 고전 15 : 14–15 ; 갈 1 : 4 ; 2 : 21 ; 살전 5 : 10 ; 히 10 : 12 ; 요일 2 : 2), 베드로는 유독 '고난'을 부각시킨다. 이 어휘는 다른 신약성경의 어느 책보다 베드로전서에서 더 자주 등장한다. 이는 부당한 고난에 노출된 수신자 공동체의 상황과 깊은 연관이 있다. 그리스도의 고난과 부활 승귀는 부당한 고난을 어떻게 이겨 내는가에 대한 모델이

될 뿐 아니라 그러한 고난의 상황에서도 소망을 갖고 침착하도록 그리스도인들을 격려할 수 있는 역동적 힘이 된다(Senior, *1 Peter, Sacra Pagina*, 2008, p. 100).

예수 그리스도의 죄 없는 삶은 오히려 적대자들의 반감과 적개심을 불러일으켰고 그리스도의 죽음으로 몰아가기에 이르나 예수는 자신의 모든 생명을 하나님께 의탁하신 가운데 인류 구원의 목적을 달성하기 위해 십자가를 지셨다. 18절 서두의 '그리스도께서도'의 '……도'(카이, kai)의 의미는 그 위대하신 그리스도께서도 의인이었으나 불의한 자들을 위하여 대신 죽으셨다면, 신자들의 의를 위하여 고난받으며 박해 속에서도 선을 행하는 것은 지극히 당연한 일이라는 가르침이다(참조. 마이클스, 「베드로전서」, 2006, p. 427). 베드로는 이미 2 : 21~23에서 그리스도인들의 고난의 모본으로서의 예수 그리스도의 죽음의 의미를 언급한 바 있다. 그렇다면 여기서의 의도는 단지 고난의 모델로서 그리스도의 죽음을 재차 거론하려는 목적이 아닐 것이다. 왜냐하면 예수 그리스도의 고난은 우리의 모방의 범위를 초월하는 유일무이한 차원을 갖고 있기 때문이다. 그러므로 이 구절은 신자의 행위의 표준을 제시하기보다는 이어 등장하는 그리스도의 부활과 승귀와 연결되는, 신자들이 장차 경험하게 될 구원의 근거요 명분의 확대를 위한 초석으로 이해되어야 한다(Hiebert, "The Suffering and Triumphant Christ : An Exposition of 1 Peter 3 : 18-22," *Bibliotheca Sacra* 〈April-June, 1982〉, p. 146).

한편, 18절에서 그리스도께서 단번(하팍스, hapax)에 죽으셨다는 표현은 역시 그리스도의 단회적 죽음을 강조하는 히브리서 9 : 28절("이와 같이 그리스도도 많은 사람의 죄를 담당하시려고 단번에 드리신 바 되셨고")을 연상시킨다(참조. 롬 6 : 9-10). 그리스도의 성육신과 수난과 죽음은 반복될 필요가 전혀 없는 완전하고 온전한 희생 제사였다. 그리고 의인으로서의 그리스도의 희생은 불의한 자들인 인류의 죄 문제를 해결하였다. 그리고 동시적인 목적은 죄인인 우리를 하나님 앞으로 인도하여 화목하게 하는 데, 곧 하나님과의 관계를 회복시키는 데 있다(Senior, *1 Peter*, *Sacra Pagina*, 2008, p. 100 ; 참조. Jobes, *1 Peter*, 2005, p. 238).

베드로는 2장에서 그리스도의 고난과 죽음만을 주로 언급한 반면, 이 부분에서는 그리스도의 부활과 승리, 그리고 영광의 모티브를 도입한다. 그리스도는 육체로는(사르키, sarki) 죽임을 당하시고 영으로는(프뉴마티, pneumati) 살리심을 받으셨다. 그렇다면 이 구절의 의미는 무엇인가? 그리스도의 썩을 육신은 죽었고 육체의 제한을 뛰어넘어 영혼만 죽지 않고 부활했다는 이원론적 시각을 반영하는 표현인가? 그러나 우리는 영육 간의 통전적 부활을 믿고 고백하기에 이 주장은 받아들일 수 없다. 따라서 육체와 영의 구별은 예수 그리스도의 몸과 영혼 차원의 물질적인 부분과 비물질적인 부분 사이의 구분이 아니라 육신을 입었던 지상에서의 실존과 부활한 이후의 영화(glorified)의 상태의 구별이라고 할 수 있다(참조. 마이클스, 「베드로전서」, 2006, p. 432 ; Hiebert, "The Suffering and Triumphant Christ," p. 150).

즉, '육체로는'이라는 어구는 예수께서 지상에서 인간들 사이에 성육신하여 사신 실제적 삶을 가리키는 것으로(참조. 요 1 : 14 ; 딤전 3 : 16) 여기에는 예수께서 육체로 오신 것을 부인하는 영지주의적 가현설이 비집고 들어올 여지를 없게 하는 말씀이기도 하다(Hibert, "The Suffering and Triumphant Christ," p. 149). 더욱이 '살리심을 받으셨으니'에 해당하는 헬라어 분사 조오포이에떼이스(zōopoiētheis)는 죽은 자의 부활이나 새로운 영적 생명을 부여할 때 주로 사용되었다(참조. 요 5 : 21 ; 롬 5 : 17 ; 8 : 11 ; 고전 15 : 22, 36, 45 ; 고후 3 : 6 ; 갈 3 : 21 ; Schreiner, *1, 2 Peter, Jude*, 2003, p. 183).

또한 헬라어에서 물질적 몸과 비물질적 혼을 구분하는 어휘는 소마(sōma)와 프쉬케(psychē)이지 사르크스(sarx)와 프뉴마(pneuma)가 아니다. 그리하여 여기서의 '육체'와 '영'은 그리스도의 실존의 두 영역, 곧 지상적 영역 대 종말론적 영역, 혹은 죽음 이전의 인간의 모습일 때와 부활 후 영화롭게 되신 때의 차이를 말할 수 있다. 결국 여기서의 육체는 뼈와 살과 같은 신체적 실존뿐 아니라 제한적이고 유한한 인간 본성까지를 포함한다. 대조적으로 영은 하나님의 은혜에 응답할 수 있는 인간의 지적이고 초월적인 본성을 지칭한다. 램지 마이클스는 육에 대해 다음과 같이 해석한다 : "……'육체'는 인간의 한계, 즉 고난과 죽음의 영역이라면, '영'은 능력, 신원, 새 생명의 영역이다. 이 두 영역은 그리스도의 전 인격에 영향을 미친다. 전자를 몸에 한정시키고 후자를 영혼에 한정시키는 일은 불가능하다. ……그러므로 그리스도께서 '영으로 살리심을 받으셨다'라는 진술은 단지 그리스도께서 영으로가 아니라 육체로(신약에서 부활은 언제나 육체의 부활을 포함한다.), 즉 하나님의 성령과 능력이 인간적인 제한이나 방해 없이 드러나는 영역 속에서 죽은 자 가운데서 살리심을 받았다는 것을 의미한다. '육체 안에서'의 죽음은 정복되고 역전되었다. 예수 그리스도는 이 서신의 독자들에게 너무도 중요한 일을 완성하기 위해 해방되셨다"(마이클스, 「베드로전서」, 2006, p. 433).

이제 우리는 19절에서 신약성경 중 가장 난해한, 그러나 그 의미가 이 전체 단락을 해석하는 데 결정적인 역할을 하는 구절을 만나게 된다 : "그가 또한 영으로 가서 옥에 있는 영들에게 선포하시니라" 우리는 이 구절 가운데 다음과 같은 질문을 만나게 된다. 옥에 있는 영들은 누구인가? 옥은 어디에 있는가? 그리스도는 언제 그들에게 가서 선포하셨는가? 그리고 그들을 향한 그리스도의 메시지는 무엇이었는가?(켈리, 「베드로전·후서/유다서」. 1987, p. 195)

먼저 영으로 살리심을 받은 것에 대한 직전의 주석에 따르면, 그리스도께서 영으로 가셨다는 것은 당연히 부활의 상태에서의 여행을 말한다. '가다'를 나타내는 헬라어 동사 포류오마이(poreuomai)는 신약성경 일부 구절에서 예수님의 승천을 말하기 위해서 사용되었을지라도(행 1 : 10-11 ; 참조. 요 14 : 2, 3, 28 ; 16 : 28), 그 동사 자체는 '가다' 혹은 '여행하다'를 의미할 뿐 위나 아래로 등의 방향을 전혀 나타내지 않는다. 그러므로 예수께서 죽음 후에, 그리고 부활 전에 '지옥에 가셨다'는 일부 전통적인 해석은 설득력이 없다. 특히

3 : 19의 본문은 그리스도의 이와 같은 활동이 부활 이후, 하지만 하나님의 오른편으로 승귀하시기 전(3 : 22)에 일어난 사건임을 시사한다(Senior, *1 Peter, Sacra Pagina*, 2008, pp. 102-103).

예수님의 행보는 옥에 있는 영들을 향하였는데, 유대인들에게는 '스올'이, 헬라인들에게는 '하데스'가 죽은 자들의 거처나 악인의 심판의 장소를 나타내기도 하였다. 하지만 신약성경의 어느 책에서도 옥으로 번역된 퓰라케(phylakē)가 하데스나 죽은 자의 거처를 언급하기 위해 사용된 적이 없다(Senior, *1 Peter, Sacra Pagina*, 2008, p. 102). 그렇다면 옥에 있는 영들은 누구를 지칭하며, 그 선포의 내용은 무엇이었겠는가?

그럼에도 혹자는 이 본문을 통해 여기서의 영들이 예수께서 노아의 홍수 이전에 살았던 이들로 노아의 전도를 받았으나 회개하지 않는 불신앙으로 현재 옥에 있는 죽은 자들의 영혼으로서, 이들은 또한 노아 이후 세대로서 예수의 이름을 듣지 못하여 구원을 얻지 못하고 옥에 갇혀 있는 영혼들의 대표가 되며, 좀 더 확대된 비유적 해석으로는 사도들을 통해 오순절 성령 강림 후에 그리스도에 의해 선포된 복음을 들었으나 여전히 회개하지 않음으로 사탄과 죄의 감옥에 갇혀 있는 자들을 지칭한다고 해석하기도 한다. 그리고 예수께서 자신의 죽음과 부활 사이의 (삼 일의) 시간에 이 도무지 회개할 것 같지 않은 그 영혼들에게 직접 부활의 복음을 전하여 그들에게 두 번째 구원의 기회를 주시기 위하여 옥에 가신 것이라고 이해한다(Schreiner, *1, 2 Peter, Jude*, 2003, p. 185 ; 마이클스, 「베드로전서」, 2006, p. 435). 또 다른 견해로는 어거스틴은 이 사후 회개의 가능성을 반박하고자 그리스도께서 성육신하시기 전 영으로 노아 안에 거하셔서(pre-incarnate) 노아의 입술을 통해 노아의 동시대 사람들에게 복음을 선포하신 것이라고 주장하기도 했다. 이 견해는 중세 서방 교회에서 크게 지지를 받았고 오늘날에도 적지 않은 지지자들이 있다(Schreiner, *1, 2 Peter, Jude*, 2003, pp. 184-185 ; Jobes, *1 Peter*, 2005, p. 239). 또한 베드로후서 2 : 5에서 노아에 대해서 의를 전파하는 자로 소개하는 흐름과도 일맥상통한다.

그러나 문맥은 분명 예수께서 부활하신 후의 선포를 말하고 있으며, 사후에 주어진 제2의 구원의 기회라는 생각은 히브리서 기자의 선언대로 "한 번 죽는 것은 사람에게 정해진 것이요 그 후에는 심판이 있으리니"(히 9 : 27)라는 성경의 기본 정신에 어긋나는 해석으로 성경적 지지를 얻지 못한다(Schreiner, *1, 2 Peter, Jude*, 2003, p. 188). 따라서 옥이 불신자로 죽은 이들의 영혼의 거처로서의 스올이나 하데스가 아니라면 모든 불신자들의 배후에서 활동하는 악한 영적 세력들의 거처로 보는 것이 타당하다. 그 용어는 신약성경의 다른 곳에서 악마들의 거처요 그들이 묶여 있는 공간으로 묘사된다(계 18 : 2 ; 20 : 7 ; 참조. 에녹1서 10 : 4 ; 14 : 5 ; 15 : 8, 10 ; 18 : 12–14 ; Senior, *1 Peter, Sacra Pagina*, 2008, p. 102). 에녹1서에 반영된 유대 전승에 의하면 창세기 6 : 1~4에 묘사된 인간의 딸과 성적 관계를 맺은 타락한 천사들에 대한 처벌은 하늘의 어떤 영역에의 감금이었고 그들의 후손은 마지막 날 하나님의 심판을 받게 되는 것이었다(참조. 에녹1서 69 : 28 ; 에녹2서 7 : 3 ; 유 6 ; 벧후 2 : 4 ; Elliott, *1 Peter*, 2000, p. 658 ; Senior, *1 Peter, Sacra Pagina*, 2008, p. 103). 결국 베드로전서에서 예수 그리스도의 승천은 악한 영들, 곧 타락한 천사들의 감금되어 있는 천상의 옥을 방문하신 일로 시작된다(혹자는 그 영들이 갇혀 있는 것이 아니라 당시의 세상 속에서 매우 활발하게 활동하고 있던 더러운 영을 가리키는 것으로 이해하기도 한다 ; 마이클스, 「베드로전서」, 2006, p. 441). 우리는 여기에서 그레코-로만 시대의 악한 영들의 거처에 대한 시각과 주의 재림 시에 발생할 사건을 다루는 데살로니가전서의 한 해석을 살펴볼 필요가 있다.

> 그레코-로만 세계에서 '공중'은 악한 영들이 거하는 지구와 달 사이에 존재하는 지역이었다. 이 악한 영들은 악을 조장하고 지구에 해를 가져오며, 죽은 자들의 영혼이 달로 올라가는 것을 가로막으려 한다고 보았다. 왜냐하면 죽은 자들의 악한 행위가 달에서 바람에 의해 정화되어 그들의 영혼이 결국 여

덟 번째 하늘로 귀환할 수 있다고 보았기 때문이다. 따라서 여기에서의 요점은 어떤 열광적인 사건 — 휴거 — 속에서 중력을 극복하고 그리스도인들이 구름 속에서 날아다니는 것이 아니다. 오히려 바울은 공중에 거주하면서 해를 끼치는 영들로부터 그리스도인들을 보호하기 위하여 하나님이 새롭게 부활한 사람들과 함께 있는 것에 대하여 말하는 전승을 보고한다. 그래서 아무것도 그들을 하나님의 임재로부터 떼어 놓을 수 없다는 것을 말하려고 한다. 그리스도가 재림할 때 만물의 변화가 너무나 완전하여 인간의 영역에 가장 가까운 악의 거처까지도 그리스도와 연합한 사람들을 해칠 능력이 제거되고 정화될 것이다(악트마이어, 「새로운 신약성서개론」, pp. 528-529).

따라서 악한 영들의 거처로 땅속 깊은 심연의 어디쯤으로 추정하려는 시도는 재고되어야 한다. 곧 '그가 영으로 가서'라는 표현을 하강의 개념으로 단정 지을 수 없다는 사실이다. 오히려 당시 사람들의 삼층천의 시각을 따른다면 영들의 거처는 두 번째 하늘에 해당된다. 신구약 중간기의 유대묵시적 문헌인 에녹2서는 그 옥의 위치를 일곱 하늘 중 두 번째 하늘이라고 전한다(R. J. Bauckam, "Spirits in Prison," *ABD* 6 : 177-178).

19절에서 '선포하다'로 번역된 에케릭센(ekēryxsen)은 케뤼세인(kērys-sein)의 부정과거 형태로 신약성경에서 복음 전파를 뜻하기도 하였으나(예를 들면 마 24 : 14 ; 막 1 : 14 ; 13 : 10 ; 14 : 9 ; 눅 8 : 1 ; 골 1 : 23 ; 살전 2 : 9), 그 단어의 근본적인 뜻은 공적인 선언, 특히 승리 선언을 의미하였다(Senior, *1 Peter, Sacra Pagina*, pp. 102-103). 따라서 부활하신 그리스도께서 악령이 모여 있는 그곳으로 가셔서 죽음을 이기신 부활과 악한 세력들에 대한 하나님의 완전한 승리를 선포하시고 그들에게 복종을 명하셨다고 보는 해석이 가장 무난해 보인다. 그리고 이 해석이 그리스도의 우주적 승리를 선언하는 신약의 말씀들과도 가장 잘 조화를 이룬다(엡 1 : 10 ; 3 : 10 ; 골 1 : 20 ; 참조. 딤전 3 : 16 ; 참조. 켈리, 「베드로전 · 후서/유다서」. 1987, pp. 198-199).

본문의 해석상의 난점에도 불구하고 분명한 것은 3 : 18~22은 앞의 3 : 13~17의 악을 행하는 것보다 선을 행하다 고난받는 것이 낫다는 견해의 연장선상에 있다. 곧, 비록 그리스도께서 부당하게 선을 위하여 고난받고 죽으셨으나, 그 수난과 죽음은 끝이나 패배가 아니라 그 모든 정사와 권세자들 앞에서 부활로써 증명된 승리를 선포하셨다는 것이다. 따라서 이 문맥은 선을 위해 고난받는 자에게는 그 고난이 심판이나 굴종적 패배가 아니며 그들에게 주어질 부활과 승리가 있음을 깨닫게 하여 부당한 박해로 인한 고난 속에서도 믿음을 지키며 계속적으로 선을 행하도록 하는 격려적 차원의 가르침이다.

베드로는 20절에서 노아 시대와 초기 기독교 시대를 유비적으로 대조한다. 옥에 갇힌 영들은 노아 시대에 하나님께 불순종하였던 자들로 인간을 타락시킨 악령들이다. 그들의 사악함이 하나님의 진노를 촉발하였으나 하나님은 오래 참으셨다. 하나님의 오래 참으심에 해당되는 어휘는 선한 결과를 예상하며 진정을 다해 기다리는 의미를 지녔다. 이 어휘는 피조물이 하나님의 아들들이 나타나 주어질 구속을 기다린다는 로마서의 말씀에도 사용되었다(롬 8 : 19). 하나님은 노아의 방주가 완성되기까지 참으셨다가 완성된 순간 그 진노를 쏟아부으셨다. 어떤 이는 이 본문에서의 하나님의 진노는 인간을 대상으로 할 뿐 악령들에의 심판과는 무관하다 주장한다. 그러나 창세기 6 : 1~4과 동일 본문에 근거한 유대 전승은 천상적 존재들이 인간의 딸들과 교합한 사건은 악령과 인간을 심판이라는 운명공동체로 묶어 버렸음을 지적한다(Schreiner, *1, 2 Peter, Jude*, 2003, p. 191).

이 홍수로 심판하는 사건 가운데서 노아와 아내, 아들 셈, 함, 야벳과 세 명의 자부들 등 오직 여덟 명의 노아의 가족만이 구원을 얻었는데, 여덟이라는 수를 밝힌 베드로의 분명한 의도는 구원의 길이 매우 협소한 좁은 길임을 각인시키기 위한 것으로 보인다. 즉, 독자들 가운데서도 구원의 은혜를 입은 자는 노아의 방주의 여덟 명과 마찬가지로 매우 적을 것이라는 경고의 메시지도 들어 있다(참조. 마이클스, 「베드로전서」, 2006, p. 445).

베드로는 21절에서 친히 물과 세례의 관계성을 직접 언명한다. 그는 노아 시대에 하나님은 오래 참으셨고 물로 구원하셨는데 베드로의 시대에도 하나님은 세상에서 여러 악행이 자행됨에도 오래 참고 계시며, 노아의 가족이 물과 관련한 구원을 얻었듯이 신자들의 물로 말미암은 구원, 곧 세례와의 연결고리를 찾고 있다. '물로 말미암아'라는 표현에 사용된 전치사 디아(dia)는 '물을 사용하여'라는 도구적 의미와 '물을 통과하여'라는 위치적 의미 모두를 내포할 수 있는 다소 모호한 용어이다(참조. Jobes, *1 Peter*, 2005, pp. 252-253 ; 마이클스, 「베드로전서」, 2006, p. 446). 그럼에도 노아 사건을 세례와 연결시키고자 하는 베드로의 의도가 확연하다. 베드로는 이제 노아의 가족의 구원과 그리스도인들의 세례가 갖는 효력을 병치시킨다. 어떤 학자들은 베드로전서를 세례와 연관된 설교문 내지는 요리문답서로 추정하지만 3 : 21은 베드로전서에서 세례가 명시적으로 언급된 최초이자 유일한 본문이기에 조금은 지나친 해석이다(참조. 마이클스, 「베드로전서」, 2006, p. 447). 그리고 베드로의 관심은 세례 자체보다는 그리스도의 죽음과 부활이 그리스도인들에게 가져다준 구원에 대한 분명한 확신과 더 연관이 있어 보인다. 그리고 세례는 정화, 곧 그리스도인의 덕과 정결한 삶과 즉시로 결부되어진다.

고대 세계에는 홍수는 죽음의 대리인으로 간주되기도 했다. 세례를 받기 위해 물속에 잠기는 것은 자아의 죽음과 연계시킬 수 있다. 박수암 교수는 이들의 유비를 다음과 같이 설명한다 : "물은 세례, 방주는 교회, 노아는 신약시대 성도, 영들에게의 전파는 신약시대 교회의 전파, 물에서 구원받음은 세례를 통하여 그리스도와 함께 죽고 함께 살아나는 중생에 각각 상응한다"(박수암, 「공동서신」, 2004, p. 185).

바울도 물속에 잠기는 세례적 경험을 그리스도의 죽음, 장사 지냄, 그리고 부활과 연관하여 이해하였다 : "무릇 그리스도 예수와 합하여 세례를 받은 우리는 그의 죽으심과 합하여 세례를 받은 줄을 알지 못하느냐 그러므로 우리가 그의 죽으심과 합하여 세례를 받음으로 그와 함께 장사되었나니 이는 아버지의 영광으로 말미암아 그리스도를 죽은 자 가운데서 살리심과 같이 우리로 또한 새 생명 가운데서 행하게 하려 함이라 만일 우리가 그의 죽으심과 같은 모양으로 연합한 자가 되었으면 또한 그의 부활과 같은 모양으로 연합한 자도 되리라"(롬 6 : 3-5). 하지만 베드로는 이 세례의 의미 중 그리스도의 부활, 승천, 그리고 하나님의 우편에 앉으신 영광이 주어지도록 이끈 하나님을 향한 갈구(渴求)에 더 비중을 둔다. 곧 세례는 단순히 육체의 살갗에 생긴 더러운 때를 씻어 냄이 아니라 성령의 역사를 통해 마음의 더러운 생각을 씻어 낸 선한 양심이 하나님을 향하여 찾아가는 것이다. 히브리서 기자는 "우리가 마음에 뿌림을 받아 악한 양심으로부터 벗어나고 몸은 맑은 물로 씻음을 받았으니 참 마음과 온전한 믿음으로 하나님께 나아가자"(히 10 : 22)고 권고한다. 그리하여 베드로는 혹여 있을 세례의 메커니즘(mechanism)을 구원을 위한 일종의 주술적 능력이 존재하는 예식으로 사고하려는 시도를 원천적으로 봉쇄한다. 세례는 하나님 앞에서의 정직하고 순전한 마음으로 하나님의 뜻대로 살겠다는 서약에 다름 아니기 때문이다(참조. Schreiner, *1, 2 Peter, Jude*, 2003, p. 194).

그리스도는 옥에 있는 영들에게 부활과 승리를 선포하신 후 하늘에 오르셔서 하나님 우편에 앉아 계신다. 승천과 즉위는 그리스도와 하나님의 승리를 보여 주는 한 징표이다. 하나님은 천사와 정사와 권세와 능력 등, 모든 영적 세력들을 그리스도께 복종하게 하셨다(참조. 빌 2 : 11). 이 사건은 시편 110 : 1의 메시아 예언의 성취이다 : "여호와께서 내 주에게 말씀하시기를 내가 네 원수들로 네 발판이 되게 하기까지 너는 내 오른쪽에 앉아 있으라 하셨도다"(참조. 마 22 : 44 ; 26 : 64 ; 행 2 : 33-35 ; 5 : 31 ; 7 : 55-56 ; 롬 8 : 34 ; 골 3 : 1 ; 히 1 : 13 ; 8 : 1 ; 10 : 12 ; 12 : 2). 죽음을 이기시고 부활 후 승천하여 보좌에 앉으신 그리스도의 통치는 온 우주에 보편적으로 미친다. 그리하여 예수의 다스림은 모든 적대적인 악한 초자연적 세력마저도 통제하신다(Schreiner, *1, 2 Peter, Jude*, 2003, p. 197).

이 모든 단락을 통해 베드로가 전하고자 하는 메시지는 분명하다. 그리스도의 죽음과 어두움의 영적 권세자들에 대한 완전한 승리와 그들의 복종은 그리스도인들이 어떤 영적 세력과 인간의 위협에도 소망을 품고 담대할 수 있는 원천이 된다. 수신자들의 고난 속에서도 여전히 그리스도의 통치는 역사하고 계시기 때문이다. 비록 고난과 심지어 죽음까지 이르는 암담한 환경에서도 주님은 결코 신자들을 악한 세력의 손에 넘기지 않으신다. 그리스도 자신이 모든 죽음을 이기고 승리하셨고, 신자들 역시 예수 그리스도와 함께 부활하여 통치할 것이기 때문에 현재적 고난에 위축될 필요가 없으며, 악에 대해서도 유연하게 선으로 대처해야 한다.

이 신비스러우면서도 모호한 단락을 우리는 다음과 같은 요약으로 정리해 볼 수 있다. 첫째, 하나님은 우리가 알고 있는 방식을 초월하여 피조 세계와 교통하실 수 있다. 둘째, 모든 피조 세계를 초월하여 권능으로 다스리시는 하나님은 항상 승리하신다. 셋째, 하나님은 그분을 앙모하는 모든 이를 반드시 구원하신다(*Life Application Study Bible*, 2004, p. 2133).

D. 그리스도의 고난의 모범(4 : 1-6)

1그리스도께서 이미 육체의 고난을 받으셨으니 너희도 같은 마음으로 갑옷을
삼으라 이는 육체의 고난을 받은 자는 죄를 그쳤음이니 2그 후로는 다시 사람
의 정욕을 따르지 않고 하나님의 뜻을 따라 육체의 남은 때를 살게 하려 함이
라 3너희가 음란과 정욕과 술취함과 방탕과 향락과 무법한 우상 숭배를 하여
이방인의 뜻을 따라 행한 것은 지나간 때로 족하도다 4이러므로 너희가 그들
과 함께 그런 극한 방탕에 달음질하지 아니하는 것을 그들이 이상히 여겨 비
방하나 5그들이 산 자와 죽은 자를 심판하기로 예비하신 이에게 사실대로 고
하리라 6이를 위하여 죽은 자들에게도 복음이 전파되었으니 이는 육체로는

사람으로 심판을 받으나 영으로는 하나님을 따라 살게 하려 함이라

[4 : 1–6] 박해에 직면한 수신자들이 어떻게 대응해야 하는가에 대한 권면은 3 : 17에서 중단되었다가 여기에서 이어진다. 이 단락에서 베드로는 3 : 18~22에서 제시된 그리스도의 고난과 신원에 대한 표본을 토대로 수신자들의 고난의 문제를 다시 다루기 시작한다. 예수 그리스도께서 걸으신 고난의 길은 고통스러웠으나 부활과 승리로 귀결되었다. 그러므로 믿음 안에서의 고난은 종말론적 보상의 서막이라고 할 수 있다. 개역개정성경에는 번역되지 않았지만 베드로는 1절에서 '그러므로'(oun)라는 접속사를 사용하면서 그리스도의 고난에 대해 재차 언급하면서 그 고난을 닮는 결단으로 그리스도와 같은 마음을 품을 것을 권유한다. 그리스도의 수난과 죽음을 묘사하기 위해 베드로에 의해 자주 사용된 어휘 파톤토스(pathontos, 원형은 파스코〈paschō〉; 2 : 21, 23 ; 3 : 18 ; 5 : 1)는 그리스도인들이 감내해야 할 무고한 고난에 대해서도 사용된 동일한 어휘이다(2 : 19, 20 ; 3 : 14, 17 ; 4 : 15, 19 ; 5 : 10 ; Senior, *1 Peter*, *Sacra Pagina*, 2008, pp. 112–113).

결국 그리스도인들이 따라야 할 것은 그리스도를 본받아 부당한 박해 가운데서도 믿음에 따른 고난의 삶을 살 것에 대한 결의이다. 이 마음은 그리스도께서 육체로 고난을 받으셨다는 단순한 사실뿐 아니라 고난받는 상황과 십자가상의 죽음의 순간에도 품으셨던 바로 그 마음과 태도까지를 포함한다.

사람들은 인생 가운데 찾아오는 고통과 고난을 어떻게든 피해 보려고 노력하지만, 때로 고난은 우리로 그리스도를 닮게 해 주는 유익이 있다. 따라서 그리스도인은 필요하다면 하나님을 뜻을 행하다가 고난받는 일을 예견하고 준비해야 한다. 특히 우리는 그리스도께 시선을 고정하고 그분이 원하시는 것을 행할 때 유혹과 죄를 극복할 수 있다. 고난과 위험은 우리의 믿음의 진정한 가치를 발견하게 해 주는 순기능이 있다. 선을 행하며, 고난에도 불구하고 신실하게 주의 뜻에 복종하는 자는 죄와 깨끗이 단절할 수 있기 때문이다.

베드로는 그러한 삶을 살도록 예수의 마음을 본받으라는 권고 가운데 '같은 마음으로 갑옷을 입으라(호플리사스떼, hoplisasthe)'라는 보다 강력한 은유를 사용한다. '갑옷을 입으라'는 권고는 스스로 무장하라는 군사적 어의를 갖고 있다. 신약성경에서 그리스도인의 삶은 종종 전사(戰士)의 삶과 비견된다(롬 6 : 13 ; 13 : 12 ; 고후 6 : 7 ; 10 : 4 ; 엡 6 : 11-17 ; 살전 5 : 8). 이 군사적 용어와 개념은 그리스도인의 삶이 훈련과 담력이 필요하다는 것을 전제하며, 특히 고난의 삶을 살 때는 더욱 그러하다는 것을 강조하기 위하여 사용되었다. 그리하여 신자들은 고난이 불가피할 때 어떻게 대응할 것인가에 대한 태도를 미리 결정하여 신앙적으로 무장해야 한다. 그리하여 병사가 전쟁에 필요한 만반의 준비를 갖추듯, 신자도 어떤 상황에서도 찾아올 수 있는 고난에 대하여 스스로를 준비시켜야 한다(Schreiner, *1, 2 Peter, Jude*, 2003, p. 199).

우리는 여기에서 다시 한번 해석상의 어려움을 안겨 주는 본문을 만난다 : "이는 육체의 고난을 받은 자는 죄를 그쳤음이니"(1절). 이 본문에서 '육체의 고난을 받은 자'는 누구인가? 그리스도인가? 혹은 그리스도인인가? 아니면 고난받는 이들에 대한 일반적 경구(警句)인가? 이를 그리스도에 대한 언급으로 가정한다면, 그리고 그리스도가 죄를 그쳤다고 한다면, 이 해석은 그리스도께서 한 때 죄인이었다는 것을 전제하기에 수용하기 어렵다. 신약성경의 일관된 기조나 베드로전서의 시각처럼 그리스도는 결코 범죄한 적이 없으시기 때문이다(참조. 벧전 1 : 19 ; 3 : 18). 그리하여 대부분의 주석가들은 이 구절을 신자들, 특히 '고난을 받은 자 누구나'로 번역하여 일반적 원리를 제시하는 것으로 이해한다. 그리하여 육체의 고난을 받은 자는 누구나 죄를 그쳤다고 번역할 수 있으며, 사람은 고난을 통해 죄와 거리를 두고 새로운 삶을 살게 된다는 격언으로 이해된다(마이클스, 「베드로전서」, 2006, pp. 466-467 ; Senior, *1 Peter, Sacra Pagina*, 2008, p. 113).

만일 이러한 이해를 수용한다면 신자의 삶에서 어떻게 고난이 죄를 단절시키는가? 가능한 해석은 로마서 6 : 7의 "이는 죽은 자가 죄에서 벗어나 의롭다 하심을 얻었음이라"는 말씀의 시각과 유사하게 접근할 수 있다. 로마서 6장에서 신자들은 세례를 통하여 죄의 세력에 대하여 그리스도와 함께 죽었다고 진술한다. 유사하게 이 구절은 그리스도와 합하여 죽은 자들의 삶 안에서는 죄의 세력의 지배가 꺾이게 된 것을 말한다. 이 시각은 바울 신학을 토대로 세운 이해이다. 하지만 베드로는 여기에서 죽음이 아닌 고난에 대하여 말하고 있고 이 단락에서 베드로는 세례에 대하여 말하고 있는 것이 아니기에 이 해석을 온전히 수용하기는 어렵다(마이클스, 「베드로전서」, 2006, p. 467 ; Schreiner, *1, 2 Peter, Jude*, 2003, p. 201).

다른 각도로는 베드로는 육체적 고난이 어떻게든 경험의 정화를 통해 심지어 속죄에 이르게까지 한다는 유대 전승을 염두에 두었을 수 있다(참조. 에녹1서 67 : 9 ; 마카비2서 6 : 12-16 ; 바룩서 13 : 10 ; Jobes, *1 Peter*, 2005, p. 264). 하지만 이 유대적 사고는 인간의 범죄에 대한 징계로서의 고난이 속죄적 의미를 갖는다고 보기에 고난은 과거적 경험으로 다루어진다. 그러나 베드로는 분명 현재적 혹은 미래적의 부당한 고난에 대해 말하고 있다. 또한 고난은 긍정적인 영적 정화의 기능도 있지만, 인간의 경험상 사람을 더 완악하고 강퍅하게 만들기도 한다(마이클스, 「베드로전서」, 2006, p. 467).

보다 가능성 있는 해석은 그 어구의 주체로 일반적 그리스도인을 상정하면서 베드로는 수신자들에게 고난받을 마음의 준비를 강조하였기에, 고난을 감당할 태도가 굳건히 세워지는 한, 죄와의 단절은 당연한 귀결이라는 생각이다. 하지만 여기서의 요점은 고난받는 신자는 죄 없는 완전을 성취하게 된다는 것이 아니다. 베드로가 강조하고자 한 바는 스스로를 고난에 노출시키는 자, 그리하여 그들의 믿음을 위하여 모욕과 조롱을 기꺼이 견디는 자는 그들이 이미 죄에 대하여 승리했음을 보여 주는 증거라는 것이다. 그들은 불신자들의 무법한 행위에 참여하길 이미 중지했기 때문에 죄와 단절한 것이다. 주변 사회의 핍박으로 말미암은 고난에 대한 적극적 감내 의지는 아직 진행되지는 않았지만, 그레코-로만 세계의 불신자들의 삶과는 현저하게 구별되는 삶에의 열정을 적극 드러낸 것이다(Schreiner, *1, 2 Peter, Jude*, 2003, p. 201).

이 해석이 2절의 문맥과 잘 어울린다. 베드로는 2절에서 '어떻게 하는 것이 그리스도와 같은 마음의 갑옷을 입는 것'이며 '무엇이 죄를 그치는 것인가'를 진술한다. 그것은 다시 사람의 정욕 대신에 하나님의 뜻을 따라 육체의 남은 기간, 곧 그리스도인이 된 이후의 삶을 사는 일이다. 베드로는 지금과 마지막 심판의 때 사이의 기간은 그리 길지 않을 것임을 반복하여 진술한다(1 : 6 ; 4 : 7, 17 ; 5 : 10 ; Senior, *1 Peter, Sacra Pagina*, 2008, p. 114). 베드로는 육체의 남은 때와 지나간 때라는 표현으로 그리스도인이 되기 전과 된 후의 삶을 구별하고 있다. 그리고 3절 도입부의 '왜냐하면'을 의미하는 헬라어 가르(gar-개역개정성경에는 번역되어 있지 않다.)는 그리스도인이 된 후로 하나님의 뜻을 따라 살아야 할 이유를 밝히는데, 수신자들이 과거에 이방인의 뜻을 따라 행한 것이 이미 충분한 악이 되기 때문이다. 그리하여 베드로는 수신자들의 정욕적인 삶, 곧 술 취함과 방탕, 연락과 우상숭배는 과거로 족하다고 한다. 물론 베드로가 사용한 '너희가 이방인을 따라 행한 것'이라는 어구로 수신자들의 개별적 과거적 삶에 대해 알고 있었으리라고 생각하긴 쉽지 않다. 또한 여기에서 베드로가 '이방인'이라는 표현을 사용한 것을 유대인과의 구별 시도로 접근할 필요는 없다. 신약성경의 다른 책들의 판단과 마찬가지로 베드로전서는 당시의 하나님과 무관한 타락한 모든 노넉석 관습을 이방적인 것으로 간주하기 때문이다. 다만 베드로는 그레코-로만 시대 당시의 공통적인 죄악과 일반적인 오락에 대한 견해를 토대로 권면하고 있을 것이다(참조. 마이클스, 「베드로전서」, 2006, p. 476).

3절에서 나열된 악의 목록은 신약성경에서 공통적으로 등장하는 내용이다(참조. 막 7 : 22 ; 롬 13 : 13 ; 고전 5 : 10-11 ; 6 : 9-10 ; 고후 12 : 20 ; 갈 5 : 19-21 ; 엡 4 : 31 ; 5 : 3-5 ; 골 3 : 5, 8 ; 딛 3 : 3). 여기서 이 악의 목록

의 내용을 잠깐 살피자면, 베드로가 음란을 정욕과 결부시켜 나열한 것은 당시 주변 세계의 관행이 성적인 욕구와 깊은 관련이 있음을 보여 주기 위해서였을 것이다. 또한 술 취함과 방탕, 그리고 향락은 지나치게, 그리고 진탕 먹고 마시는 무절제한 연회를 시사한다(Schreiner, *1, 2 Peter, Jude*, 2003, p. 202 ; Senior, *1 Peter, Sacra Pagina*, 2008, p. 115).

음주와 가무와 성적인 죄의 조합은 그레코-로만 세계에서와 오늘날과 마찬가지로 매우 일반적인 현상이었다. 당시의 그 연회는 대개 두 부분으로 구성되는데, 연회의 첫 시간대에는 주로 저녁 식사가 제공되었고, 연회의 두 번째 시간대에는 비록 악기 연주와 각종 토론 등이 진행되는 사교적 성격일지라도 술이 제공되면서 결국 부도덕한 행위로 이행될 가능성이 높았다. 그리하여 연회는 종종 인사불성의 무질서로 빠져들었다. 이러한 관행에 문제의식을 느낀 이소크라테스(Isocrates, 436-338 BC ; *Demon*, p. 32)는 다음과 같이 연회에서의 절제를 권고한다 : "가능하다면 술을 마시는 연회 자리는 피하라. 불가피하게 참석해야 할 일이 생긴다면, 만취하기 전에 그 자리를 떠나라. 왜냐하면 너의 마음이 술에 의해 손상을 입으면, 그것은 기수를 잃어버린 전차와 같고 그들을 지도할 손을 놓치게 되면 완전히 무질서 속으로 뛰어들게 되기 때문이다. 따라서 지성이 망가지면 그 영혼은 넘어지고 또 넘어지게 된다"(Green, *Jude and 2 Peter*, 2008, p. 280).

한편, 1세기의 이교도들의 눈에는 그리스도인들의 삶이 조금의 즐거움도 없는 매우 음울한 인생으로 비쳐졌을 것이다. 이는 1세기의 그리스도인들이 외설스러운 공연이 펼쳐지는 극장, 전차 경주, 그리고 피로 얼룩진 검투사 경기 등 로마 시대의 전형적인 오락을 멀리 했기 때문이다. 또한 그리스도인들은 무법에 대하여 당시의 관대한 경향, 혼외정사, 만취, 중상, 거짓말, 탐욕, 그리고 도적질 등과 연관된 즐거움을 정죄하였다. 동시대적인 로마의 관습과 도덕성에 대한 그리스도인들의 이러한 태도는 황제의 은혜에 대한 감사의 표시로 그리고 번영을 기원하며 황제에게 분향하던 황제숭배종교의 거부와 함께 인류의 대적자요 로마의 반역자라는 오명을 쓰게 하였다. 쾌락에 대한 주변 사회와의 이질성은 로마 사람들로 하여금 기독교에 대해 부정적인 시각을 갖게 했고 여러 형태의 핍박을 초래했을 것이다(Jobes, *1 Peter*, 2005, p. 262). 그리하여 베드로는 이 모든 방탕함이 연관된 주변 사회의 사회문화적, 그리고 종교적 관행을 무법한 우상숭배로 치부하며 그러한 관습과의 동조는 과거만으로 충분하다고 강조한다.

하지만 4절에 의하면 과거 동료 시민들이었던 이방인들은 그리스도인들이 자신들과 함께 어울려 즐겨 왔던 모든 부도덕한 관습으로부터 물러나 교제를 중단하자 이상히 여겼던 것 같다 : "너희가 그들과 함께 그런 극한 방탕에 달음질하지 아니하는 것을 그들이 이상히 여겨 비방하나" 그러나 단지 의아해하는 것으로 그치지 아니하고 자신들과의 차이를 발견하며 한때 쾌락의 동료였던 그리스도인들을 향하여 적대적으로 돌변하였을 것이다. 따라서 당시 그리스도인들은 회심에 따른 급격한 삶의 가치와 라이프 스타일의 변화에 대한 주변 사회의 몰이해 속에 초래된 적대감과 멸시를 참아 내야 했을 것이다(*Life Application Study Bible*, 2004, p. 2134).

개인주의보다는 공동체주의가 편만했던 그레코-로만 사회에서 주류 사회가 즐겨 하던 관습의 거부는 실제로 주변 세계와 갈등을 야기했고 주변 세계로부터 소외되는 결과를 낳았을 것이다. 무미건조해 보이는 그리스도인들의 삶은 주위의 사람들에게는 도통 이해되기 어려웠고 공동의 종교적 제의에의 소극적인 태도 내지 거부는 증오심과 의아히 여기는 마음을 불러일으켰을 것이고 반사회적 존재로 비쳐지기에 충분했다(참조. 악트마이어 외 2인, 「새로운 신약성서개론」, 2004, p. 524).

베드로는 복음과 상관없이 이방인으로 살아간 수신자들의 삶이 과거로 충분하다는 인식 아래 이미 그들이 과거의 불신앙적 삶과 결별하여 살고 있다고 평가한다. 이제 수신자들은 더 이상 3절에서 언급된 악의 관습에 참여하지 않는다. 또한 그들은 주변 사회의 가치관과 기대치를 공유하지 않는다.

4절의 '그런 극한 방탕에'라는 어구에서 '그런'은 헬라어적으로 '동일한'(the same)의 의미를 지녀 이방인들의 방탕과 동일한 방식으로 살아가는 것을 말한다(마이클스, 「베드로전서」, 2006, p. 478). 수신자들이 그들과 동일한 방식의 삶의 양태를 견지할 것을 거부하자 개인주의보다 집단의식이 강했던 당시의 주변 사람들은 의아하게 생각하며 동지가 아니라면 적이라는 의식 속에 욕설을 비롯한 모독으로 반응했을 것이다.

이러한 현상은 오늘날에도 종종 발생한다. 향락을 함께 즐기던 이의 변화는 기존의 친구들에게서 조롱과 단절을 초래하기도 한다. 때문에 먼저 믿은 그리스도인들은 새로이 믿게 된 이들이 이와 같은 고난을 견뎌 내고 신실히 믿음을 견지하도록 새로운 영적 가족으로서의 친분 관계를 형성해 주고, 영적 성장에 필요한 즐겁고도 긍정적인 환경을 조성하여 새로운 활동들에의 참여를 도와주어야 할 것이다(*Life Application Study Bible*, 2004, p. 2134).

4절은 베드로전서의 수신자들이 받은 박해의 성격을 밝혀 주는 귀중한 단서이다. 신자들의 목숨을 앗은 로마 정부적 차원의 공식 박해가 이미 시행되고 있다는 증거는 없다. 대신에 그리스도인들 주변의 사람들은 처음에는 그리스도인들의 변화된 삶에 처음에는 당혹해하다가 그레코-로만 문화의 일부를 형성하는 제반 활동에 참여하지 않자 분노하기에 이른다. 우리는 로마의 역사가인 타키투스(Tacitus)가 "그리스도인들은 인류에 대하여 적개심을 가졌다."고 한 표현을 통해 당시 사람들의 기독교를 향한 정서를 읽을 수 있다(Schreiner, *1, 2 Peter, Jude*, 2003, p. 204). 기독교적 관점에서야 우상숭배지만, 주변 사회의 사람들에게 종교적 제의는 시민 생활과 밀접한 관계가 있어 신들을 존숭하고 그 제의와 축제에 참여하는 것으로서 일종의 시민의 의무요 훌륭한 시민이라는 징표였다. 오늘날 우리나라로 치자면, 병역의무를 다하지 않는 자들을 향한 사회적 지탄과 같은 맥락이라고 할 수 있다. 우리는 핍박 하면 감금, 신체적 제약, 고문, 처형 등을 우선 떠올리지만, 베드로전서에서 이런 차원의 박해는 다루어지지 않으며, 수신자들은 아마도 사회적 배척과 따돌림 혹은 의도적 홀대 등을 경험하였을 것이다. 그러나 우리는 이보다 더 심한 박해가 수신자들에게 임했을 가능성도 배제할 수 없다. 다만 공권력 차원의 핍박은 아니었을 것이라는 말이다(참조. Schreiner, *1, 2 Peter, Jude*, 2003, p. 204).

물론 요한계시록이 기록되었을 1세기 말경에는 목숨을 잃는 박해로 순교자가 속출하였다. 그리하여 요한은 로마 정부에 대해 음녀와 사탄적 권세를 지닌 존재로 강하게 부정적 표현을 사용하였던 것이다. 하지만 베드로가 죽음과 같은 박해를 염두에 두며 대비하라고 권고할지라도, 아직까지는 그 정도의 심각한 상황은 아니었을 것이다. 현재까지의 어조를 살펴보면, 수신자들의 핍박은 주로 말과 결부된 언어적, 그리고 정서적 박해였을 것이다(참조. Schreiner, *1, 2 Peter, Jude*, 2003, p. 204).

그러나 베드로는 이 박해가 현 상태로 계속 유지될 것이라고 말하지 않는다. 그는 자신들의 방탕과 우상숭배를 당연한 행동으로 생각하고 그리스도인들을 핍박하던 불신자들이 자신들의 언행에 대해서 그들의 심판을 예비하고 계신 그리스도 앞에 솔직하게 고백하고 해명해야 하는 때가 온다고 한다. 이는 3 : 15~16의 상황의 역전을 말한다. 그 구절에서 베드로는 신자들이 그들의 마음속에 둔 소망의 이유를 묻는 자들에게 그것이 개인적인 것이든 공식적인 심문이든 온유와 두려움으로 대답할 준비를 하라고 권고했었다.

하지만 죽은 자와 산 자 모두를 심판하실 그리스도 앞에서는(참조. 행 10 : 42 ; 17 : 31 ; 롬 14 : 9 ; 딤후 4 : 1), 숨김없이 자신의 일, 특히 그들의 무법한 행동과 우상숭배, 그리고 그리스도인들을 애매히 핍박한 일들을 숨김없이 아뢰는 순간이 오고 말 것이다. '산 자와 죽은 자를 심판하기로 예비하신 이'는 그리스도일 수 있으나, 베드로전서에서 심판자의 역할은 주로 하나님께 귀속된다(1 : 17 ; 2 : 23 ; 4 : 17-19 ; 5 : 10 ; Senior, *1 Peter, Sacra Pagina*, 2008, p. 115).

그리스도인을 핍박하던 이들이 자신과 죄악상을 심판주이신 하나님 앞에

낱낱이 고하게 될 때가 곧 올 것이라는 말씀은 비방과 핍박을 감당해야 할 신자들에게는 큰 위로의 말씀이, 불신자들에게는 경고의 말씀이 된다. 그리고 산 자와 죽은 자는 시간적 보편성을 시사하며, 그리스도의 심판의 대상은 세상의 창조 시로부터 그리스도의 재림 때까지 곧 심판의 순간까지 살았고, 살고 있는 모든 사람을 포함한다. 이 심판에는 신자도 포함될 것이며(참조. 벧전 4 : 17), 이 시각은 일찍이 바울도 견지한 바 있다 : "이를 위하여 그리스도께서 죽었다가 다시 살아나셨으니 곧 죽은 자와 산 자의 주가 되려 하심이라 네가 어찌하여 네 형제를 비판하느냐 어찌하여 네 형제를 업신여기느냐 우리가 다 하나님의 심판대 앞에 서리라 기록되었으되 주께서 이르시되 내가 살았노니 모든 무릎이 내게 꿇을 것이요 모든 혀가 하나님께 자백하리라 하였느니라 이러므로 우리 각 사람이 자기 일을 직고하리라"(롬 14 : 9-12). 비록 하나님의 심판대가 신자들에게 있어 구원의 상실로 이어지지 않을지라도, 이 세상에 존재했던 신자를 포함하는 모든 이들은 하나님 앞에서 전혀 감출 수 없는 상황에서 자신들의 모든 언행을 고백할 때가 반드시 온다는 엄중한 말씀이다.

현재적 문맥에서의 베드로의 요점은 심지어 죽은 자들까지도 하나님의 다가오는 심판으로부터 면제되지 않는다는 것이다. 이교 세계에서 죽음 후에 살아생전의 행실로 책임을 진다는 사고는 그리 일반적인 가르침이 아니었다. 그러나 베드로는 반드시 신자를 포함하는 모든 이가 주가 계신 심판 자리 앞에서 살아생전의 모든 언행을 직고할 때가 올 것임을 역설한다. 죽음은 예수 그리스도의 복음이 갖는 약속과 경고를 무효화시킬 수 없다. 베드로의 이러한 이해는 불신자들에게는 경고가 되지만 신자들에게는 큰 위로가 된다.

그런데 우리는 6절에서 또 하나의 난해구절을 만나게 된다 : "이를 위하여 죽은 자들에게도 복음이 전파되었으니" 초기 교회 시대로부터 '죽은 자들에게 복음이 전파되었다'는 수수께끼 같은 내용은 주석자들 사이에 여러 해석을 불러일으켰다. 우선 "베드로가 '죽은 자'로 지칭한 자가 누구인가?" 하는 질문으로 의견이 갈린다.

어떤 학자들은 그 용어가 '영적으로 죽은 자들'을 말한다고 생각한다(참조. 요 5 : 25 ; 엡 2 : 1, 5 ; 골 2 : 13). 이 주장은 불신자들을 영적으로 죽은 자들로 간주하는 바울의 입장과 잘 어울린다. 그러나 베드로는 그 어디에서도 '죽은'이라는 형용사를 영적 죽음과 결부시키지 않는다. 그리고 5절에서 '죽은 자'는 분명히 신체적으로 죽은 자를 말한다. 죽음 후의 구원에 대한 두 번째 기회를 지지하는 이들은 그리스도께서 영으로 가서 옥에 있는 영들에게 선포하셨다는 3 : 19의 해석과 연계시킨다. 또 어떤 이들은 그리스도의 초림 이전에 죽은 자들에 대한 언급으로 그 범위를 한정시키기도 한다. 이 주장들은 복음에 대해 전혀 들어 본 적이 없이 죽은 이들을 염두에 두고 있다. 그럼에도 불구하고 불신자로 죽은 이들에게 구원의 가능성을 다시 열어 놓는 이 해석은 다음과 같은 이유에서 배제되어야 한다(Schreiner, *1, 2 Peter, Jude*, 2003, p. 206, 208).

첫째, 베드로전서 3 : 19은 복음의 증거를 말한 것이 아니라 악마적 세력에 대한 승리의 선포를 말하였다. 3 : 19과 4 : 6의 연관성에 여전히 미련을 두고 있는 해석은 복음을 들어 보지 못한 자들에게도 심판이 임한다는 사고에 부담을 느끼는 '보편적 구원'이라는 입장에서 본문에 대한 주석적 접근이 아닌, 교리적 접근에 더 연연하기 때문이다.

둘째, 6절 '죽은 자들에게도 복음이 전파되었으니'는 수동태 구문으로 복음을 선포한 주체가 예수 그리스도라는 명확한 증거가 현 본문에 드러나지 않는다. 그리하여 본문은 '예수 그리스도에 의해' 선포된 복음이 아니라 '예수 그리스도에 대한' 복음이 선포되었다고 볼 수 있다. 그러므로 복음 선포의 주체는 그리스도가 아니라 사람들이라고 보는 것이 타당하다(Senior, *1 Peter, Sacra Pagina*, pp. 115-116). 마지막으로 신약성경은 그 어디에서도 죽음 후에 발생하는 회개와 구원의 가능성에 대해 말하지 않는다(히 9 : 27). 또한 베드로는 서신을 통해 줄곧 수신자들로 박해를 견뎌 내도록 권고하는데, 영생과 함께 미래적 보상이 그들에게 보장되고, 불신자들과 그들을 박해하는 자들에는 영원한 심판이 있을 것을 역설하고 있기 때문이다.

이러한 맥락에서 사후의 두 번째 구원의 기회를 언급하는 것은 생뚱맞다. 또한 극단적으로 말하자면, 두 번째 구원의 기회가 있다면 수신자들이 애써 현재적 박해를 피할 필요 없이 잠시 배교하여 신앙을 버렸다가 사후에 다시 복음을 받아들이면 되지 않겠는가?

다시 말해서 베드로는 불신자로 죽은 이들에 대해 염려하여 예수의 이름조차 들어 보지 못한 그들의 억울함을 풀어 주기 위해 이 본문을 기록한 것이 아니다. 따라서 여기서의 죽은 자들은 베드로나 여타의 복음 전도자에 의해 복음을 전해 듣고 믿었으나 지금은 죽은 그리스도인들로 보는 것이 무난하다. 초대 교회에서 주의 재림을 열망하다가 죽은 신자들에 대한 우려와 곤혹스러움이 종종 느껴지는데, 그들이 소망의 성취에서 배제된 것처럼 보인 까닭이다(참조. 살전 4 : 13-18). 교회는 내부적으로 당혹감에 휩싸였을 뿐 아니라 외부인들인 이교도로부터도 유사한 이유로 조롱을 받았을 수 있다. 이에 저자는 답변한다. 복음을 듣고 믿었으나 지금은 육체적으로 죽은 이들에게 있어서 복음 자체가 무익한 것 같고, 오히려 그들은 정죄 받은 것처럼 보이나, 실제로는 복음이 그들로 하여금 영생을 누리게 한다는 것이다(켈리, 「베드로전·후서/유다서」. 1987, p. 220). 그들이 육체로 심판을 받았다는 것은 단순히 신체적 죽음을 의미하는 것이다. 그리스도께서는 죽음을 이기고 승리하셨으나, 마지막 때의 온전한 승리의 날까지는 그리스도인들을 포함하여 이 땅의 사는 자는 지상적 영역에서는 모두 육체적 죽음을 맞아야 한다. 그러나 영으로는, 곧 하나님을 믿는 실존의 영역에서는 살아 부활을 경험하게 될 것이다.

따라서 4 : 6의 죽은 자는 누구이며 '육체로는 사람으로 심판을 받으나 영으로는 하나님을 따라 살게 하려 함이라'는 말의 의미는 무엇인가? 3 : 19과 4 : 6을 연계시키는 접근에 반대하는 현대의 대부분의 주석가들은 4 : 6이 두 부류의 사람이 아니라 한 부류의 사람에 대한 묘사라고 생각한다. 육체의 영역에서는 인간의 기준에서 심판을 받은(단순과거) 죽은 자는 이제 하나님의 기준에서 심판을 받은 후 성령의 영역에서 살아 있는(현재형) 동일한 사람이다. 즉, 육체의 영역에서는 죽음을 면할 수 없으나 영적인 면은 현세와 내세에서도 영생을 누리게 된다(참조. 마이클스, 「베드로전서」, 2006, p. 486). 하지만 죽은 자는 복음을 받아들였으나 실제적으로 죽은 자들로만 제한할 필요는 없다. 그리스도인들은 누구나 그리스도의 재림 전에 육체적으로 죽을 수 있는 가능성이 열려 있기 때문이다. 이 해석은 예수께서 육체의 영역에서는 죽으셨으나 성령에 의해 살아나신 3 : 18의 문맥과도 잘 어울린다. 예수는 신자들의 죽음과 영생의 모델이 되신다. 신자들은 이 본문을 통해서 주변 사회의 공격과 비난과 소외를 그리고 심지어 죽음까지도 견디고 극복할 수 있다. 또한 베드로는 수신자들에게 그들이 비록 육체적으로 죽음에 이를지라도, 죽음은 마지막 단어가 아니며 부활이 그들을 기다리고 있다고 격려한다.

그렇다면 신자들이 '육체로는 사람처럼 심판을 받는다'는 것은 무슨 뜻인가? 아마도 베드로는 육체적 죽음이 심판의 일환이라는 당시 사람들의 견해를 토대로 진술한 것으로 보인다. 주변의 불신자들이 복음을 받아들였음에도 죽은 자들에 대한 '그리스도께서 그들을 구원하셨다면 왜 그들이 죽음을 경험해야 하는가?' 하는 비아냥도 이 표현에 반영되었을 것이다(Senior, *1 Peter, Sacra Pagina*, p. 116). 베드로는 사람들이 심판을 받듯 믿음 안에서 죽은 자들도 심판을 받았다고 말하려는 것이 아니라 불신자들의 시각에서 그들이 심판을 받은 것처럼 보일지라도 영생의 세계에서는 하나님을 따라 살게 될 것임을 역설하고 있는 것이다. 솔로몬의 지혜서 3 : 1~3은 이 구절과 연관된 내용을 분명하게 풀이해 준다.

> 그러나 의인들의 영혼들은 하나님의 손 안에 있어서 그 어떤 고통도 그들을 건드리지 못할 것이다. 어리석은 자들의 눈에는 그들은 죽은 것같이 보였고 그들이 세상을 하직한 것은 환난으로 생각되었으며, 그들이 우리로부터 떠나

간 것은 멸망한 것으로 생각되었다. 그러나 그들은 평안 중에 있다(마이클스, 「베드로전서」, 2006, p. 487에서 재인용).

E. 정욕을 좇지 말고 그리스도의 마음으로 갑옷을 입으라(4 : 7–11)

7만물의 마지막이 가까이 왔으니 그러므로 너희는 정신을 차리고 근신하여
기도하라 8무엇보다도 뜨겁게 서로 사랑할지니 사랑은 허다한 죄를 덮느니라
9서로 대접하기를 원망 없이 하고 10각각 은사를 받은 대로 하나님의 여러
가지 은혜를 맡은 선한 청지기같이 서로 봉사하라 11만일 누가 말하려면 하
나님의 말씀을 하는 것같이 하고 누가 봉사하려면 하나님이 공급하시는 힘
으로 하는 것같이 하라 이는 범사에 예수 그리스도로 말미암아 하나님이 영
광을 받으시게 하려 함이니 그에게 영광과 권능이 세세에 무궁하도록 있느
니라 아멘

[4 : 7–11] 5~6절에서 베드로는 종말이 임박했다는 의식 속에 마지막 심판(5절)과 부활(6절)을 다루었다. 베드로는 현재의 시간이 '잠깐'에 속한다고 반복적으로 말한다(참조. 1 : 6 ; 4 : 2–3, 17 ; 5 : 10). 그리고 세상의 종말과 주님의 재림으로서의 파루시아가 속히 임할 것이라는 임박한 종말사상은 신약성경의 일관된 기조이다(마 4 : 17 ; 10 : 7 ; 막 1 : 15 ; 눅 10 : 9, 11 ; 롬 13 : 11–12 ; 빌 4 : 5 ; 히 10 : 23–25 ; 약 5 : 7–8 ; 계 1 : 3 ; 22 : 10 ; Senior, *1 Peter, Sacra Pagina*, p. 119 ; Schreiner, *1, 2 Peter, Jude*, 2003, p. 210). 따라서 7절에서 만물의 마지막을 다루는 것은 이상한 일이 아니다. 신자들은 하나님의 정하신 심판의 때가 곧 올 것이기 때문에, 하나님의 뜻에 따라 살아야 한다.

7절 이하에서 다루어지는 모든 권고 역시 종말이 다가온다는 사상에 근

거하고 있다. 하지만 신약성경 전체의 종말론적 묘사와 마찬가지로 여기서는 종말의 시점의 현상에 대한 어떤 종류의 연대적 도표도 제시되지 않는다. 다만 베드로는 종말을 이미 기정사실로 간주하고 접근한다. 하지만 신약성경은 결단코 종말을 준비하는 자세로서 그저 막연히 하늘만 쳐다보고 주님이 속히 재림하시기만을 기다리면서 세상으로부터 물러서라고 권고하지 않는다. 종말의 임박성은 오히려 이 세상에서 신실하게 살아가야 할 자극으로 기능할 뿐이다. 거류민이자 외인으로 살아가는 신자들에게 있어 종말이 가까워져 오고 있으며 그들이 본향으로 돌아갈 시간이 멀지 않았다는 사실은 그들로 위축되지 않고 더욱 활기차게 살도록 독려한다.

우리 주위에 출몰하는 수많은 이단들처럼 우리는 종말의 때에 무엇인가 다른 독특한 준비가 필요하지 않을까 생각할 수 있다. 그러나 베드로는 색다른 권고보다는 그레코-로만 시대의 일반적으로 존중받는 덕목들을 권장한다. 우리는 종말이 우리 시대에 온다면 무엇을 하겠느냐는 동시대인들의 질문에 마틴 루터가 대답한 내용을 상기할 필요가 있다. 그는 나무 한 그루를 심고 세금을 내겠다고 대답했다고 한다(Schreiner, *1, 2 Peter, Jude*, 2003, p. 211). 당연히 마틴 루터의 답변은 종말의 시점과 상관없이 그날그날 주어진 임무를 감당하며 매일의 일상을 살겠다는 의지를 담고 있다. 이 시각은 종말의 때에 대한 비유로서 두 남자가 밭을 갈다가 한 사람은 데려감을 당하고 한 사람은 남겨지며 두 여인이 맷돌을 돌리다가 한 사람은 데려감을 당하고 한 사람은 남겨질 것이라는 말씀과 일맥상통한다(참조. 마 24 : 40-41). 밭을 가는 일과 맷돌을 돌리는 일의 비유는 종말의 시점에 대한 준비는 매일의 일상을 충실하게 사는 것이라는 가르침과 다름없기 때문이다. 바울 역시도 예수 그리스도의 재림 시점에 대한 분분한 해석으로 소란스러웠던 데살로니가 교회를 가르치면서 자신이 자비량 선교의 취지에서 장막업에 매일 충실히 임했던 것처럼 근면이 임박한 종말을 준비하는 바른 행위임을 제시한 바 있다(참조. 살후 3 : 7-12). 그럼에도 불구하고 마지막 때가 멀지 않았다는 인식은 종말의 시기를 살아가는 이들의 삶의 자세를 바로 세우는 좋은 자극제가 된다. 지나친 안일함과 육신의 정욕을 좇고자 하는 욕구에 대한 훌륭한 제어장치가 되기 때문이다.

이제 베드로는 종말의 때를 살아가는 권면적 지침으로 네 가지를 제시한다 : 첫째, 정신을 차리고 근신하며 기도하라 ; 둘째, 열심히 서로 사랑하라 ; 셋째, 서로 원망 없이 대접하라 ; 넷째, 각기 받은 은사를 사용하여 하나님 은혜의 선한 청지기가 되어 봉사하라(Jobes, *1 Peter*, 2005, p. 276).

먼저 '정신을 차리고 근신하며 기도하라'에서 '정신을 차리고 근신하여'는 거의 동일한 의미로 이해해야 한다. 물론 문자적으로는 '정신을 차리고'는 건전한 정신을 갖는 것이며 '근신하는 것'은 술 취하지 않는 것과 연관이 있지만, 본질적으로 두 개념은 모두 어떤 유형의 유혹이나 시험이든지 대비할 수 있도록 절제와 균형 잡힌 사고에 기초한 마음의 준비로서 깨어 있는 것을 말하기 때문이다(참조. Jobes, *1 Peter*, 2005, p. 277).

베드로가 기도에 대하여 관심을 갖는 것은 예수를 부인한 모든 자신의 과오가 기도하지 않은 까닭에서 연유했다는 의식에 기초하지 않았을까? 예수께서는 겟세마네 동산에서 잠들어 있는 베드로를 비롯한 제자들에게 "어찌하여 자느냐 시험에 들지 않게 일어나 기도하라"고 하셨다(눅 22 : 46). 베드로는 잠들어 기도하지 않았던 자신이 곧바로 예수를 세 번 부인하고 만 통한의 실수를 염두에 두었을 수 있다.

종말을 생각하며 기도하는 이들은 세상의 모든 일이 일시적인 것에 불과하다는 사실을 알기에 범사에 지나친 욕심에 치우치지 않고 사심 없이 균형과 사리가 분명한 판단을 내리며 행동할 수 있다. 역사의 주관자로서의 하나님을 믿는 이들은 전적으로 그분을 의지하게 되는데, 이 세상에서 일어나는 모든 선한 것은 하나님의 은혜로 말미암음을 알기 때문이다(참조. 약 1 : 17). 한편, 하나님의 때에 대한 종말론적인 시각은 하나님께서는 하고자 하는 일은 하실 것이기에 우리의 할 일은 없다는 숙명론이나 이 세상에 대한 무관심과 무책임에 대한 동기로 사용되어서는 안 된다. 오히려 하나님의 구속사에 있어 마지막 단계에 대한 바른 인식은 세상과 다른 사람들에 대한 책임을 불러일으키는 기도로 이어져야 한다. 우리는 다음과 같은 기도에 대한 태도를 유념해야 한다 : "이 기도는 백일몽이나 비현실성, 혹은 급작스런 절망에 기초하지 않는다. 오히려 이 기도는 하나님의 시각에서의 실제적 관점에서 하나님을 의지하고 그분의 뜻에 복종하여 이 시대가 얼마나 악하든지 상관없이 그러한 상황 속에서 하나님의 능력과 인도하심을 받는 일이다"(Jobes, *1 Peter*, 2005, p. 277).

두 번째 지침은 무엇보다도 서로 뜨겁게 사랑하라는 권고이다. 여기에서 '뜨겁게'에 해당하는 헬라어 에크테네(ektenē)는 경기에서 승리하기 위해 마음을 다잡고 있는 선수의 긴장된 근육에 적용되던 어휘로 열심과 최선을 다한 사랑을 의미한다(레이머, 「베드로전·후서/요한1·2·3서/유다서」, 1988, p. 58). 또한 사랑하라는 명령도 에콘테스(echontes)라는 분사형이 사용되어 지속적인 사랑을 나타내고 있다. 박해를 앞두거나 이미 당하고 있는 시점에서 현재적 어려움은 남을 돌아볼 여유가 없이 오직 자신만을 생각하도록 강제한다. 반면에 베드로는 그리할수록 마시박 시대에서 그리스도인에게 요청되는 덕목은 열심을 다한 항속적인 사랑이라고 강조한다. 예수께서도 일찍이 종말의 때가 다가올수록 많은 사람의 사랑이 식어질 것을 예언하셨다(마 24 : 12). 따라서 그리스도인들은 상호 간에 사랑의 군불을 계속 때야 하며, 이 사랑의 중요성은 신약성경 전체를 아우르는 핵심 가르침이다(참조. 고전 13 : 1–7 ; 마 22 : 34–40 ; 요 13 : 34–35 ; 요일 2 : 7–11 ; Schreiner, *1, 2 Peter, Jude*, 2003, p. 212).

그리고 이 사랑이 가져다주는 유익은 허다한 죄를 덮는 것이다. 사랑이 허다한 죄를 덮는다는 연관 경구적 말씀은 성경 여러 곳에서 발견된다(참조. 약 5 : 20 ; 잠 10 : 12 ; 눅 7 : 47). 특히 잠언 10 : 12은 "미움은 다툼을 일으켜도 사랑은 모든 허물을 가리느니라"고 말씀한다. "사랑은 허다한 죄를 덮느니라"는 8절 하반절의 말씀에 대해서는 두 개의 해석이 제기된다. 곧 사랑이 자신의 죄를 덮는 것인가 아니면 기독교적 사랑에 기초하여 다른 사람들의 죄를 덮는가이다. 우선 사랑이 자신의 죄를 대속할 수 있는가 하는 해석은 누가

복음 7 : 47과 마태복음 6 : 14~15을 토대로 유추 가능하다. 특히 주기도문과 연관된 가르침을 제시하는 마태복음 6 : 14~15은 다음과 같이 말씀한다 : "너희가 사람의 잘못을 용서하면 너희 하늘 아버지께서도 너희 잘못을 용서하시려니와 너희가 사람의 잘못을 용서하지 아니하면 너희 아버지께서도 너희 잘못을 용서하지 아니하시리라" 하지만 누가복음과 마태복음의 그 본문들은 정확히 사랑이 자신의 죄를 속죄하는 근거가 된다는 의미라기보다는 사랑에 근거한 용서를 강조하는 문맥이기에 이 해석을 수용하기는 어렵다(Schreiner, *1, 2 Peter, Jude*, 2003, pp. 212-213).

반면에 사랑이 다른 사람의 허다한 죄를 덮는다고 보는 견해가 선호될 수 있다. 신자들의 다른 사람들에 대한 아낌없는 사랑은 다른 사람들의 허물을 가벼이 볼 수 있게 하기 때문이다. 결국 서로 사랑하게 되면 각자의 과오를 용서하고 덮어 주며 서로를 끈끈하게 묶어 줄 뿐 아니라 죄를 그치게 만드는 효과가 있다(참조. 마 18 : 21-22 ; 고전 13 : 4-7 ; Schreiner, *1, 2 Peter, Jude*, 2003, p. 213). 이 이해가 베드로의 수신자들에 대한 공동체적 관심과 궤를 같이한다. 베드로의 시각에서 보면 사랑은 단순히 따뜻하고 포근한 감정이 아니다. 사랑은 오히려 공동체와 그리스도인들 사이의 관계성을 해치는 행동을 피하고 일치를 증진시키는 방향으로 다른 이들을 대하는 태도와 다름없다. 이는 상대방에 대한 사랑 속에 오래 참는 인내를 포함한다(참조. 고전 13 : 4, 7).

이제 셋째 권면인 '서로 원망 없이 대접하라'(9절)를 살펴보자. 기독교의 선교는 태생적으로 선교 대상이 되는 이들의 대접에 대한 기대를 토대로 시행되었었다. 예수께서는 제자들을 파송하시면서 다음과 같이 말씀하신다 : "너희 전대에 금이나 은이나 동을 가지지 말고 여행을 위하여 배낭이나 두 벌 옷이나 신이나 지팡이를 가지지 말라 이는 일꾼이 자기의 먹을 것 받는 것이 마땅함이라 어떤 성이나 마을에 들어가든지 그중에 합당한 자를 찾아내어 너희가 떠나기까지 거기서 머물라 또 그 집에 들어가면서 평안하기를 빌라⋯⋯ 너희를 영접하는 자는 나를 영접하는 것이요 나를 영접하는 자는 나를 보내신 이를 영접하는 것이니라 선지자의 이름으로 선지자를 영접하는 자는 선지자의 상을 받을 것이요 의인의 이름으로 의인을 영접하는 자는 의인의 상을 받을 것이요 또 누구든지 제자의 이름으로 이 작은 자 중 하나에게 냉수 한 그릇이라도 주는 자는 내가 진실로 너희에게 이르노니 그 사람이 결단코 상을 잃지 아니하리라 하시니라"(마 10 : 9–12, 40–42).

그레코-로만 시대에는 여관이 발달하지 못하여 숙식의 해결이 원활하지 않았고 존재하던 여관들도 치안적으로나 윤리적으로도 체류에 부적합하여 상류층 사람들과 유대인들을 여관에 머물기를 꺼렸다(Abraham J. Malherbe, *Social Aspects of Early Christianity* 〈Philadelphia : Fortress Press, 1983〉, p. 66). 따라서 유대인들이 여관보다는 동족 유대인들의 집에 체류하고 또 그러한 공궤를 당연시 하던 유대인들의 전통을 답습한 초기 기독교에서 사도 및 복음 전도자들은 사역을 위해 이곳저곳을 순회하면서 그 지역 신자들의 환대 속에 제공되는 숙소와 음식 공궤에 의지해야 했다. 또한 성도가 동일한 하나님의 백성 된 지체들을 대접하는 것은 초대 교회 공동체의 귀한 미덕이었다(롬 12 : 13 ; 16 : 1–2 ; 딤전 3 : 2 ; 딛 1 : 8 ; 히 13 : 2 ; 요삼 5–6 ; 요이 10–11 등). 물론 때로 그러한 환대가 오용되는 일에 대한 경계가 있을 만큼 신자들의 대접은 일반적인 현상이기도 했고, 초대 교회는 그 환대의 남용의 위험성에 대해서도 알고 있었다(참조. 디다케 11 : 3–6). 한편 예배 용도의 단독 건물이 없던 시대에 교회 공동체는 일정 수준의 공간을 가진 부유한 그리스도인의 배려를 필요로 하는 가정 교회에서 모였다(참조. 롬 16 : 3–5, 23 ; 고전 16 : 19 ; 골 4 : 15 ; 몬 2 ; Schreiner, *1, 2 Peter, Jude*, 2003, p. 213 ; Senior, *1 Peter, Sacra Pagina*, 2008, p. 120).

'원망과 불평 없이'라는 말은 그만큼 남에 대한 대접과 베풂이 결코 돈과 시간과 정력을 희생하지 않고는 일어날 수 없음을 말한다. 기독교 사역자와 믿음의 공동체를 후원하는 이들의 입장에서는 사역자의 장기간의 체류와 집회를 위한 잦은 장소 제공은 여러모로 불편을 안겨 주고 그들로 지치게 하였을 것이다. '원망 없이 하고'(아뉴 공귀스무, aneu gonguismu)라는 동일한 헬라어 어귀가 유사한 상황을 다루며 솔로몬 시편 5 : 13에서 사용되었다 : "인간의 자비는 드물게 일어나고 하루에 두 번째로 베푸는 자비가 원망 없이 베풀어진다면, 그것은 놀랄 만한 일이다"(마이클스, 「베드로전서」, 2006, p. 501).

하지만 베드로전서에서 거론되는 '대접'은 문맥상으로 소아시아에 흩어져 있던 그리스도인들의 방문에 따른 환대라기보다는 수신자들의 지역 공동체 안에서의 응대를 의미한다고 볼 수 있다. 그리고 만일 이 권고가 예배처소를 제공하는 그리스도인들을 향한 것이라면 그들은 경제적이고 실질적인 불편뿐 아니라 기독교에 대하여 반감을 갖고 있는 주변 사회의 공격 대상이 되는 박해적 상황도 예상할 수 있다(Jobes, *1 Peter*, 2005, p. 280). 따라서 동료 그리스도인을 향하여 자신의 집을 개방하는 일은 상당한 인내심과 열린 마음, 그리고 상당한 용기를 유지해야 가능한 일이었을 것이다. 한편으로는 사랑에 근거한 대접은 단순히 육체적 필요를 제공하는 차원에만 국한되지 않고, 어떤 그리스도인이 그리스도를 믿음으로 말미암아 친구나 심지어 가족으로부터 배척을 받을 때 그들을 향해 베풀어지는 따뜻한 환대가 큰 위로로 다가왔을 것이다. 그러므로 대접은 초기 기독교 공동체의 근간을 이루는 중요한 덕목 중 하나였고, 때문에 무엇보다도 열심히 사랑하라는 베드로의 말은 매우 실질적인 권고였다(Jobes, *1 Peter*, 2005, p. 281).

베드로의 이 단락에서의 마지막 권고는 은사의 사용과 관련이 있다. 그는 수신자들에게 각기 받은 은사를 사용하여 하나님의 청지기처럼 서로 봉사하라고 한다(10절). 우선 '은사'라는 말의 헬라어 어휘, 카리스마(charisma)는 거저 받는 '은혜'를 뜻하는 카리스(charis)에 기초한 말로, 신자들의 은사의 취득이 자신들의 노력이나 공로가 아니라 전적인 하나님의 은혜에 따라 주어진 것임을 분명히 밝히고 있다. 특히 '받은 대로'가 이러한 판단을 확증해 준다. 바울도 영적 은사에 대해 하나님께서 거저 주신 성격에 대해 여러 차례 강조하였다(롬 12 : 6 ; 고전 1 : 7 ; 12 : 4, 9, 28, 30-31 ; 딤전 4 : 14 ; 딤후 1 : 6). 따라서 신자들은 은사를 자기존재감을 드러내는 수단으로 여기고 자랑하던 고린도 교인들의 어리석은 행동을 답습해서는 안 된다. 만일 은사를 자랑하는 자는 은사의 거저 주신 은혜로운 성격을 거스를 뿐이다. 더욱이 '선한 청지기'

라는 표현은 은사가 신자들에게 주어졌을지라도 그 소유권은 여전히 하나님께 있음을 말하고 있다. 청지기는 한 집안을 관리하는 자로 그 자신의 재산은 없지만 자기 주인의 재산을 그 주인의 뜻과 지시에 따라 사용하여 주인에게 유익을 끼치는 자였다. 또한 '각각'이라는 말은 어느 누구를 막론하고 신자는 하나 이상의 은사를 받았다는 것을 전제한다. 그리고 은사가 주어진 목적은 분명히 서로 봉사하기 위함이다. 하지만 그 은사는 모두 동일할 필요는 없다(Schreiner, *1, 2 Peter, Jude*, 2003, p. 214).

'여러 가지'는 은사의 다양성을 말한다. 신약성경은 각양 봉사에 사용될 은사의 다양한 종류를 제시한다 : 식사를 대접하는 일(마 8 : 15 ; 막 1 : 31 ; 눅 4 : 39 ; 10 : 40 ; 12 : 37 ; 17 : 8 ; 요 12 : 2 ; 행 6 : 2), 감옥에 갇힌 이들을 심방하는 일(마 25 : 44), 재정적 지원을 하는 일(눅 8 : 3 ; 롬 15 : 25 ; 고후 8 : 19-20). 물론 그리스도인들을 잘 대접하는 일도 포함될 것이다. 이 은사는 믿음 안에 있는 그리스도인 지체를 바로 세우고 강건하게 하는 기능을 한다. 바울도 은사의 목적과 기능을 자기 자신을 드러내고 자랑하는 것이 아니라 다른 믿음의 사람의 성숙과 성장을 돕는 일이라고 수차례 강조하였다(고전 12 : 7, 25-26 ; 14 : 1-19, 엡 4 : 11-12 ; Schreiner, *1, 2 Peter, Jude*, 2003, p. 214).

결국 은사는 자기과시나 자기실현의 방편이 아니라 하나님으로부터 온 선물이기에 철저하게 하나님의 집을 세워 가는 일, 곧 봉사적 관점에서만 접근되어야 한다. 따라서 베드로는 신자가 무엇을 말하든지 어떤 봉사에 참여하든지 사신의 능력이 아니라 하나님의 공급하시는 힘으로 하는 것같이 하라고 권고한다. 아마도 11절에서 언급된 '누가 말하려면'으로 전제되는 첫 번째 은사는 통상적인 말이 아니라, 방언, 예언, 설교, 그리고 가르침 등의 교회 공동체에서 나누어지는 말과 연관된 은사를 지칭하는 듯하다. 바울도 말과 관련한 은사로 예언, 가르침, 권면, 지식의 말씀과 지혜의 말씀, 그리고 방언의 해석을 포괄하는 은사의 종류를 다루었다(롬 12 : 6-8 ; 고전 12 : 10, 28-30 ; 엡 4 : 11). 하지만 베드로는 여기에서 특정한 은사의 종류를 논하기보다는 말과 관련한 은사의 사용 원칙을 말하고자 한다. 우리는 다른 사람을 도울 때 너무도 쉽게 자신의 지혜와 삶의 경험을 토대로 조언하고 또 도울 수 있다고 생각한다. 그러나 말을 통한 사역에 종사하는 이들은 철저하게 자신의 말이 복음에 충실하고 하나님의 말씀에 기초하는지를 주의 깊게 성찰해야 한다(참조. 고전 4 : 1-2 ; 딤후 4 : 1-5). 그리스도에 대해 가르치고 그리스도의 이름으로 조언하는 이들은 자신들이 공동체의 구성원들 앞에서 하나님의 말씀을 대표하고 있다는 두려움으로 임해야 한다. 여기에는 하나님의 말씀을 힘입어 스스로를 높여 교회 위에 군림하게 하는 권위의 수단으로 삼으려는 유혹을 떨쳐 내야 하는 것도 포함한다. 그런 연유로 베드로는 "누가 말하려면 하나님의 말씀을 하는 것같이 하라"고 명한다(Schreiner, *1, 2 Peter, Jude*, 2003, p. 215 ; *Life Application Study Bible*, 2004, p. 2134).

11절에서 다루어지는 두 번째 은사는 봉사이다. 베드로는 "누가 봉사하려면 하나님이 공급하시는 힘으로 하는 것같이 하라"고 한다. 그는 앞에서 말과 연관된 은사를 구분하였기에 여기에서의 봉사는 보다 실천적인 봉사들, 곧 치유, 행정과 관리, 섬김, 영분별, 구제, 긍휼을 베푸는 것 등의 포괄적인 함의를 지닌 사역을 말한다고 할 수 있다(박수암, 「공동서신」, 2004, p. 194). 믿음의 공동체 안에서 이 은사를 사용하는 이들은 자기 자신의 능력이나 힘을 의지해서는 안 된다. 인간의 선한 의지는 곧 고갈되기 때문이며 또 자칫 자기 자랑으로 변질되기 때문이다. 따라서 남을 섬기는 사람은 그 임무를 수행함에 있어 철저하게 하나님의 공급하시는 힘을 의지해야 한다. 하나님의 공급은 신자에게 맡기신 사역을 감당하게 하심에 있어 결코 부족함이 없다. 신자가 믿음의 회중 가운데서 하나님의 말씀을 하는 것처럼 말하고 봉사할 때, 하나님의 공급하시는 힘으로 한다는 의식을 가질 때 그의 모든 언행을 통해 범사에 예수 그리스도로 말미암아 하나님께서 영광을 받으신다(참조. 마 5 : 16). 이는 오직 하나님이 모든 사역에 필요한 지혜와 힘을 제공하신 분이시기 때문에 그분만이 찬송과 영광에 합당하시다는 겸손과 믿음의 고백이다. 베드로는 말씀 사역과 봉사 등의 모든 사역이 하나님의 이름으로 행해진다면 그 자체가 하나님을 향한 진정한 예배라고 말하고 있는 것이다. 그리고 베드로 전서의 수신자들이 모든 지혜와 힘의 근원 되시는 하나님의 은혜를 입게 된 것이 그들을 위해 십자가에 달려 돌아가시고 부활하신 예수 그리스도로 말미암는다는 사실 또한 간과되어서는 안 된다(1 : 3, 10–12, 18–19 ; 2 : 21–25 ; 3 : 18). 그리스도께서 신자들을 향하여 베푸시는 하나님의 모든 은혜의 통로가 되셨다(Schreiner, *1, 2 Peter, Jude*, 2003, p. 216).

이제 베드로는 여기에서 송영으로 단락을 마무리한다 : "그에게 영광과 권능이 세세에 무궁하도록 있느니라 아멘" 일반적으로 송영은 서신의 말미에 나타나지만, 신약성경의 서신 여러 곳에서 서신의 끝부분이 아님에도 송영이 등장하는 사례가 적지 않다(참조. 롬 11 : 36 ; 갈 1 : 5 ; 엡 3 : 21 ; 빌 4 : 20 ; 계 1 : 6 ; 5 : 13 ; 7 : 12 ; Schreiner, *1, 2 Peter, Jude*, 2003, p. 216). 중요한 사실은 이 송영이 희구법이 아니라 직설법으로 되어 있다는 점이다. 베드로는 영광과 권능에 대한 찬양이 미래적 사건이 아니라 현재 하나님께 속해 있는 속성을 있는 그대로 인정하며 찬양하고 있는 것이다(참조. Elliott, *1 Peter*, 2000, p. 762).

베드로는 이 단락을 통해 성도가 무슨 말을 하든지 무슨 일을 하든지 하나님께 영광을 돌려야 하며, 특히 모든 권능과 영광의 근원이 되시는 하나님과 그리스도가 함께 계시기에 현재적인 박해 상황에서도 사랑으로 용서하며 대접하는 일에 힘쓸 수 있는 담대함과 여유를 가져야 한다고 설파하며 이러한 자세는 만물의 마지막 때에 임할 여러 불같은 환난에 대한 훌륭한 대처가 된다고 말한다. 그리하여 베드로는 4 : 7~11 안에서 다음과 같은 논리를 전개하고 있다. 그리스도인들은 자신들의 삶이 하나님의 구속 사역의 마지막 단계를 통과하고 있다고 인식해야 한다. 그러한 깨달음은 대충의 삶이 아니라 맑은 정신으로 상황 판단을 온전하게 해 주며 특히 기도로 끊임없이 하나님의 뜻을 구하게 된다. 그리고 비록 소수자요 약자로서 삶이 큰 어려움을 안겨주지만 사랑으로 서로를 돌보며 과오를 용서하고 각자의 필요에 대해 열린 마음으로 원망이나 불평 없이 대접하는 일에 힘쓰게 된다. 그러나 하나님은 이 모든 일, 곧 말하는 것과 봉사하는 일에 있어 스스로의 능력으로 대처하게 하시는 것이 아니라 각양 은사를 공급하셔서 그러한 일을 감당하는 데 있어 전혀 부족함이 없게 하시기에 성도는 모든 사역과 삶을 통해 하나님과 그리스도께 영광을 돌려야 한다(Jobes, *1 Peter*, 2005, p. 282).

F. 불가피한 고난에의 참여를 즐거워하라(4 : 12-19)

[12]사랑하는 자들아 너희를 연단하려고 오는 불 시험을 이상한 일 당하는 것
같이 이상히 여기지 말고 [13]오히려 너희가 그리스도의 고난에 참여하는 것으
로 즐거워하라 이는 그의 영광을 나타내실 때에 너희로 즐거워하고 기뻐하게
하려 함이라 [14]너희가 그리스도의 이름으로 치욕을 당하면 복 있는 자로다 영
광의 영 곧 하나님의 영이 너희 위에 계심이라 [15]너희 중에 누구든지 살인이
나 도둑질이나 악행이나 남의 일을 간섭하는 자로 고난을 받지 말려니와 [16]만
일 그리스도인으로 고난을 받으면 부끄러워하지 말고 도리어 그 이름으로 하
나님께 영광을 돌리라 [17]하나님의 집에서 심판을 시작할 때가 되었나니 만일
우리에게 먼저 하면 하나님의 복음을 순종하지 아니하는 자들의 그 마지막은
어떠하며 [18]또 의인이 겨우 구원을 받으면 경건하지 아니한 자와 죄인은 어디
에 서리요 [19]그러므로 하나님의 뜻대로 고난을 받는 자들은 또한 선을 행하는
가운데에 그 영혼을 미쁘신 창조주께 의탁할지어다

[4 : 12-19] 베드로는 2 : 11에서와 마찬가지로 불 시험과 연관된 권면에 앞서 '사랑하는 자들아'라는 호칭으로 수신자들의 상황에 대한 연민의 마음을 전달한다. 물론 여기에는 측은하다는 의미보다는 그들이 당할 고통에 대한 안타까움이 배어 있다. 그리고 베드로는 고난에의 참여를 기뻐하고 즐거워하라고 한다. 이 표현은 '고난을 받으면 복 있는 자니'(3 : 14)라는 말씀과 함께 쉽게

받아들여질 수 없는 이상한 말로 들린다. 하지만 고난을 기쁨, 그리고 복과 결부시키는 까닭은 고난과 고통 자체를 즐기라는 것이 아니라 하나님의 미래에 임할 종말론적 구원이라는 시각에서 접근하는 이해이다. 이 사고는 예수님의 말씀을 기억나게 한다 : "나로 말미암아 너희를 욕하고 박해하고 거짓으로 너희를 거슬러 모든 악한 말을 할 때에는 너희에게 복이 있나니 기뻐하고 즐거워하라 하늘에서 너희의 상이 큼이라 너희 전에 있던 선지자들도 이같이 박해하였느니라"(마 5 : 11–12 ; 참조. *Life Application Study Bible*, 2004, p. 2135).

우선 베드로는 시험의 목적은 믿음의 연단이라고 단언한다. 하나님은 때로 사랑하는 자녀들에게 환난을 허락하셔서 잠시 고통 가운데 처하게 하시지만, 그 시험을 통해 단련시키시고 더욱 확고한 믿음의 소유자가 되게 하신다. 지금까지 큰 시험이 없었다면 그런 상황은 신자에게 있어 하나님의 뜻에 근거한 예외적인 상황이지, 믿음대로 살려면 당연히 환난을 직면하게 된다는 것이 베드로의 생각이다. 따라서 믿음의 사람은 불같은 시험에 대해 비정상적인 이상한 일로 여길 것이 아니라 믿음생활의 한 부분으로 간주해야 한다. 그리고 오히려 더 나아가 그와 같은 고난에 대한 경고는 독자들로 하여금 고난에 대해 준비하도록 도움을 준다(박수암, 「공동서신」, 2004, p. 197).

그렇다면 '불같은 시험'은 무엇을 말하는가? 혹자는 불같은 시험에 대해 순교를 포함하는 실제적인 신체적 박해를 지칭한다고 생각한다. 하지만 베드로전서 전반에 걸쳐 나타나는 박해의 양상은 소외 및 언어적 고통과 깊은 연관이 있다. 더욱이 베드로가 말하는 시험은 1 : 6~7의 범위를 넘어서지 않아야 한다. 그 구절에서 베드로는 믿음의 시련에 비유되는 불순물을 제거하는 가운데 금을 단련하는 도가니와 불의 메타포를 사용하였었다. 따라서 베드로의 시각은 시험의 정화적인(purifying) 기능에 초점을 맞춘 듯하다(Schreiner, *1, 2 Peter, Jude*, 2003, p. 219). 그러나 우리는 '불'이라는 어휘가 갖는 강렬함조차도 간과해서는 안 된다. 즉, 고난의 의미를 지나치게 낭만적으로 접근해서는 안 되며 베드로의 수신자들에게는 꽤 커다란 아픔이었을 것이기 때문이다. '연단하려고 오는'으로 해석하게 하는 기노메네(ginomenē)는 현재분사형으로 이미 시련이 실제 상황으로 시작되고 있음을 말한다(박수암, 「공동서신」, 2004, p. 197).

그리스도인들이 늘 같이 참여해 오던 이교도 제의 및 공적인 축제 등에 불참하자 주변 사람들에게 불평과 질타를 야기했을 것이며, 그리스도인들은 온갖 부정적인 위협과 핍박에 노출되었을 것이다. 어쨌든 중요한 것은 그리스도인들에게 임하는 시험의 성격은 넘어뜨림이 주된 목적이 아니라 그들로 하여금 장차 하나님 앞에 정제된 믿음과 모습으로 설 수 있게 하기 위함이다. 고통과 시험이 가져오는 긍정적 유익을 생각하며 기쁘게 인내하라는 것은 신약성경 전체를 아우르는 규범적인 사고이다(참조. 롬 5 : 3-5 ; 약 1 : 2-4 ; Schreiner, *1, 2 Peter, Jude*, 2003, p. 220).

따라서 성도는 그리스도의 고난에의 참여를 즐거워해야 한다(13절 ; 참조. 빌 3 : 10 ; 롬 8 : 17 ; 고후 1 : 7 ; 골 1 : 24 ; 박창환/김경희, 「베드로전·후서/유다서」, 1996, p. 121). 그리스도의 고난은 그리스도인들이 그리스도께 충직히 순종하는 결과로 빚어지는 고난들을 말한다. 베드로전서의 수신자들의 입장에서는 저간에 함께 참예해 왔던 이교도적 삶과의 분리 내지 결별에 따른 주변 세계로부터 가해지는 여러 다양한 핍박과 환난일 것이다.

신자의 고난이 갖는 그리스도의 고난과의 연대성은 그리스도의 종말론적 영광과의 연대성을 기대하게 한다. 그리스도의 이름으로, 곧 그리스도를 위하여, 그리고 그리스도를 믿는 신앙고백으로 말미암아 고난을 받는 신자들은 예수 그리스도의 영광이 온전히 드러날 때 그분과 함께 즐거워하고 기뻐할 수 있다. 베드로는 예수 그리스도의 재림과 결부된 이 기쁨과 신원하심의 미래적 성격을 1 : 7에서 언급한 바 있다 : "너희 믿음의 확실함은 불로 연단하여도 없어질 금보다 더 귀하여 예수 그리스도께서 나타나실 때에 칭찬과 영광과 존귀를 얻게 할 것이니라" 한편, 즐거워하고 기뻐하게 된다는 카레테 아갈리오메노이(charēte agalliōmenoi)는 지고(至高)의 기쁨으로 기뻐 뛰며 춤추는 모습을 나타내는데, 이 두 용어는 마태복음 5 : 12의 팔복 말씀 가운데 하나인

"기뻐하고 즐거워하라 하늘에서 너희의 상이 큼이라"는 말씀을 연상시킨다(참조. 박창환/김경희, 「베드로전·후서/유다서」, 1996, pp. 121-122).

이제 베드로는 미래적 소망으로부터 현실로 돌아온다. 14절의 "너희가 그리스도의 이름으로 치욕을 당하면"은 '에이(ei) + 직설법'으로 이루어진 조건문이다. 이 형태의 가정법은 현실이 전제된 조건절이므로, 앞선 12절의 기노메네(ginomenē)와 마찬가지로 수신자들의 박해 상황은 엄연한 현실임을 다시 한번 확증한다(참조. 마이클스, 「베드로전서」, 2006, p. 525). 그런데 '치욕을 당하면'의 헬라어 오네이디제스떼(oneidizesthe)는 '모욕을 당하다'라는 의미로 12절의 불 시험의 이해를 위한 단초를 제공한다. 앞으로는 순교를 포함하는 신체적 위해의 핍박의 가능성이 있을 수 있겠으나 현재적으로는 그리스도께 대한 헌신으로 말미암은 모욕의 차원에서 접근하는 것이 타당해 보인다(oneidizesthe는 공식적인 박해나 차별보다는 언어적 학대와 대중적인 수치 혹은 모욕의 결과를 가리킬 수 있다. Elliott, *1 Peter*, 2000, pp. 778-779). 베드로는 14절에서 그리스도의 이름으로 치욕을 받으면 복 있는 자라고 선언한다. 그리고 14절 하반절에서 그 이유로 호티(hoti)라는 접속사를 통해 '영광의 영'이 수신자들 위에 계신 까닭이라고 한다.

여기에서 눈에 띄는 것은 하나님의 영이신 성령에 대해 영광의 영이라고 칭하는 표현이다. 하나님의 영에 대한 이 표현을 두고 학자들은 베드로가 이사야서 11 : 1~2를 염두에 두었을 것으로 추정한다 : "이새의 줄기에서 한 싹이 나며 그 뿌리에서 한 가지가 나서 결실할 것이요 그의 위에 여호와의 영 곧 지혜와 총명의 영이요 모략과 재능의 영이요 지식과 여호와를 경외하는 영이 강림하시리니" 물론 이 본문은 메시아 예언에 속하는 내용이다. 영광이 뒤따를 메시아의 고난을 예언하도록 이사야를 비롯한 선지자들에게 그 고난의 의미와 귀결을 계시하신 것은 그리스도의 영이라고 밝혔던 베드로는 (벧전 1 : 10-12), 이제 하나님의 영이신 영광의 영이 미래적으로 임하시는 것이 아니라 고난 가운데 있는 수신자들의 위에 이미 임하여 계신다고 말한다. 곧 수신자들의 현재적 고난은 수치가 아니라 이미 하나님께는 영광으로 인정받고 있으며 후에 그들을 영화롭게 할 것이라는 약속이 되기도 한다. 전술한 대로 그리스도의 고난 뒤에는 필연적으로 영광이 뒤따랐기 때문이다(Schreiner, *1, 2 Peter, Jude*, 2003, p. 223).

단, 베드로는 15절에서 그리스도의 이름으로 받는 고난과 자신의 죄과로 인한 형벌적 징계에 따른 고통을 구분한다. 그는 그리스도인들은 살인, 도적질, 혹은 악행 등의 처벌받을 만한 행동을 해서는 안 된다고 말한다. 이 훈계는 초기 기독교 공동체 구성원들이 불완전한 존재로 여전히 죄에 빠질 위험이 있었다는 것을 상기시킨다. 물론 살인과 도적질을 수신자들이 행했다고 말하는 것은 아니다. 다만 베드로는 도덕적 죄뿐 아니라 법적 처벌까지 초래할 수 있는 범죄를 금하기 위해 당시의 악의 목록을 사용하고 있는 것일 수 있다. 살인에 대한 경계는 신약성경 전반에 걸쳐 다루어진 사안이다(마 5 : 21 ; 19 : 18 ; 막 10 : 19 ; 눅 18 : 20 ; 롬 1 : 29 ; 13 : 9 ; 약 2 : 11 ; 4 : 2 ; 계 9 : 21 등). 도적질도 일관되게 정죄 받는다(마 19 : 18 ; 막 10 : 19 ; 눅 18 : 20 ; 롬 2 : 21 ; 13 : 9 ; 고전 6 : 10 ; 엡 4 : 28 ; 참조. Schreiner, *1, 2 Peter, Jude*, 2003, p. 223 ; Senior, *1 Peter, Sacra Pagina*, 2008, p. 130).

특이한 것은 남의 일에 간섭하는 일로 비난받지 말도록 하라는 권고이다. '남의 일에 간섭하는 자'는 신약성경에서 여기에만 등장하는 어휘로 베드로의 의도를 살피기가 쉽지 않다. 하지만 견유학파를 포함하는 일부 학자들은 "누가 결혼을 했는가, 누가 자녀를 두었는가, 누가 아내를 잘 대하고 누가 아내를 학대하는가, 누가 다투는가, 어느 가정이 평안하고 어느 가정이 그렇지 않은가." 하면서 의사가 회진을 돌 듯 다른 가정의 대소사에 감독하려는 일들이 있었는데(참조. Epictetus, *Diss.* 3.22.72), 아마도 그리스도인들 가운데 유사한 행동을 보이며 각 가정의 대소사에 간섭하면서 판단자의 위치에 서려 했던 자들이 있었던 것 같다. 이러한 일들은 그레코-로만 사회에서도 그리 환영받지 못하는 명예롭지 못한 행동이었다. 바울도 남의 일에 간섭하는 자들에 대해 '일을 만들기만 하는 자들'로 칭하며 문제점을 지적하고 자기 일에만 신경 쓰도록 권고했었다(참조. 살후 3 : 11 ; 살전 4 : 11 ; 마이클스, 「베드로전서」, 2006, p. 532).

16절에서 '만일 그리스도인으로 고난을 받으면'이란 표현은 사도행전 11 : 26의 안디옥에서 예수를 믿는 사람들이 처음으로 그리스도인으로 불렸다는 기사를 연상시킨다. 물론 '그리스도인'은 그리스도를 따르는 자라는 의미를 지녔다. 당시 그리스도인은 일반적 총칭이 아니라 '예수쟁이', '그리스도쟁이'와 같은 비아냥거리는 조소적 호칭이었다. 초기 그리스도인들은 그 용어를 부담스러워 했던 것처럼 보인다. 신약성경 전체를 통해 '그리스도인'(크리스티아노스)은 단 세 번밖에 사용되지 않기 때문이다(참조. 벧전 4 : 16 ; 행 11 : 26 ; 26 : 28 ; 박창환/김경희, 「베드로전·후서/유다서」, 1996, p. 121 ; Senior, *1 Peter, Sacra Pagina*, p. 131). 하지만 본도-비시디아의 총독이었던 플리니(Pliny)가 로마 황제 트라얀(Trajan)에게 보냈던 편지에 보면 그리스도인이란 표현이 2세기 신자들에 대한 대외적인 공적 용어가 되었던 것으로 보인다.

> 그리스도인으로 고발된 이들을 조사하기 위해 제가 사용한 방법은 이것입니다. 저는 그들이 그리스도인인지 여부를 심문했습니다. 만약 그렇다고 하면, 재차 질문했고 이번에는 죽을 수 있다는 위협도 덧붙였습니다. 그래도 그들이 그리스도인이라고 대답하면 전 그들을 처형하라고 명령했습니다. …… 서명도 없는 벽보들이 붙었고, 거기에는 실명으로 많은 사람들을 고소하고 있습니다. 그들 중에는 자신은 그리스도인도 아니고 그리스도인이었던 적도 없다고 부인하는 이늘도 있고, 그들은 몇 번이고 내 앞에서 신들(gods)에게 도움을 청하고 당신의 동상에 술과 유향을 바치며 경배하고는 — 사실 그 목적으로 당신의 동상과 다른 신들의 동상을 가져온 것입니다 — 마침내 그리스도를 저주까지 하였습니다. 하지만 진짜 그리스도인들에게는 그런 일을 억지로 시킬 수 없었습니다. 그들에게는 이런 것을 시키지 않는 것이 옳다고 생각했습니다. 밀고자에 의해 이름이 거명된 다른 이들은 처음에는 그리스도인이라고 고백했다가, 얼마

후에는 부인했습니다. 사실은 그들은 설득을 받고 부인한 것입니다. 어떤 이들은 몇 년 전에, 다른 이들은 더 오래전에, 그리고 몇 명은 20년 전에 부인했습니다. 그들은 지금 모두 당신의 동상 앞에서 경배를 드리고 다른 신들의 동상들에게 경배하고 또 그리스도를 저주하였습니다……(트라얀에게 보낸 플리니의 편지 10.96 ; 마샬, 「서신서와 요한계시록」, pp. 436-437).

이 서신은 특정한 범죄가 아닌 단순히 그리스도인이라는 사실로 인해, 그리고 비방과 중상에 따른 밀고자의 고발로 처벌받게 되는 상황을 보여 준다. 하지만 아직은 베드로전서의 전반적 어조가 제국적 차원의 대규모적인 박해를 언급하지 않기에 베드로전서는 이보다는 앞선 시기일 수 있다. 그리고 본문의 문맥은 '그리스도인'이라는 사실 자체가 형벌을 받을 만한 범죄였다는 의미를 내포하고 있지 않다. 살인자, 도적, 범죄자와 남의 일에 간섭하는 자가 그리스도인들에 대한 비난의 목록에 포함된 것은 그리스도인이라는 정체성이 사법처리의 대상이라기보다는 경멸의 의미를 담은 비방과 근거 없는 중상모략의 가능성이 더 높아 보인다(마이클스, 「베드로전서」, 2006, p. 534). 따라서 사회적 지탄을 불러올 만한 행동이 아닌 그리스도의 복음에 합당한 언어와 행실로 욕을 당하며 배척받는 고난의 경우라면, 그리스도인은 부끄러워할 필요가 없고 하나님을 찬양하고 기쁨으로 그 고난을 감내하며(13절), 그분께 영광을 돌려야 한다. 그리스도의 이름으로 당하는 치욕은 모멸감을 안겨주는 것이 아니라 하나님의 복 받은 자로 그분의 영, 곧 영광의 영이 자신에게 머무신다는 증거가 되기 때문이다(14절).

베드로는 '왜냐하면'의 의미를 가진 호티(hoti)를 통해서 15~16절의 권면의 이유를 설명한다. '하나님의 집에서 심판을 시작할 때가 되었나니', 곧 하나님의 심판이 하나님의 집에서부터 시작된다는 개념은 그리스도를 믿음으로 그 어떤 징계로부터도 면제되었다고 생각하며 하나님의 심판과는 무관하다고 믿는 현대적 그리스도인들에게는 다소 낯설게 느껴진다. 물론 신약성경은, 신자들은 그리스도 안에서 제공되는 구원의 복음을 거부하며 하나님께 불순종한 이들에게 임할 운명과 저주의 대상이 아니라고 일관되게 가르친다. 그럼에도 불구하고 또한 성경에는 그리스도인들도 하나님의 심판대 앞에 서게 되며 그리스도와 함께 그 자리에 섬으로 그 결과가 선하게 결정될 것에 대한 풍부한 가르침도 존재한다(참조. 롬 14 : 10 ; Jobes, *1 Peter*, 2005, pp. 290–291).

베드로 역시 수신자들 역시도 인류의 나머지와 함께 하나님 앞에서 심판받을 것이라고 생각한다. 사실 베드로의 이 사고는 하나님의 심판은 하나님의 백성들, 특히 장로들에게서 먼저 시작될 것이라는 유대 전승에 기초한 것으로 보인다(참조. 사 10 : 12 ; 렘 25 : 29 ; 암 3 : 2 ; 슥 13 : 9 ; 말 3 : 1–5 ; 박수암, 「공동서신」, 2004, p. 200). 구약 전통에서 하나님의 집은 대부분은 성전을 지칭한다. 학자들은 70인역에 따른 헬라어상의 어휘적 유사성으로 말미암아 베드로전서의 이 본문을 에스겔서 9 : 5~6과 연결시키는 데 동의한다 : "그들에 대하여 내 귀에 이르시되 너희는 그를 따라 성읍 중에 다니며 불쌍히 여기지 말며 긍휼을 베풀지 말고 쳐서 늙은 자와 젊은 자와 처녀와 어린이와 여자를 다 죽이되 이마에 표 있는 자에게는 가까이하지 말라 내 성소에서 시작할지니라 하시매 그들이 성전 앞에 있는 늙은 자(혹은 장로)들로부터 시작하더라"(Jobes, *1 Peter,* 2005, p. 291).

하지만 언어적 유사성에도 불구하고 신학적 귀결의 차이로 4 : 17과 에스겔서 9 : 5~6과의 연계에 소극적인 해석도 있다. 왜냐하면 에스겔서에서는 하나님의 성소에 속했지만 반역적인 죄인들이 멸망을 앞두고 있으나, 베드로전서에서는 하나님의 심판이 신실한 자들의 멸망이 아니라 그들의 믿음의 연단과 정화에 초점을 맞추고 있기 때문이다. 그리고 이미 1 : 6~7에서 의인의 시련이 연단시키는 기능을 감당하며 18절에서 의인은 구원받는다는 것을 전제로 논의가 전개되고 있기 때문이다. 이 점에서는 말라기 3장의 배경이 베드로전서의 메시지와 더 근접해 보인다 : "만군의 여호와가 이르노라 보라 내가 내 사자를 보내리니 그가 내 앞에서 길을 준비할 것이요 또 너희가 구하는 바 주가 갑자기 그의 성전에 임하시리니 곧 너희가 사모하는 바 언약의 사자가 임하실 것이라 그가 임하시는 날을 누가 능히 당하며 그가 나타나는 때에 누가 능히 서리요 그는 금을 연단하는 자의 불과 표백하는 자의 잿물과 같을 것이라 그가 은을 연단하여 깨끗하게 하는 자같이 앉아서 레위 자손을 깨끗하게 하되 금, 은같이 그들을 연단하리니 그들이 공의로운 제물을 나 여호와께 바칠 것이라"(말 3 : 1–3 ; Schreiner, *1, 2 Peter, Jude*, 2003, p. 227).

구약성경의 하나님의 집이 성전이었다면, 베드로에게 있어 하나님의 집은 교회이다. 베드로는 택하신 족속, 왕 같은 제사장, 거룩한 나라 등의 이스라엘에 적용되었던 호칭들을 이미 교회에게 적용시켰었다(2 : 9). 하나님의 심판이 성전, 특히 장로들에게서 먼저 시작되었던 것처럼, 하나님의 심판이 임할 때는 먼저 그리스도인들에게 임하게 될 것이다. 구약의 백성들에게 하나님의 심판이 먼저 임했던 것은 그들이 남들보다 더 하나님의 은총을 입었기 때문이다(참조. 암 3 : 2 ; 약 3 : 1). 한편, 베드로전서의 저자를 베드로가 아닌 보다 후대의 인물로 보는 시각을 따른다면 그는 아마도 주후 70년에 임한 로마에 의한 예루살렘 성전 파괴를 염두에 두었을 수도 있다. 이미 하나님의 선민이었던 백성들에게 임한 하나님의 심판을 목격했기에, 그리스도인들 역시 하나님의 심판을 의식하면서 살아가야 한다는 경고도 담겨 있다. 그리고 일정 부분 교회의 현재적 고난은 하나님의 심판일 수 있다(박수암, 「공동서신」, 2004, p. 200).

이제 베드로는 17~18절에서 두 개의 수사학적 질문을 던진다. 하나님의 호의를 입은 믿는 자들에게 하나님의 심판이 임한다면, 하나님의 복음에 불순종하는 이들에게는 어떠한 운명이 임하겠는가? 또한 의인이 시련을 통해 연단된 믿음으로 겨우 구원을 얻는다면, 불신자들의 구원은 어떠하겠는가? 즉, 그들의 심판은 무엇보다도 확실하기에 예수 그리스도의 이름으로 그리고 하나님의 뜻대로 박해를 받는 자들은 핍박하는 자들에게 악으로 반응하기보다는 계속적으로 선을 행하는 가운데 그 모든 삶의 결과를 신실하신 창조주 하나님께 부탁해야 한다. 예수께서도 아무런 죄가 없으심에도 십자가에 달려 돌아가시면서 십자가형을 초래한 이들과 집행하는 이들을 용서하시며 그 영혼을 공의로 심판하시는 아버지 손에 맡기셨다(눅 23 : 46 ; 참조. Senior, *1 Peter, Sacra Pagina*, p. 133).

19절에서 하나님에 대해 창조주로 칭한 것은 그분의 주권적 통치를 말하기 위함이다. 만유의 주로서 하나님은 그들을 심판하실 재판장에 되시기에 합당하신 분이다. 그리고 그분의 뜻대로 세상을 운행하시는 하나님은 그분을 의뢰하는 이들의 억울함에 대해 신실하게 신원해 주실 것이다. 이 문맥에 따른 부연적인 경고는 오직 이 순간의 핍박을 모면하기 위해 그리스도를 부인한다면 그는 추후에 더 극심한 심판을 직면하게 된다는 것이다.

따라서 그리스도인들은 햇빛이 비추는 순간이나 천둥 번개가 치는 순간에도 하나님을 전적으로 의뢰해야 한다. 그렇다면 모든 상황에서의 하나님께 대한 온전한 신뢰는 어떤 역사를 일으키는가? 첫째, 신뢰는 두려움을 극복하게 한다. 하나님을 신뢰하는 자는 사방에 욱여쌈을 당하여도 하나님은 반드시 피할 길을 열어 인도하실 것으로 믿는다(참조. 고전 10 : 13). 둘째, 신뢰는 의기소침과 우울, 낙망을 극복하게 한다. 우리를 짓눌러 자신감과 자존감 모두가 산산조각 나는 상황에서도 하나님은 우리를 빛으로 인도하실 수 있다. 셋째, 신뢰는 증오를 극복하게 한다. 부주의하거나 잔인한 사람들이 우리에게 때로 회복되기 어려운 상처를 줄 때, 우리는 영원히 증오하거나 반대로 영원히 하나님을 신뢰할 수 있다. 우리는 이 둘 모두를 할 수 없다. 하나님은 최악의 상황에서도 그분을 신뢰하는 자에게 용서와 관용과 아량의 능력을 베풀어 주신다(*Life Application Study Bible*, 2004, p. 2135).

설교를 위한 묵상

베드로는 고난에 대처하는 성도의 바람직한 삶을 구체적으로 기술하는데, 동료 그리스도인들을 한마음으로 같은 마음을 품고 사랑해야 하며, 악을 악으로 욕을 욕으로 갚지 말고 복을 빌어야 한다고 설파한다. 또한 악을 떠나 선을 행하고 화평을 구하라고 권면한다. 이 주석에서 여러 차례 인용된 좁스(Jobes)는 2002년 봄 학기에 웨스트몬트 대학(Westmont College)에서 공동서신을 가르치면서 한 학생이 모욕을 당했으나 오히려 상대방을 선대하여 영혼의 구원으로 이끈 사건을 소개하고 있다. 그 이야기는 한 그리스도인 군인에 대한 것이다. 그 군인은 자신의 소대와 함께 같은 막사에서 생활하였는데, 매일 밤 반드시 성경을 읽고 기도한 후에야 취침에 들었다. 하지만 건너편 침상의 한 군인은 그의 행동을 늘 고깝게 생각하고 있었고 자주 욕하고 모욕을 주곤 했다. 어느 날 밤, 그 그리스도인 군인이 성경을 보며 기도하고 있을 때 한 켤레의 진흙투성이의 군화가 그를 향하여 '쌩' 바람소리를 내며 날아왔다. 아마도 성경책은 내팽개쳐지고 그리스도인 군인의 온몸과 주변에 진흙이 어지러이 흩뿌려져 아수라장이 되었음은 자명한 일이었을 것이다. 취침 전 어색하고 당혹스런 시간이 지난 다음 날 아침 괴롭힘을 주려 군화를 내던졌던 군인은 자신의 침상 아래에서 깨끗이 닦여졌을 뿐 아니라 광채가 나는, 그리하여 군장검사에 완벽히 준비된 자신의 군화를 발견하였다. 얼마간의 시일이 지난 후 모욕을 받았으나 복으로 되갚은 한 사람의 믿음을 지켜본 그 소대의 여러 병사들이 마침내 그리스도인들이 되었다(Jobes, *1 Peter*, 2005, p. 218).

이와 같은 고난과 핍박에도 선대하는 그리스도인들을 보고 그 연유를 물어보는 일이 발생할 수 있다. 여기에 대해 그리스도인들은 자신들이 품은 소망에 대해 온유와 두려움으로 준비하여 답변해야 한다. 악행하는 자들에게 선대할 때 그들은 부끄러움을 당하게 될 것이며, 무엇보다도 선을 행하는 것으로 고난받는 것이 하나님의 뜻임을 기억해야 한다. 그러나 그 고난은 고난으로 종결되는 것이 아니라 승리로 귀결된다. 고난 가운데 죽으셨으나 부활하신 예수 그리스도는 승리의 선포를 하셨고, 하늘에 오르심으로 모든 권세자들과 능력자들이 그분께 복종하게 된 이 사실은 선을 행하는 가장 근원적인 동기가 된다.

경계하여 살필 것은 고난의 문제를 이기지 못하고 넘어지는 이는 많으나, 이겨 구원받는 자의 수가 많지 않을 수 있다는 점이다. 불 시험을 이상하게 여기지 말고 그 영혼을 미쁘신 창조주께 의탁하는 가운데 하나님의 뜻대로 선을 행하며 고난을 받아 믿음의 결국, 영혼의 구원에 이르도록 해야 한다.

제 V 부

교인들을 향한 구체적 권면과 결어

베드로전서 5 : 1–14

A. 장로들에 대한 권면(5 : 1–4)

B. 젊은이 및 일반 신도들에 대한 권고(5 : 5–11)

C. 마지막 인사와 축복하는 기원(5 : 12–14)

| 베드로전서 5 : 1–14 |

교인들을 향한 구체적 권면과 결어

베드로는 2 : 18~3 : 7에 걸쳐 그레코-로만 세계에서 유행하던 가훈표(household code) 유형의 권고를 등장시켰는데, 우리는 베드로가 4 : 17에서 하나님의 뜻대로 고난을 받는 가운데 능하신 손을 지니신 미쁘신 창조주 하나님을 의탁하는 자들에 대하여 '하나님의 집'으로 표현하는 것을 보아 교회 공동체를 향한 또 하나의 가훈표적인 권고 형태를 예상할 수 있다. 그는 두 개의 '그러므로'라는 접속사를 통해(4 : 19 ; 5 : 6), 5 : 1~5에서 하나님의 집으로서의 베드로전서의 수신자 공동체 구성원들에게 여러 권고 사항을 제시한다. 1~4절의 권고는 장로들에게, 5절 상반절은 젊은이들을 향하여, 그리고 5절 하반절은 모든 성도를 지향한다. 다만 당시의 가훈표가 종속적인 위치에 있는 이들을 먼저 언급하는 것이 일반적인데 베드로는 먼저 지도적 위치에 있는 자들에게 지침을 주는 점이 특이하다.

A. 장로들에 대한 권면(5 : 1–4)

[1]너희 중 장로들에게 권하노니 나는 함께 장로 된 자요 그리스도의 고난의 증
인이요 나타날 영광에 참여할 자니라 [2]너희 중에 있는 하나님의 양 무리를
치되 억지로 하지 말고 하나님의 뜻을 따라 자원함으로 하며 더러운 이득을
위하여 하지 말고 기꺼이 하며 [3]맡은 자들에게 주장하는 자세를 하지 말고
양 무리의 본이 되라 [4]그리하면 목자장이 나타나실 때에 시들지 아니하는 영
광의 관을 얻으리라

[5 : 1–4] 우선 1~4절에서 베드로는 핍박의 시련기를 보내고 있는 수신자들의 지도자가 되는 장로들에게 목자형 지도력의 유형에 대해 가르치고 있다. 특히 지도력을 행사하는 장로들은 권력을 휘두르기보다는 양을 돌보듯 신실하게 교회를 감독해야 한다. 장로들이 우선적인 관심으로 떠오른 것은 에스겔서 9 : 6 혹은 말라기 3장의 반향과 연장선상에 있다. 특히 에스겔 9 : 6에 의하면 하나님의 심판은 성전의 장로들에게서 먼저 시작되었었다. 그리고 베드로 역시도 4 : 17~18에서 하나님의 심판이 하나님의 집에서 시작된다고 하였다. 따라서 교회 구성원 모두가 하나님의 심판을 염두에 두며 자신의 상황에 적절한 처신으로 복음에 반응하며 순종하여야겠지만, 우선적으로 장로들이 책임적 위치에 있는 존재로서 베드로의 권면의 우선적 대상이 된다(박수암, 「공동서신」, 2004, p. 202 ; 마이클스, 「베드로전서」, 2006, p. 551).

베드로는 장로들에 대한 권면을 시작하면서 스스로를 함께 장로 된 자로 소개한다. 장로는 회중들에 대한 감독, 훈련, 보호, 지도의 역할을 감당하였다. 장로(presbyter)라는 어휘는 어원적으로는 '늙은'이라는 형용사의 비교급에 기초하여 '보다 나이가 많은'(older)을 의미하였으며, 그레코-로만 세계에서 일반적으로 연장자로 세상 경험과 연륜이 풍부한 한 공동체의 어른을 존경하여 지칭하는 말이었다. 유대 전통 아래서는 보다 근접하게는 산헤드린의

구성원을 장로로 칭했다. 그리스도인들의 교회도 이 지도력의 유형을 도입하여 교회를 이끄는 이들을 장로라 칭했고 그들은 감독이라는 권위적 역할 이전에 신자들의 모범이 되는 중요한 책임을 어깨에 져야 했다(*Life Application Study Bible*, 2004, p. 2135). 우리는 후기 바울서신으로 간주되는 디모데전서를 통해 초기 기독교의 장로/감독 임직에 대한 기준치를 살펴볼 수 있다 : "그러므로 감독은 책망할 것이 없으며 한 아내의 남편이 되며 절제하며 신중하며 단정하며 나그네를 대접하며 가르치기를 잘하며 술을 즐기지 아니하며 구타하지 아니하며 오직 관용하며 다투지 아니하며 돈을 사랑하지 아니하며 자기 집을 잘 다스려 자녀들로 모든 공손함으로 복종하게 하는 자라야 할지며" (딤전 3 : 2–4).

한편 2절의 원문에는 개역성경에는 번역되지 아니한 '감독으로 봉사할 때'(serving as overseers)라는 의미의 에피스코푼테스(episkopountes)라는 분사가 있는데, 이는 장로의 역할이 교회를 지휘, 감독하는 기능도 포함함을 나타낸다. 혹자는 장로와 감독이라는 용어가 사용된 것은 교회의 직제가 정착된 시기라 하여 베드로전서의 기록 연대를 매우 늦은 시기로 잡기도 한다. 하지만 장로와 감독이라는 용어가 혼용되는 것으로 보아 아직 정착된 직제로 보기는 어렵고 교회 공동체를 이끄는 책임적 위치에 있는 어른들에 대한 일반적 호칭으로 이해하는 것이 타당해 보인다. 그리고 초기 기독교의 직제에 대한 최근의 연구는 감독과 장로는 하나의 직분에 대한 명칭이라는 것에 동의하고 있다(Schreiner, *1, 2 Peter, Jude*, 2003, pp. 233–234 ; 참조. Jobes, *1 Peter*, 2005, p. 302). 실제로 사도행전 20 : 17에 보면 사도 바울은 에베소 교회의 장로들을 청하여 만나는데, 28절은 그들을 또한 감독자로 부른다. 디도서 1 : 5에서 바울은 디도에게 장로를 세우도록 명하는데, 7절에서는 장로의 자격을 거론하면서 감독의 자격을 말하고 있다. 따라서 우리는 신약성경 내에서 감독이나 장로라는 칭호의 구별에 필요 이상의 지나친 관심을 쏟을 필요가 없다.

베드로는 1절에서 '함께 장로 된 자'와 '그리스도의 고난의 증인'으로 묶어 자신을 소개하여 장로들은 고난에 있어서도 모범이 되어야 한다는 그의 의중을 엿보게 한다. 한편으로는 베드로는 자신을 '함께 장로 된 자'로 소개하여 사도로서의 특권적 위치를 거절함으로써 잠시 후 전개될 장로들에 대한 권고에 있어 권위 주장을 포기하도록 하는 초석을 놓고 있다(참조. 마이클스, 「베드로전서」, 2006, p. 552).

어떤 해석자들은 베드로 자신이 십자가 위에서 예수 그리스도께서 죽어가는 현장에 없었다는 이유로 '증인'이라는 표현의 의미를 애써 축소하려고 한다. 하지만 베드로는 예수를 메시아로 인식하고 있었고 예루살렘에서 배척당하고 죽음에 처하게 될 것이라는 예수의 예언을 지속적으로 들었던 인물이다. 또한 베드로는 예수의 가족들이 그를 어떻게 소외시켰으며, 당시의 종교 지도자들이 예수의 주장을 어떻게 조롱하며 배척하였는지를 잘 알고 있었다. 그는 예수를 잡으려는 수많은 음모와 시도를 같이 경험하였고 유월절 최후의 만찬의 자리를 함께했으며, 겟세마네 동산에서의 예수의 고뇌와 유다의 배반, 체포, 대제사장 앞에서의 심문 등을 잘 알고 있었다. 비록 예수께서 십자가에 못 박히는 바로 그 자리에 있지 않았을지라도 베드로는 어느 누구 못지않게 메시아이신 예수 그리스도께서 겪으신 고난의 증인의 범주에 들어갈 수 있는 자격이 충분한 인물이다(참조. 마 16 : 13-23 ; 막 8 : 27-33 ; 눅 9 : 18-22 ; 24 : 48 ; 행 2 : 32 ; 3 : 15 ; 5 : 32 ; 10 : 39). 더군다나 누가복음 22 : 28에서 예수께서는 "너희는 나의 모든 시험 중에 항상 나와 함께한 자들인즉"이라는 말씀을 통해 베드로를 비롯한 열두 제자들을 향하여 예수의 모든 고난에의 동참자라고 불러 주신다(Senior, *1 Peter, Sacra Pagina*, p. 138 ; Jobes, *1 Peter*, 2005, p. 301).

따라서 베드로의 자신에 대한 '그리스도의 고난의 증인'이라는 표현은 예수 그리스도의 지상적 삶이 고난의 연속이었다는 베드로의 평가를 보여 주며 그리스도를 따르는 그리스도인들의 삶 역시 고난이 불가피하다는 이해를 전제하고 수신자들을 격려하기 위한 출발점이 된다(참조. '불 시험을 이상히 여기지 말라'는 4 : 12의 말씀). 그러나 그리스도인의 삶은 고난으로 시작하여 고난으로 끝나지 않고 그리스도의 고난에 동참하는 자는 또한 그리스도와 함께 나타날 영광에 참예할 자가 된다(5 : 1 ; 참조. 4 : 13). 베드로는 장로들에게 현재의 고난을 인내하는 가운데 그리스도의 모범을 따르게 된다면 그들이 미래에 종말론적 보상을 받게 될 것임을 가르쳐 격려하고 있다.

1절에서 자신의 정체성을 밝힌 베드로는 이제 장로들의 사명으로 '하나님의 양 무리를 치는 일'에 대해 말한다. 곧 장로는 목자로, 신자는 양으로 비유되고 있는데, 예수께서 베드로에게 주셨던 목양의 명령을 연상시킨다(요 21 : 15-17). 하나님의 백성을 양 떼에 비유하는 것은 이미 구약성경 안에서도 친숙한 이미지이다(참조. 시 23 : 1-4 ; 28 : 9 ; 사 40 : 11 ; 렘 13 : 17 ; 겔 34 : 1 이하 등). 중요한 것은 장로들이 돌보아야 할 양 무리는 목자의 것이 아니라 하나님의 소유라는 점이다. 예수께서도 베드로에게 '내 양을 치라, 내 양을 먹이라'고 말씀하시면서 양으로서의 신자의 소유권이 오직 주께 있음을 분명히 밝히셨다(참조. 마이클스, 「베드로전서」, 2006, p. 557).

한편, 베드로전서 5장의 권고는 에스겔서 34장의 양을 사리사욕의 대상으로 삼은 목자들과 대비된다 : "인자야 너는 이스라엘 목자들에게 예언하라 그들 곧 목자들에게 예언하여 이르기를 주 여호와께서 이같이 말씀하시되 자기만 먹는 이스라엘 목자들은 화 있을진저 목자들이 양 떼를 먹이는 것이 마땅하지 아니하냐 너희가 살진 양을 잡아 그 기름을 먹으며 그 털을 입되 양 떼는 먹이지 아니하는도다 너희가 그 연약한 자를 강하게 아니하며 병든 자를 고치지 아니하며 상한 자를 싸매 주지 아니하며 쫓기는 자를 돌아오게 하지 아니하며 잃어버린 자를 찾지 아니하고 다만 포악으로 그것들을 다스렸도다…… 내 목자들이 내 양을 찾지 아니하고 자기만 먹이고 내 양 떼를 먹이지 아니하였도다"(겔 34 : 2-8).

목자의 의무는 단순히 감독하는 것이 아니라 꼴을 먹이는 것은 물론이고 돌보며, 인도하고, 어떠한 형태의 생명의 위협일지라도 그것으로부터의 보호를 포함하는 양무리에 대한 모든 책임을 감당하는 일이다. 베드로는 2~3절에서 성도를 돌보는 책임을 지닌 장로들에게 감독의 바른 처신으로 세 가지를 권유한다 : 첫째, 부득이함으로 하지 말고 하나님의 뜻을 좇아 자원함으로 하라. 둘째, 더러운 이를 위하여 하지 말고 오직 즐거운 뜻으로 하라. 셋째, 맡은 자들에게 주장하는 자세를 취하지 말고 오직 양 무리의 본이 되어라.

먼저 부득이함이 아닌 자원함에 근거한 목회를 하라는 권면으로 볼 때 '부득이함'으로 하는 것은 봉사에 있어 미덕이 아닌 악덕이다. 목회는 외부의 강요에 의해서나 억지로 행해져서는 안 되며 하나님께 대한 사랑과 감사에 기초한 자유롭고 기꺼이 감당하는 자발적 봉사가 되어야 한다고 베드로는 강조하고 있다. 베드로가 사용한 '부득이함'이라는 용어는 바울이 고린도후서 9 : 7에서 헌금과 관련하여 억지로 하지 말 것에 대한 권고와 연관성을 가진다(마이클스, 「베드로전서」, 2006, p. 559). 이 원칙은 시대를 초월하여 모든 기독교 지도자들에게 적용되어야 한다. 하지만 한편으로는 베드로전서 수신자들의 공동체만의 특수 상황도 고려해야 한다. 서신 본문 전체를 통해 드러난 박해 상황 가운데서 교회를 실질적으로 이끌고 있는 장로들은 긴 사역의 시간을 감당해야 했고, 어느 누구보다도 주변 사회의 공격 대상이 되었을 것이고, 그 직분을 그만두고자 하는 욕구가 수시로 일어났을 것이다(Elliott, *1 Peter*, 2000, p. 828). 경우에 따라서는 본문에는 확연히 드러나지 않지만 기독교 공동체를 유지하는 데 드는 경제적 압박도 상당했을 수 있다. 결과적으로 사역 자체를 별반 의욕 없이 마지못해 억지로 감당하는 상황이 전개되었을 것이다.

그래서 베드로는 이 모든 상황을 감안하여 장로들에게 하나님의 뜻을 좇아 자원함으로 감당하라고 권고한다. 무엇이든 억지로 하는 경우는 덕을 세울 수 없으며 많은 부작용을 양산하게 된다. 오직 하나님의 뜻을 먼저 생각함으로 기쁘고 자유롭게 섬길 때만이 장로로서의 사역의 동기가 순수해질 수 있다.

둘째로, 장로는 사역에 있어 더러운 이득을 염두에 두지 말고 즐거운 뜻으로 감당해야 한다. 앞서 인용된 에스겔서 34장의 말씀처럼 그릇된 동기로 시작된 사역은 양 떼를 자신의 탐욕의 희생물로 만들 수 있다. 한편 열심을 낸다는 것은 긍정적이나 그 열심이 탐욕이나 부정한 이익이 동기가 되어서는 안 되며 순수한 열정에 따른 즐거움이 그 근본 자세가 되어야 한다. 특히 '더러운 이'라는 말은 장로들이 직위를 이용함으로 재산을 축적할 수 있는 상황, 곧 교회 공동체의 재산 관리 내지는 생계 유지비의 과도한 요구 등의 가능성을 상정할 수 있다. 교회 지도자들에 대한 재정적 보상은 초기 교회의 이른 시기부터 필요성이 제기되었고(고전 9 : 7 ; 갈 6 : 6), 또한 그러한 특권의 남용도 문제가 되었다(딤전 3 : 3 ; 6 : 5 ; 딛 1 : 11). 더러운 이와 연관된 동일한 용어 아이스크로케르도스(aischrokerdōs)가 디도서 1 : 7에서 사용된다. 헬라어 형용사 아이스크로스(aischros)는 '도덕적으로 용납될 수 없는' 혹은 '수치스러울 정도로 비도덕적인'의 의미를 갖기에 그 용어는 재정적 이익을 얻기 위한 부정직한 시도를 시사한다(Jobes, *1 Peter*, 2005, p. 305 ; 마이클스, 「베드로전서」, 2006, pp. 560-561).

바울 역시 디도에게 장로를 세울 때 기준으로 '더러운 이득을 탐하지 아니하는 자'를 뽑도록 한다(참조. 딤전 3 : 3). 신약성경에서 종종 거짓 교사들은 돈에 대한 애착으로 비난받는다(참조. 고후 2 : 17 ; 11 : 7-15 ; 딤전 6 : 5-10 ; 벧후 2 : 3, 14-15 ; 유 11). 한편 아이스크로케르도스는 '기꺼이'라는 의미의 프로뛰모스(prothymōs)의 반대 개념이다. 프로뛰모스는 철저한 계산 속에 잇속을 챙김 없이 다른 사람의 필요를 기꺼이 돕고자 하는 열심을 말한다. 그레코-로만 시대의 그 용어는 종종 시민에 봉사하는 차원에서 열정적으로 물심양면으로 기여했던 한 도시의 후원자(benefactor)의 특징을 나타낼 때 사용되었다(Jobes, *1 Peter*, p. 305 ; Schreiner, *1, 2 Peter, Jude*, 2003, pp. 234-235). 따라서 장로의 적절한 태도는 반대급부를 기대하지 않은 온전한 자발적인 기부가 되어야 하는데, 즉 주는 데는 열심이나 받고자 하는 욕구는 피해야 한다. 바울도 약한 사람들을 돕는 일에 사심을 두지 않고 기꺼이 공궤하며 사역한 자신의 섬김을 예수의 말씀을 인용하여 강조한 바 있다 : "내가 아무의 은이나 금이나 의복을 탐하지 아니하였고 여러분이 아는 바와 같이 이 손으로 나와 내 동행들이 쓰는 것을 충당하여 범사에 여러분에게 모본을 보여 준 바와 같이 수고하여 약한 사람들을 돕고 또 주 예수께서 친히 말씀하신 바 주는 것이 받는 것보다 복이 있다 하심을 기억하여야 할지니라"(행 20 : 33-35).

구약성경의 사례를 들자면 사무엘이 이스라엘의 영적 지도자로 활동하면서 물질의 문제에 있어 참으로 깨끗하였음을 진술하고 이스라엘 백성도 그 사실을 분명하게 인정하였다 : "……내가 어려서부터 오늘까지 너희 앞에 출입하였거니와 내가 여기 있나니 여호와 앞과 그의 기름 부음을 받은 자 앞에서 내게 대하여 증언하라 내가 누구의 소를 빼앗았느냐 누구의 나귀를 빼앗았느냐 누구를 속였느냐 누구를 압제하였느냐 내 눈을 흐리게 하는 뇌물을 누구의 손에서 받았느냐 그리하였으면 내가 그것을 너희에게 갚으리라 하니" (삼상 12 : 2-3). 그리고 예수께서도 친히 하나님을 섬기는 일과 돈을 사랑하는 일은 양립될 수 없음을 분명히 말씀하셨다(마 6 : 24 ; 눅 16 : 13). 따라서 재물의 문제는 주의 일을 감당하려는 사람의 가장 내밀한 동기와 성향을 보여 주는 중요한 바로미터로 기능한다.

다른 한편 지도자인 사역자가 돈으로부터 자유로워야 할 또 다른 이유는 돈을 받게 되면 그 물질을 공급하는 이들의 손에 자신을 맡기는, 종속적인 위치에 서게 됨을 또한 의미할 수 있기 때문이다. 결국 복음의 진리보다는 후원자의 입김에 따라 타협으로 빠질 수 있는 위험이 있기에 지도자에 있어 물질의 문제는 단순한 경제적 차원을 넘어서는 중차대한 경계의 대상이 되는 것이다. 바울이 다른 교회의 후원은 수용하지만, 현재 사역하고 있는 교회에서는 자비량 사역을 고집한 이유이기도 하다.

셋째로, 장로는 맡겨진 양들에게 주장하는 자세를 취하기보다는 모범이 되어야 한다. '맡은'이라는 표현은 원래 제비 뽑힌 분깃을 의미하여 하나님께서 나누어 주신 몫으로 이해할 수 있다. 따라서 장로들이 사역해야 할 대상은 본인 스스로 선정한 사람들이 아니라 하나님의 뜻으로 맺어진 관계라는 설명이다. 따라서 지도자는 자신에게 위임된 사역의 대상자는 내가 원하는 임의대로 그 관계성을 변경할 수 있는 것이 아닌데, 베드로는 2절에서 이미 '하나님의 양 무리'라는 표현을 통해 이 점을 분명히 하였다(마이클스, 「베드로전서」, 2006, pp. 562-563).

그리고 하나님께서 그들에게 권위를 부여하신 것은 양들을 압제하라는 것이 아니라 모본이 되도록 명하신 것이다. '주장하는 자세'란 군림과 탄압의 의미를 지니며, 장로들의 지배욕 혹은 권력욕으로 사역의 성격이 변질될 수 있음에 대한 경고이다. 하나님의 목자들은 반대로 겸손과 섬김의 모범을 보여야 한다. 특히 소위 모방 모티브(imitation motif)로 알려진 그레코-로만 시대의 교육 방법의 일환은 바울에 의해서도 자주 강조되고 가르쳐졌다(참조. 고전 11 : 1 ; 고후 9장). 또한 바울은 직접적으로 본보기라는 용어도 자주 사용하였다(빌 3 : 17 ; 살후 3 : 9 ; 딤전 4 : 12 ; 딛 2 : 7 ; 마이클스, 「베드로전서」, 2006, p. 563).

무엇보다도 권위의 행사에 따른 지도력보다 섬김의 리더십에 대해서는 예수께서 친히 자주 강조하신 바이다. 예수께서는 세베대의 아들의 어머니가 자신들의 아들들을 특별히 우대해 줄 것을 부탁하시자 주를 따르는 자는 그들의 권세를 섬기는 데 사용하여야 한다 가르치면서 다음과 같이 말씀하셨다 : "이방인의 집권자들이 그들을 임의로 주관하고 그 고관들이 그들에게 권세를 부리는 줄을 너희가 알거니와 너희 중에는 그렇지 않아야 하나니 너희 중에 누구든지 크고자 하는 자는 너희를 섬기는 자가 되고 너희 중에 누구든지 으뜸이 되고자 하는 자는 너희의 종이 되어야 하리라 인자가 온 것은 섬김을 받으려 함이 아니라 도리어 섬기려 하고 자기 목숨을 많은 사람의 대속물로 주려 함이니라"(마 20 : 25-28 ; 참조. 막 10 : 45). 따라서 장로로 대표되는 교회의 지도자들은 다른 이들을 주관하기 위해서 사역에 들어가는 것이 아니라 그들의 책임 아래 있는 이들에게 그리스도의 성품, 특히 섬김과 관련한 겸손의 본을 보이기 위해 사역을 감당해야 한다. 바울도 예수 그리스도의 마음을 겸손의 모본으로 제시한다 : "너희 안에 이 마음을 품으라 곧 그리스도 예수의 마음이니 그는 근본 하나님의 본체시나 하나님과 동등됨을 취할 것으로 여기지 아니하시고 오히려 자기를 비워 종의 형체를 가지사 사람들과 같이 되셨고 사람의 모양으로 나타나사 자기를 낮추시고 죽기까지 복종하셨으니 곧 십자가에 죽으심이라"(빌 2 : 5-8).

부득이함이 아닌 자원함으로, 더러운 이가 아닌 즐거운 마음으로, 그리고 주장하는 자세가 아닌 본이 되는 섬김의 사역은 목자장이신 예수 그리스도(참조. 겔 34 : 11-16 ; 요 10 : 11, 14 ; 히 13 : 20)께서 나타나실 때, 곧 재림의 시간에 시들지 않는 영광의 관을 쓰게 해 줄 것이다. 관(crown)은 그레코-로만 세계에서 영예의 상징으로 폭넓게 사용되었다. 승리를 나타내는 의미로도 사용된 이 관은 아마도 운동 경기에 우승한 자에게나 전쟁에서 큰 공을 세운 자들에게 주어진 상으로 화환이나 월계수 등의 잎이나 가지로 만들었기에 수상 후 곧바로 시들었을 것이다. 그러나 그리스도의 재림 시에 주어질 영광의 관은 결코 시들지 않는다(Jobes, *1 Peter*, 2005, p. 306). 베드로는 1 : 4에서 장차 그리스도인들이 누리게 될 기업에 대해서도 그 영원성에 대해 썩지 않고 더럽지 않고 쇠하지 아니하는 성격을 묘사한 바 있다. 베드로는 결코 보상에 대한 생각 없이 희생만을 강요하지 않는다. 그는 그리스도인들의 다른 이들에 대한 수고는 장차 큰 기쁨 속에 영광으로 갚아질 것이라고 확언한다.

한편 다시 한번 예수 그리스도에 대해 목자장이라는 표현을 사용함으로 베드로는 장로들의 지위는 군림할 수 있는 특권의 위치가 아니라 근본적으로 목자장 아래서 책임적으로 일해야 할 종이라는 사실을 상기시킨다. 그리고 또한 그들의 사역의 범위도 그리스도의 재림까지 한시적이다. 그리고 '얻으리라'에 사용된 헬라어 코미에이스떼(komieisthe)는 신약성경의 여러 곳에서 마지막 날에 하나님의 뜻의 준행 여부에 따라 받게 될 심판 혹은 보상을 명명할 때 사용되어 그 용어의 사용은 종말론적 어감을 강화시킨다(고후 5 : 10 ; 엡 6 : 8 ; 골 3 : 25 ; 히 10 : 36 ; 벧전 1 : 9 ; Schreiner, *1, 2 Peter, Jude*, 2003, p. 236).

장로에 대한 권면과 관련하여 베드로전서 4 : 10 이하에서는 바울의 교회 공동체들과 마찬가지로 은사에 따른 질서 체계가 언급되었지만, 5 : 1~4에서는 일정 부분 제도화된 장로 직분에 대한 권면이 제시되는 것으로 보아 베드로전서의 수신자들의 공동체는 은사적 질서 공동체에서 장로가 지도력을 행사하는 직제 공동체로의 과도기에 속한다고 볼 수 있다(페르디난트 한, 「신약성서신학 Ⅱ」, 2007, p. 486).

B. 젊은이 및 일반 신도들에 대한 권고(5 : 5-11)

5젊은 자들아 이와 같이 장로들에게 순종하고 다 서로 겸손으로 허리를 동이
라 하나님은 교만한 자를 대적하시되 겸손한 자들에게는 은혜를 주시느니라
6그러므로 하나님의 능하신 손 아래에서 겸손하라 때가 되면 너희를 높이시
리라 7너희 염려를 다 주께 맡기라 이는 그가 너희를 돌보심이라 8근신하라
깨어라 너희 대적 마귀가 우는 사자같이 두루 다니며 삼킬 자를 찾나니 9너희
는 믿음을 굳건하게 하여 그를 대적하라 이는 세상에 있는 너희 형제들도 동
일한 고난을 당하는 줄을 앎이라 10모든 은혜의 하나님 곧 그리스도 안에서
너희를 부르사 자기의 영원한 영광에 들어가게 하신 이가 잠깐 고난을 당한
너희를 친히 온전하게 하시며 굳건하게 하시며 강하게 하시며 터를 견고하게
하시리라 11권능이 세세무궁하도록 그에게 있을지어다 아멘

[5 : 5-11] 베드로의 관심은 이제 목자로서의 장로들에게 양이라 할 수 있는 일반 신도들을 향한다. 우선 베드로는 일반 신도들에 대한 권고를 '젊은 자들아'라는 호칭으로 시작한다. 장로들은 대개 공동체 중 연배가 있는 사람들이기에 일반 회중은 당연히 젊은 사람들이 대다수를 차지했을 것이다. 하지만 일반 회중들 가운데는 장로보다 연장자가 있을 수 있음도 배제할 수 없다. 따라서 '젊은 자'들은 장로들을 제외한 모든 회중에 대한 호칭으로 이해된다.

젊은이들은 무엇보다도 교회의 지도자인 장로들에게 순종해야 한다. 그리고 교인 상호 간에는 서로 겸손으로 허리를 동여야 한다. 이 권면에는 '다'(판테스, pantes)라는 지시어로 장로와 젊은이들 모두를 포함한다. 고대 세계에는 사람이 입고 있는 복색이 그의 사회적 지위를 나타냈다. 특히 '허리를 동이라'에 사용된 엥콤보사스떼(engkombōsasthe)라는 어휘와 연관된 엥콤보마(engkomboma)는 노예들이 일할 때 두르던 앞치마이다(레이머, 「베드로전·후서/요한1·2·3서/유다서」, 1988, p. 65). 아마도 베드로는 이 용어를 사용하며서 최후의 만찬 자리에서 수건을 두르시고 제자들의 발을 씻기시던 예수님의 겸손의 표본을 염두에 두었을 수 있다(요 13 : 4-15). 특히 장로들은 자신의 권위를 남용할 위험성이 상존하기에 앞서 양들에게 대해 주장하는 자세를 취하지 말 것을 경고받은 바 있다(5 : 3).

겸손은 그레코-로만 사회에서는 자유자들에게는 적합하지 않은 천박한 노예의 정신 상태의 표식으로 간주되었다. 그럼에도 베드로는 수신자들에게 자신들을 그 사회의 일원이 아니라 외인이자 거류민으로, 그 시대적 질서를 따르기보다는 다른 종류의 왕국인 하늘의 표준으로 살라고 말하고 있다(1 : 1 ; 2 : 11). 자기 비하와는 분명히 구별되는 겸손은 천국의 기준에서는 그리스도인의 최상의 덕목이다. 겸손은 어떤 상황 아래에서도 하나님의 경륜과 섭리를 믿는 마음으로 자신의 역할을 수용하며 다른 이들보다 더 많은 권력과 특권을 얻으려는 모든 시도로부터 자유로우며 자신의 이익을 초월하여 다른 이들을 기꺼이 섬기려는 의지와 다름없다(Jobes, *1 Peter*, 2005, p. 309).

따라서 베드로는 겸손의 이유로 잠언 3 : 34의 70인역 본문을 정확하게 따르면서 하나님께서는 교만한 자를 대적하시고 겸손한 자들에게는 은혜를 베푸신다고 말한다. 겸손은 하나님의 은혜를 경험하는 통로가 된다. 그러나 교만은 하나님의 은혜를 막아 버릴 뿐더러 스스로를 하나님과 원수 되게 하는 어리석은 행동이다.

베드로는 '그러므로'라는 연결어로 논리를 따라 겸손과 연관된 추가적 권면을 제시한다 : "하나님의 능하신 손 아래에서 겸손하라 때가 되면 너희를 높이시리라"(6절). 겸손은 자신의 유약함에서 비롯된 태도가 아니라 하나님의 능력에 대한 신뢰에 기인한다. 그리하여 그는 하나님의 능하신 손, 곧 하나님의 주권적 통치를 믿고 자신을 철저히 낮추면 하나님의 정하신 때(엔 카이로, en kairō)에 이르러 하나님께서 겸손한 자를 높이신다고 말한다. '하나님의 능하신 손'이라는 표현은 애굽으로부터의 이스라엘의 구원 역사와 연관이 있다(참조. 출 3 : 19 ; 32 : 11 ; 신 4 : 34 ; 5 : 15 ; 6 : 21 ; 7 : 8, 19 ; 9 : 26 ; 11 : 2 ; 26 : 8 ; 단 9 : 15 등). 겸손한 자를 높이시는 하나님께 대한 이해는 야고보서 4 : 10에서도 발견된다 : "주 앞에서 낮추라 그리하면 주께서 너희를 높이시리라"(Schreiner, 1, *2 Peter, Jude*, 2003, p. 239 ; Senior, *1 Peter, Sacra Pagina*, 2008, p. 146).

베드로에게 있어 겸손은 단순한 겸양의 의미만이 아니라 현재 당하고 있고 앞으로도 경험하게 될 그리스도께 대한 믿음으로 말미암은 고난에 대해 원망과 불평을 일삼는 것이 아니라 하나님께 대한 철저한 의지로 고난 속에서도 하나님의 뜻을 발견하는 태도도 포함한다. 이러한 태도는 7절의 모든 염려를 성도를 돌보시는 주께 다 맡겨 버리라는 권고로 연결된다. 유사 권고로 시편 기자는 "네 짐을 여호와께 맡기라 그가 너를 붙드시고 의인의 요동함을 영원히 허락하지 아니하시리로다"라고 말한다(시 55 : 22 ; 레이머, 「베드로전·후서/요한1·2·3서/유다서」, 1988, p. 66). 베드로전서의 수신자들에게 있어 그리스도를 믿는 신앙으로 말미암은 수많은 염려는 실제 상황이었다. 다신론적 사회에서 복음의 배타적 주장은 사회에 대한 적대행위로 간주될 수 있어, 소아시아의 그리스도인들에게는 믿음의 고백으로 인한 사회적 지위와 명망의 상실, 가족 내의 멸시, 친구와의 결별, 기타 삶을 지탱해 주는 모든 환경과 극단적으로는 목숨까지도 잃어버릴 수 있는 상황도 맞닥뜨려야 했기에 어찌 염려가 없었을 수 있겠는가? 그럼에도 불구하고 베드로는 단호히 모든 염려를 주께 맡기라고 권고한다(Jobes, *1 Peter*, 2005, p. 313).

한편 눈여겨볼 표현은 대부분의 번역된 성경이 '너희 염려를 다 주께 맡기라'는 명령형으로 번역하지만 헬라어 원문 형태는 '던져 버리다'라는 뜻의 에피리프산테스(epiripsantes)로, 이는 부정과거분사형이기에, 도구적 의미를 살려 '염려를 맡김으로써 주께서 너희를 돌보시게 하라'는 의미로도 이해 가능하다. 따라서 6절과의 논리적 관계성은 '신자들은 그들의 염려를 하나님께 맡김으로써 스스로를 겸손하게 한다'로 이해된다. 염려를 맡기는 것과 겸손의 관계는 다음과 같이 설명할 수 있다. 염려는 겸손의 반대로서 일정 부분 교만과 연결되는데, 교만은 자신의 삶에서 부닥치는 모든 문제를 자신의 능력으로 해결해야 한다는 마음에서도 비롯되기 때문이다(Schreiner, *1, 2 Peter, Jude*, 2003, p. 240). 하지만 신자는 자신의 모든 문제에 따른 염려를 하나님의 능력의 손에 의탁함으로써 하나님의 주권 아래 스스로를 복종시키는 겸손으로 나아가게 된다.

다른 한편 헬라어 어법상 부정과거의 의미는 단회적 행동을 나타내기에, 염려를 전능하신 하나님의 손에 맡긴 후에는 다시 그 문제를 끼니이 들고 염려하는 어리석고 우유부단한 행동을 하기보다는 깨끗이 안심하고 평강 속에 지내라는 의미를 지니고 있다. 이 말씀은 사무엘상 1장에 기록된, 아기가 없던 한나가 여호와의 전에서 읊조리며 눈물로 기도할 때 엘리 제사장에게 술주정한다는 오해를 샀으나 그 근심과 아픈 마음을 전해 듣고 엘리 제사장이 위로의 말을 전하자 보여 준 한나의 태도를 떠올리게 한다 : "엘리가 대답하여 이르되 평안히 가라 이스라엘의 하나님이 네가 기도하여 구한 것을 허락하시기를 원하노라 하니 이르되 당신의 여종이 당신께 은혜 입기를 원하나이다 하고 가서 먹고 얼굴에 다시는 근심 빛이 없더라"(삼상 1 : 17-18).

그러한 믿음으로 성도가 살아갈 때 하나님은 친히 성도의 형편을 살피시고 돌보아 주신다. 염려하지 말고 하나님을 전적으로 의뢰하라는 이 가르침은 예수께서 주신 산상수훈 혹은 평지 설교의 말씀(참조. 마 6 : 25-34 ; 눅 12 : 22-32)에서도 강력히 주어졌다.

앞에서 베드로전서의 염려는 예수 그리스도께 대한 신앙으로 말미암은 여러 적대적 환경과 핍박과 직결된다. 그리고 베드로는 그레코-로만 세계의 불신앙적 세계관과 문화 안에서 역사하는 사탄의 존재를 인식하였던 것 같다. 그리하여 그는 수신자들에게 염려를 주께 온전히 맡김과 동시에 성도 스스로도 근신하고 깨어 있을 것을 명한다(8절). 본래는 술 취하지 않고 맑은 정신으로 살아가는 것을 의미하면서 은유적으로 절제 있는 처신을 나타내는, 근신하라는 명령법에 사용된 동사 네프사테(nēpsate)는 가까워진 종말의 때를 살아가는 그리스도인의 바른 태도로 1 : 13과 4 : 7에서도 사용된 바 있다(참조. 살전 5 : 6, 8 ; 딤후 4 : 5). '깨어 있으라'는 권고 역시 신약성경에서 종말론적 문맥에서 자주 등장하는 어휘이다(마 24 : 42-43 ; 25 : 13 ; 막 13 : 34-35, 37 ; 눅 12 : 37 ; 살전 5 : 6 ; 계 3 : 2-3 ; 16 : 15 ; Schreiner, *1, 2 Peter, Jude*, 2003, p. 241).

성도가 이처럼 근신하고 깨어 있어야 할 이유는 하나님과 성도를 대적하는 마귀가 삼킬 대상을 두루 찾고 다니는 까닭이다. 마귀는 신약성경에서 사탄에 대한 칭호로 기독교 전승에서는 하나님과 성도를 대적하는 존재로 모든 악의 근원으로 간주되었다. 사탄의 주 목표는 신자들에게 갖은 박해를 가하게 만들어 그들로 주 예수 그리스도를 부인하게 하여 종말론적 상급을 박탈하게 할 뿐 아니라 배교시켜 멸망하게 하려는 것이다. 그리하여 사탄은 우는 사자처럼 두루 다니며 멸망시킬 대상으로서의 성도들을 찾고 있다. 맹수의 이미지는 또한 다니엘서와 요한계시록에서 죄와 흑암의 권세로 말미암아 뒤

틀려진 사회 체계를 형상화하기 위하여 사용되었다. 베드로는 아마 먹잇감을 노리는 우는 사자의 심상을 통해 로마제국 내에서 성도들이 겪어야 했던 고초를 발생시킨 사회문화, 그리고 정치 시스템 안에 사탄의 역사가 존재하고 있음을 시사하고 있다. 그리고 사자의 급습은 목자와 양 모두를 혼비백산하게 할 것이기에 목자와 양 누구를 무론하고 전체가 다 깨어 경성해야 한다. 따라서 주변 사회의 그리스도인들에 대한 박해는 결코 개인적 차원에 국한되지 않으며 기독교 전체를 대적하는 행위로서 교회의 와해를 목표로 삼을뿐더러 사탄이 이 일을 주도하고 있음을 인식하여 그 싸움은 인간 스스로 극복할 수 없기에 하나님의 능하신 손을 전적으로 의지해야 하는 것이다(참조. Jobes, *1 Peter*, 2005, p. 314 ; Marshall, *1 Peter*, 1991, 170–171).

베드로는 4 : 17에서 하나님의 집에서 심판을 시작할 때가 되었다고 선언함으로 당면한 핍박이 누가 진정한 하나님의 백성인가를 증명하는 도구가 되기 때문에 사탄의 궤계를 꿰뚫어 보고 이 영적 시험에서 승리하도록 권고하고 있는 것이다. 성경에서 사탄은 항상 참소하는 자로 그리고 시험 혹은 유혹하는 자로 등장하는데, 아담과 하와에게는 하나님과 같이 될 수 있다는 유혹으로(창 3 : 5), 욥에게는 이루 말할 수 없는 환난과 고통으로(참조. 욥 1 : 6–12), 소아시아의 초기 그리스도인들에게는 주변 사회의 모욕과 갖은 박해로 그들의 믿음에 대한 시험을 제공하고 있다. 따라서 그리스도인들은 잠이 들어 부지불식간에 대적의 먹이가 되는 것을 피하도록 깨어 있어야 하며 행실에 있어서도 절제가 있어야 한다(Jobes, *1 Peter*, 2005, pp. 314–315).

이제 베드로는 수신자들에게 깨어 있는 방어적 자세에서 공세로 전환하여 믿음을 굳게 하여 사탄을 대적하라고 한다. 성도는 수동적 자세로 수세에 머물고 있는 한 사탄을 이길 수 없다. 하지만 사탄을 대적하여 이기는 길은 신자가 자신의 모든 능력을 동원하여 사탄을 제압하는 것이 아니다. 인간 스스로에게는 그러한 능력이 없다. 사탄은 인간이 눈으로 보고 싸울 수 있는 대상이 아니다. 때문에 바울은 "우리의 씨름은 혈과 육을 상대하는 것이 아니요 통치자들과 권세들과 이 어둠의 세상 주관자들과 하늘에 있는 악의 영들을 상대함이라"(엡 6 : 12)고 말한다. 보이지 않는 영적 세력과 싸움은 주먹질이 아니라 오직 믿음을 굳게 함으로 그리스도께만 전적으로 의지할 때 승리할 수 있다. 신자는 하나님을 계속적으로 신뢰할 때만 사탄을 대적할 수 있다. 사탄은 온갖 핍박적인 상황을 만들어 두려움과 공포 속에 배교하도록 성도들을 속이고 괴롭힌다. 하지만 하나님께서 신자들을 한 순간도 놓치지 않으시고 진정으로 돌보시며 마지막 때까지 그들을 살피시고 보호하신다는 믿음 위에 굳게 설 때만이 능히 이 사탄과의 영적 싸움에서 이길 수 있다. 따라서 신자는 처음도 끝도 계속 하나님께 대한 철저한 신뢰 속에 인내해야 한다. 그리하여 사탄은 무대에 등장하자마자 곧 사라지는데, 베드로의 관심은 사탄 자체가 아니라 하나님의 부르심에 합당한 헌신은 곧 사탄을 대적한 승리로 귀결되기 때문이다.

베드로는 수신자들이 당면한 여러 어려움들과 고난은 그들에게만 임한 것이 아니라 세상에 있는 믿음의 형제들이 동일하게 모두 겪고 있고 인내하고 있다는 사실로 위로한다. 기독교 신앙으로 말미암은 배척과 차별은 그레코-로만 세계의 거의 모든 신자들이 경험하고 있는 고난이었다. 그러므로 그러한 고난은 개인 차원의 불운이 아니라 믿음의 정수(精髓)에 속한 것으로 사탄과 대적하고 있다는 징조라고 할 수 있다. 더욱이 9절에서 '고난을 당하다' 라는 동사에서 유래된 헬라어 부정사 에피텔레이스따이(epitelesthai)는 종종 '완성하다', '주어진 (종교적) 의무를 완수하다' 혹은 '세금을 바치다'라는 의미로 해석되기도 한다(Elliott, *1 Peter*, 2000, pp. 861-862 ; 참조. 박창환/김경희, 「베드로전·후서/유다서」, 1996, p. 134). 한 국가에 속한 백성이 조세를 내는 것은 당연한 의무인 것처럼 성도에게 있어 고난은 당연한 의무로 고난은 우연한 것이 아니라 성도가 완성해야 할 몫이고 하나님의 목적에 필연적 요소임을 우회적으로 설명하고 있다고 볼 수 있다.

이제 베드로는 서신의 본론 부분을 마치면서 10절에서 믿음의 삶에 고난만 있는 것이 아님을 깨닫게 하기 위해 하나님께서 베푸신 모든 은혜를 상기시킨다 : 첫째, 하나님께서 다른 사람들과 구별하여 그리스도 안에서 신자들을 특별히 불러 주셨다는 것, 둘째, 하나님께서 자신이 누리시는 영원한 영광 안에 들어가게 하셨다는 것, 셋째, 그들이 당하는 고통은 잠깐이며 하나님은 그들로 온전하게 강하며 든든하게 세워 주실 것이라는 약속이다.

'은혜'는 베드로가 선호하는 어휘로(1 : 2, 13 ; 3 : 7 ; 4 : 10 ; 5 : 5, 12), 하나님은 모든 은혜의 근원으로 제시된다. 신자들의 고난이 거셀지라도, 하나님의 능력과 은혜는 더욱 크다. 비록 고난이라는 세금을 바쳐야 할지라도 하나님의 백성이라는 새로운 관계의 형성을 위한 부르심의 은혜에는 비견할 수 없다. 그리고 영광의 종말론적 성격은 베드로가 계속 언급한 바이다(1 : 7, 11, 21 ; 4 : 13 ; 5 : 1, 4). 이 부르심과 영원한 영광 속으로 편입되는 은혜는 오직 그리스도 안에서 이루어진 것이다. 하지만 이 은혜가 온전히 이루어지기 이전에 신자들을 고난을 받아야 하는데, 그러나 그 고난은 잠시 동안의 일이다. 베드로는 고난이 짧은 기간만 지속됨을 1 : 6에서도 말하였다 : "너희가 이제 여러 가지 시험으로 말미암아 잠깐 근심하게 되지 않을 수 없으나……." 하지만 '잠깐'(oligon)은 고난이 수신자들의 나그네의 삶이 끝나기 전, 곧 지상적 삶의 어느 순간에는 종결될 것이라는 것을 보장하지 않는다. 즉, 고난은 죽음으로도 이어질 수 있다. 다만, 영원한 영광과 비교할 때 고난이 찰나라는 의미를 담지하고 있다(Schreiner, *1, 2 Peter, Jude*, 2003, pp. 244-245). 그러나 성도는 그 고난을 홀로 감당하는 것이 아니라 하나님의 강권적인 역사가 친히 함께하신다. 비록 최종적 승리는 미래적이겠으나 하나님의 모든 은혜는 이미 성도들의 고난과 삶 속에서 진행 중이다.

베드로는 10절에서 그 약속을 네 개의 동사를 활용하여 설명한다 : "온전하게 하시며, 굳건하게 하시며, 강하게 하시며, 터를 견고하게 하시리라." 각각의 동사, 곧 조정하고 수리한다는 의미가 담긴 '온전하게 하시며'는 하나님은 고난을 통해 성도의 모나고 고장 난 부분을 수리하신다는 뜻을 담고 있고,

'굳건하게 하시며'는 고정한다는 원어의 뜻을 담아 하나님은 고난을 통해 성도를 믿음 위에 더욱 단단히 고정하신다는 뜻이고, '강하게 하시며'는 원기를 돋우어 큰 힘을 발휘하게 하신다는 뜻이고, '터를 견고하게 하시리라'는 역시 고난을 통해 믿음의 기초를 튼튼히 하신다는 의미를 담고 있다(박수암, 「공동서신」, 2004, p. 210). 이 모든 동사는 하나의 목표를 지향하는데, 영원한 영광으로 들이시기 위해 성도들을 그리스도 예수 안에서 불러 주신 하나님이 고난에 처한 그들을 붙들어 주시고 강하게 하셔서 마지막 때까지 그 고난을 능히 견디고 남음이 있게 돌보신다는 점이다.

그리하여 베드로는 사탄에 대한 승리뿐 아니라 모든 고난을 극복하는 힘 자체도 성도 자신에게 있는 것이 아니라 그 모든 권세가 하나님께만 있음을 고백하며 찬양으로 본론을 마무리한다(11절). 그리고 6절의 '하나님의 능하신 손'이라는 표현과 결부되어 로마의 권세 앞에서 시련을 당하고 있는 현실에서 하나님의 어느 속성보다 권능이 강조되는 것은 우연이 아니다. 그리고 지역적 분쟁들을 종결시키고 로마 세계의 전 지역에 평화(pax Romana)를 가져온 로마의 위세가 영원할 것 같은 분위기에서, 그리고 그 지배력이 전혀 도전받지 않을 것 같은 상황에서, 또한 그 힘이 기독교를 능히 멸절시키고도 남을 위협 앞에서 베드로는 주 되신 그리스도와 왕 되신 하나님을 선포하고 있는 것이다. 그리고 베드로는 영원하신 하나님의 나라 앞에서 곧 종식되고 사라질 로마 통치의 끝을 믿음으로 바라보고 있다(참조. Jobes, *1 Peter*, 2005, p. 317).

C. 마지막 인사와 축복하는 기원(5 : 12-14)

12내가 신실한 형제로 아는 실루아노로 말미암아 너희에게 간단히 써서 권하고 이것이 하나님의 참된 은혜임을 증언하노니 너희는 이 은혜에 굳게 서라

[13]택하심을 함께 받은 바벨론에 있는 교회가 너희에게 문안하고 내 아들 마가
도 그리하느니라 [14]너희는 사랑의 입맞춤으로 서로 문안하라 그리스도 안에
있는 너희 모든 이에게 평강이 있을지어다

[5 : 12–14] 베드로는 수신자들에게 하나님이 그리스도 안에서 행하신 일, 곧 은혜에 대하여 증언하고 그들로 그 믿음 위에 굳게 서도록 권면하기 위하여 이 서신을 기록하였다고 말한다. 이 하나님께서 베풀어주신 은혜 위에 굳게 서라는 권면은 전체 서신의 메시지를 요약하고 있다. 고난이 임박했으나, 수신자들은 하나님이 이미 그들에게 베푸신 은혜 위에 굳게 서서 인내하며 배교의 유혹에 저항해야 한다.

한편 마지막 인사는 실루아노에 대한 언급으로 시작하는데, 실루아노는 베드로전서의 대필자로 여겨지며 바울이 2차 전도여행 때 동행했던 실라와 동일인물로 보인다(행 15 : 22, 27 ; 17 : 4, 10 ; 18 : 5). 바울도 그를 실루아노로 칭했었다(고후 1 : 19 ; 살전 1 : 1 ; 살후 1 : 1). 베드로는 실루아노에 대해 신실한 형제라는 칭호를 통해 복음사역에 신뢰할 만한 소중한 동역자임을 밝힌다. 아울러 '신실한 형제'라는 호칭은 신약성경에서 서신들의 전달자에게 전형적으로 붙여진 것들이었다(롬 16 : 1–2 ; 엡 6 : 21–22 ; 골 4 : 7–8). 그러나 서신의 전달을 맡은 자들은 단순히 편지를 전한 것으로 소임을 다한 것이 아니라 수신자들이 편지의 내용과 의미에 대하여 질문하면 편지를 보낸 이를 대신하여 그 서신의 최초의 해석자의 역할을 감당하였다. 따라서 '신실한 형제'라는 호칭은 베드로의 승인 아래 편지를 전달하며 그 내용에 대해 설명할 수 있는 권리를 갖고 있는 자라는 표식이 되었다(박수암, 「공동서신」, 2004, p. 211 ; Schreiner, *1, 2 Peter, Jude*, 2003, p. 249). 베드로는 수신자들에 대해 바벨론에 있는 교회의 문안을 전하는데, 역사 속의 바벨론은 이미 폐허가 되었기에 베드로가 그 도시를 지칭 했을 리 만무하고, 요한계시록의 경우처럼(17–18장), 바벨론은 하나님의 대적으로서의 로마 자체를 언급한다고 보아

야 할 것이다. 13절의 '바벨론에 있는 교회'라는 문구에 대해 여성형 명사가 교회가 아닌 베드로의 아내 혹은 다른 특정 여인을 지칭한다는 주장도 있으나(참조. Judith K. Applegate, "The Co-elect Woman of 1 Peter," *NTS* 38 〈1992〉, pp. 587-604), 대부분의 학자들은 바벨론에 있는 교회는 로마에 있는 교회를 지칭하는 것으로 견해를 같이한다. 특히 그는 이 표현을 통해 신자들의 현재적 삶의 자리가 바벨론 통치하의 이스라엘 사람들이 그러했던 것처럼, 외인과 거류민으로 살아가고 있음을 상기시켜 준다(켈리, 「베드로전·후서/유다서」. 1987, p. 271-272).

또한 베드로는 독특한 애정을 담은 표현으로서 아들로 소개하는 마가로부터의 문안도 전하는데, 마가는 바울의 1차 전도여행 때 동행하였던 인물이다(참조. 행 12 : 15 ; 13 : 13 ; 15 : 35-39). 그러나 마가의 어떤 태도로 인해 바울과 바나바가 심히 다투고 결별하였던 아픔을 안겨 준 당사자이기도 하다. 그러나 바울은 후에 마가에 대해 매우 긍정적으로 말하였다(골 4 : 10 ; 딤후 4 : 11 ; 몬 24 ; Schreiner, *1, 2 Peter, Jude*, 2003, p. 251).

마지막으로 베드로는 상호 간의 사랑의 입맞춤으로 문안할 것을 권고하고 박해 속에 고통을 당하고 있는 신자들에게 그리스도의 평강을 빌면서 서신을 마무리한다. 입맞춤은 그레코-로만 시대의 특히 가족 간의 교제의 표식이었고 초대 교회 성도 간에도 인사로 사용되었다(롬 16 : 16 ; 고전 16 : 20 ; 고후 13 : 11-12 ; 살전 5 : 26 ; Senior, *1 Peter, Sacra Pagina*, 2008, p. 155).

■■ 설교를 위한 묵상

5 : 1~4은 장로들을 향하여 특히 목자의 자세를 권면한다. 베드로는 스스로를 장로 중의 하나로 소개하여 권위적 권고가 아닌 스스로에게도 목양적 책임을 안기는 겸손을 보여 준다. 하나님의 일을 하는 이는 직분이 중할수록 예외 의식과 특권 의식을 버려야 한다. 이 권고는 비단 장로에게만 주는 권고가 아니라 모든 직분자와 섬기는

자에게 그대로 적용될 수 있다. 첫째로 직분을 맡은 자는 억지로가 아닌 자원하는 마음으로 감당해야 한다. 둘째로, 더러운 이익을 위해서가 아니라 양을 돌보는 사역을 기쁨으로 알아야 한다. 셋째로, 권위를 내세우는 주장을 펼치지 말고 본을 보이는 데 앞장서야 한다. 마지막으로 무엇보다 중요한 것은 섬기는 그 양들은 내 양이 아니라 하나님의 양무리이며, 목자들의 장은 예수 그리스도이심을 기억하는 것이다.

젊은이들은 권위와 권위적인 것을 구분하여 하나님이 세우신 질서를 존중해야 한다. 그리고 모든 사람은 겸손으로 상호 간에 섬겨야 한다. 하나님은 교만한 자를 대적하시고 겸손한 자들에게는 은혜를 주시는 까닭이다.

아울러 성도는 삼킬 자를 찾는 마귀의 존재를 잊지 말고 근신하고 깨어 있어야 한다. 고난과 염려가 없을 수 없으나 염려를 다 주께 맡기는 가운데, 잠깐 동안만 지속될 고난을 인내해야 한다. 은혜의 하나님께서 고난당하는 성도를 방기하지 않으시고 온전하게 하시고 굳건하게 하시고 강하게 하시며 터를 견고하게 하실 것이기 때문이다.

베드로후서

베드로후서

서 론

A. 서 문
B. 저자와 연대 문제
C. 수신자
D. 기록 목적과 신학
E. 구 조

서 론

A. 서 문

베드로후서는 신약성경 가운데 가장 가벼이 여겨지는 책들 중 하나로 베드로전서와 비교해서도 그 가치가 덜 존중되어 왔다. 베드로후서는 신약성서 가운데 가장 후대의 책으로써 그 신학적 의미가 가장 의문시되는 문서로 유다서를 전거로 삼아 사도적인 교훈 전승과 그 전승의 규범적 타당성을 매우 강조하는 것으로 여겨졌다. 그리하여 일부 학자는 베드로후서를 그 진정성을 의심하며 정경 가운데 가장 모호한 책으로 왜 이 책이 정경에 포함되었는지 알 수 없다고 혹평하였다. 이러한 견해의 대표주자로는 케제만(Käsemann)이 있는데, 그는 자신의 유명한 에세이("An Apologia for Primitive Christian Eschatology" in *Essays on New Testament Themes* 〈Philadelphia : Fortress, 1964〉, pp. 164-195)에서 베드로후서를 초기 가톨릭주의(early Catholic) 서신으로 간주하고 '이신칭의'(justification by faith)라는 복음의 정수에서 한참 벗어난 서신이라고 비판했으며 저술 시기로 2세기를 주장하였다(Schreiner, *1, 2 Peter, Jude*, 2003, p. 253). '초기 가톨릭주의'에 대해서는 제임스 던(James Dunn)이 다음과 같은 특징을 제시한다 : 1) 그리스도의 임박한 재림에 대한 기대의 쇠퇴, 2) 교회 지도자들의 특정 직책의 세분화 및 규정에 따른 제도화가 이루어지고 하나님의 은혜가 성례를 통해 전달된다는 믿음, 그리고 3) 은사주의적 열광주의 및 거짓 가르침(특히 영지주의)에 대하여 교회를 변호할 목적으로 전래된 체계적 믿음의 강조(참조. Dunn, *Unity and Diversity in the New Testament*, 1977, pp. 341-366 ; 마샬, 「서신서와 요한계시록」, 2007, p. 461에서 재인용).

하지만 이러한 초기 가톨릭주의적 시각에서 베드로후서를 해석하려는 시도는 그 기준을 너무 확대해석한 측면이 있다. 교회의 제도화나 성례적 믿음의 강조를 이끌어 내기에는 본분의 근거가 너무 빈약하고 베드로후서는 생생한 종말론적 기대를 담고 있으며(1 : 19 ; 2 : 12 ; 3 : 1-10), 또한 우리는 서신의 서두에서부터 그리스도 안에 있는 하나님의 은혜가 강력히 선포되고 있고 궁극적으로 그 은혜가 그리스도 안에 있는 새 생명의 근거이자 보장이 된다는 베드로후서 전체의 인식을 간과해서는 안 된다(리처드 J. 보컴, 「유다서 · 베드로후서」, 2010, p. 255). 특히 "우리 하나님과 구주 예수 그리스도의 의를 힘입어 동일하게 보배로운 믿음을 우리와 함께 받은 자들"(1 : 1)의 인사말은 믿음 역시 사람이 받아야 할 선물이며 이 역시 은혜에 의한 것이라는 생각을 분명히 한다. 우리는 3장으로 구성된 짧은 베드로후서에서 신약성경 전반에 흐르는 복음의 내용을 다 찾아내려고 하거나 그 내용이 담지되어 있지 않다고 해서 베드로후서의 중요성을 폄훼하지 말아야 한다. 베드로후서는 주의 재림과 최후의 심판을 부인하며 또 교회에서 가르치는 거짓 선생들의 그릇된 이단적 신앙을 반박하고 주의 재림에 대한 확증을 통해 마지막 시대를 살아가는 크리스천들에게 경종을 울리며 바른 처신으로 새 하늘과 새 땅에 대한 소망을 심어 주는 귀한 책이기 때문이다.

B. 저자와 연대 문제

저자는 1 : 1에서 스스로를 "예수 그리스도의 종이며 사도인 시몬 베드로"라고 밝힌다. 하지만 문체가 베드로전서와 다르며, 저자가 헬라의 종교들과 철학들을 잘 알고 있고 전술한 대로 초기 가톨릭주의적 표현들이 등장하고, 베드로후서의 유언문학의 성격과 관련하여 유언문학은 대개 허구적 인물을 상정하기에 그리고 유다서와의 병행구절상의 긴밀성으로 인해 베드로가 저술했다는 진정성이 오랜 기간 의심되어 왔다.

그러나 문체의 차이는 대필가의 차이로 해석될 수 있으며 3 : 2의 '너희의 사도들'이란 표현은 '너희에게 복음을 전하고 교회를 세운 사도들'로 이해할 수 있어 초기 가톨릭주의라는 전제 아래 너무 후대로 저술 연대를 잡으려는 시도를 바로 잡아 준다. 또한 베드로후서가 유다서를 자료로 활용하였다 하더라도 이것은 초기 기독교 저자들처럼 전통적 자료를 의미 있게 사용했다는 것을 보여 줄 뿐 진정성을 의심할 근거가 되지는 않는다(베드로후서의 진정성 의혹에 대한 답변으로, P. H. R. Van Houwelingen, "The Authenticity of 2 Peter : Problems and Possible Solutions," *European Journal of Theology* 19/2 〈2010〉, pp. 119-129를 참조하라). 아직은 베드로후서의 언어와 문체와 관련한 복잡한 문제가 다 해결되지는 않았지만, 기독교 초기 전승(참조. R. E. Picirilli, "Allusions to 2 Peter in the Apostolic Fathers," *JSNT* 33 〈1988〉 : 57-83 ; 특히 초대교부들이 베드로후서를 인용하는 사례에 대해서는, 참조. Schreiner, *1, 2 Peter, Jude*, pp. 262-264)을 따라 필자는 베드로를 저자로 간주한다. 수신자들에 대한 정보가 미비한 관계로 기록 연대 추정도 제한되어 있다. 베드로 저작설을 받아들인다면 베드로전서와 마찬가지로 주후 64년경 전후가 될 것이다.

C. 수신자

베드로는 "우리 하나님과 구주 예수 그리스도의 의를 힘입어 동일하게 보배로운 믿음을 우리와 함께 받은 자들"(1 : 1)로 수신자를 칭할 뿐 우리에게 수신자들의 정체성에 대한 어떠한 정보도 제공하지 않는다. 단 베드로후서 3 : 1에서 "이 둘째 편지"라는 표현에서 유추할 수 있는 첫 번째 편지가 베드로전서를 지칭한다면 본도, 갈라디아, 갑바도기아, 아시아와 비두니아에 있던 유대인과 이방인으로 구성된 혼합 공동체로서의 교회들에 이 편지를 썼을 것이다. 그러나 그 편지가 우리가 알 수 없는 다른 편지라면 우리는 베드로후서의 수신자를 규정할 수 없다.

D. 기록 목적과 신학

우리는 베드로후서의 수신자들의 정체성에 대해서는 잘 알지 못할지라도, 수신자들이 처한 상황에 대해서는 베드로후서가 묘사하는 거짓 선생들의 신학과 주장을 통해 유추해 볼 수 있다. 거짓 교사들은 무엇보다도 기독교 공동체의 종말신앙에 대해 회의주의적 태도를 견지하며, 특히 하나님의 이 세상에 대한 섭리와 다스리심, 그리고 불법한 자들의 심판이라는 소위 신정론(Theodicy)을 거부하고 예수 그리스도의 재림 신학을 조롱하였다. 하나님의 심판에 대한 불신앙은 이 세상에서의 쾌락주의를 조장하기에 이르렀다(마샬, 「서신서와 요한계시록」, 2007, p. 469). 학자들은 이 거짓 교사들이 그레코-로만 시대에, 특히 1세기에 큰 영향을 끼친 에피쿠로스 학파의 사상을 차용한 것으로 추정한다.

에피쿠로스 학파는 신은 이 세상을 방치하는 존재로 세상사에 개입하거나 관여하지 않기에 죽음 후의 신상필벌의 개념은 통치자들이 사회통제를 목적으로 도입한 미신에 불과하다고 주장하였다. 이들에 의하면 신은 심판하거나, 보상하거나 처벌하지 않는데, 그 이유로 에피쿠로스의 사고 체계는 쾌락으로, 더 정확하게는 모든 문제로부터의 자유(absence of trouble)라는 개념의 아타락시아(ataraksia)를 추구하기 때문에 신과 인간 모두 공히 골치 아픈 문제들에 굳이 개입하기를 원하지 않는 것이라고 주장한다. 신이 문제에 개입되길 원하지 않는다면 신의 섭리를 논할 수 없다는 논리이다(Jerome H. Neyrey, "The Form and Background of the Polemic in 2 Peter," *JBL* 99/3 〈1980〉, p. 408 ; Schreiner, *1, 2 Peter, Jude*, p. 280). 이들의 사상은 본시 목적은 아니었으나 비윤리적 삶을 방조한 결과를 낳았다. 그들은 권위에 대한 존중이 없었고 육체를 따라 동물적인 본성을 지녀 다른 사람을 죄로 유혹하고 본인들도 탐욕에 빠지며 방탕한 삶을 조장하였다(마샬, 「서신서와 요한계시록」, 2007, p. 469).

베드로는 수신자들이 거짓 선생들의 영향에서 벗어나도록 그들에게 전수되어 온 사도적 가르침을 되새기고(1 : 12, 15), 하나님께서 반드시 악을 심판하시고 예수 그리스도의 재림을 통해 새로운 세상을 여실 것임을 확신시키기 위해 큰 노력을 기울였다. 그리하여 그리스도의 재림 기대는 인간이 공교히 만든 이야기가 아니며 변화산상의 자신의 경험(1 : 16–18 ; 참조. 막 9 : 2–8)과 하나님의 감동으로 된 구약성경의 예언을 통해서도 확증된 바라고 강조하고(1 : 19–20), 기롱하는 자들과 달리, 이미 홍수를 통해 악이 관영한 세상을 심판하신 하나님께서 장차는 그 약속과 예언대로 불로써 심판할 것(2 : 3–10)이나 예수 그리스도의 재림의 지연과 잠시의 심판의 보류는 심판이 없다는 증거가 아니라 한 사람이라도 더 구원하시려는 하나님의 긍휼의 다른 모습이라고 설파한다(3 : 8–10 ; 참조. 마샬, 「서신서와 요한계시록」, 2007, p. 469). 하나님의 시간표는 인간의 시간표와 다름도 기억해야 한다. 이 세상의 결국은 만유의 총체적 멸절로 나아갈 것이다. 하지만 세상은 파국이 아니라 하나님의 의로 다스려질 새 하늘과 새 땅을 창조하실 것이고 거룩하고 경건한 자들이 그 본향에서 살아가게 될 것이다.

따라서 신자들은 이 소망을 견지하며 거룩하고 의로운 삶에 매진해야 한다. 마샬은 베드로후서의 신학적 메시지를 다음과 같이 정리한다 : "재림에 관한 기독교적 소망에 대한 회의적인 태도와 부도덕한 삶으로 이끄는 거짓된 가르침의 위험들을 피하고 그리스도에 대한 믿음 안에서 그 믿음을 지키고 영적인 성장을 이루어 가라는 것이다"(마샬, 「신약성서신학」, 2004, pp. 836, 843). 그리하여 베드로는 서신 전체를 통하여 종말론적 소망과 현재의 윤리적 행동 사이의 균형을 강조한다. 그리스도의 재림과 최후의 심판은 자명하나 그 시기는 정확히 알 수 없다. 그러므로 그리스도인들은 깨어 경성하여 살아야 한다. 신자의 이 종말론적 소망과 현재적 윤리적 삶 사이의 균형 잡힌 행보는 공관복음에 제시된 종말론적 가르침과 동일하다(마 24-25장 ; 막 13장 ; 눅 21장).

E. 구 조

Ⅰ. 문안인사(1 : 1-2)

Ⅱ. 신성한 성품에의 참여(1 : 3-11)

A. 생명과 경건과 보배로운 약속을 주신 이유(1 : 3-4)

B. 신성한 성품의 내용(1 : 5-9)

C. 신성한 성품에의 참여로 얻어지는 은혜(1 : 10-11)

Ⅲ. 유훈적 권고와 변증(1 : 12-21)

A. 수신자들을 일깨움(1 : 12-15)

B. 진리의 확실성에 대한 변증(1 : 16-21)

1. 사도가 직접 목격함(1 : 16-18)

2. 예언의 중요성과 역할(1 : 19-21)

Ⅳ. 거짓 선생들에 대한 대응(2 : 1-22)

A. 거짓 선생들의 출현과 그들에 대한 심판(2 : 1-3)

B. 범죄한 자들에 대한 하나님의 심판의 사례들(2 : 4-10a)

C. 거짓 선생들의 본성과 죄상(2 : 10b-16)

D. 거짓 선생들이 다른 사람들에게 미치는 악영향(2 : 17-22)

Ⅴ. 그릇된 종말관을 바로잡음(3 : 1-13)

A. 두 번째 편지의 목적(3 : 1-2)

B. 재림을 부인하는 자들에 대한 경고(3 : 3-7)

C. 재림 지연의 의미(3 : 8-9)

D. 재림에 대한 대비(3 : 10-13)

Ⅵ. 결론적 권면(3 : 14-18)

제 I 부

문안인사

베드로후서 1 : 1–2

| 베드로후서 1 : 1–2 |

문안인사

[1]예수 그리스도의 종이며 사도인 시몬 베드로는 우리 하나님과 구주 예수 그리스도의 의를 힘입어 동일하게 보배로운 믿음을 우리와 함께 받은 자들에게 편지하노니 [2]하나님과 우리 주 예수를 앎으로 은혜와 평강이 너희에게 더욱 많을지어다

[1 : 1–2] 베드로전서가 박해에 고난받고 있는 수신자들을 위한 격려의 목적으로 기록되었다면, 베드로후서는 교회 내의 문제, 특히 거짓 교사들이 야기한 문제에 집중한다. 거짓 교사들은 사람들로 자신들의 믿음을 의심하게 하고 결국 그들이 믿음의 공동체로부터 떠나도록 이끌었다. 그리하여 베드로후서는 거짓 교사들의 악한 동기들과 이단적 신학을 반박하는 가운데 기독교의 진리, 곧 성경의 권위, 믿음의 탁월성과 그리스도의 재림의 확실성을 다시 확증하기 위해 기록되었다(*Life Application Study Bible*, 2004, p. 2138). 베드

로는 수신자들의 계속적인 영적 성장과 성숙에 지대한 관심을 표명하면서 그리스도에 대한 지식과 신의 성품 안에서의 성장만이 거짓 교사들에 의해 잘못 인도되지 않는 최고의 안전장치라고 강조한다.

우선 베드로전서와 마찬가지로 베드로후서의 저자는 자신을 시몬 베드로로 소개한다. 특이한 것은 시몬에 대해 베드로후서의 가장 우수한 사본들은 헬라적 색채가 있는 시몬(Symōn)보다는 히브리식 발음의 시므온(Symeōn)을 지지한다. 그리하여 시몬으로 번역한 개역개정과 달리 헬라어 원문에 가장 가까운 번역으로 알려진 영어 RSV 성경은 시므온(Simeon)으로 읽는다. 반면에 아람어식 이름인 게바(Kēphas)에 비해 베드로(Petros)라는 이름은 헬라적이다. 따라서 저자가 히브리적 이름과 헬라적 이름을 병행하여 사용한 것은 유대인 그리스도인과 이방인 그리스도인으로 구성된 수신자 공동체의 혼합적 성격을 엿보게 한다(레이머, 「베드로전 · 후서/요한1 · 2 · 3서/유다서」, 1988, p. 87).

다만 자신을 사도로 소개한 베드로전서와 달리 베드로후서에서 저자는 '예수 그리스도의 종'이라는 신분을 첨언한다. 신약성경에서 사도와 종의 조합은 로마서 1 : 1과 디도서 1 : 1에서만 발견된다. 로마서에서 동일하게 바울이 스스로를 예수 그리스도의 종으로 칭하는 반면, 디도서에서는 '하나님의 종이요 예수 그리스도의 사도'로 구분하기도 한다(Davids, *The Letters of 2 Peter and Jude*, 2006, p. 160).

사도와 연계된 종의 개념은 비천함 혹은 섬김의 리더십을 함의하는 것이 아니라 예수 그리스도의 대리인으로서의 권위를 나타내기 위함이다. 신약성경에서 서신의 서두에 사도를 언급하는 것은 편지를 보내는 이의 권위를 강조할 필요에 의한 경우가 대부분이기 때문이다. 반대로 사도의 권위가 강조될 필요가 없는 서신에서는 사도라는 칭호가 편지 서두에 등장하지 않는다. 성경에서 종은 종종 자신의 신분보다는 주인의 대표자로서 그 권위를 가진다. 예를 들면, '가이사의 종'은 로마 황제의 칭호인 가이사를 대표하여 단순한 종으로서가 아니라 가이사에게 돌려질 귀한 대접과 예우를 받았던 것이다. 한편 구약에서도 '하나님의 종'으로 불린 자들은 족장(출 32 : 13 ; 신 9 : 27 ; 사 44 : 1), 모세(신 34 : 5 ; 수 1 : 1-2 ; 왕상 8 : 53, 56), 사무엘(삼상 3 : 9-10), 그리고 다윗(삼상 17 : 32 ; 삼하 3 : 18 ; 7 : 5, 8, 19-21, 25-29) 등이 해당된다. 신약성경에서도 바울(롬 1 : 1 ; 갈 1 : 10 ; 빌 1 : 1 ; 딛 1 : 1), 야고보(약 1 : 1), 유다(유 1) 등도 '종'의 신분으로 소개된다. 따라서 하나님 혹은 예수 그리스도의 종으로 불리는 자들은 사명을 위임받은 특별한 권위를 지닌 자로 간주되었던 것이다(참조. Schreiner, *1, 2 Peter, Jude*, 2003, p. 284 ; Reese, *2 Peter & Jude*, 2007, p. 130).

1절에서 또 하나 눈여겨볼 표현은 '우리 하나님과 구주 예수 그리스도'이다. 이 표현은 투(tou)라는 남성단수속격의 단 하나의 정관사로 연결되어 있는데, 직역하자면, 예수 그리스도는 우리 하나님이시자 구주가 되신다는 의미이다. 곧 하나님과 예수 그리스도를 동일 존재로 말하고 있다. 그리고 2절에서 구약에서 하나님께만 적용되는 '주'(kyrios)라는 칭호로 예수를 부르고 있다. 이 구절은 예수를 하나님으로 칭하는 흔하지 않은 본문들 가운데 하나이다(요 1 : 1-3 ; 20 : 28 ; 히 1 : 8-9 ; 참조. 딛 2 : 13 ; Schreiner, *1, 2 Peter, Jude*, 2003, pp. 286-287). 한편 모든 구원은 하나님께 속하고 하나님께로부터 온다는 구약의 믿음은 일반적인데(예를 들면, 신 32 : 15 ; 삼하 22 : 3, 47 ; 시 3 : 8), '구주'로 번역되는, 예수께 적용된 기독론적 호칭으로서의 '소테르'(sōtēr)라는 말은 신약성경에 오직 16회 등장하여 흔한 표현은 아니다(눅 2 : 11 ; 요 4 : 42 ; 행 5 : 31 ; 13 : 23 ; 엡 5 : 23 ; 빌 3 : 20 ; 4 : 14 ; 딤후 1 : 10 ; 딛 1 : 4 ; 2 : 13 ; 3 : 6 ; 벧후 1 : 1, 11 ; 2 : 20 ; 3 : 2, 18 ; 보컴, 「유다서·베드로후서」, 2010, pp. 280-281). 원래 그 용어는 유대 전통 아래서 하나님에 대해 적용되던 것으로, 초기 그리스도인들은 예수께서 바로 이 신적인 능력 아래 구원자 되심을 고백하였다. 한편으로는 '구원자'는 당시의 이교 사회에는 주로 로마제국이나 도시 공동체가 섬기는 각종 신들, 혹은 신적인 능력을 부여받은 통치자, 혹은 황제 등을 지칭하였다. 특히 1세기 후반부터 2세기 초에 이르기까지 지중해 세계에서 이 '구주'라는 용어는 종종 중요한 건물을 세우거나 기념비적 업적을 남긴, 큰 재력가로 인상적인 영향을 끼친 어느 도시의 유력한 후원자 혹은 큰 위험으로부터 그 도시나 지역의 사람을 구출해 낸 사람(들)에게 붙여진 칭호로 사용되기도 하였다. 그 용어는 또한 아우구스투스 이래로 로마의 황제들에게 적용되어 황제숭배 종교에서 제국의 선전 목적으로 황제를 칭할 때 부가적으로 덧붙여진 어휘가 되었다. 도미티아누스 황제는 '나의 주요 나의 하나님'(My Lord and my God)으로 불렸다고 전해진다. 이런 상황에서 예수께 대한 '하나님, 구원자, 그리고 주'라는 칭호는 정치적 뉘앙스를 풍기고 있다고 볼 수 있다(참조. 요한계시록과 요 20 : 28). 부활하신 그리스도께서 진정한 '주, 하나님'이시라면 로마 황제는 주요 하나님이 될 수 없다!(Harrington, *Jude and 2 Peter*, *Sacra Pagina*, 2008, p. 242) 그리하여 이 표현을 통해 베드로는 다양한 구원자들을 제시하는 이방종교 및 황제숭배 종교가 편만한 그레코-로만 세계에서 예수만이 진정한 그리고 유일한 구원자이시자 하나님이시라는 고백적 선언을 의도하고 있는 것으로 볼 수 있다.

베드로는 수신자를 '하나님과 구주 예수 그리스도의 의를 힘입어 동일하게 보배로운 믿음을 우리와 함께 받은 자들'이라고 한다. '보배로운'이라는 의미를 가진 헬라어 이소티몬(isotimon)은 '동등한'이란 뜻의 이소스(isos)와 명예와 가치를 나타내는 티메(timē)가 합성된 형용사로 본국인이 누리는 시민으로서의 특권과 자격을 동등하게 부여받은 외국인들에게 사용되었던 용어이다(레이머, 「베드로전·후서/요한1·2·3서/유다서」, 1988, p. 88). 따라서 수신자들은 사도 시대 이후의 신자들임에도 그들이 받은 믿음이나 사도들이 받은 믿음은 동등한 가치와 의미를 지닌 것으로 간주된다. 즉, 열두 사도들이 믿음으로 말미암아 얻게 되는 존귀함과 영광은 어느 시대를 막론하고 모든 신자들에게도 동일하게 적용된다. 요한복음 20 : 29도 도마에 대한 질책이기는 하지만 우회적으로 지상적 예수를 직접 보지 못한 요한복음의 수신자들을 향하여서도 예수를 믿지 않고서도 믿는 그들의 믿음을 긍정하는 메시지를 전하며 유사한 견해를 밝히고 있다 : "예수께서 이르시되 너는 나를 본 고로 믿느냐 보지 못하고 믿는 자들은 복되도다 하시니라" '동일하게 보배로운'이란 표현은 신약성경 중 여기에만 등장하는데, 믿음은 시공을 초월하여 어느 대상을 막론하고 또 어떤 상황에서도 동일하고 귀한 가치를 지닌다. 그리고 베드로가 말하는 믿음(1 : 1, 5)은 그리스도께 대한 개인적인 헌신보다는 사도들이 가졌고 초기 교회 전승을 통해 전수되어 온 바른 교훈인 사도적 가르침을 받아들이는 것을 의미한다(G. E. 래드, 「신약신학」, 2003, p. 740).

한편 여기서의 '의'는 하나님의 공평하심이나 윤리적 의를 말한다는 주장도 있으나 하나님의 구원 역사에 대한 총체적 개념으로 간주하는 것이 더 나은 해석이다(참조. 시 22 : 31 ; 31 : 1 ; 35 : 24, 28 ; 40 : 10 ; 사 42 : 6 ; 45 : 8, 13 ; 51 : 5-8 ; 미 6 : 5 ; 7 : 9 ; Schreiner, *1, 2 Peter, Jude*, 2003, p. 286). 신약성경의 전반적 기조와 마찬가지로 믿음은 인간의 의지적 결과물이 아니라 하나님으로부터 온 선물이다. 믿음의 유익은 하나님과 주 예수 그리스도를 알게 하므로 은혜와 평강이 넘치게 하는 것이다. 은혜와 평강은 바울서신의 인사 문맥에서 자주 등장하던 양식으로(롬 1 : 7 ; 고전 1 : 3 ; 고후 1 : 2 ; 갈 1 : 3 ; 엡 1 : 2 ; 빌 1 : 2 ; 골 1 : 2 ; 살전 1 : 1 ; 살후 1 : 2 ; 몬 3), 건강을 기원하던 헬라식 문안의 카이레인(chairein)과 히브리식 인사인 샬롬(shalom)의 조합으로 이해된다. 물론 카이레인은 기독교화된 개념으로서의 은혜를 의미하는 카리스(charis)로 대체되었다. 그런데 카이레인과 카리스 모두 기쁨을 의미하는 헬라어 카라(chara)에서 왔다. 이는 세상적 기쁨이 아니라 위로부터 주시는 그리고 거저 주시는 기쁨에 대한 기원으로 바울과 베드로는 세상이 줄 수 없는 하나님과 그리스도께로부터 오는 진정한 기쁨을 희구하고 있는 것이다(Harrington, *Jude and 2 Peter, Sacra Pagina*, 2008, p. 240 ; Green, *Jude & 2 Peter*, 2008, pp. 175-176).

많은 신자들은 하나님의 은혜와 평강의 풍성함을 누리고자 소원하지만, 정작 그분을 알아 가는 노력에는 적극적이지 않다. 하나님께서 우리에게 기꺼이 베풀어 주시는 특권을 향유하기 위해서는 우리는 하나님과 우리 주 예수 그리스도를 아는 지식에서 자라 가야 한다(1 : 5, 6 ; 3 : 18). 하나님에 대한 지식의 추구는 원래 유대적 개념이었는데, 베드로는 하나님에 대한 지식에다가 우리 주 예수 그리스도에 대한 지식까지 확대시키고 있다. 그는 서신의 다른 곳에서는 단지 그리스도께 대한 지식만을 언급하기도 한다(1 : 8 ; 2 : 20). 그리고 베드로는 기원 부분에서 특히 하나님과 주 예수 그리스도에 대한 지식을 매개로 은혜와 평강이 임한다고 하여 지식에 대해 강조하고 있다(보컴, 「유다서 · 베드로후서」, p. 282).

이 에피그노시스(epignōsis) 혹은 그노시스(gnōsis)로 번갈아 표현되는 지식은 사도들에 의해 전수된 신앙 전승에 기초한 진리이다. 서신의 서두에서 지식이 강조된 것은 앞으로의 내용 가운데 이 지식이 핵심어로서 중요하게 다루어질 것임을 예상하게 한다(1 : 2, 3, 6, 8, 12, 14, 20 ; 2 : 10, 12, 20, 21 ; 3 : 3, 5, 17, 18). 즉, 바울이 서신의 인사말과 서두에서 장차 서신의 본론부에 주로 다루어질 주제를 소개하는 관습을 따르던 것처럼, 베드로도 서신 전반의 주요 화두와 모티브를 서신의 서두에 위치시키고 있는데, 그중 하나가 '지식'이다. 혹자는 이 상황이 2세기에 번성한 영지주의적 이단과의 대결 구도에서 비롯한 것으로 이해하나, 베드로후서는 그와 같은 시각을 지지하는 어떤 구절도 담고 있지 않다. 다만 정확한 실체는 알 수 없으나 당시의 다양한 철학사조와 기독교적 가르침을 혼합한 어떤 그룹을 베드로가 염두에 두었을 것이다(박수암, 「공동서신」, 2004, p. 222 ; Green, *Jude & 2 Peter*, 2008, p. 176). 그러나 이 지식은 단순히 인식적 차원의 지식이 아니라 수신자들이 회심할 때 알게 된 하나님께 대한 지식과 그들의 삶 속에서 배워 가는 주께 대한 지식 모두를 포함한다. 즉, 하나님과 예수 그리스도께 대한 지식은 일정 부분 사탄과 귀신도 가지고 있다(참조. 약 2 : 19). 여기서의 지식은 하나님과 예수 그리스도를 믿고 그분과 교제하면서 실제적 삶을 통하여 체험하게 되는 앎을 말한다.

베드로는 서신의 인사말을 통해 예수를 하나님, 구주, 그리스도와 주님으로 칭하면서 예수의 위대성을 강조하고 동시에 현재의 수신자들의 믿음 역시 예수의 첫 제자들이며 교회의 지도자라고 할 수 있는 사도 그룹의 믿음의 가치와 영광이 동일하다는 것을 역설하여 이후에 등장하게 될 사도전승의 중요성에 대한 가르침의 초석을 놓고 있다.

설교를 위한 묵상

예수 그리스도의 종이며 사도로 스스로를 소개하는 베드로는 구주 예수 그리스도로 말미암은 의의 수혜자로서의 성도들의 믿음의 가치를 중요한 표현으로 설명한다. 곧 "동일하게 보배로운 믿음을 우리와 함께 받은 자들"이라고 성도를 부른다.

많은 그리스도인들은 성경상의 위인들에 대해 나와는 다른 어떤 독특한 믿음의 소유자들로 생각한다. 곧 출발점부터 다른 존재들로 간주하고 그들의 믿음은 나와는 거리가 있는 것으로 추정하고 아예 닮고자 하는 시도도 포기한다. 물론 믿음의 진보는 사람마다 다양할 수 있으나, 그 출발점은 동일함이 망각되어서는 안 된다. 사도 베드로는 사도들이 받은 믿음이나 일반 성도들이 받은 믿음이나 동일하게 보배롭다고 설명한다. 사도들이 믿음으로 말미암아 얻게 되는 존귀와 영광은 어느 시대를 막론하고 모든 신자들에게도 동일하게 적용된다.

따라서 어떤 성도도 자신의 믿음의 가치를 폄하해서는 안 될 것이다. 성도는, 미리 신앙상의 위인들은 출발선부터 다른 사람들이라고 단정하여 신앙적 성숙을 게을리하는 구실로 삼지 말아야 한다. 내가 가진 믿음이 예수님의 직계 제자들의 믿음과 동일한 가치를 지님을 감사하면서 예수 그리스도를 더욱 알아 가는 신성한 성품에의 참여에 적극적으로 나서야 할 것이다. 그러할 때, 은혜와 평강이 성도들에게 임하게 될 것이다.

제 Ⅱ 부

신성한 성품에의 참여

베드로후서 1 : 3-11

A. 생명과 경건과 보배로운 약속을 주신 이유(1 : 3-4)

B. 신성한 성품의 내용(1 : 5-9)

C. 신성한 성품에의 참여로 얻어지는 은혜(1 : 10-11)

| 베드로후서 1 : 3–11 |

신성한 성품에의 참여

A. 생명과 경건과 보배로운 약속을 주신 이유(1 : 3–4)

[3]그의 신기한 능력으로 생명과 경건에 속한 모든 것을 우리에게 주셨으니 이
는 자기의 영광과 덕으로써 우리를 부르신 이를 앎으로 말미암음이라 [4]이로
써 그 보배롭고 지극히 큰 약속을 우리에게 주사 이 약속으로 말미암아 너희
가 정욕 때문에 세상에서 썩어질 것을 피하여 신성한 성품에 참여하는 자가
되게 하려 하셨느니라

[1 : 3–4] 3~4절은 그리스도인의 삶을 위한 근거를 기술하는데, 그것은 하나님이 그리스도 안에서 우리를 위하여 행하신 일이다. 죽음과 부활을 통하여 그리스도 안에서 증명된 하나님의 능력이 또한 그리스도인들을 부르시고 그

리스도인으로 살아가는 데 필요하도록 신자들에게 제공되었다. 거룩한 삶을 사는 능력은 오직 하나님으로부터만 올 수 있다. 우리는 신실한 삶을 위한 자원을 우리 안에 갖고 있지 못하기 때문이다. 하나님은 우리가 죄를 멀리하고 하나님을 위해 살 수 있도록 그분의 신성한 성품을 부어 주신다. 우리가 거듭날 때, 하나님은 그분의 성령을 통해 그분의 선하심을 우리에게 부어 주신다(참조. 요 3 : 6 ; 14 : 17-23 ; 벧전 1 : 22-23). 베드로후서도 동일한 시각에서 출발한다(*Life Application Study Bible*, 2004, p. 2138).

한편, 3~4절의 헬라어 구문은 해석자들에게 어려움을 안겨 준다(참조. T. Callan, "The Syntax of 2 Peter 1 : 1-7," *CBQ* 67/4 〈2005〉, pp. 632-640). 곧 3절 서두의 '……때문에', '……처럼', '……마찬가지로' 등의 의미를 갖는 관계부사 호스(hōs)가 2절에 걸리는지 아니면 뒤의 5~7절에 걸리는지에 대해 논란이 되기 때문이다. 더욱이 3~4절의 경우 주동사가 무엇인지 확실하지 않다. 대개의 학자들은 후자를 선호하는데, 곧 후자의 호스(hōs)가 5~7절의 권면을 도입하는 것으로 이해한다. 문안인사는 2절에서 종결되는 것으로 보이며 3~4절의 화두가 5절과 또 이어지는 구절들과 깊은 연관이 있는 것으로 보이기 때문이다. 하나님의 신적인 능력과 은혜는 5~7절의 신실한 삶으로의 요청을 위한 근거가 되는 까닭이며 3~4절은 5~7절의 명령형의 해석에 매우 중요한 역할을 한다. 베드로는 이 구절을 통해 도덕주의나 신인협동설을 주장하려는 것이 아니다(Schreiner, *1, 2 Peter, Jude*, 2003, p. 290). 성도의 신실한 삶에 대한 요구는 하나님의 은혜를 누리는 자에게 부과된 당연한 요청이다. 그리고 하나님의 은혜로운 권능이 그분이 요구하시는 바를 충족시킨다.

이 단락의 요지는 그리스도께서 신자의 생명과 경건에 필요한 모든 것을 제공하신다는 것이다. 여기서의 '우리'를 굳이 베드로후서의 수신자들로 제한할 이유는 없다. 이 사실은 동일한 믿음을 고백하는 모든 신자들에게도 적용 가능하기 때문이다. 생명은 당연히 영생을 아우르는 개념이며, 경건은 생명과 분리될 수 없는데, 생명은 또한 경건한 삶 없이 얻어질 수 없다. 비록 영생은 그리스도의 재림과 함께 완성될 미래적 실존이기도 하지만, 신자의 삶은 현재에서도 도덕적으로도 흠이 없는 성화로 이어져야 한다. 저자는 3 : 11에서 거룩한 행실과 함께 경건이야말로 주님의 재림을 준비하는 가장 적극적이고 바람직한 자세라고 말한다. 반면 주님의 재림을 부인하는 자들의 삶은 자신의 정욕을 좇을 뿐이다(3 : 3 이하). 오직 신실한 자들만이 영생을 고대할 수 있으며, 그리스도의 신기한 능력만이 그 신실함의 근원이 된다(브루스 B. 바톤 외, 「적용을 도와주는 베드로전서/베드로후서/유다서」, 2010, p. 246).

따라서 우리는 경건과 거룩한 삶을 살 수 있는 능력이 신자 자신 안에 내재되어 있다고 가르쳐서는 안 된다. 영생에 필요한 모든 것은 하나님에 의해 우리에게 주어졌고 하나님과 그리스도를 아는 지식을 통해서만 매개될 수 있다. '주셨으니'(데도레메네스, dedōrēmenēs)는 완료형 수동태 분사로 신적 수동태이다. 신자는 생명도, 경건하고 거룩한 삶을 살 능력도 없는 존재였으나 하나님께서 신적인 능력으로 예수 그리스도 안에서 생명을 누리게 하시고 하나님을 공경하여 거룩할 수 있는 자질을 부여하셨다. 그리고 그러한 능력을 부여받기 위한 부르심에 있어서도 역시 주체는 하나님이시다. 하나님은 자신의 영광과 덕으로써 우리를 부르셨고 그분의 깨우침으로 우리는 우리를 부르신 자를 알게 되었다. 이 부르심은 받아들이거나 거부할 수 있는 단순한 초대가 아니다. 베드로는 더 깊은 의미를 염두에 두고 있는데, 하나님의 부르심은 실제적이고 각성시키며 믿음을 창조하는 부르심이다. 바울 역시 하나님의 부르심의 효과에 대해 일관되게 증언한다(참조. 롬 4 : 17 ; 8 : 30 ; 9 : 11, 24-26 ; 고전 1 : 9 ; 7 : 15 ; 갈 1 : 6, 15 ; 5 : 8, 13 ; 살전 2 : 12 ; 4 : 7 ; 5 : 24 ; 살후 2 : 14 ; 딤전 6 : 12 ; 딤후 1 : 9 ; Schreiner, *1, 2 Peter*, *Jude*, 2003, p. 292). 베드로서신과 연관하여서는 베드로전서 2 : 9에서 베드로는 하나님을 "이는 너희를 어두운 데서 불러내어 그의 기이한 빛에 들어가게 하신 이"로 칭하고 있다.

그리고 '영광과 덕'은 신적 능력의 현현이며 덕은 단순한 도덕성을 말하는 것이 아니다. 하나님은 측량할 수 없는 사랑, 지혜, 능력, 자비, 긍휼, 그리고 신실하심 등의 속성을 지니신 분으로 누구든지 어떤 형태로든 하나님을 경험하게 되는 자는 그 영광과 능력 앞에서 엎드려 찬양할 수밖에 없다. 신적인 영광과 결부된 덕은 찬양받기에 합당하신 하나님의 기이한 행위와 놀라운 능력에 대한 다른 표현이다(참조. 박창환/김경희, 「베드로전·후서/유다서」, 1996, p. 167 ; 박수암, 「공동서신」, 2004, p. 224).

그리고 그 하나님이 우리에게 그 영광과 덕을 입혀 주시기 위해 우리를 부르셨다. 그리하여 베드로는 하나님이 우리를 부르신 목적에 대해 "이로써 그 보배롭고 지극히 큰 약속을 우리에게 주사 이 약속으로 말미암아 너희가 정욕 때문에 세상에서 썩어질 것을 피하여 신성한 성품에 참여하는 자가 되게 하려 하셨느니라"라고 말한다. 4절의 '이로써'의 선행사가 무엇인가에 대해 여러 견해가 있지만 대부분의 학자들은 하나님의 영광과 덕이라는 데 동의한다. 사람들은 하나님의 영광과 덕을 경험하게 될 때 그리스도를 알게 되고 또한 보배롭고 지극히 큰 약속을 받게 된다. 그렇다면 이 약속은 무엇인가? 사실 이 약속에 대하여 사용된 헬라어 에팡겔마(epangelma)는 70인역에도 나타나지 않고 신약성경 중 여기와 베드로후서 3 : 13에만 등장한다. 현재의 본문은 약속의 내용에 대해서는 굳이 설명하려 들지 않는다. 미루어 짐작하기는 3 : 13의 "우리는 그의 약속대로 의가 있는 곳인 새 하늘과 새 땅을 바라보도다"를 통해 그 약속의 성취는 우리 구주 예수 그리스도의 영원한 나라인 새 하늘과 새 땅에 들어가는 것이다(참조. 1 : 11, Davids, *The Letters of 2 Peter and Jude*, 2006, p. 171 ; Harrington, *Jude and 2 Peter*, *Sacra Pagina*, 2008, p. 244). 하지만 여기서의 베드로의 관심은 약속 자체보다는 그 약속으로부터 비롯되는 여러 유익에 있다.

4절에서는 두 개의 유익이 제시되는데, 첫째 소극적 의미에서는 '정욕을 인하여 세상에서 썩어질 것을 피하게 하는 것'이며 연결되는 내용이지만, 둘째 유익은 적극적으로는 '신성한 성품에 참여하는 자가 되게 하는 것'이다. 우선 주목해야 할 표현이 '신성한 성품에의 참여'이다. 어떤 이들은 이 의미를 헬라적 배경, 곧 헬레니즘적인 형이상학 혹은 이원론 아래서 이해하려 한다. '신성한 성품'은 헬라어와 헬라 문학에서 잘 확립된 개념이기 때문이다. 이 사고에 의하면 신성한 성품은 인간에게 선천적인 것으로, 신성한 불꽃(divine spark)이 인간 안에 내재하여 때로 인간의 수고와 노력으로 깨우쳐지고 자유로워질 어떤 대상으로 간주한다. 특히 플라톤은 썩어질 인간의 육체 안에는 불멸의 영혼이 갇혀 있다 하여, 인간은 스스로 깨닫지 못할지라도 이미 신성에 참여하고 있다고 본다. 다른 한편 에픽테투스(Epictetus)는 모든 욕구나 감정으로부터 자유로운 아파테이아(aphatheia)에 의해 신의 성품을 성취하길 추구하였지만, 이 세상에서 완성될 수 있을지에 대해서는 의심하였다 (Davids, *The Letters of 2 Peter and Jude*, 2006, p. 173).

베드로는 현 문맥에서 인간이 실제로 신이 된다거나 모든 면에서 신성을 가지게 된다는 것을 의미하지 않는다. 또한 인간이 본래부터 신적인 본질로 되었다거나 신과 유사한 존재라고도 말하지 않는다. 소극적 의미의 유익이었던 '정욕 때문에 세상에서 썩어질 것을 피하는 행위'가 적극적인 의미의 '신성한 성품에 참여하는 자가 되게 한다'는 결과론적 접근은 신성한 성품의 윤리적 성격을 시사한다. 곧, 신자들은 그들이 도덕적으로 완전함을 추구할 때 신성한 성품에 참여하게 되는 것이다. 즉, 신성한 성품에 참여한다 해서 그들이 신들이 되는 것은 아니기에, 그는 신자가 신이 되는 것이 아니라 그리스도의 특질을 공유하게 됨을 말하는 것이다(참조. W. C. Reuschling, "The Means and End in 2 Peter 1 : 3–11 ; The Theological and Moral Significance in Theōsis," *Journal of Theological Interpretation* 8.2 〈2014〉, pp. 275–286 ; Green, *Jude & 2 Peter*, 2008, p. 186). 하지만 한편으로는 3 : 13의 '약속'과 관련한 이해는 신성한 성품의 종말론적 성격 또한 고려하게 하므로 신적 특질을 원천적으로 배제한다고 보기는 어렵다. 따라서 그 성품은 하늘의 행복과 불사성에의 참여도 아우른다고 볼 수 있기에 다음과 같이 말할 수 있다 : "그리스도인들은 하나님의 본성에 참예한 자들이기 때문에 이생에서는 죄에 대한 하나님의 도덕적 승리에 동참할 수 있으며 영생에서는 죽음에 대한 그의 영광스런 승리에 동참할 수 있는 것이다"(레이머, 「베드로전·후서/요한1·2·3서/유다서」, 1988, p. 92).

B. 신성한 성품의 내용(1 : 5-9)

> 5그러므로 너희가 더욱 힘써 너희 믿음에 덕을, 덕에 지식을, 6지식에 절제를,
> 절제에 인내를, 인내에 경건을, 7경건에 형제 우애를, 형제 우애에 사랑을 더
> 하라 8이런 것이 너희에게 있어 흡족한즉 너희로 우리 주 예수 그리스도를
> 알기에 게으르지 않고 열매 없는 자가 되지 않게 하려니와 9이런 것이 없는
> 자는 맹인이라 멀리 보지 못하고 그의 옛 죄가 깨끗하게 된 것을 잊었느니라

[1 : 5-9] 믿음은 어떤 사실들에 대한 인정 이상의 것이다. 믿음은 행위로, 기독교적 성품 안에서의 성숙, 그리고 도덕적 훈련의 실행으로 나타나야 하며 그렇지 않다면 죽은 믿음에 불과하다(참조. 약 2 : 14-17 ; *Life Application Study Bible*, 2004, p. 2139). 우리는 이 시각을 1세기 그레코-로만 세계의 서신 전통에서도 발견할 수 있는데, 특히 신약성경의 대부분의 서신에 해당하는 범주인 권면서신(paraenetic letter)의 경우, 어떤 학파나 종교에 갓 입회한 개종자들이 도덕적 실천을 그 학파의 가르침 안에서 진보를 이루도록 촉구하기 위해 기록되었다. 즉, 그로 하여금 실천(praxis)을 통해 자신의 신념이나 믿음을 내재화시키고 새로운 행실로 다시 표현하도록 권장하였다. 덕성의 함양은 자신의 신념이나 믿음의 진보를 확증하는 시금석이었기 때문이다(J. de Waal Dryden, "Refined by Fire : Paraenetic Literary Strategies in 1 Peter,"

Tyndale Bulletin 55/2 〈2004〉, p. 318). 그러나 이 믿음에 따른 행위들은 자동적으로 수반되는 것이 아니라 각고의 노력이 필요한 힘든 과정이다. 그리고 그 행위는 선택 사항이 아니라, 구원의 조건은 아닐지라도, 하나님의 은혜에 감사하여 순종으로 나아가는 기독교인의 삶에서 계속 진행되어야 할 의무 조항이다.

베드로는 이를 위해 여러 덕목들을 제시하는데, 그것은 한 단계가 끝난 후 다음 단계로 넘어가는 순차적 진행이 다가 아니라 모두가 하나로 어우러져야만 참된 열매를 맺을 수 있다(참조. Davids, *The Letters of 2 Peter and Jude*, 2006, p. 178). 물론 행위가 구원을 주는 것은 아니나 행위가 중요하지 않다는 주장은 절대적으로 오류이며 우리의 믿음의 참 여부는 그리스도를 닮아 가는 일과 다른 이들을 돕는 일에 진보와 성숙이 있음으로 증명될 수 있다.

이제 베드로는 '바로 이 이유 때문에'(for this very reason)라는 의미의 '그러므로'라는 접속사와 함께 5절 이하의 내용과 3~4절이 연결됨을 시사하면서 신성한 성품의 내용으로 여러 덕목을 제시한다. 신성한 성품은 지극히 큰 약속에 대한 신자들의 적절한 반응이기 때문이다. 그리고 그 덕목은 '더하라'는 표현으로 단계적 성격과 성화의 과정을 나타낸다. 그리고 그 덕목은 믿음으로 시작하여 사랑으로 절정에 이른다. 그러나 한편으로는 '더하라'로 번역된 어휘 에피코레게인(epichorēgein)은 '공급하라, 보충하라 혹은 보완하라'(supply, furnish, 혹은 supplement)는 뜻을 포함한다는 것도 기억할 필요가 있다(Harrington, *Jude and 2 Peter*, *Sacra Pagina*, 2008, p. 244).

물론 여기 제시된 덕의 목록들은 신약성경에서 유일한 것은 아니다(참조. 롬 5 : 3-5 ; 약 1 : 3-4 ; 갈 5 : 22-23). 헬라 세계에서 유행했던 덕의 목록이자 인간 사회에 일반적이고 당연히 요청되는 덕목이다. 하지만 초기 기독교의 영향 아래서 그 덕목들에는 그리스도 안에서 주어진 하나님의 은사로서의 성격을 지닌 것으로 간주되어 기독교적 함의가 녹아 있다(Davids, *The Letters of 2 Peter and Jude*, 2006, pp. 177-179). 또한 그러한 덕의 목록들은 무작위로 제시된 것이 아니며 각각의 서신의 정황과 연관이 있는데, 베드로후서 역시도 다음의 사안을 고려할 수 있다. 우리는 베드로후서 3장을 통해 거짓 교사들이 끊임없이 예수 그리스도의 재림을 부인했다는 사실을 확인하게 된다. 그리고 그들의 종말에 대한 무감각은 육체적 일탈과 부도덕한 생활로 귀결되었을 것이다. 거짓 교사들의 가르침과 영향으로 믿음이 흔들릴 수 있는 수신자들에게 베드로는 신성한 성품에의 참여가 신자들의 당연한 삶임을 확인시켜 주면서 5~7절의 덕목을 제시했을 것이다.

성도가 갖추어야 할 첫 번째 덕목은 믿음이다. 믿음은 모든 사람들로부터 그리스도인들을 구별시켜 주는 시금석이다. 헬라어상의 그 용어는 일반적인 신실함을 나타낼 수 있으나, 신약성경에 있어서 믿음은 하나님과 그리스도께 대한 온전한 의탁(막 11 : 22 ; 롬 4 : 5, 9, 11-13, 16, 19-20 ; 히 6 : 1 ; 11 : 4-33 ; 벧전 1 : 21) 혹은 복음 그 자체(행 6 : 7 ; 갈 1 : 23 ; 엡 4 : 5 ; 딤전 2 : 7)를 말한다(Green, *Jude & 2 Peter*, 2008, p. 191-192). 하지만 현재적 문맥으로 볼 때 베드로가 말하는 믿음은 사도 바울이 개진한 칭의적 믿음과 아울러 사도적 신앙 전승에 대한 수용을 의미한다. 슈라게는 사도전승에 대한 베드로후서의 지지적 성격을 다음과 같이 서술한다 : "이 서신은 유다서를 전거로 삼아 사도적인 교훈 전승과 그 전승의 규범적인 타당성을 매우 강조한다. 즉, 이 서신은 신약성서에서는 그 유례가 없을 정도로 편협하게 사도적인 교훈 전승의 중요성을 전면에 부각시키며 이를 통해 서신 전체를 규정하고 있다. 저자는 하나님이 땅 위에 현현하는 것을 목격하고 귀로 들은 증인(참조. 1 : 16 이하)이요, 마지막 때에 일어날 현상들을 예언한 자들인 사도들(3 : 3과 2 : 1 이하에 있는 미래의 현상들)에 의해 이러한 전승이 신뢰성이 있는 것으로 보증되었다고 한다"(슈라게, 「베드로전·후서/유다서」, 1987, p. 117). 데이비스 역시 이 문맥에서의 믿음은 초기의 사도 바울서신보다는 목회서신에 자주 접하게 되는, 비록 아직은 신조적인 확립은 이루어지지 않았을지라도, 거짓 교사들의 가르침과 대별되는 사도전승이나 신앙 체계로 이해한다(Davids,

The Letters of 2 Peter and Jude, 2006, p. 162). 그러나 이 믿음 역시 단순한 지식적 수용이 아니라 구주 되신 그리스도께 대한 모든 삶의 의탁이 전제되어야 한다. 그리고 이 믿음은 그리스도인의 삶에서 요청되는 모든 덕목의 기초가 된다.

그리고 신자는 믿음에 덕을 더해야 하는데, 덕은 고대 그레코-로만 세계에서도 칭송되던 도덕적 탁월성으로 사람과 사람 사이의 윤리적 덕목을 말한다. 아리스토텔레스는 "가장 위대한 덕목들은 필연적으로 다른 사람들에게 가장 유익이 되는 것들이다. 왜냐하면 덕은 혜택을 베푸는 능력이기 때문이다."라고 말한다(Green, *Jude & 2 Peter*, 2008, p. 189). 공적으로 인정될 가치가 있는 그러한 덕 있는 사람의 행위는 일반적인 의무감이 갖는 긴장을 뛰어넘는 관대함으로 표출된다. 하지만 이 덕은 단지 내면적인 차원의 성품에 그치는 것이 아니라 그 행위로써 증명된다. 아리스토텔레스의 덕의 범주에는 정의, 용기, 자유 등이 포함되는데 궁극적으로 덕은 사회적 선을 위한 의무적 행위로, 베드로 역시 신자의 사회적으로 칭송될 수 있는 도덕적 행위를 강조하고 있다. 즉 , 덕은 사회적 특질과 마찬가지이며, 사회 안에서 공적으로 인지될만한 가치가 있는 탁월성 혹은 공로를 통해 한 사람을 특징짓는 덕목이다(Green, *Jude & 2 Peter*, 2008, p. 192).

베드로는 이미 이 덕성이 단지 인간에게서 발현한 것이 아니라 하나님의 내재적 품성임을 밝힌 바 있다(1 : 3). 따라서 신자는 하나님의 도덕성을 닮아야 하며 기독교 신앙은 믿음에 그치는 것이 아니라 반드시 덕을 갖추어야 한다. 다른 사람과의 사이에서 덕성에 근거한 바른 관계가 형성되지 않는 것은 하나님께 대한 믿음 역시 진실되지 못하다는 반증이기 때문이다. 당시 거짓 교사들의 탐욕과 부도덕성에 비추어 베드로의 덕에 대한 강조가 이해되는 대목이다.

이제 베드로는 덕에 지식을 더하라고 권고한다. 지식은 베드로후서의 주제어 내지 주제적 개념이다(1 : 5-6 ; 3 : 18 ; 참조. 1 : 2-3, 8 ; 2 : 20). 바울도 지식을 덕목에 포함시킨다(참조. 고후 6 : 6 ; 8 : 7). 예수께서도 비둘기처럼 순결하되 뱀처럼 지혜로우라고 하셨다. 덕을 갖추었으나 지식이 없다면 어리석은 행동을 할 수 있다. 하지만 이 지식은 이론적인 지식 추구의 결과 혹은 철학적 가르침이 아니며, 더더욱 신비적인 어떤 지식이 아니다. 그것은 하나님과 그리스도와의 바른 인격적 관계에서 얻어지는 지식으로(3 : 18) 분별력, 이해력, 통찰력 차원의 지혜이다. 일찍이 종교개혁자들은 경건과 학문을 중시하는 가운데 기독교의 구원은 무지로부터의 구원도 포함된다고 설파하였다(박창환/김경희, 「베드로전 · 후서/유다서」, 1996, p. 171). 그리고 그 지식은 부도덕으로 이끄는 이단들의 짐승과 같은 무분별함을 극복하게 해 준다(2 : 12). 베드로는 우리가 도덕성에 있어 진보를 원한다면 그리스도를 통한 하나님에 대한 바른 지식이 필수적이라고 이해한다. 하나님께 대한 무지는 사욕으로 이끌기 때문이다(벧전 1 : 14).

하지만 믿음과 덕과 지식만으로는 충분하지 않으며 그리스도인에게는 또한 절제(self-control)가 요청된다. 지식과 절제가 나란히 놓이는 것은 우연이 아닌데, 그 반대 개념인 무지와 욕정이 병행되는 것이 일반적이기 때문이다(J. D. Charles, "The Language and Logic of Virtue in 2 Peter 1 : 5–7," *Bulletin for Biblical Research* 8 〈1998〉, p. 67). 절제 없는 지식은 남용과 오용의 위험성이 있기 때문이다. 절제는 감정, 충동, 욕구의 제한을 포함한다. 신약성경에서 단 두 군데(행 24 : 25 ; 갈 5 : 23 ; 참조. 딛 1 : 8)에만 등장하는 이 어휘는 자신의 성욕을 제어하는 것을 말하며 성령의 은사와도 연관이 있는 것으로 나타난다. 이 절제는 거짓 교사들의 무절제한 삶과 날카롭게 대조된다. 일반적으로 그 용어는 특히 음식, 말, 감정, 혹은 성적 욕망에 대하여 스스로를 극복하는 통제력을 말한다. 거짓 교사들은 행위는 구원과는 무관하기에 절제는 필요 없다고 말했었을 수 있다. 그러나 믿음은 절제를 통해서 그 진위가 드러난다(참조. 레이머, 「베드로전 · 후서/요한1 · 2 · 3서/유다서」, 1988, p. 94 ; 보컴, 「유다서 · 베드로후서」, 2010, p. 308).

그레코-로만 세계에서도 절제는 중요한 덕목으로 간주되었다. "아리스테아스의 편지"(The Letter of Aristeas, pp. 277-228)에는 다음과 같은 글이 실려 있다 : "왜 인류의 대다수는 덕을 인식하지 못하는가? 그것은 모든 사람이 태생적으로 무절제하며, 쾌락으로 이끌리며, 그 결과로서 부정의와 탐욕 덩어리가 발생하기 때문이다. 다른 한편 덕성은 쾌락의 지배에 끌리는 사람을 통제하며 사람들로 절제와 정의를 칭송하도록 설득한다." 그리하여 소크라테스는 절제를 모든 덕성 중 보다 중요한 위치에 둔다 : "모든 사람이 절제를 모든 덕성의 기초로 두어야 하지 않겠는가? 이 덕성이 없는 사람이 어찌 선을 배울 수 있고 선을 가치 있게 실행할 수 있겠는가?"(Green, *Jude & 2 Peter*, 2008, p. 193). 지식은 여러 유익이 있으나 반드시 절제 속에 하나님의 뜻에 복종하는 지식이어야 하고, 하나님의 뜻과 인류의 유익에 반하는 지식은 사용되어서는 안 된다.

마지막 때를 살아가는 이들에게는 절제와 함께 인내가 수반되어야 한다. 절제가 자신의 감정이나 욕구를 통제하는 힘이라면 인내는 외부적 압력에 대하여 그리고 어려운 상황 속에서 견뎌 내는 힘 혹은 능력을 말한다. 인내라고 번역된 휘포모네(hypomonē)는 영어성경에서 부동성(steadfast) 혹은 참을성(endurance)으로 번역되는데, 인내의 지속성을 나타내고 있다. 즉, 이 어휘는 불신 사회와 거짓 교사들의 팽배한 가르침이 안겨 주는 역경에서도 굴하지 않고 견디는 덕목을 말한다. 지속적인 인내는 성경의 일관된 가르침이기도 하다. 그리하여 복음서들과 서신서들 안에서 자주 발견되며, 특히 종말론적 문맥에서 인내는 종국에는 반드시 신원되고 보상받게 될 것이라는 확신과 함께 등장한다(눅 21 : 19 ; 롬 5 : 3-5 ; 고후 1 : 6 ; 6 : 4 ; 골 1 : 11 ; 살후 1 : 4 ; 딤전 6 : 11 ; 딛 2 : 2 ; 히 12 : 1 ; 약 1 : 3-4 ; 계 2 : 2-3). 유대 전승에서도 인내는 순교에 직면하는 순간까지도 지켜야 할 덕목으로 칭송되었다(4 Macc. 1 : 11 ; 9 : 30 ; 17 : 4, 23 ; Green, *Jude & 2 Peter*, 2008, p. 194).

절제와 인내를 갖춘 사람은 본인도 모르게 자기의에 빠지기 쉽다. 그러나 그리스도인은 성숙으로 나아갈수록 언제든지 하나님을 의식하며 두려워하고 경외하는 마음을 가져야 한다. 그리하여 베드로는 경건(유세베이아, eusebeia)의 덕목을 더한다. 경건은 하나님께 인간이 마땅히 돌려야 할 존중 및 헌신과 깊은 연관이 있다(Harrington, *Jude and 2 Peter*, *Sacra Pagina*, 2008, p. 245). 보디발의 아내의 유혹을 떨쳐 낸 요셉의 경건한 삶도 "내가 어찌 이 큰 악을 행하여 하나님께 죄를 지으리이까"(창 39 : 9)라는 '코람데오' 의식에 의해서 가능한 것이었다. 그리하여 베드로는 절제와 인내에 대하여 경건을 더하라고 말한다. 베드로는 독자들에게 새 하늘과 새 땅이 주어지는 종말적 대사건을 고대하는 신자들은 현재적 삶에서 거룩한 행실과 경건으로 그 하나님께 대한 충절을 표현하는 믿음이 드러나야 한다고 가르친다(3 : 11-13). 베드로는 이미 1 : 3에서도 생명과 경건에 필요한 모든 것을 신적인 능력을 통해 공급하셨다고 선언하였다. 그러나 경건의 개념은 비단 하나님과의 관계 영역에서만 다루어지는 것이 아니며, 그레코-로만 세계에서는 사람의 일생을 통해 관계를 맺게 되는 부모와 가족, 친척, 통치자, 판사 등의 권위적 존재들에 대한 적절한 태도를 포함하는 개념이었다(Davids, *The Letters of 2 Peter and Jude*, 2006, p. 181). 따라서 이 경건의 덕목은 하나님께는 올바른 행실로 합당한 영광을 돌리고 그분이 함께 살아가도록 맺어 주신 자들에게도 적합하게 존중을 표하는 삶을 아우른다.

경건의 이러한 성격은 경건에 형제 우애를, 그리고 사랑을 더하는 근거가 된다. 신자에게는 하나님과의 바른 관계가 필수적이듯 사람들을 향해서도 적합한 관계가 요청되는데, 형제 우애를 나타내는 필라델피아(philadelphia)는 형제 사랑으로 번역될 수 있다. 하지만 그레코-로만적 개념에서 형제 사랑은 일반적으로 가족 단위를 넘어서는 외부인이 아닌 가족 구성원들끼리의 사랑을 말한다. 이 형제 사랑은 혈연 간의 견고한 유대감을 통해 가족 사이의 일치와 조화를 강조하는 덕목이었다. 형제 사랑은 그레코-로만 시대의 권장되던 관계성으로의 우정과도 대비되었는데 플루타르크는 우정과 형제 사랑 사이를 다음과 같이 구분하였다 : "대부분의 우정은 실제적으로는 자연이 자녀들 안에 심어 놓은 부모를 향한, 그리고 형제들 안에 심어 놓은 다른 형제들을 향한 첫 번째 우정의 그림자이며, 모방이자 이미지이다"(Plutarch, *De fraterno amore* 478E-F ; Green, *Jude & 2 Peter*, 2008, p. 195). 이처럼 그레코-로만 세계의 형제 사랑은 혈연적 친족관계 이상을 넘어가지 않는데, 초기 그리스도인들은 가족 용어 메타포를 확대시켜 비혈연적 관계이나 동일한 믿음을 고백하는 동료 그리스도인들에게도 형제 사랑을 적용시킨다. 따라서 형제 우애는 말 그대로 동료 그리스도인들을 한 분 하나님 아버지, 한 분 구주 예수 그리스도를 믿는 형제자매들로서 서로를 아끼고 사랑하라는 덕목이다(벧후 1 : 10 ; 3 : 15 ; 참조. 벧전 1 : 22). 바울도 동료 그리스도인들에 대한 형제 사랑을 강조한 바 있다 : "형제를 사랑하여 서로 우애하고 존경하기를 서로 먼저 하며"(롬 12 : 10), "형제 사랑에 관하여는 너희에게 쓸 것이 없음은 너희들 자신이 하나님의 가르치심을 받아 서로 사랑함이라"(살전 4 : 9). 반면에 믿지 않는 혈연적 친족은 오히려 외부인으로 간주되기도 한다(참조. 막 3 : 31-35). 가족 이미지와 용어로 동료 신앙인을 지칭하는 기독교적 용례는 일정 부분 이스라엘 사람들의 방식에 빚지고 있다(참조. 신 15 : 2 ; 호 1 : 2). 형제 사랑의 용어와 이미지는 혈연관계를 나타낼 때와 마찬가지로 결속의 목적을 가진다. 형제 사랑은 따라서 주변 사회, 특히 가까운 이웃과 친족으로부터 소외받고 배척받았던 수신자들의 상황을 반영하고 그들로 하여금 혈연적 관계 안에서 충족되지 않는 사랑을 상호 간에 나누도록 하는 권고로 이해된다(Green, *Jude & 2 Peter*, 2008, p. 195).

이제 베드로는 보다 포괄적인 개념으로서의 '사랑'으로 연쇄적 성격의 덕목을 마무리한다. 신약성경에서 하나님의 성격을 나타낼 때 가장 중요하게 언급되는 덕성이 아가페(agapē), 곧 사랑이다. 이 사랑은 사랑의 대상의 최고의 선을 지향하는 것으로 죄인들을 향하여 보여 주신 하나님의 사랑이 가장 선명한 모델이다(요 3 : 16 ; 롬 5 : 8 ; 요일 4 : 9-11). 곧 죽을 수밖에 없는 죄인들을 위하여 독생자 예수 그리스도를 아끼지 않고 우리에게 주신 희생적 사랑이 바로 아가페적 사랑이다. 바울도 기독교적 덕목의 최고 위치에 사랑을 둔 바 있다 : "그런즉 믿음, 소망, 사랑, 이 세 가지는 항상 있을 것인데 그중의 제일은 사랑이라"(고전 13 : 13 ; Green, *Jude & 2 Peter*, 2008, p. 196).

8절의 '이런 것'은 앞서 5~7절에서 언급된 믿음, 덕, 지식, 절제, 인내, 경건, 형제 우애, 그리고 사랑을 아우르는 말이다. 신자는 그러한 덕목을 가지고 있어야 할 뿐 아니라 증진시키고 보완하여 그들 안에 '흡족' 곧 풍부하게 해야 한다. 많은 신자들은 그리스도 안에서의 성장과 성숙, 곧 거룩함을 포함하는 다양한 신앙적 덕목들이 은사처럼 갑작스레 그들에게 주어지길 바라기도 한다. 그러나 그것은 저자 베드로의 시각이 아니며, 그는 철저히 그리스도인의 삶은 이 덕목들이 성장해 가는 과정으로 간주한다.

8절에 의하면, 신자는 5~7절에서 언급된 덕목들을 증진시키고 그들의 삶 안에서 풍부하게 해야 한다(참조. 1 : 5, 11). 그러나 이 일곱 가지 덕목에 진보가 없는 자는 우리 주 예수 그리스도를 알기에 게으르고 열매 없는 자이다. 게으름(마 20 : 3, 6 ; 딤전 5 : 13)과 열매 없음(참조. 마 3 : 8, 10 ; 막 11 : 13 ; 딛 3 : 14)은 신약성경이 줄기차게 부덕하다고 질책하는 일이다. 베드로후서에서 게으름과 열매 없음은 거의 동의어적인 쌍으로 이해되며, 특히 '게으른'을 뜻하는 아르고스(argos)는 야고보서 2 : 20에서 행위 없는 믿음을 표현할 때 사용된다(보컴, 「유다서 · 베드로후서」, p. 311 ; Green, *Jude & 2 Peter*, 2008, p. 197). 또한 그리스도인의 덕목은 성령의 열매이며(갈 5 : 22), 선한 열매는 위로부터 오는 지혜의 결과이다(약 3 : 17-18). 8절이 말하는 앎은 그리스도인들이 영광과 덕으로 충만하신 그리스도와의 참된 사귐을 통해 그분을 점점 닮아 감으로 예수 그리스도를 더욱 깊이 알아 가는 지식적 차원을 말하는 것으로 이해할 수 있다.

그러나 이와 같은 열심 있는 열매 맺음은 신자에게 항상 일어나는 것은 아니다. 베드로는 속히 지적하기를 다른 상황도 발생할 수 있는데, "이런 것이 없는 자는 맹인이라 멀리 보지 못하고 그의 옛 죄가 깨끗하게 된 것을 잊었느니라"(1 : 9)고 한다. 곧 그리스도인의 삶 속에 앞서 말한 덕목들의 진보가 일어나지 않는 경우도 있는데, 그들에 대해 베드로는 멀리 보지 못하는 맹인이라고 간주한다. 도덕성의 결여를 맹인으로 여기는 비유는 신약성경에서 자주 만나게 되는 유비이다(마 15 : 14 ; 23 : 16 ; 눅 6 : 39 ; 요 9 : 39-41 ; 12 : 40 ; 롬 2 : 19 ; 고후 4 : 4 ; 요일 2 : 11 ; 계 3 : 17 ; Davids, *The Letters of 2 Peter and Jude*, 2006, p. 186 ; Green, *Jude & 2 Peter*, 2008, p. 198). 한편으로 베드로는 '맹인'이라는 말과 함께 헬라어에서 일반적으로 잘 사용하지 않는 '멀리 보지 못하는' 곧 근시안적이라는 표현을 사용한다. 베드로는 그들이 현재적 욕망에 갇혀, 그리고 그들의 죄 사함을 받은 과거적 은혜를 잊어 미래적 심판을 보지 못하는 현실에 대한 안타까움을 토로하고 있는 것이다.

베드로는 죄를 깨끗하게 씻어 낸다는 성경적 이미지를 활용하는데(예를 들면, 레 16 : 19 ; 시 51 : 2 ; 겔 36 : 33 ; 슥 13 : 1 ; 히 1 : 3, 요일 1 : 7 ; 참조. 딛 2 : 14 ; 히 9 : 14 ; 요일 1 : 9), 특히 신약성경은 이 개념을 그리스도인이 된 증표로서의 세례적 상황에서 상징적으로 적용한다(행 22 : 16 ; 고전 6 : 11 ; 엡 5 : 26 ; 딛 3 : 5 ; Davids, *The Letters of 2 Peter and Jude*, 2006, p. 186 ; Green, *Jude & 2 Peter*, 2008, p. 199). 이 사실에 감사를 아는 자는 우리를 깨끗하게 하신 이를 덕성의 함양 속에 닮아 가고자 하는 의욕을 갖는 것이 너무도 당연한 일이다. 우리가 이 사실을 잊고 죄 속에 살아가던 과거적 삶으로 회귀한다면 우리는 하나님의 은혜를 저버리는 것이 된다(롬 6 : 1-4 ; 고전 6 : 9-11). 베드로는 이 표현 속에 이단의 가르침에 빠져 그들의 삶의 스타일에 동조하는 몇몇 사람들의 배교적 상황을 염두에 두고 말하는 것 같다(참조. 2 : 17-22). 이 이단들은 한 때 주께 사신 바 되었으나 이제는 주를 부인하는 자들이다(2 : 1). 이런 자는 곧 개가 그 토하였던 것을 다시 먹고 목욕을 한 돼지가 다시 더러운 구덩이로 돌아가는 것과 마찬가지이다. 이들을 기다리는 것은 구원이 아니라 영원한 형벌이다(2 : 3 ; Davids, *The Letters of*

2 Peter and Jude, 2006, pp. 186-187 ; Green, *Jude & 2 Peter*, 2008, p. 199).

그리하여 1 : 8~9은 덕의 함양이 가져오는 그리스도인들의 성숙의 영향을 두 가지 측면에서 서술한다. 우선 1 : 8에 의하면 덕의 실행은 우리 주 예수 그리스도에 대한 지식을 유용하게 하고 열매 맺게 한다. 또 1 : 9에 의하면 1 : 5~7에 명시된 덕목이 결핍된 자들은 영적으로 눈이 멀게 되고 하나님께서 그들을 위하여 예수 그리스도 안에서 행하신 모든 일들을 잊어버릴 위험에 처하게 된다. 따라서 사도들을 통해 그들에게 전수된 믿음을 갖고 죄 용서를 선포하는 것만으로는 충분하지 않으며, 우리는 전심전력하여 기독교의 삶 안에서의 덕목들의 시행으로 진보를 가져와야 한다. 이러한 노력이 우리의 그리스도인으로서의 정체성을 증명할 것이며 믿음에 일치한 삶을 살게 하는 것이다(Harrington, *Jude and 2 Peter*, *Sacra Pagina*, 2008, p. 249).

C. 신성한 성품에의 참여로 얻어지는 은혜(1 : 10-11)

> [10]그러므로 형제들아 더욱 힘써 너희 부르심과 택하심을 굳게 하라 너희가 이것을 행한즉 언제든지 실족하지 아니하리라 [11]이같이 하면 우리 주 곧 구주 예수 그리스도의 영원한 나라에 들어감을 넉넉히 너희에게 주시리라

[1 : 10-11] 우선 베드로는 수신자들을 '형제들아'라고 칭하면서 현재 단락을 마무리한다. 물론 이 칭호는 남자 신자들만이 아닌 여성 신자들도 포함하며, 수신자들이 단순히 어떤 사교 모임 내지 종교 모임 성격의 동료들이 아닌 하나님을 아버지로 모시는 한 가족으로서, 혈연적 관계의 형제끼리 나누는 형제애를 동일하게 나누어야 할 확대가족(extended family)으로 간주하는 것을 뜻한다(참조. 마 6 : 9 ; 롬 8 : 15 ; 갈 4 : 6 ; 6 : 10 ; 벧전 1 : 17 ; 유 1). 신약성

경의 서신서 안에서 '형제들아'라는 호칭은 종종 도덕적 권면을 시작할 때 사용되는데(예를 들면, 살전 4 : 1), 그레코-로만 세계에서 가족은 도덕 교육이 시행되는 가장 기본적인 단위였고 자녀들에게 있어 도덕적 가르침에 대한 순복이 기대되고 장려되었기 때문이다(Green, *Jude & 2 Peter*, 2008, p. 200).

이제 베드로는 이단의 공격과 그들의 부도덕함에 미혹되지 않는 최상의 길은 도덕적 성품에의 계속적인 진보라고 설파한다. 베드로는 수신자들로 하여금 더욱 힘써 하나님의 부르심과 택하심을 굳게 할 것을 권하고 이것을 행하면 실족하지 않을 것이라고 신성한 성품에의 참여가 주는 은혜적 결과를 말한다.

탁월한 코치는 부단히 그의 팀원들에게 해당 종목의 기본을 반복하고 또 반복하여 상기시킨다. 좋은 선수도 또한 끊임없이 자신의 육체에다 근본적인 움직임을 각인시킨다. 모든 운동은 기본이 탄탄해야 어떤 상황에도 대처할 수 있는 능력이 생겨나기 때문이다. 신자들도 믿음의 근본을 소홀히 하거나 잊지 말아야 한다. 비록 더 깊은 영적 진리의 교훈으로 나아갈지라도 말이다. 훌륭한 선수는 기본기가 잘 갖추어진 선수이듯이 신자도 항상 우리 믿음의 근본을 기억하고 특히 처음 어떻게 믿게 되었는가를 상기할 필요가 있다. 결단코 우리는 기독교의 근본적 교훈이 가르쳐질 때 나는 이미 그것을 알고 있다는 자만심 속에 지루해하거나 인내심을 잃는 일이 없도록 해야 할 것이다. 그것이야말로 스스로가 미성숙하거나 과녁에서 빗나가고 있다는(죄를 말하는 하마르티아〈hamartia〉의 원어적 의미) 사실을 반증하기 때문이다(*Life Application Study Bible*, 2004, p. 2139).

다시 베드로는 하나님의 부르심과 선택에 대한 언급으로 구원이 인간 측의 공로가 아닌 하나님께서 주도하시는 은혜의 결과라는 자신의 이해를 보여준다. 부르심은 신약성경의 가장 중요한 논지 가운데 하나로, 비록 그 부르심이 인간적인 매개를 통해서 이루어질지라도, 하나님의 주도적 행위로 여겨진다(롬 8 : 30 ; 고전 1 : 9 ; 갈 1 : 6, 15 ; 5 : 8 ; 엡 4 : 1, 4 ; 골 3 : 15 ; 딤전

6 : 12 ; 딤후 1 : 9 ; 히 9 : 15 ; 벧전 1 : 15 ; 2 : 9 ; 5 : 10). 구약 전통 아래서도 신적인 부르심의 주체는 여호와 하나님이시다(참조. 사 41 : 9 ; 42 : 6 ; 48 : 12, 15 ; 51 : 2). 예수께서도 제자들을 부르셨고(마 4 : 21 ; 막 2 : 17), 이 부르심은 복음의 선포를 통해 오늘도 이루어진다(참조. 살후 2 : 14). 물론 이 부르심에 선행하는 것이 하나님의 선택하심이다. 신구약성경은 하나님께서 사랑(시 47 : 4 ; 78 : 68 ; 사 42 : 1 ; 마 12 : 18 ; 롬 11 : 28 ; 엡 1 : 4 ; 골 3 : 12), 은혜(롬 11 : 5 ; 딤후 1 : 9), 혹은 그분의 주권적 목적(롬 9 : 11 ; 엡 1 : 5)에 근거하여 이스라엘을 그리고 교회를 선택하셨다고 선포한다(Green, *Jude & 2 Peter*, 2008, pp. 200-201).

일반적으로 어느 사회에서나 군대, 정치를 비롯하여 모든 분야에서의 지도자를 세우는 일은 대상자의 공로나 그들의 가진 자질 혹은 성격에 근거하지만, 하나님의 선택과 부르심은 인간의 성취, 공로, 혹은 그들의 성격이 아닌 온전히 하나님의 은혜에만 근거할 뿐이다. 따라서 신자는 그 어떤 이단적 가르침에 휘둘리기보다는 자신들의 소명과 선택 의식을 굳게 견지해야 한다. 아무런 자격 없는 그들을 불러 선택하시고 하나님의 자녀로 삼아 주시며 구원을 보장해 주신 하나님을 기억할 때 그들의 삶은 그릇될 수 없다(Green, *Jude & 2 Peter*, 2008, p. 201).

다른 각도로는 10절의 '굳게 하라'에서 '굳게'(confirm)에 해당하는 헬라어 베바이안(bebaian)은 고전 헬라어에서 집 혹은 다른 재산 품목을 보증하는 행위에 대하여 사용된 용어이다. 신자의 덕성에 기초한 경건한 행동은 하나님께서 그를 부르시고 택하셨다는 보증 행위가 된다(레이머, 「베드로전·후서/요한1·2·3서/유다서」, 1988, p. 97). 따라서 하나님의 부르심과 선택을 굳게 잡는다는 것은 단순한 심정적 인식이 아니라 행함이 그 택하심의 증거가 된다. 덕목은 내재적 성격이 아니라 행함으로 드러나야 한다. 신약성경은 이를 누누이 강조한다(요 3 : 21 ; 롬 3 : 12 ; 13 : 3 ; 약 2 : 13 ; 벧전 3 : 11 ; 요일 1 : 6 ; 2 : 29 ; 3 : 7, 10 ; 계 22 : 11 ; 참조. 행 9 : 36 ; 10 : 2 ; 24 : 17 ;

Green, *Jude & 2 Peter*, 2008, p. 201). 그리하여 베드로는 '너희가 이것을 행한즉'이라고 조건을 단다. 이것은 5~7절에서 언급된 덕목들이다. 하나님의 부르심과 택하심을 굳건히 하는 길은 이 덕목들을 내재화시키고 실천함에 있어 진보를 이루는 일이다. 베드로는 이것을 행한 자는 실족하지 아니하리라고 말하는데, 실족은 단순히 도덕적 실패를 지칭하는 것이 아니라 종국적 구원까지도 아우르는 개념이다. 다른 한편, 실족하지 않음은 단지 죄 없는 삶에 대한 보장이 아니라 이러한 덕목을 행하는 자는 11절의 구주 예수 그리스도의 영원한 나라에 넉넉히 들어갈 수 있다는 약속을 받게 한다. 한편 이러한 덕목을 시행하면 언제든지 범죄하지 않는다는 이해도 가능하다. 그러므로 그리스도인이 된다는 것은 세례와 성령을 받는 단회적 사건이 아니라 일생 전체에 걸쳐 하나님께 온전히 헌신하는 순례적 여행이다. 그리고 그 여행의 목표는 주, 곧 구주 되시는 예수 그리스도의 나라에 들어가는 것이다(Harrington, *Jude and 2 Peter*, *Sacra Pagina*, 2008, p. 249).

한편으로는 이 본문을 통해 우리는 다시 수신자들의 배교의 가능성, 곧 거짓 교사들의 미혹에 휩쓸리게 될 경우 멸망당할 위험에 처한 수신자들에 대한 경고를 엿볼 수 있다. 베드로는 2장에서 이단 혹은 거짓 교사들의 준동과 그 종국적 결말에 대해 깊이 다룬다(2 : 1, 18-19). 베드로는 수신자들의 믿음의 상태가 그 위험에 아직은 빠지지 않은 것으로 간주하고 이 덕목을 힘써 행하면 그들의 운명이 그와 같은 비극에 결코 빠질 리 없다고 확신시킨다. 덕스러운 삶에의 매진은 영적 소경과 영원한 멸망 모두에게 투여될 수 있는 해독제 혹은 방어 수단이다(1 : 9-10). 베드로의 소망은 수신자들이 구주 예수 그리스도의 나라에 넉넉히 들어가는 것이다(11절). 그러나 여기서도 여전히 은혜로운 행위의 주체는 하나님이시다. 11절에서 개역성경에 '너희에게 주시리라'로 번역된 문장은 '공급하다'(에피코레게떼세타이, epichorēgēthēsetai)라는 뜻의 동사에서 유래된 수동태 문장으로 하나님의 주도적 행위를 나타내는 신적 수동태로 볼 수 있다(Harrington, *Jude and 2 Peter*, *Sacra Pagina*,

2008, p. 246).

하나님 나라에의 들어감에 대한 이미지는 복음서에서 자주 찾아볼 수 있는데(마 5 : 20 ; 7 : 21 ; 18 : 3 ; 19 : 23 ; 막 9 : 47 ; 10 : 15, 23–25 ; 눅 18 : 17, 24–25 ; 요 3 : 5 ; 참조. 행 14 : 22), 바울은 그리스도의 나라의 한시적 성격을 암시하며 하나님 나라와 구별하기도 한다(고전 15 : 24 : "그 후에는 마지막이니 그〈그리스도〉가 모든 통치와 모든 권세와 능력을 멸하시고 나라를 아버지 하나님께 바칠 때라"). 우리는 종종 '그리스도의 나라'라는 표현도 만날 수 있다(엡 5 : 5 ; 골 1 : 13 ; 딤후 4 : 1). 하지만 베드로는 그 나라를 동일한 존재로 접근한다(11절). 예수께 대해 하나님께만 주로 적용되는 '주'(Lord)라는 칭호와 '구주'(savior)가 조합된 '주 곧 구주'라는 표현은 베드로후서에만 나타난다(또한 2 : 20 ; 3 : 2, 18을 보라 ; Harrington, *Jude and 2 Peter*, *Sacra Pagina*, 2008, pp. 246–247).

그리스도인으로서 부르심을 받고 선택되었다는 보증으로서 윤리적 덕성을 성장시키는 진보는 그리스도를 영화롭게 할 뿐 아니라 그 보상으로 그리스도께서 베푸시는 왕국에로의 영접을 받게 된다. 스데반이 그 은총을 경험하였고(행 7 : 56), 바울이 그 은혜를 예상하고 있으며(딤후 4 : 7–8, 18), 모든 그리스도인들 역시 그 은혜를 입게 될 것이다.

따라서 1 : 3~11은 신자의 순례자의 여정 동안의 믿음과 행함의 균형을 기술하고 있다. 이는 신앙생활이라 함은 믿음 혹은 행함이라는 양자택일의 문제가 아니라 상호 필수불가결한 요소임을 의미한다. 하나님의 궁극적인 선물로서의 믿음이 우선할지라도 믿음은 그리스도 안에서 요청되는 구체적 덕목으로 실천을 통해 그 믿음이 단순히 지적 동의가 아닌 살아 있는 믿음이라는 것을 증명하게 된다. 그리스도인의 삶 속에서의 이러한 덕목의 준비와 시행은 그들로 하여금 하나님과의 충만한 교제로 이끌어 하나님 나라에 넉넉히 들어가도록 이끌 것이다(Harrington, *Jude and 2 Peter*, *Sacra Pagina*, 2008, p. 249).

죄의 삯은 사망이기에 영원히 죽을 운명에 처해졌던 이들을 부르셨다. 그들은 본래적으로 경건하고 거룩한 삶을 살 능력이 없는 존재였으나, 하나님께서 신기한 능력으로 생명과 경건에 속하는 자질을 부여하셨다. 성도가 하나님을 먼저 찾은 것이 아니라 하나님의 영광과 덕으로써 우리를 부르신 것이다. 우선적으로 신성한 성품에 참여하는 것은 정욕과 연관된 세상의 썩어질 것을 피하는 것이며, 믿음, 덕, 지식, 절제, 인내, 경건, 형제우애, 사랑을 성취하는 각고의 과정이다. 전술한 대로 이 능력은 인간의 내적 자질이 아니며, 하나님과 예수 그리스도를 알수록 깊이를 더하는 성품이다. 이 성품들은 또한 단계라기보다는 합력하여 열매를 맺는 과정으로(1 : 8) '더하라'는 의미에는 '공급하라, 보충하라, 혹은 보완하라'라는 의미도 내포되어 있음을 기억해야 한다. 무엇보다도 베드로후서에서는 게으름과 열매 없음이 동의어적 개념으로 이해되며, '게으름'을 뜻하는 형용사는 야고보서 2 : 20에서 행위 없는 믿음을 표현할 때 사용되었다는 점도 주지되어야 한다. 성도는 게으르지 않고 열매 맺는 신성한 성품에의 참여로 주의 부르심과 택하심을 굳게 할 때, 예수 그리스도의 영원한 나라에 넉넉히 들어갈 수 있게 된다.

제 Ⅲ 부

유훈적 권고와 변증

베드로후서 1 : 12-21

A. 수신자들을 일깨움(1 : 12-15)

B. 진리의 확실성에 대한 변증(1 : 16-21)

1. 사도가 직접 목격함(1 : 16-18)
2. 예언의 중요성과 역할(1 : 19-21)

| 베드로후서 1 : 12-21 |

유훈적 권고와 변증

A. 수신자들을 일깨움(1 : 12-15)

12 그러므로 너희가 이것을 알고 이미 있는 진리에 서 있으나 내가 항상 너희에
게 생각나게 하려 하노라 13 내가 이 장막에 있을 동안에 너희를 일깨워 생각나
게 함이 옳은 줄로 여기노니 14 이는 우리 주 예수 그리스도께서 내게 지시하
신 것같이 나도 나의 장막을 벗어날 것이 임박한 줄을 앎이라 15 내가 힘써 너
희로 하여금 내가 떠난 후에라도 어느 때나 이런 것을 생각나게 하려 하노라

[1 : 12-15] 베드로는 이 시점에서 수신자들로 하여금 자신의 모든 권고에 집중하도록 이끈다. 베드로는 '장막에 있을 동안'(13절)과 '내가 떠난 후'(15절)를 통해 우회적으로 자신의 죽음을 예상하고 있다. 곧 그는 유언적 성격의 문장을 이어 가는데, 죽음을 앞둔 사람의 말은 주변인들의 주의를 더욱 환기시키

기 마련이다. 그리하여 이 단락은 소위 '베드로의 유언집'으로 불리기도 한다. 우리는 이미 베드로후서의 개괄에서 이 서신이 갖는 고별 설교 혹은 유언적 성격에 대해 살펴본 바 있다. 부가적으로 유언 혹은 유언 문학은 고대 유대 문학 전통에 서 있다. 우리는 야곱의 유언(창 49 : 1–28), 모세의 유언(신 33 : 1–29), 그리고 여호수아의 유언(수 24 : 1–28), 그리고 다윗의 유언(왕상 2 : 1–9)를 알고 있다. 또한 신구약 중간기의 유언 문학에는 12족장의 유언(the Testament of the 12 Patriarchs), 제2바룩 묵시록(2 Apocalypse of Baruch) 78~87, 그리고 희년서(Jub. 22 : 1–30) 등이 있다. 우리는 신약성경 내에서도 유언적 성격의 단락들을 만날 수 있다. 누가복음 22 : 14~36과 요한복음 13~17장에 있는 예수의 마지막 말씀들, 그리고 바울의 밀레도에서의 고별설교(행 20 : 17–35)가 여기에 해당된다(Davids, *The Letters of 2 Peter and Jude*, 2006, p. 191). 유언문학의 장르는 한 위대한 인물이 일생의 마지막 순간에 다가오는 세대에 속한 이들에게 자신의 지혜를 나누어 주길 원하며 그 지혜는 진리를 말하는 것을 신뢰할 수 있다는 전제에 기초한다.

그리하여 보통 유언 문학은 세 가지 특징을 갖는다. 첫째, 자신이 곧 죽을 것이라는 화자의 선언, 둘째, 자신의 윤리적, 종교적 교훈의 요약, 마지막으로 미래와 관련한 지시가 그것이다. 이 기준에 의하면 1 : 12–15에서 베드로는 자신의 임박한 죽음을 내다보고, 자신의 가르침이 청자들에게 기억되길 바라고 있으며, 1 : 3–11에서는 윤리적 · 종교적 가르침을 최종적으로 요약하고, 2 : 1–3 ; 3 : 1–4에서 거짓 교사들의 준동을 예견하고 있다(마샬, 「서신서와 요한계시록」, 2007, p. 463).

즉, 베드로는 자신의 이 땅에서의 삶이 얼마 남지 않은 것을 알고 수신자들이 자신의 가르침을 잘 간직하길 원하며 "너희로 생각나게 하려 한다."는 표현을 세 차례에 걸쳐 사용한다(12, 13, 15절). 우선 베드로는 그들이 진리 위에 서 있다는 것을 칭찬한다. 한편으로는 이 점은 동시에 '이미 너희가 서 있는 곳에서 움직이라 말라'는 권고가 되기도 한다. 이는 박해의 폭풍우가 일고 거짓 교리가 난무하는 현실에 직면해야 했던 베드로후서의 수신자들의 상황 가운데서 현재 그들이 붙들고 있는 가르침을 견지하는 명령에 다름 아니다.

그렇다면 베드로가 수신자들이 기억하길 원하는 진리의 내용은 무엇이었을까? 그것은 임의로 교묘하게 꾸며진 신화가 아닌(16절), 유일회적으로 주신 불변하는 복음이자 사도적 가르침으로 전수된 규범적인 신앙 진리를 말한다(참조. 유 3–5, 딤전 6 : 5 ; 딤후 2 : 18 ; 딛 1 : 14 ; 슈라게, 「베드로전·후서/유다서」, 1987, p. 136). 그리고 그 내용은 새로운 가르침이 아니라 수신자들이 이미 알고 있는 진리이다. 베드로는 추후에 이 진리가 변화산상에서 확증된 진리(16–18절)이며 (구약)성경의 예언적 메시지를 통해 전수되어 온 것(18–21절)이라고 증거한다.

베드로가 시급하게 이 진리를 상기시키는 것은 자신의 죽음이 다가오고 있다는 인식 때문이다. 그는 두 차례에 걸쳐 영원한 거처와 대비되는 임시 거주지를 나타내는, 인간의 육체를 가리키는 은유로서의 장막(스케노마, skēnōma)이라는 용어를 사용하여 육신의 장막을 벗을 순간이 곧 다가오고 있다고 서술한다(14, 16절). 장막은 영원한 구조와 비견되는 일시적 거처로 유비되는 몸에 대한 메타포로 기능한다. 바울도 유사한 개념으로 죽음을 언급한 바 있다 : "만일 땅에 있는 우리의 장막 집이 무너지면 하나님께서 지으신 집 곧 손으로 지은 것이 아니요 하늘에 있는 영원한 집이 우리에게 있는 줄 아느니라 참으로 우리가 여기 있어 탄식하며 하늘로부터 오는 우리 처소로 덧입기를 간절히 사모하노라 이렇게 입음은 우리가 벗은 자들로 발견되지 않으려 함이라 참으로 이 장막에 있는 우리가 짐 진 것같이 탄식하는 것은 벗고자 함이 아니요 오히려 덧입고자 함이니 죽을 것이 생명에 삼킨 바 되게 하려 함이라"(고후 5 : 1–4). 사실 육체와 영혼을 구분하는 이원론적 사고는 구약성경에서 찾아보기 힘들며, 헬라 문화권이나 헬라주의적 유대교 안에서 종종 만나게 된다. 예를 들면, 지혜서 9 : 15은 "이 썩어질 육신이 영혼을 짓누르며, 이 지상의 장막이 생각이 깊은 마음에 짐을 지운다."라고 말한다(Davids, *The Letters of 2 Peter and Jude*, 2006, p. 194).

베드로는 이 죽음의 순간이 이미 주 예수 그리스도께서 자신에게 지시하신 것이라고 밝히는데, 필시 부활하신 예수께서 베드로에게 예언하신 그의 죽음과 관련한 전승을 떠올리게 한다 : "내가 진실로 진실로 네게 이르노니 네가 젊어서는 스스로 띠 띠고 원하는 곳으로 다녔거니와 늙어서는 네 팔을 벌리리니 남이 네게 띠 띠우고 원하지 아니하는 곳으로 데려가리라 이 말씀을 하심은 베드로가 어떠한 죽음으로 하나님께 영광을 돌릴 것을 가리키심이러라 이 말씀을 하시고 베드로에게 이르시되 나를 따르라 하시니"(요 21 : 18-19 ; 참조. 요 13 : 36). 전승에 의하면 그는 A.D. 68년경에 순교한 것으로 알려져 있으며, 자신의 요구에 따라 십자가에 거꾸로 매달려 죽었다고 한다. 자신에게는 예수 그리스도와 같은 유형의 죽음을 당할 자격이 없다는 이유였다. 하지만 베드로후서 1 : 14의 본문 이면에 이 전승이 직접적으로 자리하고 있는지는 확실하지 않다(*Life Application Study Bible*, 2004, p. 2139).

베드로는 자신이 떠난 이후라도 수신자들에게 자신의 가르침을 기억나게 하고자 하는 바람을 갖고 있는데, 죽음을 준비하면서 해야 할 중요한 일 중 하나는 다른 사람들을 일깨워 진리의 길로 걷게 하는 것이다. 그리고 이 진리는 베드로의 대적자의 가르침처럼 공교히 만든 이야기가 아니다. 수신자들이 이미 받았고 견지해야 할 믿음은 분명한 역사적 사실과 하나님의 예언에 기초해 있다. 이곳에서 베드로는 자신의 서신, 베드로후서가 자신의 사후에도 계속적으로 진리를 상기시키는 역할을 감당하길 기대한다.

B. 진리의 확실성에 대한 변증(1 : 16-21)

1. 사도가 직접 목격함(1 : 16-18)

[16]우리 주 예수 그리스도의 능력과 강림하심을 너희에게 알게 한 것이 교묘히
만든 이야기를 따른 것이 아니요 우리는 그의 크신 위엄을 친히 본 자라 [17]지
극히 큰 영광 중에서 이러한 소리가 그에게 나기를 이는 내 사랑하는 아들이
요 내 기뻐하는 자라 하실 때에 그가 하나님 아버지께 존귀와 영광을 받으셨
느니라 [18]이 소리는 우리가 그와 함께 거룩한 산에 있을 때에 하늘로부터 난
것을 들은 것이라

[1 : 16-18] 베드로는 이 진리의 내용으로 능력과 강림하심을 말하는데, 학자들은 이 둘을 동일 사안에 대한 이중적 표현(hendiadys)으로 간주한다. 그리스도의 재림은 능력으로 임하는 영광스러운 사건이 될 것이다. 예수 그리스도는 현재 승귀하신 상태이지만, 장차 크신 권능과 위엄 속에 재림하셔서 온 우주 만물과 인류를 심판하시고 새 하늘과 새 땅을 허락하실 것이다. 예수 그리스도의 영광스런 재림에 대해서는 신약성경에서 누차 강조되는 예언이다(참조. 마 24 : 3, 27, 37, 39 ; 고전 15 : 23 ; 살전 2 : 19 ; 3 : 13 ; 4 : 15 ; 5 : 23 ; 살후 2 : 1, 8 ; 약 5 : 7-8 ; 요일 2 : 28). 특히 강림하심에 대한 언급은 "주의 강림하심이 어디 있느냐?"며 부도덕한 삶을 유발시키는 거짓 교사들의 술책에 대한 대응적 차원의 접근으로 생각된다(3 : 1-13 ; Schreiner, *1, 2 Peter, Jude*, 2003, p. 312).

그러나 한편으로는 일반적으로 장차 일어날 사건으로서의 재림을 나타내는 용어 파루시아(parousia)는 문자적으로 파라(para)+우시아(ousia)로 구성되며, 그 의미는 각각 '곁에'와 '존재한다'로서 미래뿐 아니라 초시간적 임재를 시사할 수 있다. 파루시아라는 용어 속에서 우리는 주의 재림과 현존을 모두 감지할 수 있다(박창환/김경희, 「베드로전·후서/유다서」, 1996, p. 186).

교묘한 이야기는 목회서신에서 자주 다루어진 세상과 인간의 기원 그리고 허탄한 신화 등의 인간의 머리로 짜낸 영지주의적인 사변에 대한 언급과 일맥상통할 수 있다(딤전 1 : 4 ; 4 : 7 ; 딤후 4 : 4 ; 딛 1 : 14). 이러한 꾸며

낸 신화와 달리 베드로는 예수 그리스도의 능력과 재림을 확증하는데, 그 첫 번째 근거로 자신의 목격담을 제공한다. 하지만 그 사건은 베드로 혼자만의 경험이 아니었다. 베드로는 이제 서술상으로 1인칭 단수에서 1인칭 복수 '우리'로 전환한다(참조. Harrington, *Jude and 2 Peter, Sacra Pagina*, 2008, pp. 255-256). 베드로는 동행한 야고보와 요한을 언급하지 않지만, "우리는 그의 크신 위엄을 친히 본 자라"는 표현으로 함께 경험한 변화산상의 예수의 변모 사건을 지칭하고 있는 것으로 보인다. 그 일은 베드로가 예수 그리스도의 공생애를 통해 목도한 가장 경이적인 사건에 속하였을 것이다. 예수께서는 베드로, 야고보, 요한을 데리고 변화산으로 올라가셨고 지극히 큰 영광 가운데 변형되시며 모세와 엘리야와 함께 서 계실 때, 하늘로서 "내 사랑하는 아들이요 내 기뻐하는 자라"는 하늘의 음성이 함께한 제자들에게 들려졌다(막 9 : 2-13 ; 마 17 : 1-13 ; 눅 9 : 28-36). 이 사건 속에서 예수는 그 영광스러운 변모된 모습으로 그리고 하늘의 음성으로 존귀와 영광을 받으신 존재로 드러난다. 베드로는 변화산을 '거룩한 산'으로 칭하며 우리라는 호칭으로 베드로, 야고보, 요한 모두가 이 사건의 증인임을 밝히고 있다. 베드로와 그의 동료들은 예수 그리스도의 변모된 모습의 증인이 될 뿐 아니라 자신들 앞에 변모된 존재의 정체성에 대한 권위 있는 해석을 담은 음성을 직접 들은 자들이었다(참조. 브루스 B. 바톤 외, 「적용을 도와주는 베드로전서/베드로후서/유다서」, 2010, p. 266 ; 보컴, 「유다서 · 베드로후서」, 2010, p. 359).

또한 산은 일반적으로 신적 계시 혹은 현현의 자리로 간주되었는데 사람들로 하늘과 신들에게로 가까이 근접할 수 있도록 하는 기능 때문이었다. 유대 전승에서는 시내 산(호렙 산)과 시온 산이 하나님의 최고의 성산으로 전해진다. 베드로는 변화산을 거룩한 산으로 칭한다. 그러나 변화산의 위치는 명확치 않다(참조. 브루스 B. 바톤 외, 「적용을 도와주는 베드로전서/베드로후서/유다서」, 2010, p. 269).

변화산 사건에 대한 베드로의 언급은 그 변모를 예수 그리스도의 예언적 말씀의 성취로 이해하는 초기 기독교 전승과 궤를 같이한다 : "또 그들에게 이르시되 내가 진실로 너희에게 이르노니 여기 서 있는 사람 중에는 죽기 전에 하나님의 나라가 권능으로 임하는 것을 볼 자들도 있느니라 하시니라"(막 9 : 1). 따라서 변화산 사건은 파루시아에 대한 예언적 변증으로 기능하며 1 : 19에서 말하는 예언의 범주에 포함된다(Jerome H. Neyrey, "The Apologetic Use of the Transfiguration in 2 Peter 1 : 16-17," *CBQ* 42 〈1980〉, pp. 510, 519).

그러나 초기의 그리스도인들은 전도함에 있어서 개인적 경험이나 목격담만으로 증거한 것이 아니며, 구약성경을 토대로 예언의 성취적 측면에서 접근하였다. 신약성경에 있는 초대교회의 설교에는, 그리고 복음서 기자들의 증언에는 '(구약)성경에 기록된 바'라는 표현을 수시로 접할 수 있다. 이제 베드로는 예언자들의 증언의 중요성과 그 예언을 임의적으로 해석하는 일에 대해 경계한다.

2. 예언의 중요성과 역할(1 : 19-21)

> 19또 우리에게는 더 확실한 예언이 있어 어두운 데를 비추는 등불과 같으니
> 날이 새어 샛별이 너희 마음에 떠오르기까지 너희가 이것을 주의하는 것이
> 옳으니라 20먼저 알 것은 성경의 모든 예언은 사사로이 풀 것이 아니니 21예언
> 은 언제든지 사람의 뜻으로 낸 것이 아니요 오직 성령의 감동하심을 받은 사
> 람들이 하나님께 받아 말한 것임이라

[1 : 19-21] 16~18절에서의 주의 재림과 관련한 메시지는 사도들의 변화산상의 개인적 경험에 기초하였다. 반면 19~21절의 메시지는 사도적 계시의 확실성을 구약의 예언에 둔다. 그리스도인의 믿음과 삶의 정당성은 하나님의 인류를 향한 자기 계시에 있다. 영적 성숙으로의 명령도 영감된 예언 말씀의 성격과 기능에 의해 지지받는다. 그리하여 이 단락은 성령의 영감에 대한 강력한

진술을 담고 있다. 베드로는 구약의 선지자들이 성령의 감동을 받아 하나님의 메시지를 기록하였다고 확언한다. 그는 또한 자신뿐 아니라 신약시대의 사도들의 말도 동일한 범주에 포함시키는데, 그들이 하나님의 진리를 선포하고 있기 때문이다. 베드로는 성경이 인간의 생각을 모아 둔 글이 아닐 뿐더러 선지자의 입술을 통해 사람들에게 말씀하신 분이 그 어느 누구도 아닌 하나님이시라고 밝힌다.

주님의 재림의 확실성을 논하면서 베드로는 변화산상에서 영광의 모습으로 변모하신 예수 그리스도에 대한 목격담으로 그치는 것이 아니라, 그 재림이 이미 구약성경에 예언된 사건이라고 증거한다. 개인의 경험담보다는 오랜 역사를 가진, 그리고 더욱이 성령의 감동하심에 따른 예언이 더욱 확실성을 제공한다는 신념 아래 예수의 재림을 확증한다(박창환/김경희, 「베드로전 · 후서/유다서」, 1996, pp. 190-191).

19절의 "우리에게는 더 확실한 예언이 있어"에서 '우리'는 일차적으로는 야고보와 요한과 함께했던 사실에 대한 언급일 수 있으나, 굳이 이것을 예수님과 변화산에 함께 있던 세 사람에 국한할 필요는 없다. 대신에 베드로는 자신을 포함하여 예언을 일반적인 신자 모두와 함께 공유한다고 생각하는 것으로 이해하는 것이 자연스럽다. 그리고 여기서의 '예언'은 원어적으로는 예언적 말씀(톤 프레티콘 로곤, ton prophētikon logon)이다. 바울도 로마서 16 : 26에서 유사한 용어(예언적 글〈prophetic writings〉-개역개정성경에는 '선지자들의 글'로 되어 있다.)를 사용한 적이 있다. 따라서 이 예언적 말씀은 예언의 요소를 지닌 기록된 말씀이라는 성격을 반영하는 것으로 보인다. 베드로는 1 : 20에서 이 용어를 '성경의 모든 예언'으로 바꾼다. 참고로 1세기의 유대교에서는 모든 성경 말씀은 예언으로 간주되었기에 '예언의 말씀'과 '성경'은 동일어로 보아도 무방하다. 1세기경의 예언에 대한 이해는 '영감을 받은 사람들을 매개로 인간의 언어로 하나님에게서 온 이해할 수 있는 메시지'였다(참조. Davids, *The Letters of 2 Peter and Jude*, 2006, pp. 207-208 ; 보컴, 「유다서 ·

베드로후서」, 2010, pp. 369-370).

구약성경 전체를 예언으로 이해할지라도, 베드로가 언급한 예언이 구체적으로 무엇인가에 대해서는 1) 구약의 메시아 예언, 2) 구약 전체, 3) 어떤 특정한 구약의 예언들, 4) 구약과 신약의 모든 예언들, 5) 베드로후서, 6) 변화산의 변모 사건 등의 해석이 있다(박수암, 「공동서신」, 2004, p. 235). 우선 예언을 구약과 연관시켜 생각할 수 있는 것은 초기 기독교로부터 2세기까지의 기독교 문헌들에서 언급되는 예언과 성경은 오직 구약성경에 근거하고 있기 때문이다. 하지만 베드로가 구체적으로 예언이 무엇인지를 밝히지 않았을지라도 오실 메시아 및 복음과 연관된 구약의 예언뿐 아니라 그리스도의 재림과 함께 병행되는 세상의 종말, 새 하늘과 새 땅에 대한 예언으로 보는 것도 타당한 해석이다. 이 사건은 아직 신약성경 안에서 미성취된 것으로 기존의 세상이 해체되고 새 하늘과 새 땅이 약속으로 주어지는 3장 전반에 다루어지고 있으며, 이 사건이 일어나는 하나님의 날(3 : 12)과 연관된 예언은 구약성경에서도 많이 등장하고 있다(참조. 단 7 : 13-14 ; 사 13 : 6, 9 ; 66장 ; 겔 13 : 5 ; 욜 1 : 15 ; 2 : 1 ; 암 5 : 18, 20 ; 옵 1 : 15 ; 습 1 : 7, 14). 그러한 날들은 신약성경에서 주의 날에 대한 전조가 되고(참조. 행 2 : 20 ; 고후 1 : 14 ; 살전 5 : 2 ; 살후 2 : 2), 주의 날은 또한 그리스도의 날이기도 하다(고후 1 : 14 ; 빌 1 : 6, 10 ; 2 : 16 ; Schreiner, *1, 2 Peter, Jude*, 2003, p. 321).

'더 확실한 예언'이라는 어구는 오늘날 우리에게도 의미 있게 다가오는데, 베드로는 변화산상에서 주님의 변형되신 모습을 목격한 개인의 경험보다 성경을 더 확실한 증거로 제시한다는 점이다(박수암, 「공동서신」, 2004, p. 235). 우리는 자칫 개인의 신앙적인 경험을 절대시하거나 집착하려는 경향이 있다. 그러나 사도 베드로는 분명히 개인의 신앙 체험이 하나님께 기원한 영감으로 기록된 성경보다 우선할 수 없다고 말한 사실을 늘 상기할 필요가 있다. 다만 한 가지 유념할 것은 구약의 예언과 베드로의 변화산상의 경험의 우열을 논하는 시도가 아니라는 점이다. 변화산상의 경험과 예수 안에서 성취되는 모든 사건과 말씀들이 구약의 예언들을 통해 더욱 확증적이 된다는 말씀으로 이해해야 한다(참조. 박창환/김경희, 「베드로전 · 후서/유다서」, 1996, p. 191 ; Schreiner, *1, 2 Peter*, *Jude*, 2003, pp. 320–321).

베드로는 이 예언에 대해 '어두운 데를 비추는 등불'로 유비시키는데, 등불은 하나님의 말씀에 대한 강력한 은유이기도 하다(시 119 : 105 ; 참조. 요 5 : 35). 어두움은 수신자들이 직면하고 경험하고 있는 박해 및 거짓 교사들의 준동으로 말미암은 혼돈의 상황을 나타내며, 예언적인 말씀은 등불처럼 그들을 안내한다는 설명이다. 하나님의 예언적 말씀으로써의 등불은 도덕적, 그리고 영적 흑암에 싸인 사람들에게 따라야 할 길을 깨닫게 해 주는 기능을 한다. '어두운 데'가 어디인가에 대한 여러 해석이 있으나 흑암으로 일관되게 규정하는 신약의 용례를 따라 현존하는 세상으로 이해하는 것이 타당하다(참조. 요 1 : 5 ; 3 : 19 ; 롬 1 : 21 ; 13 : 12 ; 고후 6 : 14 ; 엡 5 : 11 ; 6 : 12 ; 살전 5 : 4 ; 요일 2 : 8 ; 참조. Green, *Jude & 2 Peter*, 2008, pp. 227–228).

19절의 "샛별이 너희 마음에 떠오르기까지"는 난해 구절이다. 특히 '너희 마음에 떠오르기까지'라는 문구가 개인적 차원의 내적인 경험이나 계시를 뜻하는가라는 질문이 제기되기 때문이다. 사도 바울도 그리스도의 재림 때 개인적인 주님과의 만남에 대해서도 다음과 같이 말한 바 있다 : "우리는 부분적으로 알고 부분적으로 예언하니 온전한 것이 올 때에는 부분적으로 하던 것이 폐하리라 내가 어렸을 때에는 말하는 것이 어린아이와 같고 깨닫는 것이 어린아이와 같고 생각하는 것이 어린아이와 같다가 장성한 사람이 되어서는 어린아이의 일을 버렸노라 우리가 지금은 거울로 보는 것같이 희미하나 그 때에는 얼굴과 얼굴을 대하여 볼 것이요 지금은 내가 부분적으로 아나 그 때에는 주께서 나를 아신 것같이 내가 온전히 알리라"(고전 13 : 9–12). 따라서 주님의 재림 시에 개인적 차원의 주관적 경험도 포함될 수 있다. 하지만 이 문맥에서의 '날'은 주의 날이요 그리스도의 재림의 날을 말하는 것이 분명해 보인다. 그러므로 이 구절은 베드로후서 3 : 10~13의 파루시아의 종말론적 성격을 고려할 때 객관적인 사건에 더 비중을 두어야 한다.

많은 학자들은 이 구절과 민수기 24 : 17을 연계시킨다 : "내가 그를 보아도 이때의 일이 아니며 내가 그를 바라보아도 가까운 일이 아니로다 한 별이 야곱에게서 나오며 한 규가 이스라엘에게서 일어나서 모압을 이쪽에서 저쪽까지 쳐서 무찌르고 또 셋의 자식들을 다 멸하리로다" 이 구절은 당시 다양한 유대 전승에서도 메시아에 대한 예언 본문으로 해석되었다. 샛별은 새벽녘의 동터 오는 시점에 나타나는 별로 아직은 지평선에서 앞으로 떠오를 태양의 길을 예비하듯이 영광 가운데 오실 그리스도의 종말론적 임재가 열리는 시대적 여명을 가리킨다(Schreiner, *1, 2 Peter, Jude*, 2003, p. 321). 한편 신약성경에서는 옛 시대와 새 시대를 낮과 밤의 이미지로 자주 형상화하며(참조. 롬 13 : 12 ; 살전 5 : 4–9), 다가오는 시대의 여명은 예수의 재림을 시사한다(참조. 계 22 : 16, "나는 다윗의 뿌리요 자손이니 곧 광명한 새벽별이라 하시더라"). 곧 그리스도가 샛별이 되시며 그분이 다시 오실 때는 완전한 빛으로 영광 가운데 밝게 빛나실 것이고, 우리가 가진 성경과 내주하시는 성령이 그날 우리를 진리로 이끄실 것이다(참조. 눅 1 : 78 ; 엡 5 : 14 ; 계 2 : 28 ; Davids, *The Letters of 2 Peter and Jude*, 2006, p. 209).

이와 같은 구약성경과 신약시대의 예언의 확실성은 신자로 하여금 이 예언들에 대해 신중하게 생각하고 해석하도록 요구한다. 왜냐하면 예언은 사사로이 인간의 생각을 전달하는 것이 아니라 철저히 성령의 감동하심을 받은 사람들이 그 뜻을 따라 계시하는 내용이기 때문이다. 따라서 예언에 대하여 자신의 고안된 생각을 떠벌리는 거짓 선지자마냥(렘 23 : 16–17, 21–22, 25–26 ; 겔 13 : 3 ; 참조. 보컴, 「유다서 · 베드로후서」, 2010, p. 383), 자기 임의로 자기주장에 맞도록 성경을 해석해서는 안 된다. 필시 베드로의 성경의 해석에 관한 견해는 베드로후서 2 : 1 이하의 거짓교사들의 해석에 대한 공격을 준비하는 것으로 볼 수 있다. 성경이 성령의 감동으로 기록된 것이라면 거짓 교사들의 임의적인 해석, 특히 구약성경이 가진 예언의 신적 기원을 부인하는 그들의 주장은 귀담아들을 필요가 없다. 역으로, 우리는 스스로에게도 예수와 성경 자체보다도 교리 자체나 우리의 어떤 생각에 더 비중을 두고 선입견 속에 성경을 해석하고 있는지도 스스로 질문해야 한다.

베드로는 2장에서 거짓 교사들을 비판하기 전에 변화산상의 예수 그리스도의 변모 사건의 증인으로서 그리고 구약성경의 예언에 의하여 깨우침을 받은 지혜로운 교사로서 자신의 신임장을 확보한다.

설교를 위한 묵상

과거에 기억하던 지식은 잊혀져 가는 과거적 지식이고, 오늘 새롭게 상기할 때 오늘의 지식이 된다. 사도 베드로는 수신자들이 이미 진리에 서 있는 것을 알고 있으나, 그 진리를 항상 생각나게 하고자 한다. 주기도문의 일용할 양식은 비단 육적인 빵만을 말하는 것은 아니다. 예수께서 시험받으실 때, "사람이 떡으로만 살 것이 아니요 하나님의 입으로 나오는 모든 말씀으로 살 것이다."라고 말씀하신 것처럼, 일용할 양식은 영육 간의 모든 음식을 포함한다. 과거에 알았던 하나님께 대한 지식에 안주하는 것이 아니라, 오늘의 상황에서 내게 필요한 진리를 늘 상기하는 것이 지혜롭다. 사도 베드로는 이후 전개될 그릇된 종말관을 바로잡기 위하여 자신의 증거의 확실성을 확보하는데, 첫째로 변화산상의 예수님의 변모 사건에 대한 증언을 내세운다. 곧 자신의 증언은 교묘히 만든 이야기가 아니라 "내 사랑하는 아들이요, 내 기뻐하는 자라."는 음성을 거룩한 산에서 듣고, 예수 그리스도의 존귀와 영광을 목도했음을 증거한다. 이 증인조차도 범접할 수 없는 권위를 갖는데, 놀랍고도 특이한 표현은 1 : 19의 '더 확실한 예언'이다. '예언'이라는 표현은 당시로서는 성경과 동의어로 변화산 사건의 경험보다 성경을 더 확실한 증거로 제시하고자 하는 베드로의 의도를 보게 한다. 우리는 자칫 개인의 신앙적 경험을 절대시하거나 그것에 집착하는 경향이 있다. 그러나 개인적인 체험은 결코 하나님께 기원하여 성령으로 기록된 성경을 대체할 수도 우위에 있을 수도 없다. 물론 베드로는 변화산의 경험보다 성경이 우위에 있다는 것을 말하고자 하지는 않는다. 변화산상의 경험과 예수 안에서 성취되는 모든 사건들이 구약적 예언들을 통해 더욱 확증된다는 개념이다. 그럼에도 성경의 절대성은 간과되어서는 안 되며, 성령의 감동으로 기록된 성경을 사사로이 아전인수격으로 해석하려는 시도는 철저히 배격되어야 한다.

제 IV 부

거짓 선생들에 대한 대응

베드로후서 2 : 1-22

A. 거짓 선생들의 출현과 그들에 대한 심판(2 : 1-3)

B. 범죄한 자들에 대한 하나님의 심판의 사례들(2 : 4-10a)

C. 거짓 선생들의 본성과 죄상(2 : 10b-16)

D. 거짓 선생들이 다른 사람들에게 미치는 악영향(2 : 17-22)

| 베드로후서 2 : 1-22 |

거짓 선생들에 대한 대응

A. 거짓 선생들의 출현과 그들에 대한 심판(2 : 1-3)

1그러나 백성 가운데 또한 거짓 선지자들이 일어났었나니 이와 같이 너희 중
에도 거짓 선생들이 있으리라 그들은 멸망하게 할 이단을 가만히 끌어들여
자기들을 사신 주를 부인하고 임박한 멸망을 스스로 취하는 자들이라 2여럿
이 그들의 호색하는 것을 따르리니 이로 말미암아 진리의 도가 비방을 받을
것이요 3그들이 탐심으로써 지어낸 말을 가지고 너희로 이득을 삼으니 그들
의 심판은 옛적부터 지체하지 아니하며 그들의 멸망은 잠들지 아니하느니라

[2 : 1-3] 베드로는 베드로후서 1장에서 하나님께서 신자들에게 부여하신 새로운 삶의 성격과 영적 성장과 성숙의 필요성을 강조한 후 베드로후서에서는 처음으로 이단의 문제를 직접적으로 거론한다. 그는 지금까지 사도적 가르침과

예언적 증거들에 대한 거짓 선생들의 공격에 대응하는 고발을 준비해 왔다고 할 수 있다. 특히 2장 직전에 변화산 사건에 대한 진술로 사도적인 목격담과 성령의 감동으로 기록된 구약 예언을 통해 예수 그리스도의 재림의 확실성을 논증하였는데, 2 : 1에 들어와서는 수신자들의 교회 내에서 문제를 일으키고 있는 대적자들의 정체를 밝히며 그들의 부도덕한 삶을 따르는 이들이 적지 않음과 그들이 감당해야 할 심판에 대해 엄중히 경고한다(참조. Schreiner, *1, 2 Peter, Jude*, 2003, p. 325).

우선 베드로는 "백성 가운데 또한 거짓 선지자들이 일어났었나니"라는 말로 구약 시대의 거짓 선지자들의 폐해를 회상시킨다. 거짓 선지자들은 주로 이방 세계 곧 외부로부터보다는 주로 이스라엘 안에서 생겨났다(렘 5 : 31 ; 23 : 9-18). 구약성경은 거짓 선지자들의 활동에 대해 수차례 언급하는데, 예레미야 28 : 1~17에는 예레미야 선지자와 하나냐의 대결이 기록되어 있다. 한편 열왕기상 22 : 5~12에 보면, 한 무리의 선지자들이 여호와의 이름으로 승리를 선포한다. 그러나 참 선지자인 미가야는 그들을 여호와의 보냄을 받았으나 그 선지자들을 속이고 궁극적으로 아합을 죽게 만들 거짓 영에 의해 영향을 받은 자들이라고 말한다. 하지만 그들을 거짓 선지자들로 칭하지는 않는다. 또, 신명기 18 : 20~22에는 참 선지자와 거짓 선지자를 구별하는 원칙이 기록되어 있다 : "만일 어떤 선지자가 내가 전하라고 명령하지 아니한 말을 제 마음대로 내 이름으로 전하든지 다른 신들의 이름으로 말하면 그 선지자는 죽임을 당하리라 하셨느니라 네가 마음속으로 이르기를 그 말이 여호와께서 이르신 말씀인지 우리가 어떻게 알리요 하리라 만일 선지자가 있어 여호와의 이름으로 말한 일에 증험도 없고 성취함도 없으면 이는 여호와께서 말씀하신 것이 아니요 그 선지자가 제 마음대로 한 말이니 너는 그를 두려워하지 말지니라"

신약성경 또한 거짓 선지자들의 존재를 고발한다(마 7 : 15 ; 24 : 11 ; 막 13 : 22 ; 눅 6 : 26 ; 행 13 : 6 ; 요일 4 : 1 ; 계 16 : 13 ; 19 : 20 ; 20 : 10). 예

수님도 직접 이들의 출현을 경고하셨기에 아마도 베드로는 현 상황에서 그 예언의 성취를 보았을 것이다. 그리하여 베드로도 구약시대에 거짓 선지자들이 존재했던 것처럼 신약시대에도 거짓 선생들이 있을 것임을 말한다. 물론 시제는 유언문학 장르에 적합한 수사학적인 의미로 미래시제가 사용되었지만, 거짓 선생들은 이미 수신자들의 공동체에서 활동 중이다. 즉, 2 : 10 하반절의 현재시제로의 전환이 거짓 선생들이 유발한 문제가 이미 진행 중이라는 것을 드러낸다. 다만 거짓 선생라는 용어 프슈도디다스칼로이(pseudodidaskaloi)는 신약성경에서 단지 이 구절에서만 사용된다(Harrington, *Jude and 2 Peter*, *Sacra Pagina*, 2008, p. 261).

신약시대의 거짓 선생들과 이단적 성격을 공유하는 구약시대의 거짓 선지자들의 특징은 다음과 같다 : 1) 하나님이 명하지 않으셨는데도 스스로 선지자 노릇을 했으며(신 18 : 20 ; 렘 14 : 14 ; 23 : 21, 32 ; 겔 13 : 2-7), 2) 하나님께 대한 불순종으로 심판의 메시지와 경고가 필요한 시점에도 여전히 사람들의 귀를 즐겁게 하려고 평화와 안전을 예언했고(렘 4 : 10 ; 6 : 14 ; 14 : 13 ; 23 : 17 ; 27 : 9 ; 겔 13 : 10 ; 미 3 : 5, 11), 3) 그들의 악한 행위에 대해 하나님의 심판을 선고받았다(렘 14 : 15 ; 23 : 15 ; 28 : 16-17 ; Davids, *The Letters of 2 Peter and Jude*, 2006, pp. 218-219 ; 보컴, 「유다서 · 베드로후서」, 2010, pp. 388-389).

베드로가 거짓 선지자들이라 하지 않고 거짓 선생들이라고 칭하는 이유는 분명히 드러나지 않으나 그들이 단순히 메시지를 전한 것만이 아니라 수신자들의 공동체 안에서 가르치기도 하였음을 시사한다. 다만 그들은 교회에 의하여 교사로 세움을 받지 않았거나 교사이기는 하나 왜곡된 거짓 교훈을 가르쳤기 때문에 거짓 선생으로 불렸을 것이다. 다른 한편으로 그들이 선생의 부류로 언급된 것은 선지자들과 달리 그들은 스스로 예언적 영감에 대한 개념을 거부했기 때문일 것이다(Schreiner, *1, 2 Peter, Jude*, 2003, p. 326). 특히 문맥에 의하면 그들은 성경의 영감을 부인하고 성경을 곡해하여 그릇되게 가르쳤다(참조. 1 : 19–21). 그들은 그리스도의 가르침과 사도들의 말을 왜곡하고 예수의 삶, 죽음, 그리고 부활의 의미를 애써 축소하였을 것이다.

우리는 그들의 행보에 대해 듣게 되는데, 첫째로 거짓 선생들은 멸망하게 할 이단을 은밀하게 끌어들였다. 헬라어상의 '이단'(하이레시스, hairesis)이라는 어휘는 선택하다는 뜻의 히레오마이(hireomai)에서 왔고 특정 견해를 지지하는 정치적 색채를 지닌 그룹을 지칭하여 분파, 정당, 학파 등을 의미하였다. 그리하여 원래는 부정적인 함의를 지닌 단어는 아니었으나 정통적 견해와 다른 주장으로 분쟁과 분리를 조장하여 해악을 끼치는 가르침과 단체로 규정되기에 이른다. 이런 맥락에서 바울은 교회 공동체 내의 분열을 초래한 파당에 대해 부정적인 의미로 이 용어를 사용하였다(참조. 갈 5 : 20 ; 고전 11 : 19). 그리하여 시간이 지나면서 점차 발전된 기독교적 개념의 이단은 기독교 정통 신앙에 부합되지 않는, 교회 공동체에 해를 끼치게 된 다른 사상과 가르침을 뜻하게 되었다(Harrington, *Jude and 2 Peter*, *Sacra Pagina*, 2008, p. 261).

베드로는 거짓 선생들의 가르침이 진리의 도로 칭해지는(벧후 2 : 2) 진정한 기독교와 양립할 수 없는 가르침으로 간주한다. 베드로후서 2장에서 '거짓 선생'으로 지칭되는 이단은 내부의 파당적 성격을 띠었으나 점차로 시간이 경과하면서 비기독교적인 외부적 가르침을 갖고 들어와 이단으로 변질되는 과도기적 상태에 있었다고 말할 수 있다. 우리는 이 이단과 1장의 주석에서 교묘히 만든 허탄한 신화 혹은 이야기를 전하는 영지주의적 가르침과의 연관성을 생각해 볼 수 있다(참조. 1 : 16). 베드로는 이 이단의 정체에 대해서는 분명히 설명하지 않는다. 일부 학자들은 베드로후서의 유다서에 대한 의존성의 시각으로 과연 베드로의 대적자들의 정체를 밝힐 수 있는가라는 회의적 질문과 의혹을 던지기도 한다. 그럼에도 우리는 단순히 베드로후서가 유다서를 복사하고 있다고 생각해서는 안 된다. 베드로는 3 : 3~4에서 대적자들의 정체를 밝힐 수 있는 최적의 실마리를 제공하고 있기 때문이다 : "먼저 이것을 알지니 말세에 조롱하는 자들이 와서 자기의 정욕을 따라 행하며 조롱하여 이르되 주께서 강림하신다는 약속이 어디 있느냐 조상들이 잔 후로부터 만물이 처음 창조될 때와 같이 그냥 있다 하니" 이 구절에 의하면 거짓 선생들은 그리스도의 재림과 세상을 향하신 하나님의 다스리심의 섭리, 곧 신정론을 부인하는 무리로 추정된다. 그들의 신학적 회의주의는 그들로 종말과 심판을 부인하게 만들어 방탕한 행실로 이끌었을 것이다(Harrington, *Jude and 2 Peter*, *Sacra Pagina*, 2008, p. 263).

'가만히 끌어들여'라는 표현은 이 사상이 기독교 내부의 전승적인 가르침이 아니라 외부로부터 유입된 것이며 그 내용이 멸망하게 할 내용이라면 기독교적으로 수용될 수 없음을 명시하는 것이다. 특히 '가만히 끌어들여'라는 표현은 바울이 율법 준수 등을 포함하는 행위와 공로에 근거하는 거짓 복음을 갈라디아 교회에 끌어들인 바울의 대적자들을 묘사할 때도 사용되었었다(갈 2 : 4 ; 참조. Schreiner, *1, 2 Peter, Jude*, 2003, p. 328). 하지만 여기서의 강조점은 은밀성보다는 그것이 가져올 폐해에 대한 부정적 평가가 반영된 것이다. '멸망하게 할 이단'이라는 어구의 원어적 표현은 '멸망의 이단'이다. 즉, 그 이단은 수신자 공동체에 유익이 아닌 멸망, 곧 종말론적 심판을 가져올 존재이다. 그리고 그 멸망이라는 결과는 이단을 끌어들여 온 당사자 거짓 선생들에게도 임할 것이다(2 : 1, 3 ; 참조. Harrington, *Jude and 2 Peter*, *Sacra Pagina*, 2008, p. 261 ; 박수암, 「공동서신」, 2004, p. 239).

둘째로 우리가 거짓 선생들에 대해 알게 되는 것은 그들이 '자기들을 사신 주를 부인'하는 점이다. 당시 영지주의적 주장은 그리스도의 메시아 됨을 부인하거나 여러 영적 구원자들 가운데 하나에 불과하다는 주장을 폈다. 그러나 베드로는 신약성경에서 주로 '주'를 나타내는 퀴리오스(kyrios)라는 용어 대신에 매우 희귀한 용법인 데스포테스(despotēs)라는 용어를 사용한다. 혹자는 유다서로부터 차용된 용어라고 하나, 베드로가 의도적으로 선택한 용어로 보는 것이 타당하다. 퀴리오스는 다양한 신이나 일반적 인간 주인들에 대해 적용될 수 있으나 데스포테스는 자기에게 복종하는 자에 대한 완전한 통제권을 행사하는 하나님, 로마 황제, 그리고 노예를 포함하는 그레코-로만 시대 가정의 생사여탈권을 가진 주인에게 적용되는 용어로 절대 주권적 개념이 강조된 것이다(Davids, *The Letters of 2 Peter and Jude*, 2006, p. 221 ; 유대 전승 안에서의 '데스포테스'라는 용어 사용에 대한 이해는, 보컴, 「유다서 · 베드로후서」, 2010, pp. 78-80 참조). 특히 그는 자신이 산 노예에 대해서는 절대 권한을 행사할 수 있는 존재이다(참조. 고전 6 : 20 ; 7 : 23 ; 계 5 : 9). 예수 그리스도는 인류를 구속하시기 위해 '보배로운 피'를 십자가상에서 흘리셔서 값을 치르셨고(벧전 1 : 18-19 ; 2 : 24-25), 구속의 은혜를 입은 이들은 주님으로서의 예수 그리스도를 섬겨야 할 의무를 지니며, 신자들은 즐거이 자신이 그들 자신의 소유가 아니며 주의 소유가 된다는 사실을 믿음으로 고백해야 한다는 것이 기독교 신앙의 핵심적 진리이다. 그러나 이 거짓 선생들은 그들 위에 합당하게 부여된 주님의 주권을 부인하는 것이다. 이 표현을 통해 우리는 필시 그리스도의 주 되심을 상대화하거나 폄하하는 이단적 가르침에 대응하고자 하는 베드로의 의도를 엿볼 수 있다. 노예의 양도와 소유권 이전(移轉)에 대한 이미지는 초기 기독교에서 익숙한 심상이었다(고전 6 : 20 ; 7 : 23 ; 계 5 : 9 ; 14 : 3-4 ; 행 20 : 28 ; 벧전 1 : 18 ; 참조. 보컴, 「유다서 · 베드로후서」, 2010, p. 392).

그런데 주께서 피값을 치르고 사신 이들이 주를 부인하고 영원한 멸망에 이를 수 있는가에 대해 다음과 같은 주장이 제기되었다. 1) 그들은 구원을 받았었으나, 자신들의 구원을 상실하였다고 이해한다. 그러나 이 견해는 구원의 불변성을 증거하는 성경의 다른 구절들과 상충되기에 받아들일 수 없다(요 3 : 16 ; 5 : 24 ; 10 : 28-29). 2) '사셨다'는 것은 창조에 관한 설명이지 구원에 대한 내용은 아니라는 주장이다. 그러나 산다는 의미의 아고라조(agorazō)라는 용어는 철저히 신약성경 안에서 구원과 관련하여 사용되었다. 3) 그들은 그리스도께서 구원을 위해 대속의 값을 지불하셨다는 의미에서는 구속

(redeem), 곧 사신 바 되었다(레이머, 「베드로전·후서/요한1·2·3서/유다서」, 1988, p. 107). 그리스도의 죽으심은 모든 자들을 구원하시기에 충분하다(딤전 2 : 6 ; 히 2 : 9 ; 요일 2 : 2). 그러나 이 구속의 은혜는 그 은혜를 사모하며 예수 그리스도 안에 있는 산 소망을 가진 믿는 자들에게만 효력을 지닌다. 한편, 바울도 그리스도의 속죄 사역에 대하여 '사셨다'는 개념과 표현을 자주 사용한다(참조. 고전 6 : 20 ; 7 : 23). 바울에 의하면 그리스도를 통한 하나님의 구속 사역은 신자로 하여금 죄와 사망과 율법에서 자유하게 하여 신자에게 있어 그들을 위하여 값을 치르고 사신 새로운 주인의 교체가 일어난다(주께서 '사신' 자들에 대한 다양한 견해는, 브루스 B. 바톤 외, 「적용을 도와주는 베드로전서/베드로후서/유다서」, 2010, p. 282 참조).

3)의 견해가 무난해 보이지만, 우리는 주를 부인한다는 표현을 현대적 개념에서 단순히 사도신경이나 니케아 신경과 같은 교리적 오류를 말하는 것이 아님을 기억해야 한다. 거짓 선생들의 문제는 그리스도의 주권을 인정하지 않을 뿐 아니라 재림을 부인하고 상식을 벗어난 일탈적이고 자유분방한 부도덕한 행위에 있다(Davids, *The Letters of 2 Peter and Jude*, 2006, p. 221). 곧 그리스도의 위격과 사역, 특히 인간의 죄와 관련하여 감당하신 사역을 부인할 뿐 아니라 주님이 보여 주신 삶과 가르침에 모순 되는 행동을 하고도 전혀 개의치 않는다는 사실이다. 혹자는 이들의 부인을 베드로의 뼈아픈 실수로서 그리스도의 심판과 죽음의 시기의 일시적인 부인과 연관시키나 현재분사 아르누메노이(arnoumenoi)는 그들이 반복적으로 주를 부인하거나 그들에 대한 주님의 주권을 의도적으로 계속 거부하고 있는 현실을 강조하는 것으로 보이기에 다른 차원의 부인이다. 즉, 베드로는 여기에서 구원의 상실이라는 교리적 논쟁을 끌어들인 것이 아니라 거짓 선생들이 수신자 공동체의 일원이었으며 회중들 앞에서 예수 그리스도에 대한 믿음을 고백했을지라도 현재는 주께서 그들을 위해 보혈을 흘려 주셨다는 사실과 그리스도의 재림을 부인하고 있다는 것을 강조하고 있는 것이다(Schreiner, *1, 2 Peter, Jude*, 2003, p.

329). 유사한 사례가 디도서 1 : 16에서 증언된다 : "그들이 하나님을 시인하나 행위로는 부인하니 가증한 자요 복종하지 아니하는 자요 모든 선한 일을 버리니는 자니라."

이 거짓 선생들의 결국은 스스로 임박한 멸망을 초래할 뿐이다. 거짓 선생들의 가르침에는 아이러니가 있는데, 자신들의 가르침이 자신들에게 멸망을 가져오는 것이고, 현재적 세상 질서가 계속될 것이라는 생각으로 심판의 임박을 부인하지만, 그들만의 근거 없는 확신이 그들 스스로를 심판 속으로 빠르게 이끌고 들어가고 있다는 점이다(보컴, 「유다서 · 베드로후서」, 2010, p. 393). 신들의 존재를 부인하거나 그들이 세상의 일에 간섭하지 않는다고 생각하는 이교적 회의주의자들은 신들의 비활동성을 언급하며 게으름과 잠이 듦을 빗대어 조롱하기도 하였는데, 아마도 3절의 "그들의 심판은 옛적부터 지체하지 아니하며 그들의 멸망은 잠들지 아니하느니라"는 말씀은 베드로후서의 거짓 선생들도 유사한 주장을 펼쳤다는 것을 시사한다. 베드로후서 3 : 9도 이 면을 시사한다 : "주의 약속은 어떤 이들이 더디다고 생각하는 것같이 더딘 것이 아니라……" 하지만 베드로가 영향을 받았을 구약성경은 하나님의 개입과 심판에 대한 거짓 선생들의 주장을 정면으로 반박한다 : "이스라엘을 지키시는 이는 졸지도 아니하시고 주무시지도 아니하시리로다"(시 121 : 4 ; 참조. Davids, *The Letters of 2 Peter and Jude*, 2006, p. 224). 그리스도를 부인하는 행위의 귀결로서의 종말론적 심판에 대해서는 예수께서도 친히 말씀하신 바 있다 : "누구든지 사람 앞에서 나를 시인하면 나도 하늘에 계신 내 아버지 앞에서 그를 시인할 것이요 누구든지 사람 앞에서 나를 부인하면 나도 하늘에 계신 내 아버지 앞에서 그를 부인하리라"(마 10 : 32–33).

셋째로, 우리는 거짓 선생들이 호색하며 많은 이들이 그들의 부끄러운 행위를 따르게 된다는 점을 알게 된다. 일차적으로는 호색은 음란한 성생활을 탐닉하는 것을 말하는데, 부도덕과 방종의 대표적인 사례로 성경은 음란을 악덕으로 정죄한다(롬 13 : 13 ; 고후 12 : 21 ; 갈 5 : 19 ; 엡 4 : 19 ; 유 4). 하지만 호색은 성적인 문란뿐 아니라 생활 전반의 무절제한 방탕을 포함할 수 있다. 호색으로 표현된 아셀게이아(aselgeia)라는 명사는 사회적으로 용납될 수 있는 범위와 한계를 넘어서는 무절제한 행위를 말한다. 스승은 제자들의 롤모델이 되기 마련인데, 이 거짓 선생들이 방종한 삶을 살고 그리스도인의 자유를 핑계로 도덕적 책임을 염두에 두지 않는 자유분방한 삶을 조장했을 수 있다(Harrington, *Jude and 2 Peter*, *Sacra Pagina*, 2008, p. 262 ; Schreiner, *1, 2 Peter*, *Jude*, 2003, p. 332). 어떤 학자는 호색이라는 말이 수사학적 표현이기에 그리 심각한 상황은 아닐 수 있다고 주장하나 분명한 사실은 베드로가 문제시하는 것은 윤리적 문제이며 여기에는 당연히 성적 부도덕이 핵심일 수밖에 없다(참조. 엡 4 : 19 ; 벧전 4 : 3 ; 유 4). 그리고 호색이 복수형으로 나타나는 것은 그들의 행위가 일시적이 아니라 반복 혹은 습관적이거나 도가 지나침의 다른 표현일 수 있다. 따라서 거짓 선생들은 육체의 소욕을 따라 복음과는 무관한, 도덕적으로 전혀 제어되지 않는 무법주의자(antinomians)임이 분명하다. 이단적 가르침이 항상 부도덕으로 연결되는 것은 아니나 베드로후서는 그들의 호색을 계속적으로 정죄한다(2 : 7, 10, 12, 14, 18, 19, 22 ; 3 : 3 ; 참조. Green, *Jude & 2 Peter*, 2008, p. 243).

그런데 거짓 선생들의 행태는 본인들만의 삶으로 그치는 것이 아니라 그들의 악영향이 적지 않고 전염성을 지닌다는 데 있다. 개역성경은 2절에서 '여럿이'로 번역하지만, 실제로는 '많은 사람들'(many)이 옳은 번역이다. 즉, 거짓 선생들의 가르침은 큰 효과를 발휘하여 많은 추종자를 얻게 되는데, 더 큰 문제는 그 따르는 무리들이 이방인 가운데서 나타난 것이 아니라 교회 안의 사람들이라는 데 있다.

결국 우매한 이들은 거짓 선생들의 부정한 행실을 보고 따라 행할 것이며 그들의 음란한 삶은 '진리의 도'로서의 기독교와 그리스도인들을 비난거리로 만든다. 초기 그리스도인들에게 있어 '진리의 도', 특히 '도'는 기독교 자체를 지칭하는 말로서 나아가는 길을 말하였다(행 9 : 2 ; 18 : 26 ; 19 : 2, 23 ;

24 : 12, 22 ; 참조. 요 14 : 7 ; 행 16 : 17 ; 19 : 9 ; 박수암, 「공동서신」, 2004, p. 240). 베드로는 '진리의 도'라는 말을 사용하여 자신의 진정한 기독교적 가르침과 거짓 선생들의 가르침을 구별하고자 하였다. 그는 더 나아가 거짓 선생들의 가르침과 그것을 따르는 이들의 행위의 결과는 기독교의 믿음을 조롱의 대상이 되게 하여 하나님의 성호가 더렵혀지는 결과를 낳았다고 고발한다.

거짓 선생들이 교묘히 지어낸 이야기로 가르치는 까닭은 탐심으로 자신들을 따르는 자들에게서 이익을 취하기 위함이다(3절). 그들의 방종의 행위를 지지해 주는 근거로서의 지어낸 이야기가 그들이 주장하는 계시(참조. 유 8)인지 신화적 사변(1 : 16)인지 정확히 알 수는 없다. 베드로의 견해에 따르면 이들이 가르치는 목적은 수신자들을 속여 자신들의 호주머니를 채우기 위함이라는 것이다. 그들의 탐욕에 대해 베드로는 2 : 14에서 '탐욕에 연단된 마음'이라는 표현으로 그들의 가장 대표적인 죄악이 호색과 탐욕임을 고발하고 있다. 탐심은 자신들에게 주어진 정당한 권리 주장을 펼 수 있는 대상이 아닌 것을 취하려는 주체할 수 없는, 그리고 결코 만족하지 않는 강렬한 요구를 시칭한다(슈라게, 「베드로전·후서/유다서」, 1987, p. 144 ; Harrington, *Jude and 2 Peter*, *Sacra Pagina*, 2008, p. 262). 로마 세계에서 순회 교사들은 때로 자신들의 지식을 따르는 자들을 속여 이득을 취하기도 하였다. 유대인 마술사들도 자신들의 능력으로 사욕을 채웠다(참조. 행 8 : 18-20). 반면에 바울은 자신의 사역 가운데 자비량이라는 선교 원칙으로 탐욕스러운 당시의 교사들과 차별성을 두려 노력하였다(행 20 : 33). 즉, 사도 바울도 자신의 사역이 탐욕과는 무관하다고 밝힌 적이 있다 : "너희도 알거니와 우리가 아무 때에도 아첨하는 말이나 탐심의 탈을 쓰지 아니한 것을 하나님이 증언하시느니라" (살전 2 : 5). 특히 아첨의 말은 사실에 근거하지 아니한 조작된 이야기를 뜻하기도 한다. 거짓 선생들이 어떤 형태로 수신자들을 이용해서 이득을 취하려 했는지는 알 수 없으나 음란과 방탕함 등의 부도덕이 연관되었을 것이다.

그러나 부도덕과 탐욕과 거짓으로 귀결되는 가르침으로 일관한 거짓 선생들의 종국은 멸망이다. 이 거짓 선생들에 대한 심판은 기정사실로 오래지 않아 시행될 것이다. 하나님의 심판은 지체하지 않고 임하게 될 것인데, 심판으로서의 멸망의 성취를 의인화시켜 베드로는 멸망이 잠들지 않는다고 말한다. 구약성경에서 이스라엘의 하나님은 졸지도 주무시지도 않는 분으로 묘사된다(시 121 : 4 ; 사 5 : 27 ; 참조. 왕상 18 : 27 ; 슈라게, 「베드로전·후서/유다서」, 1987, p. 145 ; 보컴, 「유다서 · 베드로후서」, 2010, p. 403).

B. 범죄한 자들에 대한 하나님의 심판의 사례들(2 : 4–10a)

> 4하나님이 범죄한 천사들을 용서하지 아니하시고 지옥에 던져 어두운 구덩이
> 에 두어 심판 때까지 지키게 하셨으며 5옛 세상을 용서하지 아니하시고 오직
> 의를 전파하는 노아와 그 일곱 식구를 보존하시고 경건하지 아니한 자들의
> 세상에 홍수를 내리셨으며 6소돔과 고모라 성을 멸망하기로 정하여 재가 되
> 게 하사 후세에 경건하지 아니할 자들에게 본을 삼으셨으며 7무법한 자들의
> 음란한 행실로 말미암아 고통당하는 의로운 롯을 건지셨으니 8(이는 이 의인
> 이 그들 중에 거하여 날마다 저 불법한 행실을 보고 들음으로 그 의로운 심령
> 이 상함이라) 9주께서 경건한 자는 시험에서 건지실 줄 아시고 불의한 자는
> 형벌 아래에 두어 심판 날까지 지키시며 10a특별히 육체를 따라 더러운 정욕
> 가운데서 행하며 주관하는 이를 멸시하는 자들에게는 형벌할 줄 아시느니라

[2 : 4–10a] 베드로는 2장 4절에서 10절 상반절까지 하나님께서 과거에 범죄한 자들에게 심판을 내리신 구약의 사례를 열거하고 오늘의 범죄자들에게 동일한 방식으로 심판하실 것이라고 말한다. 또 한편으로는 하나님께서 그러한 심판의 순간에서도 경건하고 의로운 자들을 구원하셨음을 상기시킨다. 과거

의 심판은 미래 심판에 대해 보증으로서 모형론적으로 제시된다.

첫 번째 심판의 본보기는 타락한 천사들이다. 이 천사들이 누구인지는 명확하지 않고 어떤 학자들은 이들을 창세 전에 하나님께 반역하여 타락한 천사들로 간주하나(참조. 겔 28 : 15), 문맥으로 볼 때 창세기 6 : 1~4의 사건과 관련된 존재로 이해된다. 하나님의 아들들이 사람들의 딸들의 아름다움을 보고 그들과 성적 관계를 맺은 까닭에 타락한 천사들을 하나님께서 용서하지 아니하시고 심판의 날까지 지옥에 가두었다는 전승이다(참조. 유 6절, 에녹1서 10 : 4-6, 12, 13). 구약성경 본문은 이 하나님의 아들들에 대해 딱히 천사들로 표현하지 않지만, 유사한 전승을 전하는 유대 묵시문학의 에녹1서 6~19, 21, 86~88 ; 106 : 13~17에서 이 존재들은 분명히 하나님께 반항한 천사들로 밝혀지고 있으며, 그들이 인간의 딸들과 가진 성적인 관계로 받은 심판에 대해 상세히 기술되어 있다(Schreiner, *1, 2 Peter, Jude*, 2003, p. 336 ; Harrington, *Jude and 2 Peter, Sacra Pagina*, 2008, p. 265).

그리고 에녹1서 15~16장과 21장에는 그들이 갇혀 있음과 그들 위에 내려질 최후의 심판이 또한 묘사되어 있다. 곧 200명 정도의 천사들은(에녹1서 6 : 6) 사람의 딸들에게 음욕을 품어 하나님께서 그들을 위해 특별히 정하신 통치 영역, 자기 본래적 처소를 지키지 아니하고 떠났다. 에녹1서 12 : 4~13 : 1은 이들에 대하여 심판을 선포한다 : "높은 하늘과 거룩하고 영원한 장소들을 버리고 떠나 여인들로 더렵혀진 …… 하늘의 파수꾼들에게 선포하라 …… 아자젤(Azazel-그들의 지도자)아, 네가 평강을 얻지 못하리니 너를 결박하기 위한 엄한 판결이 너에 대해 내려졌음이라!"(켈리, 「베드로전·후서/유다서」, 1987, p. 318). 이로 인해 인간의 딸들과 교합한 천사들은 큰 심판의 날까지 흑암 속에 결박되어 갇히게 되었다. 이 천사들은 하나님으로부터 많은 특권과 엄청난 은혜를 입은 자들이었음에도 불구하고 자신들의 숭고한 의무와 그 위치를 망각하여 저버리고 자연을 거스르는 음행의 결과로 결국 하나님의 심판의 대상이 되었다.

베드로후서에는 이 전승이 상세하게 인용되지 않았는데, 특히 베드로후서의 틀을 제공하는 것으로 알려진 유다서에 일정 부분 언급이 되어 있기에, 수신자들이 이 전승을 안다는 전제로 상술되지 않은 듯하다(참조. 유 6 : "또 자기 지위를 지키지 아니하고 자기 처소를 떠난 천사들을 큰 날의 심판까지 영원한 결박으로 흑암에 가두셨으며").

베드로는 넘어서는 안 될 서로 다른 존재들 사이의 성적 결합을 추구한 천사들이 왜 심판을 받아야 하는지에 대해서는 명확히 설명하지 않으면서 오직 그들이 받을 심판의 확실성에 대해 집중한다. 4절에 대해 개역성경의 번역에는 잘 드러나지 않지만, 헬라어 원문 구조는 'x가 사실이라면……, y는 얼마나 더 사실이겠는가?'라는 구조로 되어 있다. 앞의 조건절은 가상의 조건이 아니라 x는 기정사실이라는 것을 전제로 전개되는 문장 형태이다.

하나님은 그 천사들을 용서하지 않으시고 지옥에 던지셨는데, 지옥으로 던지셨다는 과거분사 타르타로사스(tartarōsas)는 타르타루스(Tartarus)라는 명사형에서 유래하였다. 이 장소는 헬라인들의 신화에서는 신의 징벌이 시행되는 지하 세계 혹은 지옥(Hades)에서 가장 낮은 곳에 위치한 장소로 간주되었고 신과 인간 사이에서 태어난 거인족인 타이탄들이 감금된 곳으로 알려져 있었다. 유대인들도 이곳을 범죄한 천사들이 벌을 받는 곳으로 알고 있었다 (에녹1서 20 : 2 ; Harrington, *Jude and 2 Peter*, *Sacra Pagina*, 2008, pp. 265-266 ; 보컴, 「유다서 · 베드로후서」, 2010, pp. 404-405).

하지만 베드로후서의 기자가 이 신화에 대해 알고 있는지는 분명하지 않으나 이 언급의 요지는 타락한 천사들의 운명은 갇혀 있는 것으로 그치는 것이 아니라 영원한 심판이 그들을 기다리고 있다는 점이다. 특히 하나님께서 타락한 천사들을 지옥에 던지셨는데, 우리가 '지옥'에 대해 예상할 수 있는 일반적인 헬라어 어휘는 게헨나(gehenna)이다. 그런데 베드로가 게헨나 대신 지하 세계를 나타내는 타르타로사스를 따로 사용한 것은 현재적인 가둠이 마지막 심판으로 인식하게 하는 것을 피하고 최종적 심판이 아직 그들을 기다리고 있다는 사실을 명확히 하고자 함이었을 수 있다(Schreiner, *1, 2 Peter, Jude*, 2003, p. 336).

한편 학자들 사이에 '구덩이'로 표현된 어휘에 대해 본문 비평상의 다른 읽기의 논란이 있다. 헬라어 어휘로 시로이스(sirois)와 세이라이스(seirais)이다. 전자는 말 그대로 구덩이를 나타내며 후자는 사슬(chain)로 번역될 수 있는데, NIV 성경은 구덩이를 선호하고 NRSV 성경은 사슬로 번역한다. 유다서가 동일 사건에 대해 기술하면서 사슬을 나타내는 데스모이스(desmois)를 사용하기에 사슬이라는 읽기에 힘을 실어 주지만, 장소적 개념의 문맥에서는 구덩이가 더 어울릴 수 있다. 어쨌든 양분된 해석의 요지는 천사들이 그들의 죄악으로 말미암아 지하에서 갇혀 모든 활동이 제한되어 있다는 것이다(Harrington, *Jude and 2 Peter, Sacra Pagina*, 2008, p. 266).

아마도 베드로는 이 스토리를 알고 있을 수신자들이 이 스토리 가운데 유비적 교훈을 얻기 바랐을 수 있다. 범죄한 천사들의 종말론적 심판은 확실하며 그들은 지하 세계의 옥에 갇혀 있다. 결정적으로 하나님은 천사들도 아끼지 아니하시고 가차 없이 심판 때까지 가두어 두셨는데, 영적 존재인 천사들을 하나님께서 공의대로 처벌하셨다면, 그들을 사신 구주 예수 그리스도를 부인하는 이들에 대한 심판은 얼마나 확실하겠는가!

두 번째 심판의 사례는 노아 시대의 옛 세상과 그 시대 사람들이다(창 6 : 5-7 : 24). 특히 옛 세상은 홍수로 멸망하기 이전의 세상이다. 베드로는 세 개의 연속적인 세상을 염두에 두고 있는 것 같다. 곧 홍수 이전의 옛 세상, 현재의 세상, 종말론적 심판 후에 도래할 새로운 세상이 바로 그것이다. 그는 3 : 6에서도 홍수, 곧 물의 심판을 언급한다. 베드로후서에서 거짓 선생들의 주된 주장이 재림을 부인하는 것이기에 홍수는 베드로에게 있어 미래 사건의 확실성을 강조하기 위한 논리적 근거로 중요한 기능을 감당한다. 베드로는 4~5절에서도 동일하게 '용서하지 않으시고'라는 동사를 사용하여 하나님의 심판을 가벼이 여기는 자들에 대해 용서하지 않으실 것임을 분명히 한다

(Schreiner, *1, 2 Peter, Jude*, 2003, pp. 337–338).

베드로후서가 동일하게 천사와 소돔과 고모라 성의 심판을 강조하지만, 홍수 심판은 베드로가 달리 접근하는 맥락이다. 노아 시대에도 그러한 재앙에 대한 아무런 예기적 징후가 없었다. 의로운 노아와 일곱 식구, 곧 노아의 아내와 세 명의 아들과 각각의 그 아내들 일곱을 제외한 경건하지 아니한 자들은 자기임의대로 살면서 죄악 된 삶에 빠져 지냈다. 성경은 그들에 대해 이렇게 고발한다 : "여호와께서 사람의 죄악이 세상에 가득함과 그의 마음으로 생각하는 모든 계획이 항상 악할 뿐임을 보시고"(창 6 : 5). 노아는 그들의 운명을 안타까워하며 임박한 홍수에 대해 경고하였으나 오히려 당시 사람들은 노아와 그 가족에 대해 조롱을 일삼았다. 그러나 하나님의 예정하신 때에 큰 깊음의 샘들이 터지며 하늘의 창문들이 열려 사십 주야의 비가 내리면서 방주에 탄 이들을 제외한 땅 위의 모든 호흡하는 존재는 인간과 동물을 막론하고 멸절되었다. 홍수 사건을 기억하게 하는 것은 베드로후서 기자에게는 시의적절하다. 왜냐하면 거짓 선생들은 미래의 심판을 부인하고 그리스도의 재림을 고대하며 하나님의 심판이 임할 미래적 사건을 믿는 신자들을 조롱하고 있기 때문이었다.

베드로는 5절에서 노아를 '의의 전파자'로 소개한다. 이 표현은 흥미를 자아내는데 구약성경은 결코 노아가 동시대 사람들에게 의를 선포했다고 말하지 않기 때문이다. 하지만 노아가 그들에게 회개할 것을 촉구했다는 것은 매우 일반적인 유대 전승에 속하였다(요세푸스 *Ant*. 1.74 ; *Jub*. 7 : 20–29 ; *Sib*. Or. 1 : 128–29 ; 참조. *1 Clem* 7 : 6 ; 9 : 4 ; Schreiner, *1, 2 Peter, Jude*, 2003, p. 339). 그리고 노아가 의를 선포했다는 문구가 구약성경에 없다 할지라도, 당연히 그는 왜 방주를 짓고 있는지에 대한 이유를 설명했을 것이기 때문에 그리고 하나님의 심판에 대해 경고했을 것이기 때문에 그가 의를 전파했다는 것에 대해 문제 삼을 이유가 없다. 베드로전서 3 : 20도 노아가 방주를 짓는 동안 회개의 메시지를 선포했다는 것을 암시하고 있다 : "그들은 전에 노아의 날 방주를 준비할 동안 하나님이 오래 참고 기다리실 때에 복종하지 아니하던 자들이라"

한편으로는 노아의 사례는 단지 하나님의 심판의 확실성을 나타내기 위해서만 제시된 것은 아니다. 하나님은 세상은 아끼지 아니하시고 심판하셔서 무수한 사람들이 홍수로 말미암아 목숨을 잃었으나 소수의 노아의 가족은 구원하셨다. 그리스도의 재림을 부인하는 자들은 단지 거짓 선생들만은 아니었을 것이다. 베드로후서의 수신자들의 주변 세계도 세상의 종말을 주장하는 이들을 조롱하고 심판의 메시지를 귀담아들으려 하지 않았을 것이다. 어찌보면 외골수적인 신앙을 고집하는 베드로후서의 수신자들은 주위에 비해서는 소수에 불과했을 것이고 배척받고 무시받는 그들의 믿음은 그들로 지치게 하고 주위의 조롱과 핍박에 굴복하여 포기하고픈 신앙고백이었을 수 있다. 베드로는 외부적으로는 거짓 선생들을 대항하고 내부적으로는 소수자였던 노아와 그 가족만이 구원받은 사실을 상기시키며 내부적으로 동요하는 수신자들을 격려하고 다독이려는 목적으로 노아의 홍수 사건을 다룬 것으로 보인다. 베드로는 '노아와 그 일곱 식구를 보존하시고'라고 쓰고 있기 때문이다. 이 시각은 다음에 다룰 롯의 사례에도 적용된다(참조. 2 : 7의 '의로운 롯을 건지셨으니' ; Schreiner, *1, 2 Peter, Jude*, 2003, p. 338 ; 브루스 B. 바톤 외, 「적용을 도와주는 베드로전서/베드로후서/유다서」, 2010, p. 287). 옛 세상의 멸망으로부터 보존되어 홍수 후의 새로운 세상의 주인공이 된 노아는 현재의 세상이 심판을 받은 후 펼쳐질 새로운 세상을 유업으로 받게 될 신실한 그리스도인들의 전형으로 예시된다(보컴, 「유다서 · 베드로후서」, 2010, p. 407). 과거에도 의로운 자를 건지신 하나님은 미래에도 구원하실 것이 분명하다!

세 번째 심판의 사례는 하나님께서 소돔과 고모라를 불로 멸망시키신 사건이다(창 19 : 23-29). 구약성경에는 소돔과 고모라 성이 재가 되었다는 표현은 없으나 베드로는 하나님의 불의 심판의 결과를 강조하고 있는 것이다. 그리고 그 도시들은 폐허가 되어 그레코-로만 시대에는 전혀 흔적을 찾아볼 수 없었기에 그 표현은 베드로의 논리의 강한 근거가 되었다. 1세기의 헬라파 유대인으로 많은 영향력을 끼친 인물인 필로(Philo)도 소돔과 고모라의 운명에 대하여 유사하게 과장하여 기술하고 있다 : "심지어 오늘날까지도 수리아의 유적에는 그들(그 도시들) 위에 임한 전례 없는 파괴의 흔적이 보인다. 땅속 깊은 곳에 억눌려 있는 화염의 흔적으로 폐허와 재, 유황 냄새, 연기, 그리고 불꽃 등이 여전히 올라오고 있다"(Philo, *Abraham* 141 ; Moses 2. 56 ; Schreiner, *1, 2 Peter, Jude*, 2003, p. 340). 사실 소돔과 고모라의 멸망은 그 이전에도 구약성경에서 여전히 하나님의 심판의 경고적 사건으로 자주 제시되었을 뿐 아니라(사 1 : 9–10 ; 렘 23 : 14 ; 50 : 40 ; 겔 16 : 46–56 ; 암 4 : 11 ; 습 2 : 9), 예수의 말씀 가운데서도 언급되었다(마 10 : 15 ; 눅 10 : 12 ; 참조. 눅 17 : 27–29 ; Davids, *The Letters of 2 Peter and Jude*, 2006, pp. 228–229). 그는 6절에서 이 심판의 사건이 후세에 경건하지 아니한 자들에게 경고하기 위한 본이 된다고 결론짓는다.

하지만 소돔과 고모라에 살고 있던 모든 사람이 멸절된 것은 아니다. 하나님께서 홍수 가운데서도 노아와 그 가족을 보존하신 것처럼 소돔과 고모라가 심판받는 상황에서 롯을 건지셨다. 그런데 구약성경, 특히 창세기에 익숙한 현대 독자들이 의아해하는 것 중 하나는 왜 베드로가 롯을 의롭다고 기술하고 있는가의 문제이다. 그는 아브라함의 종들과 자신의 종들이 서로 양들에게 좋은 꼴과 물을 먹이려는 다툼에서 소돔과 고모라를 선택하는 이기적이고 탐욕적인 행보를 보였고(창 13장), 타락의 도시 소돔에서 떠나길 주저했으며, 자신들의 딸을 성적 위험에 노출시킬 뻔 했고 술 취한 가운데서 본인은 의도하지 않았다 할지라도 두 딸과의 근친상간으로 성경에 기록되기에는 너무도 충격적인 사건의 주인공이었던 것이다(창 19장).

롯이 의롭다 여겨진 연유에 대해서는 모두가 공감할 수 있는 명확한 답변을 만나 보기는 쉽지 않다. 유대 전승 및 학자들은 롯의 의로움을 아브라함과 하나님의 사자들과의 대화에서 찾는다(창 18 : 22–33). 아브라함은 소돔과 고모라를 구하는 데 필요한 의인의 수를 논하였는데, 도시 전체를 구하기에는 충분한 의인이 없었으나 의로운 롯 자신은 구원받을 수 있었다는 것이다. 그리하여 아브라함이 하나님께 소돔 성을 위하여 간구하며 의인의 수를 언급할 때 롯이 포함되었다는 것이 유대 전승의 일반적인 시각이다. 특히 유대 전승 가운데 하나인 Genesis Rabbah는 "롯이 소돔 사람들에게 긍휼이 임하도록 밤을 새워 기도했다."라고 한다(26.5 ; 50.11 ; Green, *Jude & 2 Peter*, 2008, p. 258). 그리하여 유대 전승에서 롯은 노아, 아브라함, 야곱과 함께 고결한 사람의 반열로 간주된다(참조. *Wis.* 19 : 17) 또 다른 견해는 아브라함과 마찬가지로 지나가는 과객들에 대한 롯의 호의와 환대, 그리고 자신의 집에 찾아온 손님을 목숨마저 위태로울 수 있는 적대적인 외부인들로부터 보호하려는 시도가 그의 의로움을 나타내는 증표가 된다는 것이다(T. D. Alexander, "Lot's Hospitality : A Clue to His Righteousness," *JBL* 104/2 〈1985〉, p. 289). 하지만 이 견해들은 온전한 설득력을 지니지 않을뿐더러 도전받지 않는 것도 아니다.

베드로의 관심은 롯의 스토리 가운데 도덕성을 끌어들이는 데 있지 않다. 그의 요점은 하나님은 사악한 자들을 대상으로 하는 심판의 때에 의인들은 보존하시고 구원하신다는 것이다. 6~7절에 의하면, 무법한 자들의 음란한 행실로 인해 고통당하던 의로운 롯은 구원하심을 입게 되는데, 그는 날마다 자신의 주변에서 일어나는 온갖 음란하고 불법한 행실들로 인해 큰 심적 고통을 당했었다. 자기 의를 굽혀 동시대 사람들이 거침없이 자행하던 악한 행보를 따르지 않기 위해 부단한 노력을 기울였을 것으로 생각되는 롯의 마음 상태에 대한 평가이다. 바울도 로마 교회 교인들을 향하여 유사한 권면을 하였다 : "너희는 이 세대를 본받지 말고 오직 마음을 새롭게 함으로 변화를 받아 하나님의 선하시고 기뻐하시고 온전하신 뜻이 무엇인지 분별하도록 하라" (롬 12 : 2). 7~8절에서의 베드로의 관심사 가운데 다른 하나는 롯이 주변 사회로 인해 고통당하고 심령이 상하였다는 점이다. 어찌 보면 베드로후서의 수신자들도 날마다 거짓 선생들의 무법한 행위와 부도덕한 삶, 그리고 그러한 가르침으로 인해 롯이 겪었던 큰 심적 고통에 빠져 있었을 수 있다. '상하니라'는 '고문당하니라'로도 번역 가능하다(박수암, 「공동서신」, 2004, p. 243 ; 레이머, 「베드로전·후서/요한1·2·3서/유다서」, 1988, p. 110). 베드로는 그들의 상처받은 영혼을 위로하고 격려하기 위해 롯을 예시로 들었을 것이다.

특히 9절은 2 : 4~9의 세 가지 심판 전례의 요지이다. 2 : 4에서 시작된 전제 혹은 도입부는 9절에서 귀결에 이르게 되는데, 두 가지 요점이 드러난다. 첫째, 주님은 신실한 자들이 시험에 처할 때 그들을 어떻게 구하실지를 아신다. 둘째, 주님은 경건하지 아니한 자들을 최후 심판의 날까지 보존하신다. 즉, 주께서는 의로운 자는 유혹과 환란 등의 모든 시험으로부터 건지시고 불의한 자는 반드시 심판하신다. '시험에서 건지실 줄 아시고'는 시험의 면제가 아니라 시험을 통과하지만 보존하시고 구원하신다는 의미이다. 물론 불의한 자도 역시 보존되지만 그 보존의 목적은 장차 반드시 다가올 심판 날에 형벌을 받게 하기 위함이다(브루스 B. 바톤 외, 「적용을 도와주는 베드로전서/베드로후서/유다서」, 2010, pp. 291–293).

한편, 시험으로 번역되고 있는 헬라어 페이라스모스(peirasmos)가 유혹(temptation)을 말하느냐 시험(test)을 말하느냐에 대한 이견이 있다. 하지만 문맥은 죄를 향한 내적 경향성을 말하기보다는 지난하여 죄로 이끌 수 있는 외적 환경에 더 비중을 두는 것 같다. 베드로후서의 경우, 그 어려움은 거짓 선생들로 인한 것이다. 그러할지라도 우리는 이 두 견해 사이의 차이에 너무 민감할 필요는 없다. 성경은 공히 내적인 유혹(마 6 : 13 ; 참조. 눅 11 : 4 ; 마 26 : 41)과 배교와 같은 외적인 시험(눅 8 : 13 ; 22 : 28) 모두를 경계하기 때문이다. 따라서 무(Moo)의 견해를 긍정적으로 받아들일 필요가 있다 : "시험은 이 세상에서 그리스도인들이 경험하는 믿음에 대한 모든 도전들을 말한다"(Moo, *2 Peter, Jude*, p. 106 ; Schreiner, *1, 2 Peter, Jude*, 2003, p. 343에서 재인용).

어떤 상황이든 믿음의 위기를 가져오는 여러 시험적 상황에서 끝까지 믿음을 견지하는 자를 주님이 구원하실 수 있는 방법을 정확히 아신다는 사실은 때로 불가항력적 고난 가운데서 큰 위로가 된다. 반면에, 이 세상에 살면서 육체를 따라 정욕대로 사는 자와 특히 주권자 되시는 하나님과 그리스도를 멸시하는 자에게는 더욱 중한 형벌이 내려지게 될 것이다. 하지만 우리가 기억해야 할 표현은 불의한 자들을 심판 때까지 '지키신다'이다. 범죄한 천사들, 노아 시대의 악인들, 소돔과 고모라에 속한 자들에 대한 심판은 즉시로 이루어지지 않았다. 그들에게 끔찍한 심판의 날이 도래하기까지 그들은 일정 기간 동안 마음대로 행악을 저질렀다. 따라서 베드로후서의 수신자들은 거짓 선생들의 준동이 세를 더하는 것 같을지라도 하나님의 공의를 의심하거나 낙담할 필요가 없다. 3장에서는 이러한 심판의 지체는 그들에게 한 번 더 회개의 기회를 주기 위함이라고 말씀하신다(3 : 9). 그러나 회개하지 않는 자에게는 종말적 심판이 반드시 도래한다(Schreiner, *1, 2 Peter, Jude*, 2003, p. 344).

사도들이 하나님 앞에서 순결과 정결함을 강조한 반면, 거짓 선생들은 과거 여호와 하나님의 진노를 초래하였던 여러 존재들처럼 육체를 따라 더러운 욕망대로 살 것을 가르치고 또한 자신들도 그렇게 살았다. 사도 바울은 육체를 따라 사는 삶을 다음과 같이 분류한 바 있다 : "육체의 일은 분명하니 곧 음행과 더러운 것과 호색과 우상 숭배와 주술과 원수 맺는 것과 분쟁과 시기와 분냄과 당 짓는 것과 분열함과 이단과 투기와 술 취함과 방탕함과 또 그와 같은 것들이라……"(갈 5 : 19-21).

10절 상반절의 '주관하는 이'가 하나님/그리스도, 교회 지도자들, 혹은 사도들 중 누구를 지칭하는 것인지는 분명하지 않으나 베드로후서의 문맥에서 보면 하나님이나 그리스도를 말한다고 보는 시각이 타당해 보인다. 거짓 선생들의 삶은 주권자 되시는 하나님과 그리스도를 전혀 염두에 두지 않는 행위, 더 나아가 하나님을 멸시하는 행위였다. 이는 하나님의 뜻과 예수 그리스도의 가르침에 대한 불순종일 뿐 아니라 주님에 대한 반역에 다름 아니다

(참조. 보컴, 「유다서 · 베드로후서」, 2010, p. 414). 이러한 자들은 자신들의 지적 능력과 권위에 대하여 과대평가하는 확신으로 스스로 멸망을 자초하고 있는 것이다.

C. 거짓 선생들의 본성과 죄상(2 : 10b-16)

[10b]이들은 당돌하고 자긍하며 떨지 않고 영광 있는 자들을 비방하거니와 [11]더
큰 힘과 능력을 가진 천사들도 주 앞에서 그들을 거슬러 비방하는 고발을 하
지 아니하느니라 [12]그러나 이 사람들은 본래 잡혀 죽기 위하여 난 이성 없는
짐승 같아서 그 알지 못하는 것을 비방하고 그들의 멸망 가운데서 멸망을 당
하며 [13]불의의 값으로 불의를 당하며 낮에 즐기고 노는 것을 기쁘게 여기는
자들이니 점과 흠이라 너희와 함께 연회할 때에 그들의 속임수로 즐기고 놀
며 [14]음심이 가득한 눈을 가지고 범죄하기를 그치지 아니하고 굳세지 못한 영
혼들을 유혹하며 탐욕에 연단된 마음을 가진 자들이니 저주의 자식이라 [15]그
들이 바른 길을 떠나 미혹되어 브올의 아들 발람의 길을 따르는도다 그는 불
의의 삯을 사랑하다가 [16]자기의 불법으로 말미암아 책망을 받되 말하지 못하
는 나귀가 사람의 소리로 말하여 이 선지자의 미친 행동을 저지하였느니라

[2 : 10b-2 : 16] 베드로는 2 : 1~3에서 거짓 선생들의 죄악을 밝히고 2 : 4~10a에서 그 귀결로서 그들에게 심판이 임할 것임을 구약의 사례를 통해 증거한 후, 2 : 10b~16에서 그들의 본성을 고발한다. 그들은 우선 당돌하고 자긍하여 거만하여져서 감히 생각할 수 없는 안하무인적인 행동들을 거침없이 취하는 자들이다. 특히 '당돌하다'에 해당되는 헬라어 톨메타이(tolmētai)는 스스로에게는 전혀 자격도 없고 어울리지 않는 서열, 권위, 혹은 능력을 주장하는 이들을 나타낼 때 사용된다(롬 15 : 18 ; 고후 10 : 12). 다른 각도로는 그들은

하나님이 정하신 범위나 하나님의 대리인들을 존중해야 하는 의무를 넘어서는 자기 확신 또는 주장으로 하나님께 마저도 도전하는 셈이 된다(Davids, *The Letters of 2 Peter and Jude*, 2006, p. 234).

또 그들은 영광 있는 자들을 비방하는 일을 전혀 떨며 두려워하지 않는 자들이다. 여기에서 '영광 있는 자'가 누구인가에 대해 논란이 된다. 그런데 이 어휘는 복수형태로 되어 있어 하나님이나 그리스도를 나타낸다고 볼 수는 없다. 그들을 루터나 칼뱅의 주장과 달리 교회 지도자나 정치 지도자들 등의 인간들로 생각되지는 않는다. 베드로후서와 유다서와의 연관성을 생각한다면 11절의 "더 큰 힘과 능력을 가진 천사들도 주 앞에서 그들을 거슬러 비방하는 고발을 하지 아니하느니라"의 표현으로 미루어 보아 '영광 있는 자'는 천상의 존재, 곧 천사들을 지칭하는 것으로 보는 해석이 타당하다(박수암, 「공동서신」, 2004, p. 245). 하지만, 그 천사가 선한 천사인지 악한 천사인지에 대해서는 의견이 역시 분분하다. 사탄을 비롯한 악한 천사로 생각할 경우, 거짓 선생들의 신학 자체가 단지 그들이 이해할 수 없다는 이유만으로 주의 재림이나 최후의 심판 등을 믿지 않기 때문에 그 영적 존재들의 실존 자체를 부인할 뿐 아니라 그들의 능력과 영향의 가능성을 아주 배제하고 있다고 할 수 있다. 악한 혹은 타락한 천사의 경우라면, 베드로가 그들을 영광 있는 자라고 한 까닭은 그들이 선해서라기보다는 단지 그들이 죄 가운데 타락한 자들일지라도 하나님에 의해 창조된 존재들이었기 때문일 것이다. 거짓 선생들은 그들 앞에 떨지 않았는데, 그들이 악한 천사들의 존재를 믿지 않았기 때문이다. 그리하여 그들은 사탄을 포함한 악한 천사들이 자신들에게 어떤 형대의 영향력을 행사할 수 있다는 생각을 부인하고 조롱하였던 것 같다(보컴, 「유다서 · 베드로후서」, 2010, p. 425). 이것이 다가오는 주의 재림과 심판을 믿는 세계관에 대해 비판적이고 회의주의적인 태도를 보인 연유였을 것이다(3 : 3-7). 아울러 하나님의 섭리나 주재하심을 믿지 않았기에 초자연적인 혹은 영적 존재들에 대해 두려워하는 태도를 조롱했었을 수 있다(Davids, *The Letters of*

2 Peter and Jude, 2006, pp. 234-235).

비록 사탄과 그 따르는 무리들의 운명은 하나님의 심판으로 결정지어졌다 할지라도 그들의 능력과 영향력은 과소평가해서는 안 된다. 오늘날에도 오직 보이는 것과 만져지는 것만이 실제라고 주장하며 초자연적인 역사 자체를 부인하고 그와 같은 생각을 가진 자들을 조롱하는 이들이 많이 있다. 베드로 시대의 거짓 선생들과 마찬가지로 그들도 마지막 날에 그들의 어리석음이 드러나게 될 것이다. 우리는 결코 사탄과 영적 존재로서의 그 따르는 무리를 가볍게 생각하지 말아야 한다. 그리고 언제든지 그들을 이길 수 있다고 자만해서도 안 된다. 비록 그들은 하나님에 의해 장차 궤멸되겠지만, 지금도 세상 안에서 강력히 역사하고 있기 때문이다. 그리하여 C. S. 루이스는 말한다 : "거만한 사람은 언제나 사물과 사람들을 얕잡아 본다. 그로 인해, 당신은 당신이 얕잡아 보는 한 당신 위에 있는 그 어떤 것도 볼 수 없을 것이다." 사탄은 실제적 존재임을 잊지 말아야 한다(브루스 B. 바톤 외, 「적용을 도와주는 베드로전서/베드로후서/유다서」, 2010, pp. 294-295 ; *Life Application Study Bible*, 2004, p. 2140).

베드로후서 2장은 유다서를 의존함에도 불구하고 유다서 9~10절을 직접 인용하지 않고 일부분을 생략하여 천사장 미가엘과 사탄과의 모세의 시신에 대한 다툼의 기사를 11절을 통해 암시적으로만 묘사하고 있다. 그리하여 베드로는 거짓 선생들이 주께로부터 오는 심판에 대해 선언하지 않고 온전히 그들의 운명을 하나님의 심판에 의탁했던, 거짓 선생들보다 훨씬 더 큰 힘과 능력을 지닌 미가엘조차도 하지 않는 일을 한다는 것을 자행한다고 고발한다. 베드로가 인용했을 유다서에 보면 모세의 시신을 놓고 천사장 미가엘과 사탄 사이의 다툼에 대한 외경적인 이야기가 나온다. '모세의 승천기'에 따르면, 가브리엘, 라파엘, 바누엘(에녹1서 40 : 9 ; 54 : 6 ; 71 : 8-9) 등과 함께 천사장으로 종종 등장하는 미가엘은 모세의 시신을 매장하라는 하나님의 명령을 준행하기 위해 모세의 시신 앞에 다다르자, 사탄은 그 시체는 살인자의 것으로(모세가 애굽에 사는 동안 저질렀던 살인을 의미) 물질계를 다스리는 자신이 취해야 한다고 주장했다. 그러나 미가엘은 사탄의 오만에 대하여 직접 비난하지 않고 '주께서 너를 꾸짖으시기를 원하노라'고 하며 그에 대한 심판을 하나님께 맡기고 모세를 자기 손으로 매장하였다고 한다(Green, *Jude & 2 Peter*, 2008, p. 272). 유다는 거짓 선생들의 교만한 주제넘은 행동과 천사장 미가엘의 겸손과 자제를 대비시킨다(9절). 거짓 선생들의 방자한 행동은 하나님의 심판에 대해서도 자기들 임의적으로 이해하여, 모든 것을 초월한 자신들은 마치 하나님의 심판마저 초월한 것으로 가르쳤을 수 있다. 곧 하나님의 권위와 영광을 넘어선 사고와 행동을 한 것이다.

사람보다 더 능력이 크고 강한 영광스러운 존재로서의 선한 천사들조차 모욕하고 경시하는 정죄적 판단을 삼가는 가운데 사탄과 악한 천사들에 대한 심판을 온전히 주께 맡기고 있는 상황에서 성도는 다른 이를 향한 판단에 신중해야 한다. 야고보서 4 : 11~12은 그리스도인이 남을 판단하는 것은 주님의 자리에 앉아 남을 판단하는 것으로 간주하고 그러한 시도를 금한다 : "형제들아 서로 비방하지 말라 형제를 비방하는 자나 형제를 판단하는 자는 곧 율법을 비방하고 율법을 판단하는 것이라 네가 만일 율법을 판단하면 율법의 준행자가 아니요 재판관이로다 입법자와 재판관은 오직 한 분이시니 능히 구원하기도 하시며 멸하기도 하시느니라 너는 누구이기에 이웃을 판단하느냐"

그리하여 베드로는 거짓 선생들을 기다리고 있는 운명에 대해 악한 천사들, 홍수 세대, 소돔과 고모라 등의 사례를 들어 설명하고 독자들로 삶과 행위에 신중하라고 권고하고 노아와 롯의 사례를 통해 그리스도인으로서 의로운 삶을 견지할 것을 독려한다. 그리고 거짓 선생들의 안하무인격 태도에도 불구하고 그들에 대한 최종적 정죄와 심판은 하나님께 속한 것임을 분명히 하여 독자들에게 즉각적 대응보다는 인내할 것을 권고한다.

이제 다시 12절에서 베드로는 거짓 선생들을 사냥감이 되어 죽을 운명으로 태어난 이성 없는 짐승들에 비유한다. B.C. 6세기 이래로 헬라 철학학파들 가운데서는 동물의 본성과 권리에 대한 논의가 제기되어 왔는데 대부분의 동물들의 합리성의 결여가 지적되어 왔다. 후에 에피쿠로스 학파와 스토아 학파에게 영향을 끼친 아리스토텔레스는 동물들이 이성적일 수 없다고 주장하고 정의와 합당한 권리가 그들에게 적용될 필요는 없다고 주장하였다 (Green, *Jude & 2 Peter*, 2008, p. 275).

이성 없는 동물에 비견되는 거짓 선생들은 스스로 하나님, 그리스도, 천사, 인류, 그리고 그리스도인의 삶에 대한 통찰력과 지혜가 있다고 주장하고 스스로의 능력에 대해 자화자찬했을 터이나 베드로는 그들의 운명에 대해 알지도 못하고 또 본능에 따라 행동할뿐더러 자신들이 '알지 못하는 것'을 비방하고 멸망을 자초한다고 진단한다. '알지 못하는 것'이 무엇인지 베드로는 분명히 밝히지는 않는다. 혹자는 직전에 언급된 그들이 비방하는 '영광 있는 자들'이라고 생각하고 혹자는 1 : 19에서의 섣부른 성경 해석의 금지를 생각한다면 하나님 말씀에 대한 주제넘는 판단을 말하는 것으로 이해하기도 한다. 어쨌든 이성의 인도함을 받지 못하는 이들은 감정과 본능적 욕구에 충실하다. 하늘을 무서워할 줄 모르고 자기 임의대로 살다가 멸망과 심판에 다다를 뿐이다. 거짓 선생들은 스스로에 대해 합리적이라고 생각하나 알지 못하는 것을 비판하고 모욕하고 경시함으로 스스로의 비합리성을 드러낸다. 시편 기자도 "존귀하나 깨닫지 못하는 사람은 멸망하는 짐승 같도다"고 말한다(시 49 : 20). 짐승의 목적은 잡혀 죽는 것이라는 베드로의 과격한 표현은 그가 얼마나 거짓 선생들의 행태를 심각하게 받아들이고 있는가를 보여 준다. 다른 한편, 베드로는 거짓 선생들에 대한 최종적 심판과 처벌을 하나님께 의탁함으로 독자들로 하여금 인내와 관용의 가르침을 제공하고 있다.

그리고 거짓 선생들은 불의의 값으로 불의를 당한다. 13절에서 언급된 멸망에 따른 귀결 중 하나이다. 남에게 불의를 행한 자의 대가는 불의한 결과뿐이다. 그들은 믿음의 공동체에 거짓 가르침을 들여와서 스스로를 멸망시킬 뿐 아니라 하나님께서 신원하시는 마지막 날에 그들이 행해 왔던 악행에 대해 온전한 갚음을 당하게 될 것이다. 바울도 사람의 행위는 그에 합당한 보응을 받게 된다는 견해를 견지한다 : "스스로 속이지 말라 하나님은 업신여김을 받지 아니하시나니 사람이 무엇으로 심든지 그대로 거두리라 자기의 육체를 위하여 심는 자는 육체로부터 썩어질 것을 거두고 성령을 위하여 심는 자는 성령으로부터 영생을 거두리라"(갈 6 : 7–8).

이제 베드로는 앞서 말한 거짓 선생들에 대해 이성 없는 짐승이라고 칭한 이유를 그들의 삶을 통해 드러낸다. 자신들을 특별한 차원의 지식을 가진 영적 지도자로 가장하지만, 그들의 방탕한 삶은 그들의 가르침의 가면을 여지없이 벗겨 버린다. 그들의 본능에 따른 삶은 탐닉 속에 먹고 마시는 것과 성적인 죄악으로 나타난다(참조. 14절). 그들은 낮에 잔치를 베풀고 연락을 즐겼다. 유대인들의 시각이나 그레코–로마인들의 시각에서나 한창 일해야 할 때인 낮 시간에 행해지는 잔치는 부정적 이미지로 다가왔다. 그리하여 전도서 10 : 16은 "왕은 어리고 대신들은 아침부터 잔치하는 나라여 네게 화가 있도다"라고 하였고 이사야서 5 : 11~12은 "아침에 일찍이 일어나 독주를 마시며 밤이 깊도록 포도주에 취하는 자들은 화 있을진저 그들이 연회에는 수금과 비파와 소고와 피리와 포도주를 갖추었어도 여호와께서 행하시는 일에 관심을 두지 아니하며 그의 손으로 하신 일을 보지 아니하는도다"라고 말한다(보컴, 「유다서 · 베드로후서」, 2010, p. 429).

많은 학자들은 유다서와 연관시켜 이들의 연회를 그들만의 잔치가 아닌 성찬식으로 정점에 이르는 초대 교회의 애찬으로 이해한다(참조. 유 12). 베드로는 이들의 행실에 대해 '점과 흠'으로 표현하며 교회를 오염시키는 존재로 간주한다(13절). 베드로는 서신의 결론부에서 수신자들로 하여금 거짓 선생들과 정반대되는 삶으로 주 앞에서 점도 없고 흠도 없이 설 것을 권면한다(3 : 14 ; 보컴, 「유다서 · 베드로후서」, 2010, p. 429). 거짓 선생들은 신자들과 함께하는 자리에서 믿음의 동료들의 유익을 구하기보다는 속임수를 통해 자신들의 쾌락만을 추구한다. 아마도 그들은 일시적인 그리고 자극적인 즐거움으로 사람들을 유혹했을 것이다. 베드로는 거짓 선생들이 미끼를 놓는 등의 속임수를 통하여 신자들을 자신들의 길을 따르게 설득할 것이라고 반복적으로 경고한다(2 : 2-3, 18-19 ; 3 : 17 ; Green, *Jude & 2 Peter*, 2008, p. 282).

그들은 아마도 연회 자리와 연관된 상황에서 향락에 젖어 음심이 가득한 눈을 가지고 간음할 대상을 찾거나 스스로 음행할 뿐 아니라 굳세지 못한 신자들을 유혹하여 음란에 끌어들이는 죄악을 멈추지 않았을 것이다. 그들은 바라보는 모든 여인을 자신들의 간음의 잠재적 후보자로 간주하였던 것이다. 이는 당연히 여인들에 대한 부도덕한 음심을 경계하는 성경의 일관된 가르침과 배치된다(참조. 욥 31 : 1 ; 마 5 : 28 ; 참조. 레이머, 「베드로전·후서/요한1·2·3서/유다서」, 1988, pp. 113-114 ; Green, *Jude & 2 Peter*, 2008, pp. 281-282).

그레코-로만 세계에서 연회는 일반적인 행사였다. 그 연회는 두 부분으로 구성되는데, 헬라 시대에는 데이프논(deipnon), 그리고 로마 시대에는 세나(cena)라고 불리던 연회의 첫 시간대에는 주로 저녁 식사가 제공되었고, 헬라시대에는 심포시온(symposion), 그리고 로마시대에는 컨비비엄(convivium)으로 불린 두 번째 시간대에는 참석자들과 함께 만찬장 호스트의 주도로 술을 마셨다. 그리하여 연회는 종종 인사불성의 무질서로 빠져들었다. 이러한 관행에 문제의식을 느낀 이소크라테스(Isocrates, B.C. 436-338)는 다음과 같이 연회에서의 절제를 권고한다 : "가능하다면 술을 마시는 연회 자리는 피하라. 불가피하게 참석해야 할 일이 생긴다면, 만취하기 전에 그 자리를 떠나라. 왜냐하면 너의 마음이 술에 의해 손상을 입으면, 그것은 기수를 잃어버린 전차와 같고 그들을 지도할 손을 놓치게 되면 완전 무질서 속으로 뛰어들게 되기 때문이다. 따라서 지성이 망가지면 그 영혼은 넘어지고 또 넘어지게 된다"(Green, *Jude & 2 Peter*, 2008, p. 280). 이러한 파티 속에 성적 문란함이 횡행하는 것은 너무도 당연한 수순이 아니겠는가?

거짓 선생들은 그리스도인들의 애찬을 술과 음행이 난무하는 음탕한 연회로 만들려 했던 것이다. 사실 그리스도인들의 애찬은 예수 그리스도와의 최후의 만찬의 의미를 기리는 자리로 성찬식으로 마무리되었다. 따라서 애찬은 성도들 사이의 사랑과 일치를 확인하며 거룩을 회복하는 자리였으나, 거짓 선생들은 욕정을 충족시키려는 의도를 갖고 남을 비방하고 중상하는 분열과 타락의 자리로 만들었다(참조. 보컴, 「유다서 · 베드로후서」, 2010, p. 436 ; Green, *Jude & 2 Peter*, 2008, p. 281). 바울은 성만찬에 참여하는 자들의 자세를 다음과 같이 말한 바 있다 : "너희가 이 떡을 먹으며 이 잔을 마실 때마다 주의 죽으심을 그가 오실 때까지 전하는 것이니라 그러므로 누구든지 주의 떡이나 잔을 합당하지 않게 먹고 마시는 자는 주의 몸과 피에 대하여 죄를 짓는 것이니라 사람이 자기를 살피고 그 후에야 이 떡을 먹고 이 잔을 마실지니 주의 몸을 분별하지 못하고 먹고 마시는 자는 자기의 죄를 먹고 마시는 것이니라"(고전 11 : 26-29). 뿐만 아니라 거짓 선생들은 아직 믿음이 연약한 그리스도인들을 유혹하여 자신들의 죄악의 동조자로 삼으려 하였던 것이다. 믿음 안에 굳건히 서지 못한 영혼들은 초대교회가 경험한 그리스도인들을 향한 핍박에 대한 두려움으로 인해 사도적 전승에 기초한 교회의 가르침에 상반되는 거짓 선생들의 가르침에 쉽게 동요되었다.

베드로는 그들의 마음 상태에 대해 '탐욕에 연단된 마음을 지닌' 저주의 자식이라고 말한다. 특히 '연단된'은 귐나제인(gymnazein)이라는 동사의 현재완료 수동태분사로 이 동사는 체육관을 뜻하는 짐나지움(gymnasium)과 같은 어원을 갖는다. 그레코-로만 시대의 도시들은 교육적 차원에서 어린 시민권자들의 신체적 훈련을 위해 세워진 체육관들을 가지고 있었다. 그리고 신체를 단련한다는 생각은 인성과 도덕성에 대한 훈련의 개념으로 적용되기도 하였다(Green, *Jude & 2 Peter*, 2008, p. 283 ; Reese, *2 Peter & Jude*, 2007, p. 157). 신약성경에서도 영적 성숙과 믿음을 훈련의 용어로 표현한다(참조. 딤전 4 : 7-8 ; 히 5 : 12-14). 하지만 운동선수가 몸을 튼튼하게 하기 위하여 연습에 연습을 기하여 체력을 키우고 단련하는 것과 달리 거짓 선생들은 탐욕을 가지고 계속 자신의 욕심을 채우는 일을 하다 보니 탐욕에 단련되어 아무런 양심의 거리낌 없이 탐욕 행각이 완전히 습관화되어 어느 누구보다는 자신들의 욕구를 충족시키는 일에 으뜸이 되었다는 것이다. 그리하여 그들이 무엇을 하든지 그 결과는 항상 멸망과 죽음으로 귀결되는 저주의 자식이 되었다(박창환/김경희, 「베드로전 · 후서/유다서」, 1996, p. 215).

베드로는 진리의 길이요 영생의 길인 바른 길을 떠나 저주받을 삶을 살아가는 거짓 선생들의 운명을 설명하기 위해 브올의 아들 발람의 고사를 예로 든다. 발람은 구약성경에 등장하는 매우 흥미로운 인물이다(민 22-24 ; 민 31 : 8, 16 ; 신 23 : 4-5 ; 수 13 : 22 ; 24 : 9-10 ; 느 13 : 2 ; 미 6 : 5). 그리고 신약시대에도 경구상의 예시적 인물로 등장한다(유 11 ; 계 2 : 14 ; Davids, *The Letters of 2 Peter and Jude*, 2006, p. 242). 민수기 22~24장은 발람이 불의의 대가에 탐닉하여 이스라엘의 원수들에게 유리하게 하려 했던 그의 행위를 고발한다. 그는 재정적 보상을 바라고 이스라엘에게 저주하라는 모압 왕 십볼의 아들 발락의 요구에 따라 순수하지 못한 행동을 자행하였다. 발람의 나귀는 하나님의 뜻을 알고 그의 주인을 죽음으로부터 보호하고 그를 책망하였다(민 22 : 21-35). 발람은 하나님이 하시고자 하는 일에 대해 나귀보다도 식견을 가지지 못했다. 그 이야기의 요지는 비록 인간이 예언자 하나를 동원하여 이스라엘을 저주하려 하였으나 주권자이신 하나님이 말 못하는 나귀의 입술을 열어 그를 막아 오히려 이스라엘을 축복하게 하셨다는 것이다. 사실 나귀가 발람을 책망했다는 것은 탈굼 전승에 의한 것이다(참조. 보컴, 「유다서 · 베드로후서」, 2010, p. 434). 구약성경에서 나귀는 정당하지 못한 학대에 불평하였고 발람의 행동을 꾸짖은 것은 천사였다. 하지만 요지는 거짓 선생들은 탐욕으로 불의의 삯을 사랑하던 발람을 따라 악한 길을 가는데 하나님께서 나귀를 통해 발람을 책망하셨듯이 이제 그들에게 베드로가 악한 길을 지적하고 책망하고 있다는 것이다. 특히 그들은 온갖 감언이설로 자신들의 지식을 뽐내나 비이성적인 짐승(12절)의 책망을 들어야 할 만큼 어리석음을 드러내고 있을 뿐이다.

D. 거짓 선생들이 다른 사람들에게 미치는 악영향 (2 : 17-22)

[17]이 사람들은 물 없는 샘이요 광풍에 밀려 가는 안개니 그들을 위하여 캄캄한
어둠이 예비되어 있나니 [18]그들이 허탄한 자랑의 말을 토하며 그릇되게 행하
는 사람들에게서 겨우 피한 자들을 음란으로써 육체의 정욕 중에서 유혹하는
도다 [19]그들에게 자유를 준다 하여도 자신들은 멸망의 종들이니 누구든지 진
자는 이긴 자의 종이 됨이라 [20]만일 그들이 우리 주 되신 구주 예수 그리스도
를 앎으로 세상의 더러움을 피한 후에 다시 그중에 얽매이고 지면 그 나중
형편이 처음보다 더 심하리니 [21]의의 도를 안 후에 받은 거룩한 명령을 저버리
는 것보다 알지 못하는 것이 도리어 그들에게 나으니라 [22]참된 속담에 이르기
를 개가 그 토하였던 것에 돌아가고 돼지가 씻었다가 더러운 구덩이에 도로
누웠다 하는 말이 그들에게 응하였도다

[2 : 17-22] 베드로는 2 : 12~16에서 거짓 선생들의 어리석음, 성적 탐닉, 그리고 탐욕에 대해 공박한 후, 이제 강조점이 거짓 선생들의 생각과 행위로 말미암은 남에게 그리고 거짓 선생 자신들에게 미치는 악영향으로 넘어간다. 베드로는 그들이 어떻게 사람들을 속이는가를 강조한다. 무엇보다도 거짓 선생들의 우선적 피해자는 최근에 개종한 이들(18절의 "그릇되게 행하는 사람들에게서 겨우 피한 자들")이었다. 거짓 선생들은 목마르고 혼란에 빠져 있는 자들에게 맑은 물과 명쾌한 지침을 제공한다고 약속하였겠지만, 거짓 선생들은 오히려 사람들에게 목마름과 혼란만을 가중시킨다.

먼저 베드로는 그들은 '물 없는 샘'이라고 밝힌다. 유다서 12절에서는 거

짓 선생들에 대해 '물 없는 구름'으로 표현한다. 이 두 표현은 비슷한 개념을 시사하는데, 무엇인가를 기대하는 이들에게 큰 실망감을 안겨 준다는 것이다. 중동의 작열하는 태양 아래서 샘은 목마른 여행자들을 위한 안식처요 피난처가 되었다. 그리고 구름으로부터 올 시원한 소나기를 기다리는 사람들에게 꾸물꾸물하고 잔뜩 습도만 올려놓고 비를 내리지 않거나 여행자가 기대하고 찾은 샘이 말라 버린 것을 발견하면 얼마나 큰 좌절에 빠졌겠는가? 베드로는 이 당혹스런 상황을 거짓 선생들의 가르침에 적용한다. 그들은 영혼의 목마름을 해갈시켜 준다고 약속했을 것이나 종국에는 그들의 가르침을 믿고 따랐던 이들에게는 타는 목마름과 배고픔만이 남게 될 것이다. 일찍이 예레미야는 하나님을 버린 자들의 목마름에 대해 이렇게 말한 바 있다 : "내 백성이 두 가지 악을 행하였나니 곧 그들이 생수의 근원 되는 나를 버린 것과 스스로 웅덩이를 판 것인데 그것은 그 물을 가두지 못할 터진 웅덩이들이니라"(렘 2 : 13 ; Schreiner, *1, 2 Peter, Jude*, 2003, p. 356).

한편 '광풍에 밀려가는 안개'라는 표현은 거짓 선생들의 실체 없음과 일시적 성격을 드러낸다. 그들의 가르침은 곧 사라지고 말 운명의, 물을 머금었으나 역시 비를 내릴 수 없는 안개와 같은 존재에 불과하다. 안개는 모호함과 혼돈의 상징이기도 하다(Schreiner, *1, 2 Peter, Jude*, 2003, p. 356). 따라서 수신자들은 거짓 선생들의 가르침이나 교언에 현혹되어 그들을 따라서는 안 된다. 더 나아가 그들에게는 하나님의 심판인 캄캄한 어둠이 예약되어 있을 뿐인데, 그 자리에 동참해야 할 이유가 없지 않은가? 신약성경에서 어두움은 하나님의 나라 밖에 위치한 심판과 고통의 자리이다(마 8 : 12 ; 22 : 13 ; 25 : 30). 또한 하나님을 거스른 천사들이 최후심판 때까지 심판 중에 갇혀 있는 곳이다(2 : 4 ; Green, *Jude & 2 Peter*, 2008, p. 293).

그럼에도 거짓 선생들은 여전히 아무것도 없으나 부풀려 말하는 공약(空約)과 같은 허탄한 자랑을 내뱉는다. 심약한 이들은 종종, 비록 그 확언이 거만과 죄악으로부터 흘러나왔을지라도, 다른 사람들의 단언적이고 과장된 주장에 놀아나기 쉽다. 한편, 그릇되게 행하는 이들이 누구인가는 명확하지 않다. 신약성경에서 대체적으로 그릇됨(플라네, planē)은 진리로부터 멀어져 방황하는 것을 묘사하는 어휘로 불신자들을 지칭할 때 사용되었다(참조. 롬 1 : 27 ; 엡 4 : 14 ; 살전 2 : 3 ; 살후 2 : 11 ; 약 5 : 20 ; 벧후 3 : 17 ; 요일 4 : 6 ; 유 11 ; Schreiner, *1, 2 Peter, Jude*, 2003, p. 358 ; Green, *Jude & 2 Peter*, 2008, p. 295). 따라서 '그릇되게 행하는 사람들에게서 겨우 피한 자들'은 불신자들의 영향이나 불신자의 삶에서 갓 벗어난 초신자들로 이해될 수 있다. 거짓 선생들은 최근에 개종한 이들을 음란으로써 육체의 정욕으로 유혹하였다. 그들은 자신들의 방종하고 부도덕한 행위에 초신자들이 동참하도록 덫을 놓아 끌어들이려 하였던 것이다. 그들은 최후 심판과 함께 임할 선한 행위와 악한 행위의 귀결로서의 보상과 처벌이라는 교리를 부인함으로써 새로이 신자가 된 자들을 유혹하고 특히 성적 부도덕으로 끌고 들어갔을 것이다(2 : 18). 그리고 초신자들로 하여금 과거 경건하지 아니한 이교도 시절의 삶으로 되돌아가는 데 전혀 부담을 주지 않고 일종의 면죄부를 주었을 것이다. 마지막 날에 각자의 행위에 따른 심판이 없다는 것은 어떤 종류의 행위도 허용된다는 것을 의미했기 때문이다.

거짓 선생들은 또한 자신들이 자유를 준다고 약속한다. 이 주장은 "우리에게는 모든 것이 가능합니다."라는 모토를 가지고 고린도 교회에 방종의 문제를 야기했던 이들의 주장과 유사하다(참조. 고전 6 : 12-15). 자유는 바울 신학의 가장 중요한 화두 가운데 하나이다(롬 8 : 21 ; 고전 10 : 29 ; 고후 3 : 17 ; 갈 2 : 4 ; 5 : 1, 13 ; Harrington, *Jude and 2 Peter, Sacra Pagina*, 2008, p. 277). 거짓 선생들의 자유의 약속은 그들의 하나님의 최후의 심판에 대한 회의주의에 기인한다. 이 사고는 하나님의 말씀에 대한 인간의 의무와 도덕률을 둔감하게 한다. 자유가 방종으로 변질된 상황이었다. 그리하여 그들은 자유를 약속했으나 자의와 방종으로 왜곡된 그들의 자유는 오히려 죄의 노예로 이끌 뿐이다. 그들은 현실에서의 자유뿐 아니라 영원한 심판으로부터의 자유를 말하나, 그들 스스로가 매인 상태에 있으면서 누구를 자유롭게 할 수 있다는 말인가? 허탄한 자랑과 자유에 대한 기만적인 약속은 아담과 하와에 대한 사탄의 거짓말을 연상시킨다(창 3 : 5 이하).

거짓 선생들은 자유의 복음을 내세웠으나 그 결과는 죄의 노예가 되고 멸망으로 치닫게 한다. 하나의 속담이 등장하는데, "누구든지 진 자는 이긴 자의 종이 됨이라"는 경구는 고대 세계에서 전쟁에 패하여 정복당한 자는 정복자인 승자의 노예가 되는 것을 빗댄 말이다(보컴, 「유다서 · 베드로후서」, 2010, p. 447). 도덕적 영역에서 이 사고는 사람의 욕구와 악한 행동이 습관이 되어버려 극복하기 어려운 상황에 이른다. 베드로의 요점은 분명하다. 누구든지 특정한 악한 습관과 죄에 패배한다면, 그들은 그러한 것들의 노예가 되고 만다. 결국 거짓 선생들이 초신자들에게 악한 폐해를 입혔으나 그들의 가르침은 또한 거짓 선생들 자신들을 멸망으로 이끌 뿐이다(19절).

"만일 그들이 우리 주 되신 구주 예수 그리스도를 앎으로…… 피한 후에"는 헬라어 문법상으로 실제 조건이다. 즉, 베드로는 거짓 선생들이 한때 예수 그리스도를 따르는 자들이었고 세상의 더러움을 피한 자들이었으나, 지금은 배교자가 되었을 가능성을 열어 둔 것이다. 더 큰 문제는 이전에 주님을 몰라서 범죄한 일에 대해서는 용서가 가능할 수도 있으나 주님을 알고 인정했던 이들이 이제는 고의적으로 주님을 거부하는 양상이 되기 때문에 하나님의 진노는 더욱 커지고 그들을 향한 심판은 더욱 심해질 수밖에 없다(Davids, *The Letters of 2 Peter and Jude*, 2006, p. 248).

베드로는 여기에서 구원의 상실 가능성에 대한 신학적 논쟁을 일으키려는 것이 아니다. 그의 관심은 주님께 믿음의 고백을 드렸던 자들의 배교는 회복이 어렵다는 점이다. 히브리서 기자도 유사한 신학을 개진한다 : "한 번 빛을 받고 하늘의 은사를 맛보고 성령에 참여한 바 되고 하나님의 선한 말씀과 내세의 능력을 맛보고도 타락한 자들은 다시 새롭게 하여 회개하게 할 수 없나니 이는 그들이 하나님의 아들을 다시 십자가에 못 박아 드러내 놓고 욕되게 함이라 땅이 그 위에 자주 내리는 비를 흡수하여 밭 가는 자들이 쓰기에 합당한 채소를 내면 하나님께 복을 받고 만일 가시와 엉겅퀴를 내면 버림을 당하고 저주함에 가까워 그 마지막은 불사름이 되리라"(히 6 : 4–8). 동일하지는 않지만 회심 후에 배교나 정결하지 못한 삶을 살게 될 경우를 경계하는 예수의 말씀도 참고할 수 있다 : "더러운 귀신이 사람에게서 나갔을 때에 물 없는 곳으로 다니며 쉬기를 구하되 쉴 곳을 얻지 못하고 이에 이르되 내가 나온 내 집으로 돌아가리라 하고 와 보니 그 집이 비고 청소되고 수리되었거늘 이에 가서 저보다 더 악한 귀신 일곱을 데리고 들어가서 거하니 그 사람의 나중 형편이 전보다 더욱 심하게 되느니라 이 악한 세대가 또한 이렇게 되리라"(마 12 : 43–45).

따라서 베드로의 요지는 믿음의 길을 걷고 신앙고백을 하며, 주를 위한 결단, 혹은 세례가 하늘에서의 미래적 운명을 보장하는 것이 아니라, 견인(堅忍)의 신앙만이 그 참됨을 증거하고 신실한, 그리고 거룩한 길을 계속적으로 걷는 자만이 영원한 생명을 보상으로 받게 된다는 것이다(1 : 5–11). 그럼에도 불구하고 필자는 참된 신사가 배교할 가능성이 있는가 하는 질문에 대해 회의적이다. 하나님은 그 부르신 자를 결코 포기하지 않으시기 때문이다. 곧 베드로는 베드로전서 1 : 5에서 "너희는 말세에 나타내기로 예비하신 구원을 얻기 위하여 믿음으로 말미암아 하나님의 능력으로 보호하심을 받았느니라"고 말한다. 이 문맥에서의 베드로는 배교 가능성에 대한 신학적 고찰이나 고발이 아니라, 거짓 선생들의 가르침이 미치는 위험에 노출된 이들을 향한 강력한 경고 메시지를 보내고 있다(D. A. Dunham, "An exegetical study of 2 Peter 2 : 18–22," *Bibliotheca Sacra* 140/557 〈1983〉, p. 51). 다른 각도로는 배교는 그들이 진정으로 하나님의 백성이었던 적이 없었다는 것에 대한 반증이 될 수 있다. 우리는 이 상황을 요한1서의 말씀으로 접근할 수 있다 : "그들이 우리에게서 나갔으나 우리에게 속하지 아니하였나니 만일 우리에게 속하였더라면 우리와 함께 거하였으려니와 그들이 나간 것은 다 우리에게 속하지 아니함을 나타내려 함이니라"(요일 2 : 19). 거짓 선생들은 오히려 기독교인이 되지 않았던 것이 나을 뻔했다. 이교도로 살았더라면 그저 이교도로서 지은 죄악에 대한 심판이 있었을 터인데, 그들이 그리스도인이 됨으로 스스로 배교와 초신자들을 실족하게 만든 추가적 범죄를 지어 하나님의 진노와 심판을 사게 되었기 때문이다.

베드로에게 있어 '앎'은 매우 중요한 의미를 지니는데, 은혜와 평강은 주 하나님과 그리스도를 앎을 통해서 오기 때문이다(1 : 2). 그 은혜를 입고 정결하게 된 자들이 받은 은혜를 쏟아 놓고 믿지 않던 때의 옛 시대로 돌아가는 모습을 베드로는 개가 그 토한 것을 다시 삼키며(참조. 잠 26 : 11), 깨끗이 목욕한 돼지가 다시 오물 구덩이에 몸을 누이는 것에 비유한다. 21절에서 거짓 선생들이 차라리 그리스도인이 되지 않고 이교도로 살아갔던 것이 나을 뻔했다고 말하면서 그들의 운명에 대해 안타까워한다. 의의 도, 곧 복음의 진리를 깨닫고 말씀에 따른 거룩한 계명에 대한 순종으로 나아가지 않는 자는 오히려 알지 못할 때는 심판과 처벌이 약했으나 주께 대한 고백을 철회하고 조롱하는 이들은 그 삶에 대한 책임과 관련한 심판과 처벌이 어떠하겠는가?

설교를 위한 묵상

사도 베드로는 이스라엘 백성들 가운데 거짓 선지자가 일어났었으며, 수신자들의 회중에도 거짓 선생들이 있을 것이라 말한다. 그러나 거짓 선생들의 준동이 미래시제로 기록되었을지라도 정황상 이미 발생하고 있다. 우리가 유념해야 할 사안은 거짓 선지자의 발생이 과거에 국한되는 것이 아니며, 오늘날에도 얼마든지 그리고 실제로 일어나는 상황이라는 점이다. 당시의 이단들은 주님을 부인했는데, 이는 단순히 입술로의 부인이 아니라 행위적 부인임이 분명하다. 곧 호색과 탐심으로 진리의 도를 비방하는 무리는 어느 누구를 막론하고 주를 부인하는 자들이다. 베드로 사도는 이러한 이들에게 하나님의 심판이 지체되지 않을 것이라고 천명하고 하나님께 범죄한 천사들에 대한 심판, 대홍수로 갈린 노아와 그 가족의 구원과 경건하지 않았던 자들의 멸망, 소돔과 고모라 성의 멸망 시의 롯의 구원을 사례로 들면서 행위로 주를 부인하는 자들에 대한 심판의 확실성을 설파한다. 베드로 사도는 거짓 선생들에 대해, 특히 갓 믿게 된 자를 음란으로 유혹하는 '물 없는 샘이요 광풍에 밀려 가는 안개'라고 비유하면서 그들의 죄상과 악영향을 고발한다. 샘이지만 시원한 생수를 제공할 수 없는 '물 없는 샘'의 심상처럼, 그들은 많은 것을 보장한다. 하지만, 결국 멸망의 종들과 거짓 선생들을 따라가는 자들도 동일한 운명에 처할 뿐이다. 기독교적 신앙에 접촉하였으나 참된 회심을 이루지 못하고 개인의 정욕에 휩쓸리며 다른 이들을 멸망으로 이끄는 자들은 더욱 큰 심판과 정죄를 받게 될 것이다. 따라서 성도는 헛된 선물을 보장하는 이단사설에 미혹되기보다는 그들이 받은 진리의 도를 굳건히 붙들어야 한다.

제 V 부

그릇된 종말관을 바로잡음

베드로후서 3 : 1–13

A. 두 번째 편지의 목적(3 : 1–2)

B. 재림을 부인하는 자들에 대한 경고(3 : 3–7)

C. 재림 지연의 의미(3 : 8–9)

D. 재림에 대한 대비(3 : 10–13)

그릇된 종말관을 바로잡음

베드로는 이 단락에서 주의 재림을 부인하고 그 신앙을 조롱할뿐더러 믿음이 약한 신자들을 동요시킨 거짓 선생들의 종말관에 대항하여 그 허구성을 지적하고 예수 그리스도의 재림 지연에 대하여 하나님의 섭리적 측면에서 변증하고 바로잡는다. 즉, 3장이 기술된 주요 목적은 예언적 메시지의 진실성을 확증하고 주의 재림과 최후의 심판을 부인하는 이단적 가르침을 반박하기 위함이다.

A. 두 번째 편지의 목적(3 : 1-2)

1사랑하는 자들아 내가 이제 이 둘째 편지를 너희에게 쓰노니 이 두 편지로
너희의 진실한 마음을 일깨워 생각나게 하여 2곧 거룩한 선지자들이 예언한

말씀과 주 되신 구주께서 너희의 사도들로 말미암아 명하신 것을 기억하게 하려 하노라

[3 : 1–2] 베드로는 3장에서 수신자들을 네 번에 걸쳐 '사랑하는 자들아'라고 부른다(1, 8, 14, 17절). 이 호칭은 신약성경 내에서 폭넓게 사용되는 것으로 유다서(3, 17, 20절), 베드로전서(2 : 11 ; 4 : 12), 그리고 요한1서에서 보다 많이 발견된다. 다른 신약기자들의 빈도에 비해 상대적으로 적다 할지라도 바울도 이 호칭을 자주 사용하였다(롬 12 : 19 ; 고전 10 : 14 ; 고후 7 : 1 ; 12 : 19 ; 빌 2 : 12 ; 4 : 1 ; Davids, *The Letters of 2 Peter and Jude*, 2006, p. 257). 그레코-로만 세계에서 '사랑하는 자'라는 호칭은 대개의 경우 자녀, 특히 하나뿐인 자녀를 언급할 때 주로 사용되었다. 그리고 초기 기독교 공동체 안에서의 그 용어는 하나님을 아버지로 하는 그리스도인들에게 가족 개념을 적용하면서 주로 사용되었다. 베드로는 거짓 선생들에 의해 야기된 수신자 공동체의 여러 신학적·윤리적 문제의 배후에 있는 종말론 신학을 본격적으로 다루면서 '사랑하는 자들'이라는 칭호로 수신자들이 자신을 포함한 사도들의 전승에 더욱 밀착되도록 의도한다(Green, *Jude & 2 Peter*, 2008, p. 309).

둘째 편지는 유다서 혹은 잃어버린 다른 편지로 보는 시각이 있으나, 대부분의 해석자들은 비록 스타일과 내용은 다를지라도 베드로전서를 지칭하는 것으로 이해한다(Harrington, *Jude and 2 Peter, Sacra Pagina*, 2008, p. 281). 베드로전서와 베드로후서를 관통하는 메시지는 종말론의 확실성에 기초하고 있다. 베드로전서와 베드로후서는 공히 수신자들에게 종말이 분명히 존재하며 따라서 심판이 있을 것임을 확언하여 그들을 위로하고 현재적 삶을 바르게 살아야 할 이유를 미래적 지평에서 이끌어 내고 있다. 따라서 두 서신의 차별성에 집착하는 해석도 있으나 베드로전서와 베드로후서는 그리스도 안에서 이루어진 역사적 사건들의 영적인 의미, 이스라엘의 역사를 통한 하나님의 심판과 구원의 사례, 수신자들의 현재적 상황의 진단, 종말과 심판의

시각에 근거한 권면 등으로 내러티브상의 일치를 보여 주고 있다(J. B. Green "Narrating the gospel in 1 and 2 Peter," *Interpretation* 60/3 〈2006〉, p. 275).

베드로가 이 베드로전서와 베드로후서를 보내는 까닭은 수신자들의 진실한 마음을 일깨워 선지자들과 사도들을 통하여 주신 구주의 명령을 상기시키려는 것이다. 그런데 그 명령은 윤리적 권면과 같은 계명의 차원이기보다는 사도들에 의해 선포된 그리스도인의 믿음의 본질과 종말에 대한 가르침으로 그 명령을 준행하는 것이 수신자들의 공동체에 발생한 이단적 가르침을 이겨내는 길이다.

'진실한 마음'은 '혼합되지 않은 순수한 이해'(pure understanding)를 뜻한다. 결국 이후의 문맥을 볼 때 이 가르침은 거짓 선생들의 부패하고 오염되며 거짓된 주장과는 상반되는 예수의 재림과 마지막 심판의 확실성에 대한 내용일 것이다. 아울러 '진실한 마음'은 2장에서 재차 거론된 거짓 가르침의 폐해와 연관된 부도덕의 관점에서 볼 때 지적 차원과 함께 순결한 마음이라는 의미도 내포한다. 이 가르침은 또한 베드로후서 1 : 12~15의 재론이기도 하다(Green, *Jude & 2 Peter*, 2008, p. 311).

'거룩한 선지자들이 예언한 말씀'은 베드로전서 1 : 10~12의 내용을 떠올리게 한다. 이 예언의 말씀은 실제적인 구약성경 선지자들의 예언뿐 아니라 구약성경 전체를 아우른다. 따라서 '거룩한 선지자들'은 신약시대의 선지자들을 지칭하는 것 같지는 않다. 베드로는 계속 주님의 미래적 재림을 확증하기 위하여 사도적 증언(1 : 16–18)과 예언적 증언(1 : 19–21)을 의지한다. 또한 베드로는 선지자들과 사도들의 사명을 함께 나열함으로 이들의 권위를 동일 수준으로 올려놓았다(참조. 엡 2 : 20). 그리고 사도들이 전하는 명령은 구주되신 예수 그리스도로 말미암은 것으로 주께 보냄을 받은 자로서의 사도들을 지명하여 참된 하나님의 메신저들을 거짓 선생들과 구별시키려는 베드로의 의도와 잘 어울린다(레이머, 「베드로전·후서/요한1·2·3서/유다서」, 1988, p. 120 ; Schreiner, *1, 2 Peter, Jude*, 2003, p. 370).

한편 2절의 '너희의 사도들'이 누구인가에 대해서는 이견이 있다. 혹자는 이 표현을 베드로후서가 속사도 시대에 편집된 증거(the post-apostolic composition)라고 주장하나 설득력이 없다. 사도의 범위는 좁게는 열두 사도를 지칭하나 경우에 따라서는 더 확대된 범위로 나타나기도 한다(예를 들면, 바나바, 안드로니고, 유니아 등). 사도들의 주요 역할은 교회를 세우는 일과 선교 사역이었다(참조. 롬 15 : 18-20). 따라서 많은 이들은 '너희 사도들'이 베드로후서의 수신자들의 교회를 복음화하고 가르친 특정 선교사들을 말하는 것으로 이해한다. 비록 베드로가 이 교회들을 세우지는 않았을 것이기에 베드로는 전체 사도의 범주에서 배제되지는 않지만, 여기서의 '너희의 사도'의 범위 안에는 포함시키지 않는 것이 자연스러워 보인다. 참고로 베드로는 베드로전서 5 : 1에서 자신을 여러 장로들 중의 하나로 소개하고 있다(Harrington, *Jude and 2 Peter*, *Sacra Pagina*, 2008, p. 282 ; Green, *Jude & 2 Peter*, 2008, pp. 261-262 ; 보컴, 「유다서 · 베드로후서」, 2010, p. 462).

B. 재림을 부인하는 자들에 대한 경고(3 : 3-7)

3먼저 이것을 알지니 말세에 조롱하는 자들이 와서 자기의 정욕을 따라 행하
며 조롱하여 4이르되 주께서 강림하신다는 약속이 어디 있느냐 조상들이 잔
후로부터 만물이 처음 창조될 때와 같이 그냥 있다 하니 5이는 하늘이 옛적부
터 있는 것과 땅이 물에서 나와 물로 성립된 것도 하나님의 말씀으로 된 것을
그들이 일부러 잊으려 함이로다 6이로 말미암아 그때에 세상은 물이 넘침으
로 멸망하였으되 7이제 하늘과 땅은 그 동일한 말씀으로 불사르기 위하여 보
호하신 바 되어 경건하지 아니한 사람들의 심판과 멸망의 날까지 보존하여
두신 것이니라

[3 : 3–7] 예수를 따르는 자들이 기억해야 할 구약의 선지자들과 사도들의 가르침은 무엇인가? 여러 가르침들이 제기될 수 있으나, 베드로는 '먼저'라는 표현을 통해 수신자들이 온전한 마음으로 이해해야 할 것은 거짓 선생들이 조롱하는 그 가르침을 살펴야 한다고 말한다. 베드로는 초기 그리스도인들과 마찬가지로 자신과 수신자들이 살고 있는 시대를 말세로 이해한다('말세'라는 표현에 대해서는 참조. 요 6 : 39, 40, 44, 54 ; 11 : 24 ; 12 : 48 ; 행 2 : 17 ; 딤후 3 : 1 ; 히 1 : 2 ; 약 5 : 3 ; Harrington, *Jude and 2 Peter*, *Sacra Pagina*, 2008, p. 282). 하나님의 불신자들에 대한 심판과 신자들을 위한 신원과 회복의 때인 말세의 개념과 용어는 구약성경에서 풍부하게 발견된다(70인역. 창 49 : 1 ; 렘 37 : 24 ; 겔 38 : 16 ; 단 2 : 28 ; 호 3 : 5 ; 미 4 : 1). 그리고 신약성경은 말세의 징조로 거짓 선생들이 예수의 재림을 부인하는 상황을 지적한다. 더구나 신약성경의 기자들은 예수 그리스도의 죽음과 부활을 통해 이미 말세가 도래하였다고 강조한다(특히 행 2 : 17 ; 히 1 : 2을 보라). 따라서 베드로는 성경의 예언이 성취되지 않은 것으로 볼 이유가 없다고 말한다(참조. Schreiner, *1, 2 Peter, Jude*, 2003, pp. 371–372 ; 보컴, 「유다서 · 베드로후서」, 2010, p. 463).

거짓 선생들은 어떤 도덕적 기준으로도 제어받지 않는 삶을 살고 있다. 베드로는 그들에 대해 이기적인 욕구를 충족시키는 데만 급급할 뿐인 방탕한 무리로 조롱하는 일이 일과처럼 된 존재로 묘사한다. 그들에 대한 부정적인 시각을 통해 그는 수신자들이 이제 듣게 될 거짓 선생들의 가르침을 버리도록 준비시키고 있다.

우리는 베드로후서에서 오직 4절에서만이 거짓 선생들이 무엇을 가르쳤는지에 대한 가장 선명한 내용을 접하게 된다 : "이르되 주께서 강림하신다는 약속이 어디 있느냐? 조상들이 잔 후로부터 만물이 처음 창조될 때와 같이 그냥 있다 하니" 곧, 그들은 이 세상에 대한 하나님의 개입을 부정한다. 세상의 창조 이래로 모든 것이 질서 속에 일관성 있게 진행되고 있기 때문에 예수의 재림과 같은 극적인 드라마만 따로 연출될 수 없다는 것이다. 그리고 예수의 재림이 없다면 미래적 심판은 더더욱 없다고 주장한다. 이들의 질문은 구약에서 만나게 되는 하나님의 다스리심에 대한 회의주의적 질문과 유사한 형태를 가진다 : "네 하나님이 어디 있느뇨?"(시 42 : 3, 10 ; 79 : 10). 특히 말라기 2 : 17의 "정의의 하나님이 어디 계시냐?"는 질문은 하나님께서 악한 자를 징벌하시고 선한 자를 포상하시는 일에 관심이 있으심을 의심하는 자들의 목소리이며, 예레미야 17 : 15의 "여호와의 말씀이 어디 있느냐 이제 임하게 할지어다"라는 말씀은 하나님의 예언의 말씀의 성취를 의심하여 조롱하는 예레미야의 대적자들의 주장이다. 그러므로 "어디에 있느냐"는 질문은 성취적 관점에서 예수 그리스도의 재림 가운데 임할 최후의 심판과 하나님의 개입을 조롱하며 거부하는 베드로후서의 거짓 선생들의 주장을 도입하는 데 매우 적절한 표현어법이 되고 있다(보컴, 「유다서 · 베드로후서」, 2010, pp. 464-465).

사실 신약성경의 다양한 종말강화는 이 말세의 모든 시나리오와 예수 그리스도의 재림이 예수 그분의 첫 제자들의 시대에 일어날 현상이라고 말하는 듯하다(살전 4 : 15-17 ; 고전 15 : 51) : "내가 진실로 너희에게 말하노니 이 세대가 지나가기 전에 이 일이 다 일어나리라"(마 24 : 34 ; 참조. 막 13 : 30). 예수 그리스도의 재림의 임박성은 복음서의 다른 본문에 의해서도 강조된다 : "내가 참으로 너희에게 이르노니 여기 서 있는 사람 중에 죽기 전에 하나님의 나라를 볼 자들도 있느니라"(눅 9 : 27). 베드로후서의 거짓 선생들이 일으킨 회의주의는 예수의 재림이 사도들의 세대에 지나도록 발생하지 않는 까닭에 더욱 영향을 미친 듯하다(보컴, 「유다서 · 베드로후서」, 2010, p. 467).

베드로후서는 결국 이 회의주의에 대한 답변이자 변증이다. 주의 강림을 나타내는 용어 파루시아(parousia)는 '있는' 혹은 '출석한'(be present)이라는 뜻을 의미하는 동사(파레이나이, pareinai)로부터 기원하며 신약성경 이외의 영역에서는 왕 혹은 총독과 같은 고위 직분자의 방문을 묘사하는 데 사용되었다. 하지만 신약성경에서는 그리스도의 재림에 대한 전문용어로 확정되었다(참조. 마 24 : 3, 27 ; 고전 15 : 23 ; 살전 2 : 19 ; 3 : 13 ; 4 : 15 ; 살후 2 : 1, 8 ; 약 5 : 7, 8 ; 벧후 1 : 16 ; 3 : 12 ; 요일 2 : 28 ; Harrington, *Jude and 2 Peter, Sacra Pagina*, 2008, p. 283).

거짓 선생들의 회의주의적 시각과 달리 주의 재림은 구약과 신약에 걸쳐 너무도 분명하게 예언되었다(참조. 단 7 : 13 ; 막 8 : 38 ; 9 : 1 ; 13 : 26 ; 요 14 : 3 ; 고전 15 : 51 ; 살전 4 : 15 ; 약 5 : 7). 그리고 그러한 그리스도의 재림을 의심하는 무리의 출현은 오히려 주의 재림이 임박하였다는 증거가 된다. 즉, 성경은 예수의 재림과 심판에 대한 종말 사상과 정통 그리스도인들을 조롱하는 이단들의 출현을 예언적으로 분명하게 말씀하신다(참조. 마 24 : 3-5, 11, 23-26 ; 행 2 : 17 ; 딤전 4 : 1-3 ; 딤후 3 : 1-9 ; 히 1 : 2 ; 약 5 : 3 ; 유 18). 특히 바울은 다음과 같이 예언한 바 있다 : "내가 떠난 후에 사나운 이리가 여러분에게 들어와서 그 양 떼를 아끼지 아니하며 또한 여러분 중에서도 제자들을 끌어 자기를 따르게 하려고 어그러진 말을 하는 사람들이 일어날 줄을 내가 아노라"(행 20 : 29-30). 그러나 베드로의 강조점은 이 일을 미래적 사건으로 진술하는 것이 아니라 그의 당대에 이 이단들이 활동하고 있다고 분명히 말한다(참조. Schreiner, *1, 2 Peter, Jude*, 2003, p. 372).

거짓 선생들은 자신들의 예수의 재림의 부인의 근거로 균일설을 주장한다. 균일설은 현재와 미래의 우주적 제 현상들은 우주, 곧 세상이 과거에 어떻게 운행되어 왔는가를 살핌으로 알 수 있다는 견해이다. 이들의 주장은 우주가 나아가는 모든 과정과 질서에서의 하나님의 섭리와 인도하심을 전면으로 부인하는 사고이며 자연법칙에만 따라 전개되는 세상 속에서 기적을 기대할 수 없기에 죽은 예수가 부활하여 살아난다는 믿음은 실현 불가능한 것으로 치부한다(레이머, 「베드로전·후서/요한1·2·3서/유다서」, 1988, p. 121).

베드로후서의 거짓 선생들도 만물의 처음 지어지던 시절부터 살았던 옛 조상들의 시대로부터 지금까지 만물이 일정한 형태로 운행되고 특별한 변화도 없는데 어찌 주의 재림을 논할 수 있겠는가 하는 입장을 표명하고 있다.

여기서 언급된 '조상'이 누구인가에 대해 논란이 있다. 혹자는 그리스도의 재림을 열망했으나 재림의 지연으로 그 일을 목도하지 못하고 세상을 떠난 1세대 그리스도인들을 말한다고 생각한다(Green, *Jude & 2 Peter*, 2008, p. 317). 그럴 경우, 베드로는 베드로후서의 저자일 수 없다. 베드로 자신이 1세대 그리스도인에 속하기 때문이다. 하지만 '조상'에 대한 유대 전승 및 성경상의 용례는 항상 구약시대의 족장들, 혹은 보다 일반적으로는 구약시대의 의인들을 일컬었다(마 23 : 30, 32 ; 눅 1 : 55, 72 ; 6 : 23, 26 ; 요 4 : 20 ; 6 : 31, 49, 58 ; 7 : 22 ; 행 3 : 13, 25 ; 5 : 30 ; 7 : 2, 11-12 ; 15 : 10 ; 28 : 25 ; 롬 11 : 28 ; 15 : 8 ; 고전 10 : 1 ; 히 1 : 1 ; 3 : 9 ; 8 : 9 ; Schreiner, *1, 2 Peter, Jude*, 2003, p. 373). 베드로는 그들의 주장에 대해 그들은 창조주 하나님의 창조 사건과 홍수 심판을 의도적으로 잊어버리려 한다고 힐난한다. 이 현상은 수신자들에게 계속적으로 하나님의 하신 일을 기억나게 하려는 베드로의 노력과 흥미로운 대조를 이루고 있다(벧후 1 : 12-13, 15 ; 3 : 1-2, 8).

이제 베드로는 조롱하는 자들의 주장을 반박하면서, 우선 거짓 선생들은 균일론적 입장에서 창조 이래로 세상의 불변성을 주장하나, 사실 창소 자체가 하나님의 개입에 따른 사건이었다. 하나님이 창조하신 최초의 세상은 물로 가득 찬 혼돈 그 자체였다(창 1 : 2). 만약 그 상태로 된 세상은 사람이 살 수 있는 환경이 아니었다. 하지만 하나님은 말씀으로 사람들이, 그리고 생물들이 살 수 있는 세상을 만들어 주셨다. 베드로는 세상의 창조 자체가 하나님의 세상에 대한 개입임을 강조한다. 오늘의 환경도 하나님의 절대적인 개입 덕분으로 조성된 것임을 거짓 선생들은 일부러 잊으려 하였던 것이다. 하나님께서 물을 나누어 생성된 세상을 향한 질서의 손길을 거두셨을 때 다시 세상은 노아의 홍수 사건 때 물에 의해 혼돈으로 빠져들었다. 세상의 현재적인 안정성 자체는 세상의 영속을 기계적으로 보장하는 것이 아니라 하나님의 간섭에 따른 현상이다. 따라서 하나님께서 다시 심판을 위해 세상사에 개입하실 것을 의심할 이유가 없다(Schreiner, *1, 2 Peter, Jude*, 2003, p. 375).

베드로는 세상의 형성과 유지를 구약과 유대 전승을 따라 하나님의 말씀에 의한 것으로 말하나(창 1 : 3–30 ; 시 33 : 6 ; 148 : 5 ; 잠 8 : 27–29 ; *Sir.* 39 : 17 ; *Wis.* 9 : 1 ; 4 *Ezra* 6 : 38, 43 ; 참조. Green, *Jude & 2 Peter*, 2008, p. 319), 신약성경의 여러 곳에서는 예수 그리스도의 창조와 보존 사역을 말하기도 한다. 예를 들면 골로새서 1 : 15~16은 "그(예수 그리스도)는 보이지 아니하는 하나님의 형상이시요 모든 피조물보다 먼저 나신 이시니 만물이 그에게서 창조되되 하늘과 땅에서 보이는 것들과 보이지 않는 것들과 혹은 왕권들이나 주권들이나 통치자들이나 권세들이나 만물이 다 그로 말미암고 그를 위하여 창조되었고"라고 말씀하며 히브리서 1 : 2~3은 "이 모든 날 마지막에는 아들을 통하여 우리에게 말씀하셨으니 이 아들을 만유의 상속자로 세우시고 또 그로 말미암아 모든 세계를 지으셨느니라 이는 하나님의 영광의 광채시요 그 본체의 형상이시라 그의 능력의 말씀으로 만물을 붙드시며……"라고 말씀하신다.

다소 당혹스러운 표현은 '땅이 물에서 나와 물로 성립된 것'인데(5절), 우리는 탈레스와 같은 그레코-로만 시대의 철학자들의 화두가 되었던 우주와 세상을 구성하는 기본 요소로의 질료가 무엇인가를 대답하는 차원이 아님을 알아야 한다. 즉, '땅이 물에서 나와'라는 어구는 과학적 설명이 아니라 베드로의 창조관을 생각할 때 하늘을 창조하시며 물을 나누어 궁창 위의 물과 궁창 아래 물을 구분하신 사건과 땅 아래의 물을 나누어 바다가 생기고 뭍이 드러나게 하신 일을 말하는 것으로 이해할 수 있다(참조. 창 1 : 6–10). 따라서 베드로가 세상이 물로부터 창조되었다고 말할 때 물로부터의 하늘과 땅의 출현을 의미할 것이다. 하지만 '물로 성립되었다'는 사고는 문법적으로는 하나님께서 물을 창조의 도구로 사용하셨다는 것을 말하나(by means of water), 그 의미는 명확하지 않다(참조. 보컴, 「유다서 · 베드로후서」, 2010, pp. 476–477 ; Davids, *The Letters of 2 Peter and Jude*, 2006, pp. 268–269). 다만 물에 대한 잦은 언급은 다음 구절에서의 하나님께서 세상을 물로 심판하셨다는 진술을 위한 수사학적 장치로 이해된다. 하나님께서 세상을 창조하실 때 물이 하나님의 명령을 따라 중요한 역할을 하였던 것과 마찬가지로 물은 또한 하나님의 말씀을 따라 세상을 심판하시는 도구로 사용되었던 역사를 추억한다. 여기에서 '세상'은 물리적 존재로서의 지구를 말하는 것이 아니라 지구상에 거하는 사람들을 의미한다(참조. 요 1 : 9 ; 3 : 17, 19 ; 4 : 42 ; 6 : 33 ; 7 : 7 ; 15 : 18-19 ; 17 : 14, 21, 23, 25 ; 요일 2 : 2 ; 3 : 13 ; 4 : 14 ; 레이머, 「베드로전·후서/요한1 · 2 · 3서/유다서」, 1988, p. 122).

과거 하나님은 세상의 심판을 위해 물을 사용하셨으나 장차 임하게 될 최후의 심판의 도구는 불이 될 것이다(참조. "보라 여호와께서 불에 둘러싸여 강림하시리니 그의 수레들은 회오리바람 같으리로다 그가 혁혁한 위세로 노여움을 나타내시며 맹렬한 화염으로 책망하실 것이라"〈사 66 : 15〉). 물이 다시 심판을 위해 사용되지 않을 것은 하나님께서 친히 다시는 물로 심판하지 않으실 것임을 맹약하셨기 때문이다(창 9 : 11-17). 7절은 10절, 12절과 함께 세상이 불로 멸망하게 될 것임을 언급하는데, 세상의 끝에 불의 심판이 임할 것이라는 사고는 성경에서 자주 찾아볼 수 있다. 구약성경에서 세상을 태우는 화염이 가장 먼저 등장하는 것은 소위 '모세의 노래'로 알려진 신명기 32 : 22에서이다 : "그러므로 내 분노의 불이 일어나서 스올의 깊은 곳까지 불사르며 땅과 그 소산을 삼키며 산들의 터도 불타게 하는도다" 이외에도 불로 말미암는 우주적 심판에 대한 기사는 여러 곳에서 나타난다(참조. 사 29 : 6 ; 30 : 27, 30, 33 ; 33 : 14 ; 66 : 15-16 ; 욜 2 : 30 ; 나 1 : 6 ; 습 1 : 18 ; 3 : 8 ; 말 4 : 1 등 ; 참조. Green, *Jude & 2 Peter*, 2008, p. 322).

다만 크게 구별될 수 있는 이 시각은 이 불의 심판이 구약 전통 아래서는 주로 세상의 심판이 아니라 사람에 대한 심판에 적용되었다는 점이다. 세상을 불사르는 심판의 개념은 성경시대 이후(postbiblical)의, 특히 묵시적 문헌들에서도 자주 발견된다(1QH 3 : 29-36 ; Sib. Or. 3 : 54-90 ; 4 : 173-92 ; 5 : 211-13 ; Jubilees 9 : 15 ; *Apoc.* Adam 49 : 3 ; Schreiner, *1, 2 Peter, Jude*, 2003, 378 ; C. P. Thiede, "A Pagan Reader of 2 Peter : cosmic conflagration in 2 Peter 3 and the Octavius of Minucius Felix," *JSNT* 26 〈1986〉, pp. 80-81). 그리고 현존하는 하늘과 땅이 하나님의 심판으로 파괴될 것에 대한 예언은 유대와 기독교적 종말론에서도 찾아볼 수 있다(마 24 : 29 ; 막 13 : 24-25). 세상이 불살라진다는 사고의 더 많은 용례는 성경적 문헌들보다는 스토아학파와 같은 철학사조들의 글에서도 발견된다. 스토아학파는 보이지 않는 불이 사물의 본질이며 그 불이 세상의 모든 존재 속에 침투하여 세상은 다시 불로 분해되어 새로운 존재로 나타나는 불-세계-불의 무한적 순환으로 진행된다고 보았다(G. E. 래드, 「신약신학」, 2003, p. 744). 그리하여 헬라적 사고 범주 안에서 세계 소멸은 역사가 진행되는 과정동안 반복성을 띠나, 베드로는 불의 심판을 유일회적 심판으로 선포하는 데 중요한 차이가 있다. 그리고 불을 통한 하나님의 심판의 가장 명확한 실례는 소돔과 고모라의 멸망이다(참조. 신 32 : 22 ; 시 97 : 3 ; 사 30 : 30 ; 66 : 15-16 ; 겔 38 : 22 ; 암 7 : 4 ; 보컴, 「유다서 · 베드로후서」, 2010, p. 480).

세상을 말씀으로 창조하시고, 말씀으로 물로 심판하셨던 하나님께서 세상의 종국에는 동일한 말씀으로 불로 세상을 심판하실 것이다. 7절에서 '동일한 말씀으로'라는 표현을 통해 베드로가 말하고자 하는 바는 세상이 하나님의 말씀에 의하여 창조되었고 또 세상이 하나님의 말씀에 의하여 멸망받았기에 우리는 확신을 가지고 하나님의 말씀으로 판결될 미래적 심판을 예상할 수 있다는 것이다. 거짓 선생들이 균일론적 시각으로 주장하는 것처럼 세상이 변화 없게 느껴지는 것은 심판이 일어날 가능성이 없다는 징조가 아니라 경건하지 아니한 자를 심판하시기로 작정하신 날까지 한시적으로 하나님께서 세상을 잠시 보존하고 계시는 까닭이다. 그러나 여기서의 관심사는 이 피조 세계를 삼킬 대화재 사건이 아니라 경건하지 아니한 자들을 멸망시키는 심판이다. 결국 거짓 선생들은 자신들의 사욕을 위해 일부러 엄연한 하나님의 섭리를 부인하고 자신들만이 아니라 믿음이 연약한 자들을 미혹하여 하나님을 거스르게 하고 교회에 혼란을 가져와 하나님의 심판을 자초할 뿐이다.

한편 다가올 심판에 대한 부인과 경멸은 자신의 삶에 대한 책임의식을 소멸시켜 정욕을 따라 현재적 삶을 탐닉하게 한다(참조. 보컴, 「유다서 · 베드로후서」, 2010, pp. 510-511).

동아일보 인터넷 신문 2005년 6월 8일자에 보면, 만 18세 이상 전국 성인 남녀 1,500명을 대상으로 한 "2004 한국인의 종교와 종교의식"에 대한 설문 조사의 결과가 나와 있다. 응답자의 71.5%가 "종교를 믿지 않아도 선한 사람은 천국이나 극락에 갈 수 있다."고 대답했고, "극락이나 천국은 저 세상에 있는 것이 아니라 이 세상에 있다."는 항목에 대해서도 63.4%가 응답하여 국민의 현세중심적 사고를 엿볼 수 있었다. 기독교의 창조론에 해당하는 "이 세상은 초자연적인 힘을 가진 누군가가 만들었다."는 의견에 대해 35.4%가 그렇다고 응답하였으나, "앞으로 이 세상의 종말이 오면 모든 사람들은 절대자의 심판을 받게 되어 있다."는 심판설에 대하여 긍정 응답은 22.1%에 불과했다. 이는 20년 전의 설문 조사의 결과보다 12.4%가 감소한 수치라고 한다.

최후의 심판에 대한 회의적인 시각은 아무래도 윤리적인 의식과 도덕적 책임감을 희석시켜, 극단적으로는 도덕률 폐기 내지 쾌락주의를 초래할 위험이 있다. 베드로는 무질서 속에서 세상의 질서를 세워 나가신 창조주 하나님은 인간의 범죄가 극에 다다를 때 다시 불의 심판으로 세상에 혼돈을 가져오실 능력이 있는 분으로 강조하면서 거짓 선생들의 가르침에 부화뇌동하지 말 것을 엄중히 경고하고 있다.

C. 재림 지연의 의미(3 : 8-9)

8 사랑하는 자들아 주께는 하루가 천 년 같고 천 년이 하루 같다는 이 한 가지를 잊지 말라 9 주의 약속은 어떤 이들이 더디다고 생각하는 것같이 더딘 것이 아니라 오직 주께서는 너희를 대하여 오래 참으사 아무도 멸망하지 아니하고

다 회개하기에 이르기를 원하시느니라

[3 : 8–9] 베드로는 현 단락에서도 '이 한 가지를 잊지 말라'는 권고와 함께 기억하는 것의 중요성을 계속적으로 강조한다. 그는 1~2절에서 수신자들로 하여금 선지자들의 말과 사도들의 명령을 기억하라고 권고한 바 있다. 그러한 기억이 중요한 이유는 조롱하는 자들은 역사 가운데 발생한 하나님의 역사하심을 일부러 잊으려 할 뿐 아니라 다른 이들에게도 악영향을 끼치기 때문이다. 그들의 잊으려는 시도는 하나님으로부터 멀리 떨어져 머물러 복음을 배척하기 위함이다. 따라서 그는 수신자들이 그들에게 이미 주어진 진리의 말씀을 기억하고 붙들기를 바라고 있다.

이제 베드로는 불의 심판에 따른 세상의 파국은 확실하다고 선포한 후, 거짓 선생들의 우주의 균일적 상황을 재림과 심판은 없다는 주장을 반박하면서 재림 지연의 이유를 밝힌다. '사랑하는 자들아'로 칭해지는 수신자들이 잊지 말아야 할 것은 하나님과 인간의 시간 표준성의 차이이다. 베드로는 시편 90 : 4을 인용한다 : "주의 목전에는 천 년이 지나간 어제 같으며 밤의 한 순간 같을 뿐임이니이다" 즉, 주께는 하루가 천 년 같고 천 년이 하루와 마찬가지이다. 모세에게 '스스로 있는 자'로 자신을 계시하신 하나님은(출 3 : 14), 어제나 오늘이나 내일도 영원하신 영원한 현재자이시기 때문에 하나님께는 '지체'라는 말이 어울리지 않는다. 이 표현은 하나님의 영원성에 비해 인간이 경험하는 시간의 한계가 하찮은 것에 불과하다는 의미일 수도 있으나 본질적으로 하나님의 계획을 이해하기에는 인간의 시간 이해가 불가능하다는 것을 말하고자 함으로 보인다. 재림의 시간이 길게 느껴지는 것은 인간의 유한한 안목에 기인한다(참조. 보컴, 「유다서 · 베드로후서」, 2010, p. 494). 문자적으로 해석할 것은 아니나 단순 계산으로도 예수님의 부활 승천 후 2,000년의 시간이 흘렀으나 천 년을 하루로 계산한다면 이제 겨우 이틀 지났을 뿐이다.

더뎌 보이는 현상은 재림의 불확실성을 나타내는 것이 아니라 하나님의 자비와 긍휼에 기인한다. 그리고 주의 재림의 약속은 어떤 사람들이 생각하듯이 더딘 것이 아니라 하나님의 다른 계획과 의지를 반영하는 것인데, 즉 하나님은 세상을 향하여 오래 참으시면서 가능하다면 아무도 멸망하지 않고 회개하여 구원받도록 기다려 주시는 까닭이다. 인간의 죄악을 생각하면, 특히 노아 시대를 죄악의 관영함이라는 성경의 진단과 평가가 오늘날에 적용될 뿐더러 심하면 더 심한 상황에서 당장에 하나님의 심판이 임한다 해도 그 공의로우심을 누가 비판할 수 있겠는가? 하나님은 회개의 기회를 주고자 그분의 속성을 따라 오래 참고 계신 것이다. 출애굽기 34 : 6은 인내하시는 하나님의 속성을 다음과 같이 표현한다 : "여호와라 여호와라 자비롭고 은혜롭고 노하기를 더디하고 인자와 진실이 많은 하나님이라" 시편 103편은 우리의 죄악을 따라 심판하지 않으시고 회개를 기다려 주시는 하나님을 보다 적극적으로 표현한다 : "여호와는 긍휼이 많으시고 은혜로우시며 노하기를 더디 하시고 인자하심이 풍부하시도다 자주 경책하지 아니하시며 노를 영원히 품지 아니하시리로다 우리의 죄를 따라 우리를 처벌하지는 아니하시며 우리의 죄악을 따라 우리에게 그대로 갚지는 아니하셨으니 이는 하늘이 땅에서 높음같이 그를 경외하는 자에게 그의 인자하심이 크심이로다"(시 103 : 8-11).

그러나 하나님의 심판하시는 때는 반드시 도래한다는 것이 성경의 일관된 메시지이다 : "이 묵시는 정한 때가 있나니 그 종말이 속히 이르겠고 결코 거짓되지 아니하리라 비록 더딜지라도 기다리라 지체되지 않고 반드시 응하리라"(합 2 : 3) ; "여호와의 말씀이 또 내게 임하여 이르시되 인자야 이스라엘 땅에서 이르기를 날이 더디고 모든 묵시가 사라지리라 하는 너희의 이 속담이 어찌 됨이냐 그러므로 너는 그들에게 이르기를 주 여호와께서 이같이 말씀하시기를 내가 이 속담을 그치게 하리니 사람이 다시는 이스라엘 가운데에서 이 속담을 사용하지 못하리라 하셨다 하고 또 그들에게 이르기를 날과 모든 묵시의 응함이 가까우니 이스라엘 족속 중에 허탄한 묵시나 아첨하는 복술이 다시 있지 못하리라 하라 나는 여호와라 내가 말하리니 내가 하는 말이 다시는 더디지 아니하고 응하리라……"(겔 12 : 21–25). 이 외에도 우리는 구약성경에서 하나님의 오래 참으심에 대한 적잖은 언급을 찾아볼 수 있다(참조. 민 14 : 18 ; 느 9 : 17 ; 시 86 : 15 ; 욜 2 : 13 ; 욘 4 : 2 ; 나 1 : 3). 또한 유대 전승은 하나님은 죄인들이 회개할 수 있는 마지막 기회를 제공하기 위해 어느 정도의 유예 기간을 허락하시고 심판을 보류하신다는 이해를 갖고 있었다(참조. 4 Ezra 7 : 33 ; Sir 5 : 4–7 ; 보컴, 「유다서 · 베드로후서」, 2010, p. 496).

한편 9절에서 '아무도 멸망하지 아니하고'는 소위 말하는 보편구원설이나 만인구원설을 지지하는 본문이 아니다. 우선 '너희를 대하여 오래 참으사'라는 문구는 '아무도 멸망하지 아니하고'라는 말이 베드로후서의 독자들로 한정되고 있음을 시사한다. 만일 만인구원을 가정한다면 베드로후서의 묵시적이고도 공격적인 어조는 어색하게 느껴진다. 자동적이고 기계적인 만인구원이 전제된다면 그토록 과격하고 심한 어감의 논증은 필요하지 않을 것이기 때문이다. 베드로의 요지는 하나님께서 모든 사람이 회개에 이르길 원하신다는 사실이다(참조. Green, *Jude & 2 Peter*, 2008, p. 328). 따라서 여기에 '아무나'로 번역되었으나 원래 '모두'라는 뜻을 가진 파스(pas)란 어휘는 이미 베드로후서 수신자 공동체에 속한 이들이나 특히 거짓 선생들에 의해 잘못 인도되어 믿음이 흔들리는 자들을 지칭한다고 보는 것이 타당하다(Karl Kuhn, 2 Peter "3 : 1–13," *Interpretation* 2006 〈July〉, pp. 311–312). 그럼에도 회개할 기회를 위한 하나님의 심판의 유보는 세상의 모든 사람들에게도 적용 가능하다. 이 본문은 디모데전서 2 : 4과 함께 어느 영혼도 멸망하지 않기를 바라시는 하나님의 안타까움의 표현으로 사료된다. 다른 문맥이지만, 그러나 하나님의 이 자비롭고 오래 참으시는 은혜를 멸시하는 이들에게 바울은 다음과 같이 엄중히 경고하고 있다 : "혹 네가 하나님의 인자하심이 너를 인도하여 회개하게 하심을 알지 못하여 그의 인자하심과 용납하심과 길이 참으심이 풍성함을 멸시하느냐 다만 네 고집과 회개하지 아니한 마음을 따라 진노의 날

곧 하나님의 의로우신 심판이 나타나는 그날에 임할 진노를 네게 쌓는도다” (롬 2 : 4-5).

D. 재림에 대한 대비(3 : 10-13)

> [10]그러나 주의 날이 도둑같이 오리니 그날에는 하늘이 큰 소리로 떠나가고 물
> 질이 뜨거운 불에 풀어지고 땅과 그중에 있는 모든 일이 드러나리로다 [11]이
> 모든 것이 이렇게 풀어지리니 너희가 어떠한 사람이 되어야 마땅하냐 거룩한
> 행실과 경건함으로 [12]하나님의 날이 임하기를 바라보고 간절히 사모하라 그
> 날에 하늘이 불에 타서 풀어지고 물질이 뜨거운 불에 녹아지려니와 [13]우리는
> 그의 약속대로 의가 있는 곳인 새 하늘과 새 땅을 바라보도다

[3 : 10-13] 주의 재림의 지연은 최후의 심판이 없을 것이라는 증거가 아니라 하나님의 오래 참으심과 자비로우심에 대한 근거일 뿐 주의 날은 도둑이 임함같이, 예상할 수 있는 시기가 아니라 불시에 임하게 될 것이다. 주의 날은 구약 전통 아래서는 하나님이 친히 이 땅에 임하셔서 하나님의 백성들을 신원하시고 주의 원수들에게 친히 보수하시고 심판하시는 날이다(사 2 : 12 ; 13 : 6, 9 ; 렘 30 : 7 ; 겔 13 : 5 ; 30 : 33 ; 암 5 : 20 ; 욜 1 : 15 ; 2 : 1, 2, 11, 31 ; 3 : 14). 신약성경에서 주의 오심은 그리스도의 재림을 말한다. 그리하여 그날(참조. 살후 1 : 10)은 ‘그리스도의 날’(빌 1 : 10 ; 2 : 16), ‘주 예수의 날’(고전 5 : 5), ‘우리 주 예수의 날’(고전 1 : 8 ; 고후 1 : 14) 등으로 불리기도 했다. 베드로도 그날에 대하여 ‘주의 크고 영화로운 날’(행 2 : 20), ‘심판 날’(벧후 2 : 9), ‘하나님의 날’(벧후 3 : 12)로 칭한다(박수암, 「공동서신」, 2004, p. 256). 한편 예수의 재림은 도적의 임함 같은 사건이 될 것이라는 직유적 표현은 신약성경에서 풍부하게 발견된다. 이러한 이해는 우선적으로 예수님이 직접 말

씀하셨고(마 24 : 42–44 ; 참조. 눅 12 : 39–40), 그 외 신약의 기자들도 자주 언급한 바 있다(살전 5 : 2 ; 계 3 : 3 ; 16 : 15). 도둑은 시간을 예고하고 찾아오지 않는다. 거짓 선생들의 주장처럼 과거나 현재의 기본적인 삶의 환경은 변화가 없으나 그것이 주님의 오심의 불확실성의 증거가 아니라 예측 불가능한 순간에 그때가 도래한다는 것을 경고하고 있다. 현존하는 하늘과 땅의 멸절에 대한 언급은 복음서에서 자주 등장한다(참조. 마 5 : 18 ; 24 : 35 ; 막 13 : 31 ; 눅 16 : 17 ; 21 : 33 ; Green, *Jude & 2 Peter*, 2008, p. 329).

10절에 의하면, 천지간에 대격변이 일어나게 될 터인데, 하늘, 곧 우주 공간의 천체들이 큰 소리 가운데 떠나가게 되며, 이때 큰 화염이 어떤 형태로든 작용하게 될 것이다. '큰 소리'는 시위를 떠난 화살의 바람을 가르는 '휙' 하는 소리나 독사가 공격적으로 '쉭쉭' 소리를 나타낼 때 사용되는 의성어로 천지가 불탈 때 나게 될 소리를 표현하는 듯하다. 이 모두 삽시간에 이루어질 일에 대한 표현들이다. 물리적 세상은 순식간에 사라질 것이다(켈리, 「베드로전 · 후서/유다서」, 1987, p. 447 ; 참조. Schreiner, *1, 2 Peter, Jude*, 2003, p. 383).

'물질'은 헬라어 원어적으로 스토이케이아(stoicheia)인데 그 용어는 일월성신 등의 별들을 나타내기도 하고, 우주가 형성된 기본 재료인 물, 불, 흙, 공기 등의 물질적 원소나 해, 달, 별 등의 천체를 말하기도 하며 지상 세계에 영향력을 행사하는 천사적 존재들을 말하기도 한다(참조. 갈 4 : 3 ; 골 2 : 8, 10). 또 건축용 석재 혹은 음악 악보의 음표 등도 이 용어로 나타내어졌다. 베드로후서에서 그 용어는 물질적 원소들 혹은 천체로 이해된다. 어떤 이해를 갖든 눈에 보이는 모든 만물을 형성하는 요소들이 뜨거운 불에 타고 녹아져 그 형체를 알 수 없는 형국이 될 것이다(Schreiner, *1, 2 Peter, Jude*, 2003, p. 384 ; Reese, *2 Peter & Jude*, 2007, pp. 170–171).

현존하는 세상의 대화재와 소멸이라는 이미지는 그레코–로만 세계에서도 이미 존재하던 에크퓌로시스(ekpyrosis)라는 철학 개념으로, 멀리는 플라톤

(Timaeus, 22C)의 시대로부터 신약성경과 동시대적인 스토아학파의 주장에서도 찾아볼 수 있는 바, 악인에 대한 불의 심판이라는 구약적 개념과 함께 이방인들을 향한 복음 전파와 설득의 목적으로도 이 심상이 도입되었을 수 있다(R. Barbara Rossing, "'Hastening the day' when the earth will burn? : global warming, Revelation and 2 Peter 3," *Currents in Theology and Mission*, 35/5 〈2008〉, p. 367).

우리는 10절에서 매우 난해한 말씀을 만나게 된다 : "땅과 그중에 있는 모든 일이 드러나리로다" 대개의 학자들은 마지막 심판의 때에 사람들이 하나님의 앞에 서게 될 것이라는 말씀으로 이해한다. 히브리어상으로 '드러나다', '발견되다'(be found)는 법정적 어감을 가지며(출 22 : 8 ; 신 22 : 28), 우리는 구약전통을 통해 사람이 죄인 혹은 의인으로 하나님 앞에서 발견될 것이라고 알게 된다(삼상 25 : 28 ; 26 : 18 ; 왕상 1 : 52 ; 시 17 : 3 ; 렘 2 : 34 ; 50 : 20 ; 겔 28 : 15 ; 습 3 : 13 ; 말 2 : 6). 헬라어에서도 이 표현은 사람의 하나님과의 관계성을 묘사하기 위해서 사용되었다(참조. 행 5 : 39 ; 24 : 5 ; 고전 4 : 2 ; 15 : 15 ; 갈 2 : 17 ; 빌 3 : 9 ; 벧전 1 : 7 ; 계 5 : 4). 세상이 모두 불살라지는 경천동지할 세상의 종국과 함께 선악 간에 모든 숨겨져 있던 일들이 만천하에 드러나게 될 것이다(Schreiner, *1, 2 Peter, Jude*, 2003, p. 386). 이는 종말의 때에 사악한 무리들은 자신들의 죄악상을 숨기려 하는 태도와 아이러니한 대조를 이룬다(참조. 사 2 : 19 ; 호 10 : 8 ; 계 6 : 15-16).

베드로는 종말에 대한 묵시적 시나리오를 설명하여 무슨 일이 일어날 것인가에 대해 안내하려 한 것이 아니다. 그의 관심은 세상의 종말은 어떨 것인가를 묘사하려는 것이 아니라 사악한 무리의 심판과 관련하여서만 의미를 부여한다(그리하여 Thiede는 우주적 대화재〈conflagration〉는 멸절이 아니라 정화〈purification〉로 귀결된다고 주장한다. C. P. Thiede, "A Pagan Reader of 2 Peter : cosmic conflagration in 2 Peter 3 and the Octavius of Minucius Felix," *JSNT* 2 〈1986〉, p. 87). 특히 "그 중에 있는 모든 일이 드러나리라"는 말씀(3 : 10b)으로 유추할 수 있는 것은 여기의 심판 이미지가 하나님의 파괴 행위를 묘사하는 것이 아니라, 그때가 되면 모든 것이 벗겨지고 숨길 수 없는 적나라한 상태가 되므로 아무 존재도 감히 하나님으로부터 피해 나갈 수 없다는 계시이다. 따라서 베드로는 이 가르침을 받는 자가 어떻게 삶을 살아야 할 것인가에 대해 관심이 더 많다(R. P. Juza, "Echoes of Sodom and Gomorrah on the Day of the Lord : Intertexuality and Tradition in 2 Peter 3 : 7–13," *Bulltin for Biblical Research* 24.2 〈2014〉, p. 240). 이 세상은 그만큼 한시적이기 때문에 베드로는 수신자들로 하여금 신실하게 살도록 권고한다(11절). 신약성경과 모든 묵시적 문헌들도 마지막 때를 살아가는 이들을 위한 윤리적 권면의 목적을 갖는다. 하나님의 섭리 가운데 있는 미래에 대한 바른 이해를 가진 이들은 합당한 라이프스타일을 유지한다.

'이렇게 이 모든 것이 풀어지리니'에 해당하는 분사구문 뤼오메논(lyomenōn)은 실제적으로 현재시제이다. 따라서 어떤 주석가들은 그 점을 감안하여 완전한 해체는 종국에 일어나겠지만, 세상이 심지어 지금도 해체되는 과정 중에 있다고 해석하기도 한다. 하지만 여전히 현재시제의 미래 해석이라는 측면에서 세상의 해체는 미래적 사건으로 이해하는 것이 옳다(참조. 마 24 : 35 ; 눅 1 : 35 ; 요 17 : 20 ; 행 21 : 2–3 ; Schreiner, 1, 2 Peter, Jude, 2003, p. 389). 베드로가 의도하는 바는 세상의 감각되지 않는 미세한 부분적인 세상의 해체가 아니라 현존하는 모든 원소들이 불타 없어지는 전소(全燒)를 의미하기 때문이다. 더욱이 베드로는 현 세상은 불타기 전에 일시적으로 하나님에 의해 보존되고 있다고까지 말하고 있다(7절).

세상의 멸망은 영화의 소재가 되는 등의 호기심을 자극하는 목적이 아니다. 그 순간은 현재 상황이 될 것이기 때문이다. 이 세상의 마지막을 아는 자는 예수 그리스도의 재림과 심판을 부인하며 정욕에 따라 사는 거짓 선생들과 달리, 새로운 삶의 질을 위한 동기부여를 갖게 된다. 만천하에 우리의 언어, 생각과 행위 등 모든 것이 드러나는 까닭이다. 그러나 이는 경건한 삶에 대한 소극적 동기이다. 심판에 대한 두려움은 삶을 위축시키고 마비시킬 수 있기 때문이다. 오히려 새 하늘과 새 땅에 대한 기대와 소망이 건강한 경건으로 이끌 수 있다. 따라서 신자들은 주의 날이 오도록 고대해야 할 뿐 아니라 속히 임하기를 사모해야 한다(12절). 하나님의 날이 임하기를 바라보고 고대하라는 의미를 담은 어휘, 프로스도카오(prosdokaō)는 3 : 12~14에서 세 차례나 등장한다. 그만큼 종말론적 소망으로 열렬한 기대를 가지라는 의미이다. 그런데 '사모하라'로 번역된 헬라어 스퓨돈타스(speudontas)는 흥미로운 해석을 가능하게 한다. 그 단어는 또한 NRSV의 경우처럼, 사전적 의미로도 '재촉하다', '열심히 도모하다'(hastening)로 번역될 수 있기 때문이다. 그렇다면 성도의 경건한 삶은 하나님의 날의 도래를 앞당길 수 있다는 해석을 가능하게 한다. 실제로 유대 전승에 보면 이스라엘의 회개 여부에 따라 하나님의 나라의 도래가 앞당겨질 수도, 늦춰질 수도 있다는 견해가 있다(참조. 사 60 : 22 ; 2 *Apoc. Bar.* 20 : 1–2 ; 54 : 1 ; 83 : 1 ; Pseudo-Philo, *Bib. Ant.* 19 : 13 ; 보컴, 「유다서 · 베드로후서」, 2010, pp. 514–515 ; Davids, *The Letters of 2 Peter and Jude*, 2006, p. 290). 하지만 이 본문을 하나님의 주권을 침해하는 경우를 상정하는 본문으로 이해하기는 쉽지 않다. 인간은 하나님이 원하시는 만큼의 충분한 '의'를 확보할 수 없기 때문이다. 다만 경건한 삶에 대한 촉구의 한 방편으로 이해하는 것이 좋을 듯하다. 필자는 여전히 동일한 사전상의 의미인 사모하다(seek eagerly)를 선호한다.

거룩한 행실과 경건은 개인적 차원의 도덕성에만 적용되어서는 안 된다. 현대의 크리스천들 가운데도 물질만능주의와 쾌락주의에 빠지는 경우가 많다. 이 땅의 소유는 하나님의 날이 임할 때 아무런 가치를 지니지 못하고 현재의 하늘과 땅이 불살라질 때 폐기 처분될 것이다. 우리는 경제적인 부분에서도 깨어 있어 이 땅이 아닌 하늘의 창고에 보화를 쌓아 두어야 한다 : "너희를 위하여 보물을 땅에 쌓아 두지 말라 거기는 좀과 동록이 해하며 도둑이 구멍을 뚫고 도둑질하느니라 오직 너희를 위하여 보물을 하늘에 쌓아 두라 거기는 좀이나 동록이 해하지 못하며 도둑이 구멍을 뚫지도 못하고 도둑질도 못하느니라 …… 한 사람이 두 주인을 섬기지 못할 것이니 혹 이를 미워하고 저를 사랑하거나 혹 이를 중히 여기고 저를 경히 여김이라 너희가 하나님과 재물을 겸하여 섬기지 못하느니라"(마 6 : 19-20, 24).

우리는 그리스도의 오심에 대해 말하던 베드로가(1 : 16 ; 3 : 4)가 '하나님의 날'을 언급하는 독특한 상황을 접하게 된다. 하나님의 날은 아들의 날이 아니라 아버지의 날이기 때문이다. 하지만 우리는 하나님의 날은 그리스도의 오심과 불가분의 관계임을 안다. 그리고 베드로는 1 : 1에서 하나님, 구주, 예수 그리스도를 동일 존재로 언급한 바 있다. 그리스도가 오실 때, 하나님의 날이 시작되고 이 세상은 파괴될 것이다. 그리고 새 시대가 도래한다. 베드로는 다시 한번 현 세상이 불살라질 것임을 상기시킨다. 파괴적인 용어의 사용은 세상의 완전한 해체를 시사하나 그것이 종국은 아니다. 새로운 하늘과 땅이 도래할 것이며 신자들은 그 안에서 삶을 영위하게 될 것이기 때문이다. 그 새로운 환경에서 거짓 선생들을 따르던 자들은 배척될 것이며 베드로를 포함하는 사도들의 가르침에 유의한 의로운 자들만이 의가 머무는 세상의 혜택을 입게 될 것이다.

따라서 하나님의 날이 임하기를 고대하고 사모하는 것은 지적인 차원의 행보만이 아니라 도덕적 경성함을 포함한다. 종말론과 윤리가 베드로후서 안에 견고히 녹아 있다. 결국 명백한 재림의 지연은 사람들에게 구원 얻을 기회를 주기 위함이다. 그리고 하나님의 심판의 날은 새로운 창조, 곧 의인들의 위한 새 하늘과 새 땅의 창조로 귀결된다. 새 하늘과 새 땅의 창조의 개념은 구약성경과 성경 후 시대(post-biblical)의 유대 문헌들에서 찾아볼 수 있다(*Jub.* 1 : 29 ; 1 *Enoch* 45 : 4-5 ; 72 : 1 ; 91 : 16 ; *Sib.* Or. 5 : 211-213 ; 2 *Apoc. Bar.* 32 : 6 ; 44 : 12 ; 57 : 2 ; 4 *Ezra* 7 : 25 ; 보컴, 「유다서 · 베드로후서」, 2010, p. 516). 이사야 선지자는 "보라 내가 새 하늘과 새 땅을 창조하나니 이전 것은 기억되거나 마음에 생각나지 아니할 것이라"(65 : 17)와 "내가 지을 새 하늘과 새 땅이 내 앞에 항상 있는 것같이 너희 자손과 너희 이름이 항상 있으리라"(66 : 22)는 하나님의 말씀을 전하고 있다. 이 새 하늘과 새 땅이라는 표상은 요한계시록 21 : 1에서도 취해졌다 : "또 내가 새 하늘과 새 땅을 보니 처음 하늘과 처음 땅이 없어졌고 바다도 다시 있지 않더라"

유대교 내에서는 종말의 표상에 대해 두 가지 입장이 존재한다. 첫 번째는 "근본적인 종말이나 근본적인 쇄신을 기대하지 않고 옛 세계의 수정만을 기대하는 갱신이나 회복의 표상으로 표현되는, 세계 멸망이 배제되는 경우"와 두 번째는 "세계가 다시 태초의 혼돈 속에 빠져 완전히 새로운 두 번째 창조가 이루어지는 세계 멸망을 상정하는 경우"이다(슈라게, 「베드로전·후서/유다서」, 1987, p. 163). 베드로는 후자의 견해를 따르는 것으로 보이는데, 이전의 옛 세상과는 불연속성을 지닌 근본적인 종말과 새로움을 기대하기 때문이다. 옛 세상이 전혀 다른 우주적 재창조로 새로운 세상으로 대치된다는 개념은 당연히 신약성경에서도 발견된다(계 16 : 20 ; 21 : 1-22 : 5).

하나님의 심판의 파괴적인 힘에도 불구하고 기독교적 소망은 세상이 멸절하는 것이 아니라 하나님의 새 창조가 기다린다는 약속에 따른 믿음에 근거한다. 옛 세상이 홍수에 의해 파괴되고 새로운 질서가 형성되었던 것처럼 현재의 세상도 하나님의 엄중하신 심판에 의해 파괴될 것이나 하나님은 성도를 새로운 세상으로 이끄실 것이다(사 66 : 22 ; 계 21-22장 ; *Life Application Study Bible*, 2004, p. 2142). 홍수 후의 세상의 질서는 여전히 인간 대리인에 의해 유지되었다면, 새로운 세상의 통치는 오직 하나님만의 다스림이다. 그런데 새로운 질서에 대한 기대는 단순히 물질 형태의 세상의 운명에 대한 것만이 아니다. 이 소망은 도덕적 측면에서의 새로운 질서도 포함한다. 따라서 성도가 대망하는 새 하늘과 새 땅은 죄악이 관영했던 옛 세상과 대비되는, 모든 것 위에 뛰어나신 하나님의 의가 머무는 공간이다. 그곳은 의의 본향으로 하나님의 철저한 직접 통치가 이루어지며 하나님의 은혜를 사모하며 경건한 삶을 살던 자들을 위한 공간이다. 거짓 선생들과 그들의 가르침을 따르던 이들은 새 하늘과 새 땅에서는 그들을 위한 공간을 찾을 수 없다. 신약성경의 저자들은 불의한 자들이 하나님의 영원한 통치로부터 단절되고 배척받을 것임을 선언하는 데 주저하지 않는다(고전 6 : 9-10 ; 계 21 : 27 ; 22 : 15). 새로운 세상에는 죄악도 부정의도 없다(Green, *Jude & 2 Peter*, 2008, p. 335).

현대 크리스천의 문제는 새 하늘과 새 땅을 대망하지 않는 것이 아니라, 바라기는 하지만 충분히 바라지 않는다는 데 있다. 우리는 너무 근시안적으로 살아가며 우리 자신의 의지가 주도하는 현재의 삶에 너무 포커스가 맞추어져 있다. 베드로후서는 현재에 고정된 우리의 시각을 미래로 돌려 하나님이 권고하시는 의의 삶을 살도록 권고하고 있다. 그 삶은 예수의 직접적 가르침이었던 "너희는 먼저 그의 나라와 그의 의를 구하라"는 말씀(마 6 : 33)이 요청하는 삶의 방식이다.

설교를 위한 묵상

3 : 3~4에서 대적자들의 정체를 밝힐 수 있는 최적의 실마리를 제공한다 : "먼저 이것을 알지니 말세에 조롱하는 자들이 와서 자기의 정욕을 따라 행하며 조롱하여 이르되 주께서 강림하신다는 약속이 어디 있느냐 조상들이 잔 후로부터 만물이 처음 창조될 때와 같이 그냥 있다 하니." 이 구절에 의하면 거짓 선생들은 그리스도의 재림과 세상을 향하신 하나님의 다스리심의 섭리, 곧 신정론을 부인하는 무리로 추정된다.

즉, 이 거짓교사들은 교회의 종말론적 가르침을 회의적으로 간주하면서, 예수의 재림사상을 조롱하고, 하나님의 섭리와 통치, 의로운 자의 보상과 불법한 자의 심판이라는, 하나님의 이 세상 역사에의 개입에 관한 신정론적 시각을 부인하였다. 대신에 세상은 그 어떤 외적인 영향으로부터도 방해받지 않고 현재의 방향을 지속하게 될 것이라고 주장하였다.

세상의 운명이 언제나 하나님의 주권 안에 있었고, 계속해서 그분의 주권 안에 있을 것이라고 역설한다(3 : 5-7). 예수의 재림이 지연되리라는 견해는 시간의 본질에 대한 오해 때문이며, 주님이 회개할 기회를 더 허락하신 것임을 식별하는 데 실패한 것이며, 사도의 메시지가 그릇되었다는 표지가 아니라고 진술한다(3 : 8-10). 다시 말해서 상기해야 할 일은 노아의 홍수 사건으로 하나님은 물로 세상을 멸망시킬 수 있는 분으로 이제는 만유를 불로 심판하실 것이라는 점이다(3 : 7 ; 참조. 3 : 10). 만물은 변화 없이 계속 진행하는 것처럼 보일지라도, 하나님의 시간 개념과 우리의 시간 개념은 달라서 주께는 천년이 하루 같고 하루가 천년 같아서 심판이 더뎌 보이거나 없는 것처럼 보일지라도 그것은 회개할 기회를 주시는 하나님의 배려일 뿐 만유의 전면적인 해체와 멸망이 있을 것이며, 하나님의 의로 통치될 새 하늘과 새 땅이 창조되는 가운데 거룩하고 경건한 이들은 그 본향에서 살게 될 것이라고 베드로는 말한다.

제 VI 부

결론적 권면

베드로후서 3 : 14-18

| 베드로후서 3 : 14–18 |

결론적 권면

[14]그러므로 사랑하는 자들아 너희가 이것을 바라보나니 주 앞에서 점도 없고
흠도 없이 평강 가운데서 나타나기를 힘쓰라 [15]또 우리 주의 오래 참으심이
구원이 될 줄로 여기라 우리가 사랑하는 형제 바울도 그 받은 지혜대로 너희
에게 이같이 썼고 [16]또 그 모든 편지에도 이런 일에 관하여 말하였으되 그중
에 알기 어려운 것이 더러 있으니 무식한 자들과 굳세지 못한 자들이 다른
성경과 같이 그것도 억지로 풀다가 스스로 멸망에 이르느니라 [17]그러므로 사
랑하는 자들아 너희가 이것을 미리 알았은즉 무법한 자들의 미혹에 이끌려
너희가 굳센 데서 떨어질까 삼가라 [18]오직 우리 주 곧 구주 예수 그리스도의
은혜와 그를 아는 지식에서 자라 가라 영광이 이제와 영원한 날까지 그에게
있을지어다

[3 : 14–18] 서신의 결론부에 다다르면서 서신 초반의 다양한 논지들이 재등장한다. 베드로는 14절에서 힘쓰라고 권고하는데, 우리는 그가 1 : 5~7의 덕목

들의 추구에 힘쓰라고 한 권면을 기억할 수 있다. 3 : 14에서는 새 하늘과 새 땅을 바라보며 사모하는 자는 점과 흠이 없는 삶을 살도록 힘써야 한다고 말한다. 하나님께 드려지는 온전한 제물은 점과 흠이 없어야 했다(레 22 : 20 ; 민 19 : 2 ; 말 1 : 8). 인류를 위한 대속제물이 되신 예수 그리스도도 흠 없고 점 없는 어린양과 같은 분이셨다(벧전 1 : 19 ; 박수암, 「공동서신」, 2004, p. 259).

반면에 베드로는 거짓 선생들의 연회를 즐기는 부도덕하고 무절제한 자유방임적인 행태에 대해 점과 흠으로 정의한다(2 : 13). 거짓 선생들과 그들을 따르는 자들끼리는 즐거움이 있다 생각할지 모르나, 흠과 점으로 비견되는 방종한 삶에 평강이 임할 리 없으며, 성도는 점과 흠이 없는 삶으로 평강 가운데 주의 오심을 기다려야 한다. 그리고 평강은 하나님과의 바른 관계 안에서만 누려지는 지복이다. 베드로는 15절에서 9절의 주제를 반복한다. 주의 재림의 지연은 아무도 멸망하기를 바라지 않으시는 주의 긍휼하심과 인내에 기인하며 그것으로 인해 우리에게 구원의 기회가 주어진 것이다(참조. 브루스 B. 바톤 외, 「적용을 도와주는 베드로전서/베드로후서/유다서」, 2010, pp. 331-332).

베드로는 결론적 논의와 중간에 갑자기 '사랑하는 형제'라 칭하며 바울을 논의 속에 내세운다. 이는 아마도 거짓 선생들이 그들의 의제 가운데 바울의 주장을 이끌어 온 까닭으로 보인다. 어쨌든 베드로후서의 수신자들의 시대에는 이미 사도 바울의 편지와 사역이 많이 알려진 듯하다. 하지만 아직은 바울서신 전체가 하나의 책으로 묶여 전해지지는 않았을 것이다. 학자들 중 일부는 소아시아와의 연관성상 그 서신들이 에베소서나 골로새서루 추정되나 확인할 길은 없다. 한편 '사랑하는 형제'라는 용어는 바울이 동료 사역자들에 대해 즐겨 사용하던 표현이었다(고후 2 : 13 ; 빌 2 : 25 ; 살전 3 : 2 ; 엡 6 : 21 ; 골 4 : 7, 9 ; 참조. 벧전 5 : 12). 따라서 이 용어는 바울에게만 한정된 것이 아니라 당시 교회의 지도자들에게는 친숙한 어휘였던 것으로 보인다(보컴, 「유다서 · 베드로후서」, 2010, p. 519). 혹자는 바울과 대립각을 세웠던 안디옥 사건(갈 2 : 11–14)을 토대로, 바울에 대한 호감을 표시하는 이 단락을 근거로 베드로후서의 진정성을 의심하기도 하지만 베드로는 바울을 분명 동료 사도로 인정하고 있었다(참조. 갈 1 : 18 ; 2 : 7–9). 그리고 베드로가 바울에 대해 부정적 시각을 계속 갖고 있었다면 베드로의 영향력이 컸던 로마에서 바울의 동역자였던 실루아노를 만나게 되는 것은 오히려 이상한 일이다(참조. 벧전 5 : 12 ; 보컴, 「유다서 · 베드로후서」, 2010, p. 520).

15절의 '이같이 썼고'와 '이런 일에 관하여 말하였으되'라는 문구에서 그 내용이 무엇인지는 확실하지 않으나 주의 재림과 관련한 바울의 가르침으로 이해하는 것이 타당해 보인다. 조금 더 확대하자면 거짓 선생들의 방종적 삶과 가르침으로 미루어 바울의 자유에 대한 해석과도 연관이 있었을 것이다(참조. 벧후 2 : 19 ; 롬 3 : 20, 28 ; 4 : 15 ; 5 : 20 ; 7 : 5, 7 ; 고전 15 : 56 ; 갈 5 : 1 ; Schreiner, *1, 2 Peter, Jude*, 2003, p. 395). 바울의 믿음으로 말미암아 의롭게 된다는 칭의와 그리스도인들의 자유에 대한 가르침은 많은 오용과 곡해를 초래하기도 하였다. 한편 '그 받은 지혜대로'라는 표현은 이 시기까지는 바울의 신학이 신적 지혜를 담지한 정통 사도적인 교리로 인정된 것을 의미한다(참조. Green, *Jude & 2 Peter*, 2008, p. 340).

그런데 바울의 가르침 가운데는 해석이 난해한 부분이 있는데 무식하고 굳세지 못한 자들이 왜곡되게 해석하는 일이 발생하였다. 여기서 주의할 것은 무식이라는 표현인데, 학문 없음이 아니라 진리를 바르게 해석하지 못하는 어리석음을 말한다. 굳세지 못한 자들은 당연히 진리에 대한 확고한 신념이 없는 자들을 지칭한다. 이들은 성경을 아전인수격으로 풀다가 멸망을 자초하게 된다. 곧, 주의 재림과 심판에 대한 엄중한 경고의 말씀에는 귀를 막고 자신들의 자유방임적 행태를 정당화하려는 시도의 종국은 그들의 파멸이 될 뿐이다.

따라서 수신자들은 이들의 파국에 대해 이미 알고 있기 때문에 그들의 가르침을 좇을 것이 아니라 사도적 진리를 굳게 붙들고 점과 흠이 없는 삶으로 주의 재림과 심판을 준비해야 한다. 그리고 성도들은 그리스도의 은혜와 그분을 아는 지식에서 계속 성장, 성숙해야 한다. 은혜와 지식 가운데 성장할 것에 대한 권면은 서신의 서두에서도 언급된 바 있다(참조. 1 : 2). 17절의 '미리 알았은즉'에 해당하는 헬라어 프로기노스콘테스(proginōskontes)는 의학 용어 예후(豫後 : prognosis)의 어원이 된다. 의사의 진단으로 예후가 판단되면 환자는 자신의 건강상의 미래를 예측하고 병의 예방 차원에서 식습관 내지 삶의 방식을 수정하게 된다. 거짓 선생들의 결국을 알게 되었기에 수신자들은 그들의 전철을 따르지 않고 사도적 가르침을 굳게 붙들고 거기에서 떨어지지 않도록 주의해야 한다(레이머, 「베드로전·후서/요한1·2·3서/유다서」, 1988, p. 129). 또한 미리 알았다는 사실은 진리를 떠난 연유에 대해 몰라서 그리하였다는 구실이 성립되지 못하게 한다. 17절의 '떨어지다'(에크페세테, ekpesēte)는 기독교적 믿음에서 떠나는 배교를 의미한다(참조. 동일 어근을 가진 핍토〈piptō〉; 롬 11 : 11, 22 ; 14 : 4 ; 고전 10 : 12 ; 히 4 : 11 ; 계 2 : 5). 그리고 거짓 선생들과 함께 복음의 진리를 떠난 자들에게 멸망으로 운명 지워진다(Schreiner, *1, 2 Peter, Jude*, 2003, p. 400).

베드로는 신약성경의 책들의 일반적 특징이라고 할 수 없는 방식으로 송영을 기록한다. 곧 디모데후서 4 : 18과 요한계시록 1 : 5~6에서 유사한 내용을 발견할지라도, 영광을 그리스도께만 돌리고 있기 때문이다. 그는 이미 1 : 1~2에서 예수 그리스도를 하나님이요 구원자와 동일시하고 있다. 그리스도의 신성이 이 송영 속에 녹아 있음을 보게 된다. 베드로후서에서 그리스도께 영광이 돌려지는 까닭은 구원과 성도의 인내가 궁극적으로 그분의 사역이기 때문이다. 베드로는 신자들에게 자신의 부단한 노력으로 구원받으라고 하지 않았다. 하나님은 그리스도에 대한 지식 안에서 성도들이 자랄 수 있도록 은혜를 부어 주신다.

| 참고문헌 |

Ⅰ. 단행본

김상길. 「겨자씨 IV」. 서울 : 국민일보사, 2000.

그루뎀 W. A. 왕인성 역. 「베드로전서」 서울 : 기독교문서선교회, 2014.

레이머 R. M. 외. 양영의 역. 「베드로전·후서/요한 1·2·3서/유다서」. 서울 : 두란노출판사, 1988.

래드, G. E. 「신약신학」. 서울 : 대한기독교서회, 2003.

마이클스. R. 박문재 역. 「베드로전서」. WBC 주석시리즈. 서울 : 도서출판 솔로몬, 2006.

박수암. 「공동서신」. 서울 : 장로회신학대학교 출판부, 2004.

박창환. 김경희. 「베드로전·후서/유다서」. 서울 : 대한기독교서회, 1996.

보컴, R. J. 「베드로전· 유다서· 베드로전서」. WBC 주석시리즈. 서울 : 도서출판 솔로몬, 2006.

블롬버그, C. L. 왕인성 역. 「사도행전-계시록 개론 : 오순절 성령강림에서 밧모섬까지」. 서울 : 기독교문서선교회, 2010.

슈라게, W. 「베드로전·후서/유다서」. 국제성서주석. 서울 : 한국신학연구소, 1987.

악트마이어 P. J., 그린 J. B., 톰슨 M. M. 소기천 외 2인 역. 「새로운 신약성서개론」. 서울 : 대한기독교서회, 2004.

페르디난트 한. 강면광 외 6인 역. 「신약성서신학 I」. 서울 : 대한기독교서회, 2007.

켈리, J. N. D. 김유배 역. 「베드로전·후서/유다서」. 서울 : 아가페출판사, 1987.

Bauckham, R. J. *Jude, 2 Peter*. WBC Commentary. Waco : Word Books Publishers, 1983.

Chester A. and Martin R. P. *The Theology of The Letters of James, Peter, and Jude*. Cambridge : Cambridge University Press, 1996.

Davids, P. H. *The Letters of 2 Peter and Jude*. Grand Rapids : Wm. B. Eerdmans Publishing Co., 2006.

Elliott, J. H. *A Home for the Homeless : A Social-Scientific Criticism of 1 Peter, Its Situation and Strategy*. Eugene : Wipf and Stock Publishers, 1990.

________. *1 Peter. The Anchor Bible*. New Haven & London : Yale University Press, 2000.

Esler, P. J. *The Early Christian World*. London and New York : Routledge, 2000.

Green, G. L. *Jude & 2 Peter*. Grand Rapids : Baker Academic, 2008.

Green, J. B. *1 Peter*. Grand Rapids. W. B. Eerdmans Publishing Co., 2007.

Jobes, K. H. *1 Peter*. Grand Rapdis : Baker Academic, 2005.

Knight, J. *1 Peter and Jude*. Sheffield : Sheffield Academic Press, 1995.

Malherbe, A. J. *Social Aspects of Early Christianity*. Philadelphia : Fortress Press, 1983.

Marshall, I. H. H. *1 Peter*. Leicester and Downers Grove : InterVarsity Press, 1991.

McKnight, S. *1 Peter*. Grand Rapids : Zondervan, 1996.

Meeks, W. A. *The Moral World of the First Christians*. Phialdelphia : The Westminster Press, 1986.

Moxnes, H. ed. *Constructing Early Christian Families*. London and New York : Routledge, 1997.

Reese, R. A. *2 Peter & Jude*. Grand Rapids : Wm. B. Eerdmans Publishing Co., 2007.

Schreiner, T. R. *1, 2 Peter, Jude*. Nashville : Broadman & Holman Publishers, 2003.

Thuren, L. *Argument and Theology in 1 Peter : The Origins of Christian Paraenesis*. Sheffield : Sheffield Academic Press, 1995.

Ⅱ. 스터디 성경

Life Application Study Bible. Carol Stream : Tyndale House Publishers, Inc., 2004.

The Reformation Study Bible. Orlando : Ligonier Ministries, 2005.

Ⅲ. 사 전

The Anchor Bible Dictionary. New York : Doubleday, 1992.

Theological Dictionary of the New Testament. Grand Rapids : Wm. B. Eerdmands Pulbishing Co., 1964.

Ⅳ. 논 문

왕인성, "베드로전서의 '고난' 이해 : 수신자의 정체성과 삶의 자리에 대한 사회문화적 재구성을 토대로" 「신약논단」 18/3 (2011), 853-888.

Alexander, T. D. "Lot's Hospitality : A Clue to His Righteousness," *JBL* 104/2(1985), 289-291.

Applegate, J. K. "The Co-elect Woman of 1 Peter." *NTS* 38 (1992), 587-604.

Batten, A. J. "Neither Gold nor Braided Hair(1 Timohty 2 : 9 ; 1 Peter 3 : 3) : Adornment, Gender, and Honour in Antiquity," *NTS* 55/4(2009), 484-501.

Bauckham, R. J. "Delay of the Parousia," *Tyndale Bulletin* 31(1980), 3-36.

_______. "Spirits in Prison," *Anchor Bible Dictionary* 6(1992), 177-178.

Callan, T. "A Note on 2 Peter 1 : 19-20," *JBL* 125(2006), 143-150.

Croix, G. E. M. de ste, "Why were the Early Christians Persecuted?" in M Finley(ed.) *Studies in Ancient Society*(London and Boston : Routledge and Kegan Paul, 1974), 210-249.

Dunham, D. A. "An exegetical study of 2 Peter 2 : 18-22," *Bibliotheca Sacra* 140/557(1983), 40-54.

Edmond, H. D. "Designation of the readers in 1 Peter 1 : 1-2," *Bibliotheca sacra* 137 no 545 (1980), 64-75.

_______. "The Suffering and Triumphant Christ : An Exposition of 1 Peter 3 : 18-22," *Bibliotheca Sacra* (April-June, 1982), 146-158.

Gross, C. D. "Are the Wives of 1 Peter 3.7 Christians?" *JSNT* 35 (1989), 89-96.

Kuhn, K. 2 Peter "3 : 1-13." *Interpretation* 2006 (July), 311-312.

Green J. B. "Narrating the gospel in 1 and 2 Peter," *Interpretation* 60/3(2006), 262-277.

Gupta, N. "A spiritual house of royal priests, chosen and honored : the presence and function of cultic imagery in 1 Peter," *Perspectives in Religious Studies* 36/1(2009), 61-76.

Houwelingen, P. H. R. Van "The Authenticity of 2 Peter : Problems and Possible Solutions." *European Journal of Theology* 19/2(2010), 119-129.

Juza, R. P. "Echoes of Sodom and Gormorrah on the Day of the Lord : Intertexuality and Tradition in 2 Peter 3 : 7–13," *Bulletin for Biblical Research* 24.2(2014), 227–245.

Martin, T. W. "Tasting the Eucharistic Lord as Usable," *The Catholic Biblical Quarterly* 78 no.3(2016), 515–525.

Miller, T. E. "The Use of 1 Peter 3 : 13–17 for Christian Apologetics," *Bibliotheca Sacra* 174(2017), 193–209.

Neyrey, J. H. "The Apologetic Use of the Transfiguration in 2 Peter 1 : 16–17," *CBQ* 42(1980), 504–519.

_______. "The Form and Background of the Polemic in 2 Peter," *JBL* 99/3(1980), 407–431.

Piper, J. "Hope as the Motivation for Love : 1 Peter4 3 : 9–12," *NTS* 26(1980), 212–231.

Reeder, C. A. "1 Peter 3 : 1–6 : Biblical Authority and Battered Wives," *Bulletin for Biblical Research* 25.3(2015), 519–539.

Rossing, R. B. "'Hastening the day' when the earth will burn? : global warning, Revelation and 2 Peter 3," *Currents in Theology and Mission*, 35/5(2008), 363–373.

Slaughter, J. R. "Sarah as a Model for Christian Wives(1 Pet. 3 : 5–6)," *Bibliotheca Sacra* 153(July–September 1996), 357–365.

Thiede, C. P. "A Pagan Reader of 2 Peter : cosmic conflagration in 2 Peter 3 and the Octavius of Minucius Felix," *JSNT* 26(1986), 79–96.

Tite, P. L. "Nurslings, milk, and moral development in the Greco–Roman Context : A reappraisal of the paraentic utilization of metaphor 1 Peter 2 : 1–3," *JSNT* 31/4(2009), 371–400.

| 한국장로교총회창립 100주년기념 표준주석 |

구약

집필부분	집필자
창세기	김중은 박사
출애굽기	이종록 박사
레위기	정중호 박사
민수기	김진명 박사
신명기	김회권 박사
여호수아	강사문 박사
사사기/룻기	허성군 박사
사무엘상·하	김선종 박사
열왕기상·하	김태훈 박사
역대상	배희숙 박사
역대하	함 택 박사
에스라/느헤미야	민경진 박사
에스더	이미숙 박사
욥기	하경택 박사
시편	이승현 박사
잠언	천사무엘 박사
전도서	채은하 박사
아가	강승일 박사
이사야	조성욱 박사
예레미야	강성열 박사
예레미야애가	박동현 박사
에스겔	이은우 박사
다니엘	배정훈 박사
호세아/요엘	김정철 박사
아모스	최인기 박사
오바댜/요나	김유기 박사
미가	오택현 박사
나훔/하박국/스바냐	윤동녕 박사
학개/스가랴/말라기	김근주 박사

신약

집필부분	집필자
마태복음	최재덕 박사
마가복음	차정식 박사
누가복음	오덕호 박사
요한복음	김문경 박사
사도행전	이 달 박사
로마서	장흥길 박사
고린도전서	조광호 박사
고린도후서	박흥순 박사
갈라디아서	이종윤 박사
에베소서	석원식 박사
빌립보서/빌레몬서	김덕기 박사
골로새서	김철홍 박사
데살로니가전·후서	김형동 박사
디모데전·후서/디도서	박종기 박사
히브리서	소기천 박사
야고보서	이승호 박사
베드로전·후서	왕인성 박사
요한1·2·3서/유다서	최흥진 박사
요한계시록	김춘기 박사

Presbyterian Church of Korea Standard Commentary